苏东坡辞典

蒋蓝 著

四川人民出版社

图书在版编目（CIP）数据

苏东坡辞典 / 蒋蓝著. — 成都：四川人民出版社，
2023.8（2024.1重印）
ISBN 978-7-220-13239-1

Ⅰ.①苏… Ⅱ.①蒋… Ⅲ.①苏轼（1037–1101）—
人物研究—辞典 Ⅳ.①K825.6–61

中国国家版本馆CIP数据核字（2023）第086896号

SUDONGPO CIDIAN

苏东坡辞典

蒋　蓝◎著

出 版 人	黄立新
策划统筹	石　云
责任编辑	石　云
封面设计	李其飞
内文设计	戴雨虹
责任校对	舒晓利
责任印制	祝　健

出版发行	四川人民出版社（成都市三色路238号）
网　　址	http://www.scpph.com
E-mail	scrmcbs@sina.com
新浪微博	@四川人民出版社
微信公众号	四川人民出版社
发行部业务电话	（028）86361653　86361656
防盗版举报电话	（028）86361653
照　　排	四川胜翔数码印务设计有限公司
印　　刷	成都东江印务有限公司
成品尺寸	146mm×208mm
印　　张	18.5
字　　数	370千
版　　次	2023年8月第1版
印　　次	2024年1月第2次印刷
书　　号	ISBN 978-7-220-13239-1
定　　价	69.00元

作者简介　**蒋蓝**

　　诗人，散文家，思想随笔作家，田野考察者。中国作家协会散文委员会委员，四川省作家协会副主席，四川省诗歌学会常务副会长，成都文学院终身特约作家，四川大学文新学院、四川文理学院特聘导师与客座教授。获得过朱自清散文奖、人民文学奖、《黄河》文学奖、中国报人散文奖、西部文学奖、中国新闻奖副刊金奖、四川文学奖、布老虎散文奖、万松浦文学奖、李劼人文学奖、川观文学奖等。已出版《成都传》《母仪若水润三苏：苏母传》（与邵永义合著）、《这样的苏轼》《蜀人记：当代四川奇人录》《太平天国第一王：石达开与雅安》《黄虎张献忠》《成都笔记》《蜀地笔记》《锦官城笔记》《踪迹史：唐友耕与石达开、丁宝桢、骆秉章、王闿运等交错的晚清西南》等文学、历史专著，逾500万字。曾任文学期刊主编，现供职于媒体。

目　录

百味人生—东坡
（自序）

正直之人，心直口快，加之木秀于林，多半会陷入"举步得狼狈"的境地。苏东坡渴望远离官场这一风波险恶场域，但却始终没有像他所倾慕的陶公那般挂冠而去，与桃花共俯仰枯荣，他终其一生沉浮挣扎于宦海，随波漂泊浪迹。元人许有壬对东坡跌宕仕途生涯做了精妙概括："论其平生忠义而迹其出处，有不能不为之浩叹者焉。进尽忠论，只以贾杭之倅；咏歌庸言，乃以媒黄之贬。翰林骎骎乎用，复出知杭，又两入而出，则惠州、儋耳之谪，遂终身矣。其在朝廷始终不七八年，倅守郡者十四年，居贬所在道路者十三年。"（［元］许有壬：《怀坡楼记》。李修生主编《全元文》，卷一一九一，江苏古籍出版社1997年版，第189—190页。）

苏东坡未离仕途，在宦海升降浮沉，浊浪几乎没顶。仕宦生涯，在朝廷不过七八年，长达27年都处于飘荡流徙的状态。如弟弟苏辙《祭亡兄端明文》所言："涉世多艰，竟奚所为？如鸿风飞，流落四维。"他以随风飘游的鸿雁概指哥哥流寓不定的一生。苏轼对弟弟也说"我生如飞蓬"，林语堂认为"飞蓬"一词正足以象征苏东坡的一生。又如其词《醉落魄·席上呈元素》（元素：杨元素，名绘，四川绵竹人，苏轼的同乡和友人。）有云："人生到处萍漂泊。"天涯沦落，即是浮萍如寄，深寓漂泊不定的生存状态，他的足迹遍及天南海北，经历了北宋30多个州县，得以广开寓目，通瞻中国山水之胜。在无意之中，实现了读万卷书行万里路的古人理想。如今在四川眉山、湖北黄冈、浙江杭州、广东惠州、山东诸城、海南儋州等18个城市留下了500多个纪念性景点，可以意识到无出其右的影响力，这就在于：

苏东坡是最具人民性的古代作家。

苏东坡是古代文人中最美的人格典范。

苏东坡是从"失意"提纯"诗意"的生活美学大家。

苏东坡是宋代文学最高成就的代表。

苏东坡是豪放词的开创者。

苏东坡是宋词的音乐解放者。

苏东坡是宋代以降散文标准的制定者。

而且，苏东坡是汉语有史以来第一个在随笔领域取得最高成就的作家，那种无须追求完整、絮絮叨叨、没有清晰证据或明确结论，可以并置从当代生活的每一个层面取得的片段、琐屑的细节与万千心情，达成了汉语随笔这种最倾心于自由性灵的文体。

苏东坡又是可爱的、敢于"后悔少作"的一代大家。

……

"莫嫌荦确坡头路，自爱铿然曳杖声。"在学习东坡的过程里，我记录了很多断片，既含有文史方面的短文，也有思想、心灵方面的吉光片羽。这次予以整理，厘定了若干错讹，以期成为一朵小小的苏海浪花。尤其是苏东坡那种于万千磨砺而不悔、于茶尖摘风、于竹枝采雪、于雪刃劈柴、于水中取暖、于历史的天头地脚重新发现爱的锐利之光，让我们感铭五内。

在我日益庞杂的藏书中，古代的类书如《太平御览》《太平广记》《文苑英华》《四部精华》《明代笔记小说大观》《清代笔记小说大观》等，我是十分喜欢，百读不厌。以前在"文学青年"的年月里，不过是借此扩充视野。临到知天命之年，地缘空间所打开的历史空间与文学空间，使得那些场域逼仄的正史与范文，逐渐露出了麒麟皮下的马脚。因此，我长时间地沉溺在迷宫里——不是苦思走出迷宫的策略，而是渴望更深地回到迷宫深处——也许，那里应该有文化的灵泉在汩汩涌动；当然，也含有置身笔记迷楼拒绝被中断的那种欢喜。

近30年来，有几种"拿来"的辞典式写作的成品，尤以自传与人物传记类为多，比如：福楼拜的《庸见词典》、卡洛斯·富恩特斯的《我相信》、米沃什的《米沃什词典》等等，在这一辞典式的写作运动中，终以米洛拉德·帕维奇的《哈扎尔辞典》而使这一特异的写作范式得到了最广泛的重视。逐渐地，写作者就不再把自己的辞条式写作，归之为严谨的辞典解说谱系。

　　毕竟辞典与散文属于两种迥然不同的文体，将它们熔为一炉，或者说用辞典的文体来展示苏东坡波澜壮阔的一生，也可谓是文体方面一场小小的"革命"。这样"革"传记文体的"命"，肯定不是为了猎奇。这种辞典式写作与传统传记在文体学的意义上究竟有什么不同呢？在前者这一文体形式中究竟蕴含着怎样的用心和意义？去掉苏东坡一生里一些颠沛流离的过程，用关键词的方式凸显他生命的"重中之重"，也可以满足读者辞典式地理解苏东坡的一个侧影，以及其对后世的影响。这一写法给读者的阅读活动可能留下什么印象呢？很值得我期待和研究。

　　辞典式写作，与辞条撰写本身有些类似，辞典写作者既要维护作者笔下的词语，又要在写作中竭力去打开、解构、重组这一词语。辞典式写作，就是那个一度无法清晰说出的词语，现在，终于可以成为那些历史、感情构成的能指的所指。

　　清晰地说出这个词语，就是一次深度照亮。

　　我认为，辞典式写作既是向中国古代笔记的致敬，更是一种对古希腊哲人以来的思想断片写作的继承。其实，断片并非碎片，更非一地的散沙，而是对思想、事件的深犁，既是生命的切片，又是对思想在场的无限贴近。对散文而言，它是人间生活和世俗情感的浓缩与超越；对随笔而言，它更是寸铁一亮地舍命挺进。断片往往是在思者毫无准备的情形下光临的，它总是以缓慢的姿态出现，让思者松弛下来，准备好盛接它的器皿。它以一个形象、一个反诘、一个断片的彰显来还原人们渴求的原初形象。时间被劝化了，空间柔软而浑圆，思想得以打开，使黑暗进一步黑下去，黑得发亮；思想使光进一步纯粹，就像刃口上飘过的细雪……

《苏东坡辞典》以近百个词条，完成了我对苏东坡重大地缘、人生事件、性格嬗变、写作突变的描摹。但我以为《苏东坡辞典》不仅是一部诗性人文之书，也是关于对苏东坡另辟蹊径的个人化解读，更是一部凸显自由的东坡风神的精神史。

在《苏东坡辞典》里展示出来的多元的、不确定的、开放性的辞典式写作，也有一些梦中的"神来之句"与断片式的表达。从高处着眼，这样的断片恰恰是展示苏东坡自由思想逾越天堑与惯常叙事的一根钢丝；从近处着眼，这样的辞典式写作，开门见山地彰显了作为百科全书式人物，其东坡之路的来路与去向。

2023年2月25日，莫砺锋来成都举行以"苏东坡的现代意义"为主题的演讲，我与潘殊闲担任嘉宾。临近结尾，莫砺锋动情地说："苏东坡一生无数坎坷、无数挫折，但总是向着人生的终极目标前进，创造一个积极有为、有所贡献的人生。作为长江最好的代言人，苏东坡生在长江边，一辈子在江湖漂泊。而他真正参透长江、参透人生，是在黄州的四年半。正是人生低谷时期，他可以冷静下来、思考人生。"

那正是从思想的旋涡、人生的旋涡傲然冲出，横斜天际的东坡长流！

我自问：何谓苏东坡之路？

苏东坡从官场事务里提纯有益的救世思想，从世俗生活中淬就生活真味，从历史的积淀中托举映照未来的灵智水光。他一度在入世、出世、遗世之间悲叹、犹疑和游走，在下降升腾与百折千回的过程里，他俯身民众、扎根大地的秉性，成为他曲折艰险人生的路标，构成了一条鲜花与荆棘丛生、荣耀与失落并存、才气与胆气共酿的"苏东坡之路"。

2023 年 4 月 6 日于成都

苏　海

2000年，法国《世界报》评选出1001年到2000年的12位世界"千年英雄"，文学家苏东坡入选，是中国唯一入选者。

苏轼（1037—1101年），字子瞻，号东坡居士，出生于四川岷江之滨的眉州。他以出众的才华，不仅闪耀中华，而且光照世界，成为中国文化与风骨的象征。苏东坡是可爱而伟大的文化英雄，具有持续的影响与崇高的地位。著名作家林语堂就这样赞叹："我若一提到苏东坡，在中国总会引起人亲切敬佩的微笑，也许这话最能概括苏东坡的一切了。"千百年以来，他的魅力与影响经久不衰，深深地镌刻在人们心中。

这其中包含着四川的特殊历史、地缘因素。唐朝人魏颢就认为："剑门上断，横江下绝，岷峨之曲，别为锦川。蜀之人无闻则已，闻则杰出。"意思是说，自古以来蜀地人才具有不鸣则已、一鸣惊人的现象。《续焚书》中记载了明朝思想家李贽的进一步发现："岷江不出人则已，一出人则为李谪仙（李白）、苏坡仙（苏东坡）、杨戍仙（杨升庵），为唐代、宋代并我朝特出……"他为什么对出自蜀地岷江流域的几位奇才感到非常惊奇呢？

巴蜀地区自古有司马相如、扬雄、王褒、李白等奇人崛起，更有顿悟、灵动、突发而至的特征。这缘于蜀地地缘、季候、物产的不同，更缘于通达亚洲西南地区的"蜀身毒道"以及汉代开拓的"南丝路"，西亚、南亚的文化由此路传递到四川，加上自秦朝就开始的十几次移民入川，这些因素与本土文化相互融会，创造出了一枝独秀的古蜀文明。

被竹子密密围合的巴蜀，自蚕丛率领古羌人进入成都平原定居以来，蜀人的生活智慧与技艺积淀所演绎出来的丰富、绵密、无所不包的竹文化，可算是蜀人对竹子养育之恩的报答。三千多年前的三星堆遗址里，就发现了许多竹子的遗迹和文化符号。苏东坡是中国竹文化的杰出代表，天下一竹一东坡。在他身上，体现出巴山蜀水之间竹子的突出精神：坚韧、高直、虚怀、有节。他不但有蜀地奇才的特点，而且还有既往蜀地的那些大才子身上所不具备的学风、习性与韧性。

苏东坡人生思想的特点是"广、博、细、杂"：儒释道思想先后贯穿于他的一生。而这三种思想在境遇里又经常左右互搏、三足鼎立。儒家入世，佛家超世，道家避世，三者出发点、着力处、归宿地均不相同，宛如"举杯邀明月，对影成三人"。明朝学者张燧在《千百年眼·卷十》里就这样认为：苏东坡议论历史上敢于直言劝谏者，说他们真可谓杀身成仁的人，认为他们能够把生死视为瞬间之事，可是即使如此怎能动摇柄权者分毫？可东坡却想学习长生不老之术，则又是愚蠢得没话说。黄庭坚说过：东坡平生喜好道术，只要听到有好的方法就马上去做，但又不能坚持，很快就放弃了。那么可以知道苏东坡不过是借此以掩饰寂寞之心，就像佛家所谓的口舌上的功果，他并不是沉溺于这一层面。

但苏东坡以儒家的济世安邦情怀，昭示了佛与道的外化之能。我以为，儒家思想对于苏东坡伐毛洗髓，一直就是他的本体论，其余均是阶段性的避风港，是方法论。

东坡一生三次在朝廷做高官，官至兵部尚书、礼部尚书；三次遭受贬谪，先后被贬谪到湖北的黄州、岭南的惠州、海南岛的儋州。思想家李泽厚在《美的历程》中如此评价说："苏一生并未退隐，也从未真正'归田'，但他通过诗文所表达出来的那种人生空漠之感，却比前人任何口头上或事实上的'退隐'、'归田'、'遁世'要更深刻更沉重。"（《美的历程》，文物出版社1989年版，第159页）

但那些原本剪不断、理还乱的现实与畸变，彼此互嵌、方枘圆凿，却让他演绎得理所当然浑

《苏文忠公像》（1923年徐宗浩绘）

苏

海

然天成。当怀才不遇、报国无门时，有的人选择沉沦，有的人选择归隐，有的人选择郁郁终生，这些做法固然令人理解，但是苏东坡的人生态度更值得欣赏。他是一个权力争斗的牺牲品，屡次遭受贬谪，但他不是悲剧性的人物，因为他热爱生活，拥有"野性"向上的蓬勃人生，他能保持乐观的心态，笑对人生。在"一年三百六十日，风刀雪剑严相逼"的艰难岁月中，他仍能体会生活的甘美，处处发现天地之美，乃至微物之丽。

苏东坡从官场事务里提纯有益的救世思想，从世俗生活中淬就生活真味，从历史的积淀中托举映照未来的灵智水光。他一度在入世、出世、遗世之间悲叹、犹疑和游走，在下降升腾与百折千回的过程里，他俯身民众、扎根大地的秉性，成为他曲折艰险人生的路标，构成一条鲜花与荆棘丛生、荣耀与失落并存、才气与胆气共酿的"苏东坡之路"。

苏轼是伟大的文学家、艺术家。在中国文学史上，苏轼博学多才，雄视百代，无论诗词文赋，还是书法绘画，都有极高的造诣。他一生给我们留下了逾200万字的著述，其中包括2700余首诗和300多首词，还有一大批散文、书画作品等。这些作品兼具思想精华，展现了他的丰富情感与才气，达到了宋代文学艺术的高峰。在诗歌方面，他与唐代的大诗人李白、杜甫、韩愈并称"李、杜、韩、苏"；在词作方面，他是"豪放派"的开山祖，影响了一代词风。他的书法，与宋代著名书法家黄庭坚、米芾（fú）、蔡襄一起，并称"苏、黄、米、蔡"四大家；绘画领域，他是宋代文人画派的主将。总之，他是我国文化史上，一位百科全书式的全才，有"吞五湖三江"的气象。

苏轼是杰出的政治家。他22岁中进士。在为官方面，他忠诚报国，改革求新，爱民惠民，不谋私利。特别是他把"民为邦本"作为执政理念，认为人民大众是国家的根本，民众富强，国家就富强。不管是在朝中为官，还是在地方上，他都尽心竭力为大众服务，做了大量的惠民实事，使百姓永世难忘。风毁秀竹心犹定，雪压寒梅气更香。每遇到挫折，他的报国之心就更加强烈。

苏轼更是一位中华优秀风骨的典范。面对复杂的环境，他体现出强大、坚忍、超然的人格力量。他积极出谋献策，为国家建设而献身。他一生坎坷不平，遭受许多不幸和打击，但从未被痛苦与悲伤压倒，而是随遇而安，做到不为世俗的祸福苦乐所牵绊，不为得失所烦扰，光明磊落，公道正派。他以他独特的思想与文学艺术生活状态，塑造了高尚的道德与人格，集中体现了中国人的生存智慧和生命智慧。

国学大师王国维在《文学小言》里提出了一个重要观点："三代以下之诗人，无过于屈子（屈原）、渊明（陶渊明）、子美（杜甫）、子瞻（苏东坡）者。此四子若无文学之天才，其人格亦自足千古。故无高尚伟大之人格，而有高尚伟大文章者，殆未之有也。"这是讲，一个人没有高尚的人格，就可以写出高尚的文章，这样的事情古往今来从来没有出现过！

在依靠舟船、脚力的时代，苏东坡辗转经历过大约90座城市，这是令人惊叹的漫漫历程。在《自题金山画像》里，晚年的苏东坡自我评价说："问汝平生功业，黄州、惠州、儋州。"说明他对这3个地方的经历十分看重。纵观苏东坡65年的一生，其中有10年半是在湖北黄州、广东惠州、海南儋州度过。所以有人认为，他被贬谪的苦难经历反而成就了他的诗词歌赋，成就了他豁达乐观的一生。故乡眉州的欣然，以及黄州的凛然、惠州的悠然、儋州的超然，地不分南北，身不论荣辱，他始终保持一身清正之气。尽管他在黄州、惠州、儋州的生活境遇比起浙江杭州、山东密州的生活来要险恶得多，但他仍是那般坚毅，那般乐观，那般洒脱。

他用独特的理念和实践，证明了自己是胸怀天下的理想主义者、积极向上的乐天派，更是人民大众最亲密的朋友——这样的亲民情怀，又是历代文人里比较罕见的。他将勤政爱国、关注民生的执政理念，改革求新、探索进取的执着精神，达观自我、超然物外的诗人气质，热爱自然、诙谐天真的生活情趣集于一身，成就了一个可信、可亲、可敬的苏东坡。

苏东坡与父亲苏洵、弟弟苏辙合称"三苏"，后人评价说："凝练老泉，豪放东坡，冲雅颍滨。"凝练、豪放、冲雅成为他们各自的美学特征。近千年来，苏东坡为不同时代的人打开了探究多变人生的视野，他的丰富人生也成为长久不衰、富有强大生命力的文化现象，人们称之为"苏海"！

苏东坡《文说》曰："吾文如万斛泉源，不择地皆可出……所可知者，常行于所当行，常止于不可不止，如是而已矣。"此文开启以水喻文的先河。而大海则是江河的汇聚，"苏海"的形成是必然的。

宋人李耆卿《文章精义》评韩愈、柳宗元、欧阳修、苏轼的文风是："韩如海，柳如泉，欧如澜，苏如潮。"明朝的吴梅村对此不以为然，他在为张溥编撰的《苏长公文集》写序时指出："李耆卿评文有云：'韩如海，柳如泉，欧如澜，苏如潮'非确论也。请易之曰：'韩如潮，欧如澜，柳如江，苏如海。'夫观至于海，宇宙第一之大观也。"清人王文诰《苏海识余》则说："绍圣四年，东坡公发惠州迁儋耳，经新会赴新康，曾休于鹤山之麓。后来'见前明陈献章诗中，邑令黄大鹏又手劂'苏海'二字于崖之上。嗣是，更名'苏海'，至今盖三百年矣。"黄大鹏在雍正七年（1729年）任平远县令，也就是说，在更早一些时候，陈献章诗中就称"苏海"了，300年后黄大鹏亲手刻"苏海"二字于鹤山之崖，可见在明清之际"苏海"已成文化定识，比如查慎行《送史徽弦前辈视学粤东二首》："新开绛帐万人看。班香宋艳才相嬗，苏海韩潮量校宽。但是同朝谁不羡，文章早达似君难。"而孔尚任的《桃花扇》影响更大，说的是："早岁清词，吐出班香宋艳；中年浩气，流出苏海韩潮。"

清代杨毓辉《〈盛世危言〉跋》："观其上下五千年，纵横九万里，直兼乎韩潮苏海，则不啻读《经世文编》焉。"其评价无出其右。

这样的称谓在清代早已成为常识。甚至在杭州建德市大慈岩镇新叶村悬挂的进士叶元锡的"勉儿曹"家训里，也说："贾之醇，董之茂，韩之潮，苏之海。"勉励后学起步要高，追贾董、赶苏韩。一鸣惊人是目标，即使一次没考中，切莫松懈多自责，国家重视的是真才。

正因拥有了浩瀚大海，他才可能"一蓑烟雨任平生"。他向往的自在生命与天地大美，才是大海卷起的无尽之浪。

"千载诗书城"眉州

一座城，如果拥有一位彪炳千古的人物，就会拥有一种别样的魅力。这样的人物会提振城市的精气神，哪怕千年以后，人们还会因为这样的人而铭记、传播这座城，对它时时惦念。

拥有这样的历史人物，就是城市之幸。

在历史上被称为"三苏"的文学家苏洵、苏轼、苏辙父子，就出生在眉山。眉山何其幸运！

岷江是长江支流，也是岷山与邛崃山的分界，在眉山市历来有"母亲河"之称。浩荡的岷江自成都西北岷山余脉冲腾而下，野性难驯，经常四处泛滥，到秦国蜀郡太守李冰修筑都江堰水利工程后，才变害为利。2000多年来，灌溉川西平原千里沃野，《华阳国志》引用《益州记》对成都平原的形容："水旱从人，不知饥馑，时无荒年，天下谓之天府也。"意思是说，都江堰水利工程完成后，水灾旱灾都可以由人掌控了，真是风调雨顺，老百姓从不知道饥荒，没有庄稼歉收的灾荒年月，天下人都羡慕地称此地为"天府之国"。

"天府"本身是一个官职，掌管天子的府库。既然是天子府库，那么肯定是藏富之地了，中国最早的"天府之国"并非

眉山市三苏祠博物馆内庭院（华子摄）

指成都，而是指关中平原。自从有了都江堰引水开始灌溉水网密布的上千万亩良田以来，"天府之国"就成为成都平原的代称，所以"天府"被用来形容成都平原的富庶。而位于成都城西南几十公里的古城眉山，处于天府之国的大平原腹地，也为"三苏"注入了岷江的活水以及诗情画意。

民国版《眉山县志》指出："山不高而秀，水不深而清"，"介岷、峨之间，为江山秀气所聚"。

苏轼《东湖》有名句"吾家蜀江上，江水绿如蓝"，展示了一江碧水与蓝天水天相接的景象。一条静水深流的岷江，再加上两岸边的竹林、麻柳、桑树与油菜花，鱼翔浅底，那才是苏轼最爱的地方。岷江流贯眉山的全境，自北宋到20世纪六七十年代，两岸遍布蜀地特有的高大桤木林与笼竹林，广为种植的桑树、苎麻、蓼蓝填满了田畴周边，舒缓的水浪难以穿越密林，南宋大诗人陆游曾来眉山探寻东坡遗韵，他的诗《眉州披风榭拜东坡先生遗像》"蜿蜒回顾山有情，平铺十里江无声"，正是真实的描绘，他由衷赞叹"孕奇蓄秀当此地，郁然千载诗书城"，这也正是眉山被称为"诗书城"的来历。岷江下行，经乐山到宜宾汇入长江，航路发达，哺育了眉山的富庶。眉山距离成都仅有几十公里路程，千年以来一直是成都城粮食、禽肉、蔬菜、水果的供应基地，岷江及其支流府河连接起两座城市，不仅沟通了眉山与东西南北的经济文化交流，而且不断迁入的外地人也改变了眉山的人口构成，对眉山的文化产生了深远影响。

在人们的印象里，巴山蜀水是浪漫而神秘的。在这样的地缘格局下，自古以来眉山人并不孤陋寡闻，现在有人总结眉山的文化特征是：一山、二滩、三文化。"一山"特指著名的"中国桌山"瓦屋山，苏轼有诗"瓦屋寒堆春后雪"，指的就是瓦屋山上气势磅礴的春雪。"二滩"说的是风光绮丽之地：位于仁寿县的黑龙滩与洪雅县的槽渔滩。"三文化"指的恰是以彭祖为代表的长寿文化、李密的孝道文化与三苏文化。

唐代末年北方战乱纷飞，北宋末年"靖康之乱"，以及南宋末年的一系列战争，中原人民受尽了战火之苦。而四川盆地受战争的影响较小，当时四川很平静，五谷丰登。大量来自燕赵、华东的大家族相继迁居到眉山，带了先进的文化。由于本地生产技术的积累，加上江南雕工为躲避战争而内迁，成都的雕版印刷出类拔萃，造就了中国文化史上的一大奇观。北宋开宝四年（971年），成都开始雕刻多达五千余卷的《大藏经》。以后，眉山、潼州、邛崃等地的雕版印刷也较为发达，成都和眉山一带，更是雕版印刷的集中地，与两浙地区、福建号称"全国三大刻书之地"。有意思的是，北宋王称撰写的《东都事略》说，有宋刻眉山程舍人宅刊本，目录之后有一个牌子字提示："眉山程舍人宅刊行，已申上司，不许覆板"，相当于现在的"版权所有，不准翻印"。这是中国最早出现的关于拥有版权、不许翻印的告示。"眉山程舍人"极可能就与苏轼母亲的程氏家族有关。这就是说，最早意识到版权保护的事例，同样来源于眉山。

宋代的学校，官办的有府学、州县学，民办的有私学及书院。州县办学往往与寺庙有关，庙宇多的地方学校就多。据统计，宋代四川所建庙学，成都府路46处，渡川府路35处，利州路11处，夔州路8处，总计100处。眉州属成都府路，而据南宋末赵与时《宾退录》卷一记载，单是眉州就有庙学（乡校）、山学，共13所。而两宋时期的眉山，所辖区域只不过20乡、6镇，大约两万多户，在这样的空间里涌现如此众多的学校，堪称奇迹。所谓"山学"，也就是私学，在当时相当发达，学生不少。宋代四川各地所建书院（大多建于南宋）共二十多所，眉州有著名的巽岩书院等。由此可以看出，凡各类学校较多的州府，比如眉州，一般是蜀地文化较为繁荣的地区。

我们可以这样说，刻书行业的繁荣与学校的大量兴建，为眉山人才的崛起提供了沃土，促进了当地教育的蓬勃发展。

到北宋中期，眉山人参加科举考试已蔚然成风。苏轼苏辙兄弟应试那年，仅眉山一县被举荐参加礼部进士考试的学生竟有四五十人，当年进士及第的有13人之多。根据《元丰九域志》所载，两宋时期，眉州管辖眉山、彭山、丹棱、青神4县，所辖的区域小，眉州也不是当时西南地区的政治经济中心，却出了970名进士（杨文等：《两宋眉山进士群体研究》，《中华文化论坛》2015年第4期），其中彭山县11人、丹棱县26人、青神县24人，眉山县909人。放到全国范围来看，两宋319年一共取进士42390人，眉山进士人数占全国进士总人数的2.14%，相当于每100名进士中就有2名眉山人，即便是当时成都和南宋京城所在地，亦不一定能达到这个水平。难怪宋仁宗皇帝感叹："天下好学之士皆出眉山。"眉山也因此成为中国历史上著名的"进士之乡"，被誉为"千载诗书城""人文第一州"。

两宋之时，天下文章四川多，而四川文章又多出自眉州。除世人熟知的"三苏"外，眉山还有程公说、程公许、王当、王偶、家铉翁、杜大珪、李焘、陈懋、唐庚、孙抃，等等，均在政治、经济、文化、艺术等领域各领风骚。

南宋时期，著名诗人范成大（1126—1193年）曾担任成都和四川的高官，他在《吴船录》中记录了一次难忘的眉山之行，展示了他对眉山城市建设的好感："午后，至眉州城外江，即玻璃江也。冬时，水色如此。方夏，潦怒涛涨，皆黄流耳。江上小山名蟆颐，川原平远似江浙间。城中荷花特盛，处处有池塘，他郡种荷者皆买种于眉。遍城悉是石街，最为雅洁。"说明眉州城街道洁净，而范成大恰是在初到成都首倡使用青砖铺地成为洁净街区的第一人。当地种植有很多荷花，远销各地。这里提到的"蟆颐"山，与苏东坡的出生还有一番故事呢！

苏轼有首赠同乡的《送杨孟容》："我家峨眉阴，与子同一邦。相望六十里，共饮玻璃江……"在这首"效黄鲁直体"的作品里，窄韵叠波之余，这静水深流的意蕴让人联想。玻璃江是指岷江流经眉山城东门到青神县这一段江流，万里夕阳垂，地阔大江流，尤其是秋冬时节更是江水澄碧，倒映朵朵白云，遍布四野的水塘里荷叶盈露，像是翡翠一般美丽，所以眉山的荷花驰名远近。而位于纱縠行的苏东坡老宅（现在的三苏祠博物馆）里，就栽种了很多荷花。城内铺就石板的街道整洁而清雅……范成大用细腻的笔触，真实描绘了一个山川灵秀、富庶雅洁的山水之城。

东坡云："青山有似少年子。"这条玻璃江，焕发着婴儿一般的光泽，一直流淌在东坡的梦里。而玻璃江澄碧泛蓝，似乎一开始，就是成熟的。

苏轼祖辈

唐朝人魏颢在为李白《李翰林集》写的序中指出："剑门上断，横江下绝，岷峨之曲，别为锦川。蜀之人无闻则已，闻则杰出。"这是描述蜀地人才辈出的记录，明朝李贽在《续焚书》中进一步发现："岷江不出人则已，一出人则为李谪仙、苏坡仙、杨戍仙，为唐代、宋代并我朝特出，可怪也哉。"李贽恨不得"余是以窃附景仰之私……俨然如游其门，蹑而从之"(《读〈升庵集〉》)。相比于黄河文化带的人才谱系——那里逐渐形成了渐悟、渐进、渐行的扎实学风与社会风尚，所以一个巨子的出现，犹如山峰连臂推举而起的东岳泰山——处于长江文化带的巴蜀地区自古出逸才奇人，人们在亦步亦趋之余，更有一种追求顿悟、灵动、突发而至，甚至剑走偏锋的峻急特征。这固然缘于蜀地地缘、季候、物产的不同，更缘于通达亚洲西南的"蜀身毒道"，将异域文化不绝输送传递而来，以及自秦朝就开始的移民入川，这些因素与本土文化"对撞生成"而出现了独秀的巴蜀文明。

汉代辞赋家司马相如《难蜀父老文》中说：蜀地往往"有非常之人，然后有非常之事。有非常之事，然后有非常之功"。

意思是如果要建立不寻常的功业，必须依靠不寻常的人才。而苏轼的曾祖父、爷爷，都属于这一类不走寻常道路的民间奇人。

父母是孩子的第一老师，父母的影响力永远大于老师。何况，苏东坡的父亲苏洵本是怪才，连他的祖辈也具有乡野异人的气质。

苏东坡的曾祖父苏杲，居住在眉州丹棱县乡野，以种田务农为业，善良而本分。据说他孝顺父母，爱护兄弟，对朋友讲信用，对乡亲无论亲疏都非常敬爱。因为他特别勤劳，加上善于治理生产，所以家有余财。但他不贪心，不取非分之财。

在北宋王朝收服后蜀孟昶政权的时候，后蜀数百官室人员被俘入京。蜀地的富豪贵人争相抛弃土地与房屋，跑到汴京，一是避祸，二是千方百计钻营权门，渴望谋求仕途。本地不少人自然是鹊巢鸠占，去占用了富豪抛弃的土地与房屋。苏杲却不屑为此，还说："我怕因此而祸害我的儿子。"

终其一生，他拥有不到两顷的田土。他的住宅也很简陋，却自由自在生活，不以为意。尽管条件不算富有，但他喜欢施舍，施舍了又不肯让人知道是他施舍的。他说："钱财多了不施舍于人，我怕别人谋害我；施舍于人而让人知道了，别人会以为我好出名。"如今看来，他才是深谙施舍奥义之人。因为懂得施舍的人不会爱好名利，而且不贪求福报。一旦为了求功德而行善，为了福报而施舍，那么施舍的善行将大打折扣。

他的一个兄弟一度犯事，临到被捕之前了，兄弟就对他讲："如果我死在监狱了，就请你照顾我的妻儿。还请你打听我的事情严不严重，不严重就送肉给我吃，严重的话就送素菜来。

我见到素菜，就绝食，一死了之。"事态峰回路转，这个兄弟得到了法律的宽释，回家后对苏杲大发感叹："我不是没有其他兄弟，但可以'寄生死者'，我心中就只有你这个大哥了！"

鉴于这桩往事，到了苏杲临终之际，他妻子把年少的儿子苏序带到他病榻之前，对苏杲说："你何不把我们的儿子也托付给你帮助过的兄弟呢？"

回光返照的苏杲眼睛冒起了一道亮光，笑着回答："只要我们的儿子是贤能的人，虽不是我兄弟的人，也会与我们的儿子亲近友好；如果我们的儿子不是贤能之人，即便是我的兄弟，也会断然抛弃！所以啊，口头的托付有什么用呢？口头的应允有什么用呢？你还是好好教育儿子吧！"（赖正和：《漫话苏东坡》，中国文史出版社2014年版，第9页）

如果说苏杲的慷慨大度，一是出于纯良的天性，二是源于眉州的淳朴民风，那么在儿子苏序看来，行善简直就是生活的应有之义。

苏轼的爷爷苏序（973—1047年），比苏杲走得更远，属于蜀地乡村不多见的奇人。

苏序当时仍生活在乡间，应在眉州城外丹棱县官房山一个叫"拨股祠"的地方。拨股祠亦叫拨股庙，根据光绪版《丹棱县志》卷二记载，亦名为"东坡场"，位于今眉山市东坡区三苏镇三苏场，距眉山县城35公里，距丹棱县城仅有六七公里。传说这片呈露红壤的平原与浅丘上，乃有一座苏家的乡间私第。今尚有连鳌山、千年拱背桥、望月坡和望苏桥等历史遗构。对此《眉山县志》记载："三苏乡的三苏场，原为苏洵父子故居

三苏父子图像（［清］眉州直牧冯会绘）　　　　　三苏父子（向以桦绘）

处，元代建三苏祠，后称拨股祠，清代以此建场，名三苏场。"
据说苏家最初定居于眉山的修文乡，后由于家族繁衍生息，其
中一支便从家族田地中划拨一股地产，迁徙定居到了三苏场，
这一支族人为纪念这一重大事件，故立祠名"拨股"。元明以
来，此地已建有"三苏祠"。

苏序"奇"在哪里呢？

他生了一副俗称的"南人北相"，他身材魁伟健壮，为人
慷慨大度，待人谦恭有礼，邻居无论贵贱，与他都有交情。而
且除非遇到紧急事情，他平时从不骑马，理由是怕见到比自己
年长的老人步行，那会让自己感到惭愧。他把自己的几十亩土

地种上了粟，也种了一些稻米，收获后用去壳的稻米跟别人交换粟（小米），之后用大粮仓储存起来，谁也不明白他这样做的原因。他只是说，唯有粟"性坚能久"，可以储存多年而不腐。这样储存了好几年，粟竟达到三四千石（一石为100斤）之多。

在苏序22岁的这一年，青神县李顺带头造反，攻打眉州。人心惶惶之际，苏序每天参与守城，气稳神定。此时屋漏又逢连夜雨，他的父亲苏杲病逝！而攻城越来越猛烈，人们都忧心忡忡的，但是苏序依旧像平常一样该干什么就干什么。战乱平息后，眉州一带又是大旱，庄稼近乎绝收，大饥荒就开始在这富庶之地蔓延。苏序毫不犹豫开仓送粟，先给族人，然后给妻子娘家人，再给佃户和穷人，使大家都平安渡过了灾荒之年。与此同时，他还在房前屋后遍种大芋头（古语蹲鸱），用大甑子蒸熟摆在门外，任人取用……

第二年别人来归还他的粟，他摆摆手拒绝了，说邻里之间相互帮助是应该的。由此可以看出他助人为乐的品格。

后来有人这样追问："您为什么一定要贮存这么多谷子呢？"

苏序的回答是："不去壳的谷子，可以贮存很长时间不霉烂不生虫，所以我才大量贮存备荒。"

一问一答之间，显示出苏序的远见与慷慨大度。古人认为和睦的邻里关系，是相互帮助，贫富可以调剂，危难可以相助。苏序的豁达人品与清正家风，深刻影响了苏家的后人。

苏序的奇事，还有很多。

蜀人自古就有饮酒的习俗，唐朝蜀中人李白就是公认的

"酒仙"。苏序也不例外，他劳动之余就爱喝几杯，尤其喜欢与乡野老人对饮，一边喝还一边放声高歌，这分明是一个快乐、耿直的乡野之人！有一天中午他喝得正酣，从眉州传来了天大的喜讯：他的二儿子苏涣科考及第了！这是光宗耀祖的大事啊，按理说应该热闹地庆祝一番，可他呢，并没有做任何准备，继续在小店里喝着酒……

当时国家规定，儿子中举，父亲可以因此而得到一个朝廷的官职，这叫"诰封"。朝廷诰封苏序官衔的文书很快也敲锣打鼓送来了，同时还有儿子苏涣为他购置的官服、官帽、笏板、交椅等用品也一起送到了。当时苏序仍在鸡毛小店喝酒，他衣冠不整，坐相不雅，醉醺醺地一把抓过文书，就将文书与各种杂物统统塞进一只布袋里。有趣的是，还将没吃完的一大块牛肉也一起塞进了同一只口袋，让村童替他背着，自己骑驴摇摇晃晃地进城。

听说他接受了朝廷诰封，一些人跑到郊外路边来看稀奇，他们终于见到了醉醺醺的"苏大人"，行头是两只农夫用的布口袋，无不放声大笑。而烂醉如泥的人，却从未跌倒，足见苏序的定力。

哈哈哈，大家头一回见到这副模样的"官人"！

值得记录的是，苏序还是一位不信邪的勇敢者。当年眉州有一座大庙，供奉土神"茅将军"。

宋代钱易《南部新书》记载："江淮间多九郎庙与茅将军庙。九郎者俗云即符坚之第九子，曾有阴兵之感（应），事极多说。茅将军者，庙中多画缚虎之象……"这个故事讲的是，浙西有位叫德林的和尚，年轻时游舒州，于路边看见一个人正拿锄头清理一块一丈大小的土地，周围几十里没有人家，觉得很奇怪，就问那人。那人说，"过去我有一次从舒州往桐城去，走到这里突然发起了疟疾。走不动了，就躺在草丛里。等稍清醒过来时，天已黑下来。四望没有人烟，只听得虎豹吼叫，心里想我是非死在这里不可了。突然有一个人骑着马来到我跟前，看那样子仿佛将军，带着不少人。将军下马，坐在胡床上。过了一会儿，他叫来两个兵，对他们说，好好保护这个人，明天把他送到桐城去。说完就上马走了，转眼已不见，只剩下两个兵守着我。我勉强坐起来问他们，他们说，那人是茅将军，经常夜里出来猎虎。怕你被虎伤，特派我们保护你。我想再仔细问问，因为太难受又躺下了。等我醒时，太阳已出来了，两个兵也不见了，我就爬起来赶路。只觉得两腿特别轻快，跟没病时一样。到了桐城，病完全好了。所以我就在遇见茅将军的地方给他修个小祠庙祭祀他。"德林和尚到舒州待了十年，等回来时一看，村子里到处都建有茅将军的祠庙。

这其实涉及及宋朝的信仰，当分正祀和淫祀。而混迹于正祀神庙的淫祀，虽不被官方记入祀典，却被民间祭之。巴蜀地区："蜀民尚淫祀，病不疗治，听于巫觋。"在崇祀氛围十分浓厚的巴蜀地区，淫祀较为普遍。比如当时在黎州（今四川省雅安市汉源县）有武侯祠，"杂他土木鬼神，甚不典"，这当然要清除出列。官方大力禁巫，也对与巫觋相关的祠庙加以打击。比如雅州知州王惟正，"按祠庙之不在祀典者，投其像于江，彻屋材以补官舍，巫觋为之易业"。王惟正打击的是不在祀典之列的祠庙，即非正祀。

在这样的影响之下，在苏序眼里，眉州百姓一旦对巫觋供奉的礼物欠丰盛，那么"茅将军"就降下瘟疫和灾祸。真乃"是可忍，孰不可忍！"百姓本就困苦，大家都吃不好穿不暖，哪来丰厚的祭拜物品？有一天，出离愤怒的他率领十几个村民冲进"茅将军"庙，挥斧砸碎了神像，还把碎块扔进了山沟。一不做二不休，干脆把庙也拆毁了。奇妙的是，此后眉山风平浪静，也没有什么灾祸降临……

更奇特的是，苏序还有一次与"茅将军"的遭遇之战。

那还是天圣二年（1024年），苏序第二子苏涣（1000—1062年）进士及第！这可是眉山苏氏家族的天大喜讯。消息传到老家，苏序与族人赶往蜀道剑门关迎接苏涣。宋代"苏门六君子"之一的李廌在《师友谈记》里记载了苏轼的口述，那是一段非常传奇的事件：

> 伯父初登第，太傅甚喜，亲至剑门迎之。至七家岭，忽见一庙甚大，视其榜曰"茅将军"。太傅曰："是妖神却在此为患耶？"方欲率众复毁，忽一庙吏前迎拜，曰："君非苏七君乎？某昨夜梦神泣告曰：明日苏七君至，吾甚畏之。哀告苏七君，且为容恕，幸存此庙，俾窃食此土也。"众人怪之，共劝焉，乃舍。

七家岭的庙祝"梦神泣告"云云，显然是托词，但苏序敢于毁庙破迷信，确系事实。由此可见苏序敢于出头的性格。

苏序粗枝大叶，读书不求甚解，但晚年迷上了写诗。乡间生活、县城见闻都能引发他的诗兴，所作竟有一千多首，可惜时光荏苒，未能流传下来。

今人有这样的评价：苏杲、苏序父子二人性格不同：苏杲有点胆小，做事谨慎；苏序比较豪放，不拘小节。但他们都善良好义，乐于助人。从苏杲、苏序身上体现出来的品性，正是蜀地民风淳朴。

所谓有其父必有其子，从他的孙子苏轼身上，完全可以发现他们惊人的相似之处。

苏洵"游学"

现在，我们该介绍苏轼的父亲了。

苏序有三个儿子：苏澹、苏涣、苏洵。长子名苏澹，体弱早逝，事迹无闻。需要注意的是，唐宋两朝，蜀地有两位苏涣，前者还是杜甫的挚友。史料记载，唐朝苏涣初字公群，后改字文父，他年少时为盗侠，狂放任侠，加之血气方刚，往往是"路见不平一声吼"！他的拿手武器是一张百发百中的白弩（强弩），过往商人对此无可奈何，把他称为"白跖"，即使用强弩的强盗。可见苏涣颇有武功。一些传记里，竟然把唐朝的苏涣的白弩强塞到宋代苏涣手里，他如何消受得起啊！

眉州的苏涣猛攻诗书，在天圣二年（1024年）进士及第，累迁侍御史！这让以往籍籍无名的眉州书生倍感荣耀，一时间读书人达到了上千人之多。

但苏洵却与两位哥哥不同，他从小"游荡不学"，一直喜欢游山玩水，并沉溺其间。他游完青城山、岷山、峨眉山、剑门雄关，再乘船东下穿过夔门直达中岳嵩山、江浙等地……苏洵这种"百金买骏马，往意不自存"的豪放性情，肯定受到唐朝苏涣的影响，仿佛他们心中的偶像乃是诗仙李白！当然了，行走山河、寄情山水也并非虚废时光，因为雄奇秀美的景色开阔了苏洵的眼界，滋长了他的才华，而且他结识了很多名流与江湖异人，他把人世这本大书读出了自己的心得。这就是他的"游学"。

这样的"游学"，在行万里路过程中反刍万卷书的奥义，达到"江山倍叠更销魂"的人生之境。这倒是让我想起意大利剧作家卡洛·哥尔多尼的一句话："没有离开故乡的人，充满了偏见。"反过来说，不断地在他乡与故乡之间来回奔走，苏洵的故乡观念，早已超越了狭隘的"乡愿"之境。

曾巩《苏序墓志铭》说："君之季子洵，壮犹不知书，君亦不强之。谓人曰：'是非忧其不学者也。'"张方平《文安先生墓表》说："先生（苏洵）其（苏序）季也，已冠，犹不知书。职方不教。乡人问其故，笑曰：'非尔所知也。'"苏序对苏洵"游荡不学"的态度是"纵而不问"，人问其故，他或笑而不答，或说"非忧其不学"，甚至说"非尔所知"。苏序对苏澹、苏涣是"教训甚至"，为什么对苏洵却"不教"，"纵而不问"，并对其未来充满信心呢？这是因为苏序对苏洵颇为了解，知道他颇有大志，不愿为僵硬的声律句读之学所束缚；所谓"游荡不学"，他超然于书本空间之外的志向，未尝不可听其在山水中滋养，到达某个临界点，事情也许就有突然的质变。

苏洵在游学中途，还敢于大把花钱。

苏轼年幼时，苏洵一次在市中用身上的银狐裘换回了一座木假山。木假山就是埋藏在岷江沙土里上万年的大树，最终成为发亮的乌木，再雕刻为假山。乌木也称阴沉木，分为乌柳、

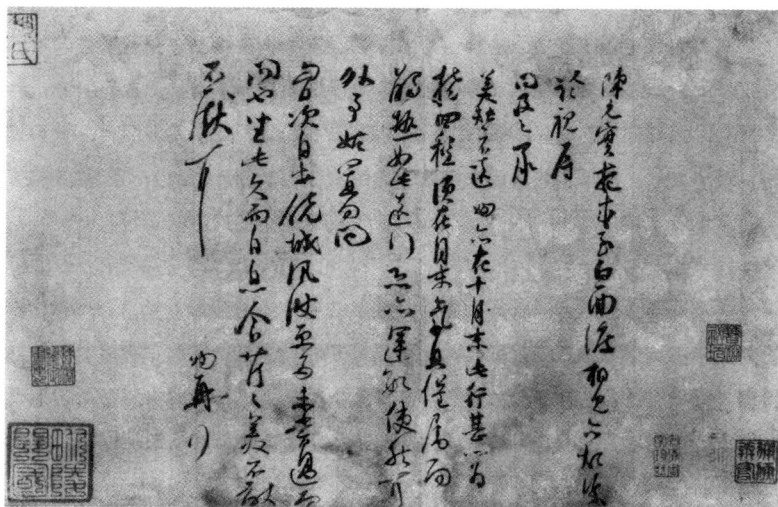

《白面渡帖》（［宋］苏洵书）

红椿、金丝楠三大类。树木被深埋于江河湖泊泥沙之下，在缺氧、高压以及微生物的作用下，碳化成半木半化石状态。阴沉木因兼备木的古雅和石的神韵，乌黑华贵的色彩，柔滑细腻的质地，万年不腐不朽，自古民间称"纵有珠宝一箱，不如乌木一方"，所以也被誉为"东方神木"。苏家人十分欣喜，赏玩不尽，苏洵挥洒成文，这就是名文《木假山记》。父亲并为两兄弟讲解了文章含义：树木在它成长的历程中会遭遇太多磨难，有的未及成材即夭折；而成材后，有幸成为栋梁则遭砍伐，不幸被风吹倒，被洪水冲走则破折乃至腐朽。留下不破折不腐朽的，很可能又成为人们做饭烧火用的木柴。最幸运的是被湮埋于河沙之下，经过千百年的磨洗，形状像山，之后被人发现又加工成假山，这才可以脱却泥沙并远离刀斧。东坡兄弟明白了，父亲写的是树木说的却是人间的磨难。尤为难忘的是，在文章的结尾，苏洵对木假山的形态表达了敬意：中峰伟岸，意气端重；两旁二峰虽势服于中峰，但凛然决无阿意奉承。这就是做人的道理！

多年以后，在仕途上沉浮的苏轼与苏辙，无论是春风得意还是屡遭贬谪，都时时不忘父亲的这一番教诲。木假山永远矗立在他们心中，木假山伟岸峭拔、沉稳大气、刚正不阿的形态，成为他们一生为人的准则。

木假山还有后续故事：苏氏父子进京时，曾将木假山运到汴京苏家所居的南园庭院。苏氏父子先后去世后，木假山又从京城被运回眉山苏宅，苏氏后裔设堂供奉。可惜的是，这座木假山终未能逃脱浩劫，在明末随整座祠堂毁于兵燹。清康熙四年（1665年）重建三苏祠时，在原址恢复了"木假山堂"。后来眉山人李梦连从岷江畔购得乌木，根据苏洵《木假山记》文中的描述，雕刻成现在的形态，供人瞻仰。

苏洵到25岁了，才决心停止"游学"，静心读书。但外面的世界不断诱惑他，他总是有些不甘心，这样犹犹豫豫又过了两年，到27岁的某一天，他对妻子说出了自己的担忧："我一心学习，就没有精力去赚钱管理一家人的生活，该怎么办呢？"

看到脸带愧色的丈夫，夫人感慨万端："你终于不找借口了！从今天开始，你就一心努力研究学问，一家人的生活由我来承担吧！"

这次苏洵说到做到，闭门谢客，日夜攻读，表现了惊人的毅力。转眼两年过去了，他踌躇满志，赴汴京（现在河南省开

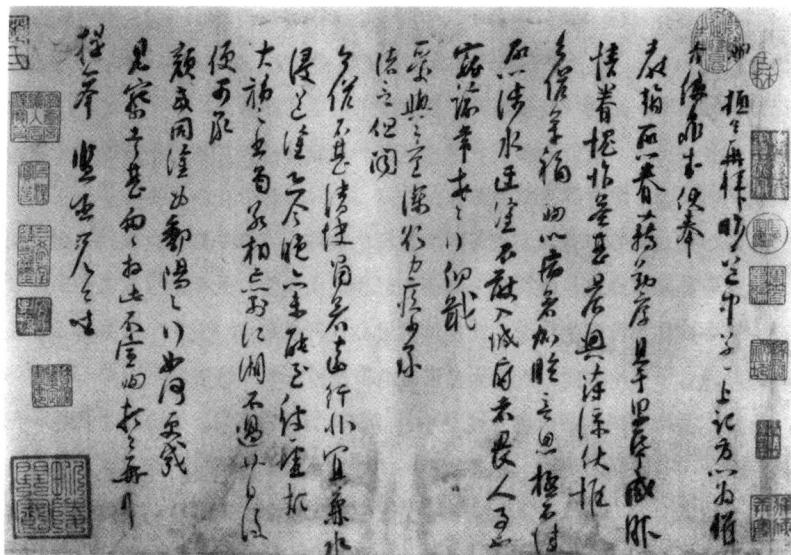

《致提举监丞帖》（［宋］苏洵书）

封市）报考进士。当时，科举考试尤其注重"声律应对"，这是指诗句中文字的读音需要平仄相间、相互转换。苏洵显然并不在行，结果榜上无名。但苏洵没有灰心，他反思了自己的不足之处，越发苦学。数年后他再次赴京，参加庆历六年（1046年）的考试。可惜他的见解和独具个性的文章都没能打动考官，再度名落孙山。

苏洵是冷静的，他没有因为自己无心做官而大肆攻击科举考试。毕竟科考是当时上进之人的一道独木桥，如想实现人生的理想抱负，就必须越过这一关。而培养端正的人品是比科举更重要的人生基石。苏洵夫妇身体力行，并常对孩子们强调读书的目的是："内以治身，外以治人。"治身，就是要修身、养性、正心；治人，就是要齐家、治国、平天下。并要子女注重节操，向历史上的忠臣学习，所以苏轼、苏辙在文学上出类拔萃的成就和官场中刚正廉洁的操守，显然是与严格的家庭教育密不可分的。

苏洵中年发愤、学业有成的事迹，也在家乡广为传颂。当时（1054年）名臣张方平镇守成都，张方平很有学问，得知苏洵才学杰出，便引为知己，特别是他读了苏洵的文章后，大为佩服，甚至把他同左丘明、司马迁、贾谊等历史名人相提并论，他决定向朝廷推荐这样的人才。

不久，雅州（现四川省雅安市）知州雷简夫也与苏洵结识了，称他是天下奇才，并向朝廷宰相韩琦、翰林学士欧阳修积极推荐苏洵。

可惜的是，朝廷对张方平等人的推荐迟迟不予以答复，于是张方平建议苏洵去京城，希望他能遇到伯乐。恰好苏轼、苏辙要进京参加科考，于是宋仁宗嘉祐元年（1056年）苏洵带着两个儿子从眉州到益州由陆路经陕西，一路耗时两个多月辗转到达汴京，行程1000多公里。

苏洵向欧阳修面交了张方平、雷简夫的推荐信和自己的一些文章。欧阳修一读，对苏洵的才能大为赞赏，立即向朝廷举荐说，"眉州布衣，履行淳固，性识明达"，建议朝廷选用这样的人才。与此同时，苏洵的著作开始在不少官员中传阅开了，苏洵一时名扬京师，许多名士都以能够认识他为荣。

宋嘉祐二年（1057年）苏洵与苏轼、苏辙一起参加科考。苏轼、苏辙兄弟不负父母希望，一路过关斩将，同时考中了进士。很遗憾，这是苏洵第三次参加科考，仍旧没中。但是，皇帝宋仁宗看到苏家兄弟的试卷，十分高兴，对皇后感叹说："吾今又为子孙得太平宰相两人。"这等于是把苏家兄弟看作未来宰相的人才！苏洵父子的文章在士大夫和学子中争相传诵，效仿的人很多，文风为之一变。

当时京城有一句关于"三苏"的民谣流传很广泛："建炎以来，尚苏氏文章，学者翕然从之，而蜀士尤盛。亦有语曰：'苏文熟，吃羊肉；苏文生，吃菜羹。'"意思是，读书人只要把"三苏"的文章读熟了，就能因此中举、做官、吃肉；"三苏"的文章如果读得不熟，那么就只能落选喝菜汤了。现在看来，虽然把中举与吃肉联系起来并不一定合理，但也可以看出当时人们对"三苏"的崇拜之情。

说到羊肉，还可以补充一些逸闻：

清代王士禛《池北偶谈·谈异三·苏文》：东坡有一位朋友"殿帅"姚某，饕餮之徒，尤其贪吃羊肉，常借故给东坡写信，叫仆人等着东坡回信，回信到手，便拿去直接卖掉买羊肉吃。每次出卖苏信，可换得羊肉数斤，大快朵颐。这个叫姚麟的殿帅将军，与东坡并不相熟，如此执着于羊肉，堪称奇人。东坡的书法被黄庭坚戏称为"换羊书"，只是东坡知后不肯再作"屠羊"行径。

当年东坡在首都开封当京官，受到太后、皇上宠任，红极一时，连羊肉也跟着涨价。后来他得罪小人遭遇横祸，连连贬谪，名字还刊在了"奸党"碑上。这"倒苏"运动一来，士大夫又纷纷诽谤苏文，说他不但毁谤朝廷，而且文字也不通顺了。

从此，"苏文熟"不但休想"啖羊肉"，而且这3字应改成"进监狱"了。

宋嘉祐四年（1059年），朝廷再次召苏洵，于是他再赴京师。嘉祐五年（1060年）八月，苏洵终于被任命为"秘书省校书郎"，秘书省是专门负责管理国家所有藏书的机构。第二年苏洵再被任命为霸州文安县（今河北省文安市）主簿，这是一个八品官，主管一县的文书簿籍及官方印鉴。就在苏洵担任文安县主簿期间，朝廷又要他与陈州项城县（今河南省项城市）县令姚辟共同编修一部重量级的大书《礼书》，这是非常重要的国家礼仪之书，体现了国家对他的重视。苏洵认为《礼书》是史书的一类，他明确表示了"遇事而记，不择善恶，详其曲折"的态度，编书就是要让后世吸取历史教训，实事求是，反对粉饰……人们常说"润物细无声"，这样的观点深刻影响了苏轼与苏辙。

《礼书》洋洋一百卷，在宋英宗治平二年（1065年）九月终于编完，但58岁的苏洵为此操劳过度，在第二年（1066年）四月二十五日与世长辞。

时至今天，我们经常听到学生朗诵宋代学者王应麟编纂的《三字经》，其中就有这样的励志名句："苏老泉，二十七。始发愤，读书籍。彼既老，犹悔迟。尔小生，宜早思……"一个人一旦意识到自己必须发愤图强的时候，无论到什么年纪也都是可喜的。可以说，恰恰是苏洵奇特的人生经历，才培养出了奇才苏东坡。

玉局观·蟆颐观

　　宋代文人夏元鼎《西江月》曰："谈玄玉局在西川，此日方当龙汉。"词中提到的"玉局"就在成都！让人不禁产生"踏破铁鞋无觅处，得来全不费工夫"的联想。成都玉局治，唐代建立。东汉时因老子为张道陵说经的传说而成为五斗米道二十四治之一。唐到宋时期的位置在成都城南偏东，即江渎池附近，相当于现在上莲池街以北地带，另一说是在柳荫街一带的锦江北岸。在唐代开元中，道士罗上清请益州长史兼剑南节度使章仇兼琼重修殿宇，因避唐高宗李治讳改玉局治为玉局化，成为成都文化地标之一。唐代诗僧贯休《题成都玉局观孙位画龙》赞曰："又闻蜀国玉局观有孙遇迹，蟠屈身长八十尺。游人争看不敢近，头觑寒泉万丈碧。"而后王建据蜀时期，在玉局化重建五凤楼，注重文化的王衍再予重建，遂成名观。

　　宋代乐史《太平寰宇记》载：其"在城北柳堤"洞子口，内有玉局坛（"城北"并非误，乃是后人据讹本有意改纂）。传说李老君曾于此坐局玉床讲经，因而得名。赵抃《成都集记》："开元中，道士罗上清奏重修殿宇，本名玉局治，避高宗讳，改为玉局化。国朝为玉局观，置提举主管官。"《灵验记》云：

"天宝岁,玉局观前江内,往往夜中有光从水而出。高七八尺,上赤下白,其末如烟。明皇幸蜀,有人于光处得玉像老君以进。高余一尺,天资莹洁,宝相;圆明,殆非人工所制。驾回,留镇太清宫。"《成都文类》所收凌策《玉局祥光出现表》:"祥符七年六月十八日申时,玉局化混元上德皇帝太老君洞中,忽有五色光出见,高三尺已来,移时方散。策画图具表进呈。"玉局观里屡现异象。

到元兵攻蜀,玉局观毁于兵燹;明朝蜀王朱椿再予以另辟地址重起,位置移到城北,可惜明末清初再遭战火毁坏,清代复予以新建……

宋天圣八年(1030年),时年22岁的苏洵尚无子嗣,按礼教"不孝有三、无后为大"之训,苏家人着急起来。这年的重九日,苏洵游览了成都玉局观。据传,在无碍子卦肆(专卖

眉山市蟆颐观中的"苏洵求子处"(蒋蓝摄)

求子卦）里，他见到一幅奇妙的"张仙挟弹像"，他心念一动，用所佩玉环予以换取。张仙乃眉山得道仙翁，姓张名远霄，民间传说其凡有祷必应。

回到家后，苏洵每天早晨必于张仙像前虔诚焚香祷告。眉山蟆颐古观内供奉张仙，明代所刻《重瞳观新修殿宇记事碑》对此事有载。

民间流传着苏洵"梦中摘星"的故事。程夫人临产在即，苏洵夜得一梦。在梦中他去了县城外岷江边的著名道观——蟆颐观，又名重瞳观，坐落于富牛镇。观主张远霄，道行很高，远近闻名，文武兼通，他手上不常拿拂尘，倒是常执一把铁骨的弹弓，道袍里永远装着从岷江河边捡回的鹅卵石，是那种晶莹剔透如玉色泛光的石头，石头里仿佛有云彩飘动。据说张远霄的铁弹弓配上这种石子，可以打到天上的神仙，他也因此被眉州人称为"打弹张仙"。

法国著名作家帕斯卡·基尼亚尔在《游荡的影子》里说："在人出生那天之前就已经有了一个生命。在世界出现之前就已经有了一个世界。"听起来有点唯心，但这样的话不宜争论，而只能在思考中去慢慢"默化"。

宋景祐三年（1036年）腊月十九日清晨，眉州大地暖阳普照，但白雾到中午还没有完全消散，所以蜀地的太阳光，看上去总有些发白。只见一缕缕阳光透过云层的间隙，云移光随，就像一尊自带光环的佛像，照射在山峦和道路上，形成一道道奇妙的自然景观。这样的光柱，在宋代该怎么称呼不得而知，也许是佛光吧。

程夫人昨夜被腹中胎儿折腾了一夜，苏洵也陪了一夜，天快亮时，他靠在外间的太师椅上迷迷糊糊地睡着了。女儿八娘的乳母任采莲伺候着行动不便的程夫人，她们轻手轻脚，生怕惊醒了疲倦的苏洵……

日上三竿，苏洵感觉到身轻如燕，伴随一阵江风飘然来到城外岷江东岸的蟆颐观。

苏洵不禁想起东汉赵晔编写的《吴越春秋》里的《弹歌》："断竹，续竹，飞土，逐肉。"这是一首远古民歌，反映了原始社会狩猎的生活，民歌简短、质朴，诗句整齐、和谐，这何尝不是对眉山一带乡野的写照啊？！但也有人的弹弓从不射鸟。他可以瞄准一般人看不到的东西。

苏洵来到道观山门，张远霄早已在山门恭候，笑问："苏信士是来求儿子的吧？"

苏洵答："是的，我想要一个儿子。"

张远霄："这有何难！看我打一个天上的星宿下来，给你当儿子。"说着取出牛筋弹弓，从袋中摸出一枚铁丸扣上，"嗖"的一声就往空中打去。

苏洵将信将疑。张远霄说："回去吧，看看你的儿子是不是天上的星宿下凡。"苏洵还是不信，突然感觉平静的岷江汹涌而至，大江竖立起来，兀自摇摆……哎呀！他大惊，终于从惊天的浪涛里回到现实，他揉了揉眼睛，见一缕冬阳透过窗棂，斜照在自己面前。还好，这是梦！

这是什么梦，怎如此奇怪呢？

恰在此时，里屋传来婴儿的啼哭声。苏洵知道又一个孩子降生了，他不便进屋去，只在外面候着，等待消息。不一会儿，任采莲出来了，她高兴地对苏洵说："恭喜老爷，您得了一个公子。"

苏洵非常高兴，急忙跨进里屋。屋里生着火盆，暖融融的。接生婆将小孩洗干净了，正用小棉被包裹着，小孩啼哭着。苏洵没有理会接生婆的恭贺，也来不及看程夫人一眼，径直走到接生婆面前，扯开还没有包好的棉被，将小孩轻轻翻过来，看他的背。程夫人和接生婆以及随后进屋的任采莲都不知道苏洵在干啥，都呆呆地看着他与啼哭的小孩。

苏洵把小孩交给接生婆，满脸堆笑地走到程夫人床前。程夫人见苏洵过来，想坐起来，苏洵伸手制止："不要动！好好休息。"

程夫人柔声问："你刚才看孩子背上有啥？"苏洵说："我看他背上是不是有几颗痣。"见程夫人用探询的目光盯着自己，他解释道："刚才我在外间做了个梦，梦见张远霄给我说，他用弹弓给我打了一个星宿下来，说这个星宿就是我们的儿子。还说让我回来看一看，这个孩子是不是天上的星宿，只要看他背上的几颗痣就知道了……"

程夫人笑了起来，说了一番奇怪的话，让苏洵听得一惊一乍："我刚才迷迷糊糊的，梦到一个癞头和尚冲进门来……我一惊，娃娃就顺利出生了。其实，是不是文曲星下凡并不重要，只要他勤学苦练，就定有出息！"

家里添丁加口，十分喜庆，张灯结彩，以示庆贺。第三天一早，苏洵点燃香烛纸钱，祭拜了天地祖宗。他高兴地问程夫人：准备给娃儿取个啥名字？程夫人说："孩子排行老二，希望他和和气气，就取名和仲，如何？"苏洵补充说："先取名和仲，等他入学时，再给他取名和字。"对《周易》沉浸多年的苏洵却有一番自己的认识。在他心目中，《周易》乾卦文言说："利者义之和。"又说："利物足以和义。"要治理好国家，就必须懂得义利不可或缺的道理："义利、利义相为用，天下运诸掌矣。"

苏和仲不是别人，正是长大后大名鼎鼎的苏轼。

3年后的宝元二年（1039年）二月二十日，无常的命运变成缕缕阳光，再次光临苏家，幼子苏辙来到世间。巧合的是，苏辙出生时间与哥哥一样，都是早晨。因为老大早夭，这也是后来苏辙诗中所谓"兄弟本三人，怀抱丧其一"的缘由。

……

当63岁的苏轼终能从海南岛遇赦北归，朝廷给他的结论是："官复朝奉郎，提举成都玉局观，在外军、州任便居住。"如果我们不过度讲求因果，这既是命运的惊人回环，也是他一生最后的官职了，待遇不错，仅属荣誉性质。宋朝皇帝崇尚道教，各地建立许多宫观，也就诞生了这种因宫观而寄禄的祠禄官虚职。故后世对苏轼又有"苏玉局""玉局翁"等称谓。宋代官与职是分离的，实行"官与职殊""名与实分"的官员任用制度，故而冗官多，朝廷没有官缺加以安置，祠禄官也越来越多。《宋史》志第一百二十三《职官十（杂制）》"宫观"："宋制，设祠禄之官，以佚老优贤。先时员数绝少，熙宁以后乃增置焉。"苏东坡毕竟影响太大，所以天下皆知"苏玉局"，这无疑是成都玉局观之幸，也在一定程度上诠释了士人喜欢北宋的原因。

青神县程家嘴

相传距今四五千年前，蜀王蚕丛喜欢穿着青色的衣服，带领民众种桑养蚕，使蜀地经济趋于兴旺繁盛，由此在成都平原建立了古蜀国第一个国家政权。他死后，蜀人缅怀他功劳，就把蚕丛拜为青衣神（蚕神），并将他的出生地命名为青神县，这也是中国县名中唯一以"神"命名的县。

据光绪《青神县志》记载，古时陆路不畅，青神辖区的码头是上达成都眉山、下达乐山宜宾重庆的中转站，形成了千帆林立、货船川流不息的大商埠，桑树遮天蔽日，户户养蚕缫丝，被誉为"南方丝绸之路""岷江古航道小峨眉"。曾经高高飘荡于岁月时空中的商铺招牌旗号，辚辚而来的车马，摩肩接踵的行人，诉说着这里门庭若市的繁华与热闹。盛况宛如梦影，正如陆游的《蝶恋花》中所描写的梦境：

水漾萍根风卷絮。倩笑娇颦，忍记逢迎处。只有梦魂能再遇，堪嗟梦不由人做。

梦若由人何处去？短帽轻衫，夜夜眉州路。不怕银缸深绣户，只愁风断青衣渡。

青神县程家嘴村是原南城镇的大兴村、花桥村合并后的村名，现隶属于青竹街道办事处。该村位于青神县城南，东面临岷江，西面和南面紧靠思蒙河，北面与兰沟村相邻，面积约4.87平方公里。程家嘴在这个如诗如画的半岛上，由一片翠竹、桑田连接。置身山坡上，可以看到这一片地貌，很像一片迎风微动的桑叶。

岷江千里浩荡，但流经眉州城东门到青神县这20多公里的一段，暴躁的江水变得驯良舒缓起来。这里江面开阔，水平如镜，倒映着东岸的连绵古刹与西岸的桤木、竹林与麻柳树，白鹭低飞，鸳鸯成双，不时有银鱼跃出，荡起微微涟漪……唐代以后，便赢得了一个晶莹剔透的名字：玻璃江。

耕读传家是中国传统农业社会中，一般家庭所努力追求的生活方式。程家也不例外，北宋时程文应的儿子程浚与苏轼的二叔苏涣一起进士及第，成为眉州两大名人，两家联姻，苏序与程文应都因儿子进士及第受到朝廷加封而做官。程文应官至大理寺丞（相当于国家法院的高级官员），名震家乡。程仁霸、程文应、程之邵、程之元、程之才、程唐、程垓、程敦书等程家子孙一代一代传承和践行程家优良家风，程家也成了官宦诗书之家。

程仁霸是程夫人祖父、苏轼外曾祖。苏轼在《外曾祖程公逸事》一文中写道："公讳仁霸，眉山人。以仁厚信于乡里。"这里举一个例子。

程仁霸以仁厚而为乡里信服。北宋平蜀后，程仁霸任录事参军。当时眉山一个偷萝卜的小偷，在急不择路的情况下持刀伤了萝卜的主人。县尉想贪功领赏，竟然以抢劫案上奏，即把偷萝卜误伤人，变为持刀抢劫伤人。狱吏拷打小偷，最终定案。眉州太守复核时，小偷一直在哭泣。

程仁霸刚好路过，了解到小偷的冤情，就说："你有冤就说出来，我为你直言申冤。"小偷于是把自己的冤情哭诉给程公，而程公也秉公直言据理力争，希望一件民事纠纷不要变成刑事案件。遗憾的是，县尉和狱吏不听程公申辩，而且还换了一个监狱，最终将小偷处死！而程公因为仗义执言，反而被罢免了官职！奇怪的是，不到一个月，县尉和狱吏竟然双双得急病突然死亡。

据传，三十多年后的一天，老迈的程仁霸突然在大白天见到那个小偷，竟然跪拜在自家庭前。程仁霸上前，小偷说："县

眉山市青神县程家嘴思蒙河（蒋蓝摄）

尉和狱吏还未伏法，等待您前去对质。此前，地府准备召您前去问对，我叩头抗争说，不能因为我的冤情而惊扰了程公。所以才等到了今天。您今天正好寿终正寝，我特地前来抬着您去，对质完毕后，你将升于人天之中，子孙将享受寿禄，高官满门。"

程仁霸听完，默默回到房间，把事情告诉了家人。他沐浴之后在睡梦中安然而逝。

传言固然不可全信，但程家发达是真。后来，程仁霸之子、东坡的外公程文应，官至大理寺丞，享年90余，而程家已是眉山巨富之一！程家孙子、玄孙辈，子嗣依然十分兴盛，反观当初的县尉和狱吏，后人已经衰微了……东坡在记述这件事时说："有人说那个小偷感于程公恩德，一直不忍打扰程公，以至于三十多年后才去请他对质。"

程公的善行福泽子孙，县尉和狱吏的行为祸殃自己又影响子孙福荫。东坡记录的这个例子表明，天理昭昭，弃恶从善，是做人的正确选择。

程夫人

　　苏母（1010—1057年）出生于眉州青神县风光秀美的程家嘴。母仪若水润"三苏"，勉夫教子，鞠躬尽瘁，死而后已。她是"三苏"崛起的第一功臣，苏母与孟母和岳母一起，无愧于"中华三母"之称。由于宋朝时很多女性都没有名字，我们就暂且称她为程夫人吧。

　　程夫人自幼在这片桑蚕之乡长大，耳濡目染，经常参加劳动，对于丝绸纺织加工非常熟悉。

　　她18岁嫁给苏洵，不但在苏洵中年发愤过程中起到至关重要的作用，而且在培养苏轼、苏辙兄弟成才道路上，居功至伟。我们可以说，程夫人培养了3个顶天立地的大人物、大作家。

　　由于苏序为人慷慨，家财时常耗尽，所以生活并不富裕。程夫人初来乍到，她很快就发现了苏家的窘境，她的举止越发收敛，毫无"下嫁"的委屈与大富之家的居高临下。当时苏洵的祖母（苏杲的夫人宋氏）"老而性严"，家人哪怕脚步声大一点，都会遭到老人的呵斥。但年仅18岁的她却能顺适祖母之意，深得其欢心。

　　鉴于苏家生活颇为窘迫，有用人对她说，你娘家不乏于

程夫人（向以桦绘）

程夫人勉夫塑像（蒋蓝摄）

财，以你父母之爱，求其帮助，不会不答应，"何为甘此蔬粝，独不可以一发言乎？"

程夫人却有一番深谋远虑。一旦求助娘家父母，自然会得到资助。但是这就为别人嘲笑苏洵的无能落下了把柄，留下靠妻子父母资助才能过活之类的话题。所以，她宁愿过"蔬粝"的生活也不向娘家求助。她所唯一担忧的，是丈夫苏洵"游荡不学"，将会一事无成。但程夫人沉静贤惠，具有巨大的忍耐之力，即便有忧虑，却从未向苏洵表露。

生活就犹如庭院里的桑叶，在枯荣之间周而复始，但仔细观察，又发现每一片桑叶似乎又有不同。

早在春秋战国时期，伴随秦国咄咄逼人的攻势，中原地区掀起了进入巴蜀的移民浪潮。前316年秦灭巴蜀后，下令移秦民万家来到地广人稀的巴蜀。戎伯即臣属于蜀的各族酋长，此实乃后来中原王朝"移民实边"政策之肇始。秦国此次中原向巴蜀移民过程持续时间更为长久，长达一个世纪，《华阳国志·蜀志》记载："秦惠王始皇，克定六国，辄徙其豪侠于蜀，资我丰土……豪族服王侯美衣。"此时巴蜀地区能够生产出中原王族才能穿的"美衣"，应该是细腻丝滑的高质量丝织品，织匠技艺独步天下。而这一时期，来自中原移民巴蜀的群体中不乏能工巧匠，他们在成都平原各处落地生根。中原移民为巴蜀带来先进的文化和冶铁、纺织技术，大大促进了巴蜀农业和蚕桑生产的蓬勃发展。在丝织业方面，移民的纺织技艺为两汉时期"蜀锦"的繁荣奠定了广泛基础。在经过中原移民工匠的技术改造和革新后，蜀地培养和造就了大量技艺高超的丝织工匠。

巴蜀丝织业完成了技术力量的积累，在稍后年代形成了以成都为中心的丝织基地，带动了整个成都平原的桑蚕纺织遍及城乡。到北宋时期蜀地丝织业高度繁荣，全国逐渐形成江浙和四川两个大中心，蜀地丝织品"号为冠天下"。

程夫人首先注意到岷江沿线盛行不衰的丝绸贸易。当时眉州城内绸缎生意兴隆，形成了"纱縠行"一条街。"纱縠行"的本义就是缫丝之处和蚕桑集市。程夫人于是变卖嫁妆，在纱縠行上开设了一家铺面，采取"前店后家"的方式，做起了丝绸买卖。眉山人至今认为，由于程夫人的生意越做越好，积累了资金，苏家才在老街买下了5亩宅院，这就是闻名于世的"三苏祠"原址。

丝绸生意越做越好，苏家宅院陆续扩建至数十间房子，还有花园、亭子和几口池塘。从大门进去，迎面是一个深绿色的青砖影壁。之后才是一栋别致的房子。院子里面有高大的梨树和荔枝树，其中还有苏洵亲手种植的槐树。在这个宅院的花园之中，花卉和果树的种类繁多，墙外则是千百竿翠竹构成的竹林。

从小受父母熏陶，程夫人十分爱惜生灵，更不准孩子和婢仆去捕捉花园里的鸟雀，孩子们一旦犯错，程夫人就会予以严厉惩罚，绝不迁就……几年过去了，鸟雀发现苏家花园很安全，就都在低矮的灌木、草丛里做窝，雀蛋是随处可见。每年春季桐子花开的时节，岷江两岸特有的五彩桐花凤（学名叫蓝喉太阳鸟），也会经常来这里低飞回翔，一点也不惧人。在四川乡村，五彩鸟进门是一桩喜庆之兆，所以街坊邻里都把桐花凤入

程夫人与苏洵造像（向以桦绘）

家当作稀罕事。兄弟情同手足，似乎彼此有感应。弟弟苏辙后来在《龙川略志》就写了这样一幕：他梦到自己与哥哥一道在眉州天庆观读书的一幕幕往事……梦中的苏辙展示了自己与老子塑像的一番戏剧性的对话，透露了一个自幼就埋藏在心中的秘密：随意杀生的人绝不可能长寿。

不贪不占、清白做人，就是程夫人大力弘扬的家风。有一天，苏家丝绸作坊里两个婢女正在熨烫丝绸时，她们站立的地方，几块地砖忽然塌陷了，露出一个几尺宽的坑洞，坑洞里隐约露出了一只陶土坛，因为受到砖块撞击，坛子发出了持续的"嗡嗡嗡"声……

大家估计，坛子里肯定有古人埋藏的金银财宝！

程夫人闻讯赶来了。她立即叫人用土把坑洞填平，任何人不准动坛子里的东西！看也不准多看，以免乱了心思。

她对大家说："一个正直的人，绝对不能去贪图别人的财物！"但世上没有不透风的墙，后来苏家搬迁到京城了，程夫人的弟弟程之问租下了这座宅院，他惦记着传说中的宝贝，挖地一丈多深，却没有找到这只神秘的坛子。人们估计，这是程夫人早就移动了那只坛子的埋藏点，她不希望人们去惊动那些古物。

这件事，表明程夫人不贪意外之财、不作非分之想的纯朴天性。所以，良好的家风是优良品质在家庭中的积淀，更是上一辈留给下一辈的宝贵精神财富。后来，苏轼在陕西凤翔府当官时，就发生了一桩类似的事：

隆冬时节的一天，突然飘起了鹅毛大雪，苏轼看到居室边一棵古柳树下，有一尺见方的地面并不积雪。等到天晴了，地面反而凸起几寸高。苏轼读过很多书，判断这是古人埋藏丹药的地方，因为地下有热力，所以那里才不积雪，于是他很想一探究竟。

妻子王弗一见丈夫跃跃欲试的样子，就劝阻说："如果婆婆（程夫人）还活着的话，她一定不容许你去发掘！"苏轼一听，暗叫惭愧，立即打消了探宝念头。

在湖北黄州期间，苏东坡在《前赤壁赋》中抒发了这样一个观点："天地之间，物各有主。苟非吾之所有，虽一毫而莫取。"意思是说，在天地之间，一切事物各有其主。事物的主人可能是阳光、雨露，是江河湖海。只要与自己无关的东西，"虽一毫而莫取"。这种自珍自爱的家风和操守，就是来自程夫人反复讲到的"非己之物，勿动其心"的美德。

程夫人很严厉，绝不容许苏轼、苏辙沾上富家弟子惯有的好逸恶劳的毛病。幼年时，苏轼、苏辙就曾每日面临"三白餐"：一撮白盐、一碟白萝卜、一碗白饭。这是程夫人有意的安排，"三白餐"锻炼了苏轼兄弟，使他后来无论遭遇任何艰难困苦也能坦然面对。

苏轼发蒙很早，领悟能力很强。到他正式读书时已经8岁了，虽说是虚岁，也算不得很早，这明显与苏洵、程夫人对孩子教育的独特看法有关。到8岁时，苏轼才被送进乡塾读书。乡塾设在眉山城郊的天庆观北极院。天庆观的来历，《舆地碑目》指出："唐太平公主出家敕在天庆观"，唐时成都就有，逐渐成为各地纷纷建设的宗教建筑。后来苏洵花费不少银子，造了一尊千眼大悲龛观世音菩萨大悲心陀罗尼神咒像，供奉于此。乡塾的老师是张易简，在近百名学生中，经常受到张老师称赞的学生有两位：苏轼和陈太初。

有一天，一位眉州的读书人从京城汴京回乡，带来了一首著名文人石介所作的四言长诗《庆历圣德诗》给张老师浏览。苏轼从旁偷看了几眼，竟然就可以背诵了。

他有些大胆，询问老师："这首诗里所歌颂的11位人物，都是些什么人啊？"

老师不耐烦了："小孩子不懂，哪用知道这些事！"

没想到苏轼不依不饶，继续发问："如果这些人都是天上的神仙，那我也不敢再问。但如果他们是真有其人，我为什么不能追问一下呢？"

这两句话很有其父苏洵的特点，这叫"打破砂锅问到底"。老师也大感惊奇，便详尽回答了他："诗歌里提到的韩琦、范仲淹、富弼、欧阳修这4位人物，都是天下的英杰！"

苏轼虽不能完全理解这4位风流人物为何卓著，却把张老师对他们的景仰之情牢记在心，成为激励自己上进的动力。

苏轼在张老师门下学习3年，终生不忘这位赏识自己的恩师。由此可见，一个老师对一个学生的赏识与鼓励，可能比讲课本身更为重要。在晚年谪居海南的清苦岁月里，一天晚上，苏东坡在梦中飞驰万里回到了童年的天庆观，与张老师针对《老子》中"玄之又玄，众妙之门"的观点进行了讨论，并大受启发。后来与他交往深厚的崇道大师何德顺修建了庙堂，请他作一篇文章，他欣然同意，内容正是根据这一梦中的场景，即兴写了一篇绝妙文章——《众妙堂记》，文章以梦为例，讲述大众修身养性、默化飞升的感悟。

庆历五年（1045年）的一天，苏洵给苏轼出了一个题目：《夏侯太初论》。夏侯名玄，字太初，是三国时期的曹魏贵族，史书记载，夏侯玄是大帅哥，"朗朗如日月之入怀"，光彩照人，后来被司马氏所杀。《三国志》说他临死之际非常镇静，来到了东市刑场，"颜色不变，举动自若"，这不禁让人联想起《史记》里田光向燕国太子丹举荐侠客荆轲时说的话："血勇之人，怒而面赤；脉勇之人，怒而面青；骨勇之人，怒而面白；神勇之人，怒而色不变。"

苏轼由此写下了人生中的第一篇正式作文。可惜苏轼所作的这篇文章没有流传下来，但以下文句因受到苏洵的激赏而得以保存，可以看出他的才气与创造性观点："人能碎千金之璧，不能无失声于破釜；能搏猛虎，不能无变色于蜂虿。"意思是：一个人能够在打破价值千金的璧玉时不动声色，而在打破一口锅时却不能不失声尖叫；一个人能够与猛虎搏斗，可是见到蜂蝎的时候却不免害怕。就是说，他没有赞赏夏侯玄临刑时如何面不改色，而是反其意而用，调侃了夏侯玄在大事上可以镇定，小事上可能变得惊慌。

像这样的富有思想的文句，不要说出自年仅8岁的少年之口，即使放在成熟的文章里，也堪称名言警句。苏轼成年后，又将这一名句移用在《黠鼠赋》和《颜乐亭诗》的序言中。一个少年能对事物和人心观察如此细致入微，可见一个人的才情是艰苦生活磨砺而成的。

到了庆历八年（1048年）春天，苏洵就让苏氏兄弟拜同乡的刘巨（字微之）为师。刘先生在位于眉山城西的寿昌院开班讲课，学生众多。有一天，刘先生心情好，写了一首歌咏鹭鸶的诗，结尾两句是："渔人忽惊起，雪片逐风斜。"苏轼听到后，认真思考，大胆发表了自己的看法："老师的诗很好！但我觉得这样写，似乎没有表现鹭鸶的归宿。不如改为'雪片落蒹葭'。"

刘微之一听，如遭电击一般大受震动，他正眼看了苏轼好一会儿，才感叹："哎呀，了不起！了不起！看来我当不了你的老师了……"

苏轼、苏辙少年早慧的名声在外，当时在眉山城内已很难为他们寻到合适的老师了，苏洵只好亲自执教，父亲总爱将激动人心的历史人物讲给他们听。

也是在苏轼10岁左右时，苏洵诵读欧阳修《谢宣召赴学士院仍谢赐对衣金带及马表》，大为感慨，他从欧阳修受到皇帝宠遇再联想到自己半生的起伏与落寞，认为大丈夫生天地间，就当顶天立地，不知儿子有无此大志，他讲解了文章的大概意思后，便说："儿子，你试写一联，给我看看。"

苏轼很快提交了答案，文中有"匪伊垂之，带有余；非敢后也，马不进"之句，使苏洵大感宽慰，他霍然解开了一个长期纠结于心的结：说不定，自己的人生理想可以在儿子身上实现！

他大声赞扬："孩子，你将来应该能够获得这种好运！要把握好自己的才华。"由此可见，少年苏轼雄心万丈，文章写作已有相当的成就。

就在这年，苏洵外出游历天下的念头十分迫切，所以他继续游历于各地历史名胜，真是心在远方。程夫人素有学养，于是便亲自指导儿子读书。

古往今来的英雄豪杰，得到大家拥护的人必然会受人敬仰，为人楷模。苏轼已渐渐明白了这一道理。

苏轼尤其敬慕爱国诗人屈原、李白，对屈原的品格尤其景仰。他成年后，去瞻仰屈原塔时表示："人生谁能不死，何必计较寿命长短。富贵是暂时的，名声是无穷无尽的，屈原最晓得这一道理，所以他死而有气节。"他暗下决心，毕生学习屈原的高尚情操。

有一次，母亲读到《后汉书》中《范滂传》时，不禁十分感慨，发出了长长叹息：范滂为真理而不惜以死相争，得到了他应该得到的名誉；但如果一个人历尽了坎坷，猛然回首，又发现生命里仍是空无一物，那又该怎么办呢？

范滂（137—169年），字孟博，汝南郡征羌县（今河南省漯河市）人。东汉时期大臣、名士，他生活在汉桓帝、灵帝统治的时期，因为反对阴险奸诈而无才能的宦官专权，触怒了奸人，所以被人假公济私，予以追杀。东汉建宁二年（169年），汝南督邮吴导奉命前往逮捕范滂，但到了范滂的家乡，他听到很多关于范滂的赞美之声，自己又不得不执行公务，左右为难的吴导竟在驿舍放声大哭……

范滂不愿连累别人，自己到县官那里投案自首。县令郭揖解下自己的官印，拉着范滂要和他一起亡命天涯，并说："天底下的地方大得很，先生何必在这里等死呢？"

范滂回答说："我一死，祸害就随风消散。我哪敢因自己的罪过连累到您，同时又让年迈的母亲也被迫四处流浪呢？"

范滂母亲得知此事，从家里赶来与儿子话别。范滂对母亲说："我的弟弟仲博很孝顺，足可供养母亲，我可以放心跟从死去的父亲归赴黄泉了。生死存亡，也算是各得其所。希望母亲忘掉分离的痛苦情思，我死了你不要太伤心！"

范母抚摸着儿子的肩膀，哭着说："好儿子！你现在能够同李膺、杜密这样的大名士一样名扬天下了，死了又有何遗憾！想想也是，一个人既想名垂青史，又还想长寿，怎么可能兼得呢？"范滂跪着接受母亲的教诲，这是他最后一次叩拜母亲……

范滂的母亲努力擦干眼泪看着儿子，说了一番肺腑之言："儿子啊！我如果想让你当恶人会有另一番结果，而恶人实在不能当啊；我想让你当好人的话，结果却落得了如此命运。"当时，凡是听到范滂遭遇的人没有不流泪叹息的。

程夫人读到《后汉书·范滂传》这一段时，心神激荡，念不下去了。苏轼听得格外神往，见母亲叹息，他明白了母亲的内心。他站起来，拍着胸膛大声说："妈妈，我长大了要做范滂那样的人！妈妈会允许我那样做吗？"

苏母十分感动，流下了两行热泪："如果你能当范滂，难道我就不能当范滂的母亲吗？"

母子的一问一答，内蕴着传统的道德情感。其中不仅含有对古代志士英雄的仰慕，更包含着两辈人不惜以生命捍卫正义的决心。

博　物

米兰·昆德拉说过："人的一生注定扎根于前十年中。"这是强调一个人童年的成长经历将决定其命运。也许有人并不完全认可这一判断，他们认为童年未必是一个人能够选择与感知的。只有到一个人对经历产生了认同感的时候，这样的铭记才闪烁出指引的意义。问题在于，你不可能提前去选定适合自己的童年。

眉山城内苏家的后花园，既是玩耍空间，也是孩子们亲近自然的实践场所。苏母一直支持孩子们在大自然中去获得感悟。她曾对苏轼、苏辙反复说：孔子最先发现和指出了《诗经》的教化作用，其中之一就是"多识于鸟兽草木之名"。因为历代经学家通过对《诗经》的深度研究，就有了《诗经》名物的考释与索解。苏轼兄弟铭记于心，在兄弟俩数千诗文里，世间万物无一不可入诗，如此成就了中国的"诗歌博物学"。

众所周知，"博物学"一词是对 Nature History 一词的转译。但中国传统文化里，并非没有博物学的观念与实践。经过汉朝到唐朝的文化积累，这一书写谱系又与传统的"草木虫鱼之学"及志怪、杂俎、方志物产、私人笔记的流脉融合于宋代，出现了一个中国博物学大爆发、大发展时期。宋代盛行"疑古、疑经之风"，宋人不愿意将古籍中记载的历史当作金科玉律，他们更相信古器物本身表达的内容。因为对于历史，除了古籍记载之外，最接近的就是同一时期流传下来的生活了。宋代文人在训诂学基础上，已开始把目光抽离狭隘的纸面，推衍到事物的生长史、制造史、传播史、风俗史等方向，尤其注重寻找事物的落地原委与发展规律，以此造福于民生。

毕竟古人留下的经典文本，即便曾浸润着他们荒野考察、深海探珠的汗水与心跳，也会逐渐风化为标本，若一味沉浸于此类"纸上的经验"，不但容易造成缘木求鱼的尴尬，而且对于人文思想而言，更容易凝固自己的审美，难免会让本来鲜活的感物方式，沦为干瘪的"纸上趣味"。保持及物的、行走大地的敏锐，恰恰是苏东坡的博物学路径，但他一生中也需不断反思既有审美范式中隐藏的预设，比如对于与陌生化的相遇，报以虚怀的态度。再如，传统博物学所聚焦之"物"，往往仅限于动物、植物、矿物的范围，如何能置身当下日常生活中包括的人之造物乃至"天外来物"以及看不见摸不着的"吹万"，可能也留待东坡迷们继续拓展视野，重新"发现东坡"的一个路径。

多年之后，东坡在《九成台铭》里提出了自己的博物观："江山之吞吐，草木之俯仰，鸟兽之鸣号，众窍之呼吸，往来唱和，非有度数而均节自成者，非《韶》之大全乎？"

苏东坡在徐州的功业，第一是抗洪，第二是发现煤矿，第三是劝勉农桑，所以他赢得了"苏徐州"的美称。此时距离欧阳修去世已有5年，苏轼在徐州为官两载，登临黄楼，应者云集，在此奠定了他作为北宋文坛的宗主之位。秦观在《别子瞻》一诗中曾说："我独不愿万户侯，唯愿一识苏徐州。"

除了文学才华，这些成就恰与苏轼的博学多识有关。那还是他在徐州城外修理抗洪工程，他虽清楚黄河泛滥周期差不多是四五十年，他任期内绝不会有第二次洪水了，但是为了防止以后的洪水，就在城外大力修堤坝。宋元丰元年（1078年），他发现徐州当地百姓用来取暖、煮饭的柴火不够。当时还不知道哪里有煤矿，他派人到处寻找，在他任内首次于徐州西南白土镇找到了煤矿，他写下了名诗《石炭》："岂料山中有遗宝，磊落如磐万车炭。"当之无愧地成为发现淮北煤田的先驱者。注意，此诗里"为君铸作百链刀，要斩长鲸为万段"，东坡气象仍然豪迈。

再比如，竹子坚韧无俦、上下有节、正直挺拔、虚心淡泊、经霜不凋，因此中国人对于竹具有特殊的文化情感。在梅兰竹菊四君子里，与竹有关的诗词尤其多，最为著名的自然是东坡的《於潜僧绿筠轩》。那是熙宁六年（1073年）春，东坡出任杭州通判，他经过富阳、新登，取道浮云岭，进入於潜县境"视政"。於潜县令刁铸与苏东坡是同榜进士，交情甚笃。刁铸接待了这位上司，请他在镇东南的金鹅山巅"绿筠轩"下榻。

寂照寺的於潜僧慧觉禅师闻讯，前来拜见苏东坡，谈佛论经。苏东坡自称佛门居士，谙熟佛学，谈吐之间使慧觉十分钦佩。两人在绿筠轩临窗远眺，满目皆是茂林修竹，苍翠欲滴，

熙宁元年（1068年）苏东坡31岁，在居父丧期间，曾与三老（王庆源、杨君逮、蔡子华）交往。苏轼将离眉山时，在家中手栽荔枝树，并与三老约定：树长成即归眉山。元祐四年（1089年），苏东坡在杭州，在诗作《寄蔡子华》中写道："故人送我东来时，手栽荔枝待我归。荔枝已丹吾发白，犹作江南未归客。"通过回忆在故宅与三老种植荔枝树的情景，抒发了对家乡的眷念与苦不能归的乡愁（蒋蓝摄）

思绪被阵阵竹涛带往远方……东坡连连叫绝。

慧觉禅师知苏东坡已陶醉于绿竹景色，故意道："苏学士，房前屋后栽几株竹子，我们於潜自古以来如此，不过点缀一下而已。"苏东坡摆摆手道："门前种竹，决非点缀而已，此乃高雅心神之所寄。我恰好有一首诗赠你。"他即兴挥毫，写下了这首《於潜僧绿筠轩》：

宁可食无肉，不可居无竹。无肉令人瘦，无竹令人俗。人瘦尚可肥，士俗不可医。旁人笑此言，似高还似痴。若对此君仍大嚼，世间哪有扬州鹤？

一个人宁愿没有肉吃，但居住环境中怎能缺少竹子呢？人没肉吃至多只是消瘦，而没竹子的生活人就会变得庸俗。透过斑驳竹影，我们不但可以感受到"竹林七贤"落拓不羁的纵横酒气，也可以目睹苏轼竹涛翻卷的大千世界。

因为竹子"孤生崖谷间，有此凌云气"，可以说苏东坡的一生，就像竹子传奇的一生。那么何谓东坡精神呢？我以为，坚韧、求真、仁爱、虚心，就是其内核，也是对竹的至美概括。

东坡在黄州时，给自己取了一个名号叫东坡居士。那么为何不叫西坡、北坡呢？除了苏家在黄州开辟的那块土地位于住宅以东之外，还有一个原因可能与他少年时代形成的爱好有关，那就是种树。苏东坡年少时喜欢在眉山东冈栽种松树，有诗为证：

我昔少年日，种松满东冈。

初移一寸根，琐细如插秧。

由此结下了终生不懈的竹缘、松缘。苏轼自少年时代起就深谙种松之法，后来丁忧回乡，曾在父母、妻子王弗长眠之地的小山上亲手栽下3万棵松。这片松树林既是他宦游四方、贬谪投荒生涯中的乡愁寄托，更是他心中永远的思念与痛。每逢思乡，梦中家山入梦来，总离不开松树，他方能写得出"家何在，因君问我，归梦绕松杉"这样的铭感五内的诗句，也才能吟出"料得年年肠断处，明月夜，短松冈"的无限深情。无论他到哪里，松树与翠竹总是如影随形。透过阵阵松涛荡涤出的松香气息、东坡寄托的精神，更留下了200多首与松树意象相关的名篇。

幸好"东坡居士种松法"流传下来了。陈师道《后山谈丛》记载："中州松子虽秕小不可食，然可种，惟不可近手，以杖击蓬，使子堕地，用探锥刺地，深五寸许，以寻扫入之，无不生者。"《东坡杂记》记录栽种松树的要点颇为详尽："十月以后，冬至以前，松实结熟而未落，折取并蕈收之竹器中，悬之风道……至春初，敲取其实，以大铁锤入荒茅地中数寸，置数粒其中，得春雨自生……松性至坚悍，然始生至脆弱，多畏日与牛羊，故须荒茅地，以茅阴障日。若白地，当杂大麦数十粒种之，赖麦阴乃活，须护以棘，日使人行视，三五年乃成。"直到今天，东坡种松法仍然是行之有效的，读到"松性至坚悍，然始生至脆弱"，让我心中一动！可见他的博物学根基，恰是自幼打下的。一个人一旦缺乏自幼形成对生活的兴趣，即便后来读万卷书行万里路，恐怕也来不及了！东坡更有毅力。他不是一时兴起的人，而是每隔一阵就去浇水，悉心栽培幼苗。久而久之，这种习惯就保留下来，即便他后来随命运漂泊各地，也就把种树栽竹的习惯带到那里，沾满东坡手泽的植物，也伴随他的人生之路而生长。竹影，似乎就是东坡的化身。他最为推崇"采菊东篱下，悠然见南山"的陶渊明，不仅仅是仕途漂泊导致的，而且是家乡的竹影、竹声、竹香，一直飘摇在他的梦境与想象中。

他最喜欢做的事除了播麦插秧、栽花植树，另外就是种竹子了。不仅在黄州种，在之前做过密州、湖州、杭州、颍州等州太守时，也大力提倡种竹。即便是后来花甲之年被贬岭南，他也把这令人闻之色变的"瘴疠之地"视为第二故乡，不断种竹子，还在西湖孤山上筑园造景，并种下了大量竹子、梅花。他咏叹："竹外桃花三两枝，春江水暖鸭先知。"作为诗人，苏东坡总能透过竹梢，感受到早早来临的春天消息。哪里有竹子，哪里就是自己的故乡。

一个人在私家园林里度过的童年是十分快乐的。苏轼五六岁的时候，成天和姐姐八娘、弟弟在院坝里玩耍，里面竹子尤其多，斑竹、慈竹、水竹、楠竹、苦竹、大琴丝竹、小琴丝竹随处可见，以至于现在的眉山市青神县，拥有中国竹子品种最多的公园。苏轼在《答任师中家汉公》里这样描绘："门前万竿竹，堂上四库书。高树红消梨，小池白芙蕖。"尽管此诗是写自己在眉山名士史经臣家所见所闻，但这也勾起了东坡幼年的生活场景回忆。在眉山蟆颐山登高远望，丘坡田湾之间，家家户户无不安居于幽篁环抱之中。但凡有竹的地方必有"林盘"，"林盘"是成都平原特有的依靠竹子与树木围合而成的一家人的居住地盘。房前屋后，竹绕家围，炊烟袅袅飘过竹梢，成为苏轼童年最美好的乡村记忆。竹子不但可以成为玩耍的竹马，竹子那种"萧然风雪意，可折不可辱"的秉性，更令他无限神往。

多年以后，东坡在山东密州超然台，吟出"十年不赴竹马约，扁舟独与渔蓑闲"。竹马，竹马，无数次驮负着东坡梦里飞驰回到故乡！

人们说，东坡爱竹、东坡似竹；其实竹子就像是他的脊梁。竹林是伴随他浪迹天涯海角的家乡。真如作家田波所言："一竹一东坡，化身千千万。"

有一天，苏轼抄写了诗人白居易的《养竹记》，因为他太喜欢这篇文章了。白居易总结出的竹子有"四大美德"，就是正直之士做人的准则。而当一个人逐渐意识到不能做这个世界上的怪竹、病竹、恶竹的同时，他才能平静地接近竹子"虚心"的境界。我们更要看到，从不攀附的竹子虽然柔韧，但不要忘记，竹子、竹篾也有锋刃，而且异常锋利！

而苏东坡与"东坡翠竹"的故事一直在民间流传。

北宋嘉祐二年（1057年），苏东坡在峨眉山万年寺后的山坡上，发现一株老茶树，那是唐朝时给宫廷生产"贡茶"的茶树。他把采回的新鲜茶叶经过精心地煎、揉、焙、晾、晒，制成了茶叶。回京任职时，把这茶带到开封，送给恩师欧阳修，欧阳修赞不绝口。

但福建人、宋朝四大书法家之一的蔡襄却认为福建的闽茶优于蜀茶，决定要与东坡赛茶。某一天，蔡襄和苏东坡各自携带家乡的上等茶叶来到欧阳修家里。闽茶厚重味浓，蜀茶清新天然，大家品尝后，觉得蜀茶略胜一筹。至于闽茶享有盛誉，那是后话。

苏东坡认为，所谓饮茶之道，一切花费的功夫是在茶之外。因此他当天所用之水，是经过竹根浸泡后澄清再烧沸泡茶，自然胜出一筹。知道这个秘密后，欧阳修笑说："我知道你素来喜欢竹子，我看这茶就叫'东坡翠竹'吧！"从此以后，"东坡翠竹"就闻名遐迩了。

天石砚

蜀雨滴落瓦檐，发出的声响是漏气的那种咝咝之声。而冬雨中的蜡梅花暴吐花香，锐意前行，穿过花影重叠构成的荆棘，总让我想起那种执拗者的坚定情怀。

北宋庆历七年（1047年），一天苏轼与苏辙等人在纱縠行苏家的五亩园内，玩起了掘地探宝的游戏，他无意中挖出一块奇石。"轼年十二时，于所居纱縠行宅隙地中，与群儿凿地为戏，得异石，如鱼，肤温莹，作浅碧色，表里皆细银星，扣之铿然。试以为砚，甚发墨，顾无贮水处"（苏轼《天石砚铭叙》），这石头形状像一尾突然在奔流里被凝冻住的鲤鱼，外表温润晶莹，为浅绿色，表面和里层都点缀着点点滴滴的银星，用石头敲击它，竟发出铿锵的乐音。

东坡将石头洗干净，发现它有点像一个天外之物，就试着拿它当砚台用。发现很能发墨，唯一可惜的是，石头上缺少贮水的凹窝。苏洵见多识广，竭力在物相里捕捉自然神启的微言大义，他感叹道："这是一方'天砚'啊。有砚的功用，只是形体上不足罢了。不完美，也许就是宿命。"父亲叮嘱苏轼好好收藏善待之，并说了一句饶有深意的话："此是文字之祥也。"既

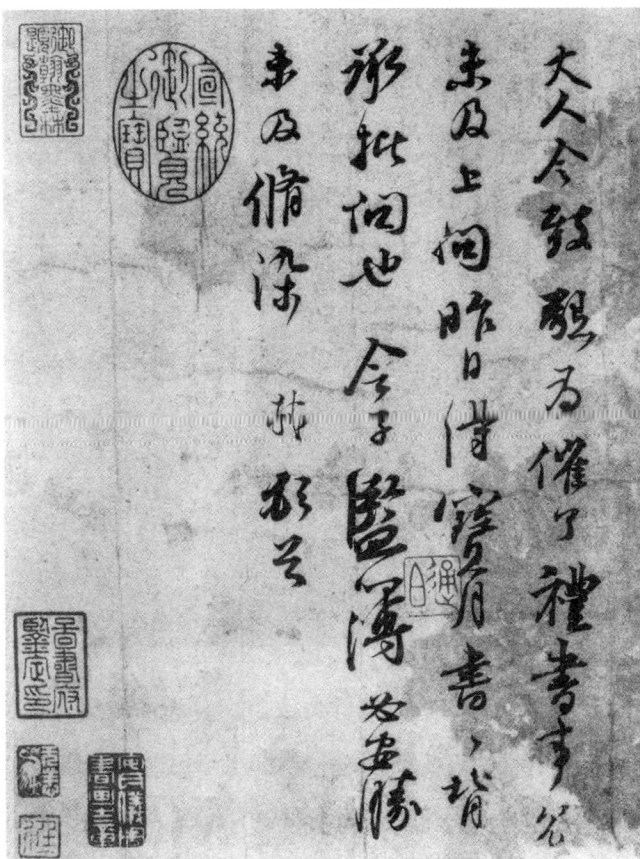

天石砚

然将此石视为天赐，苏洵便亲手在木板上刻出了一圈石头形状的凹痕，让木工以此为匣底做成一个匣子，好让石头安放妥帖。

苏轼把这块石头命名为"天石砚"。并写了一首砚铭："一受其成，而不可更。或主于德，或全于形。均是二者，顾予安取。仰唇俯足，世固多有。"

父亲的一句话，是对少年苏轼的莫大激励，一块没有砚池，并不能被称为砚的石头，却被赋予了砚的使命和意义，而且是成全少年锦绣文采的祥瑞之物。从此，这块石头一直伴着苏轼成长、漂泊的生涯，从眉山到开封、到凤翔、到黄州、到杭州……

少年苏轼所写的砚铭，当代人常常误读，有必要清楚地把它翻译出来：

很多东西一旦受到造物者的赋形造就，就不能再变更了，有的以德行内涵为主，有的在形体外貌上圆满。综合德与形这两者，我将着重撷取哪方面呢？像那种上面是墨池、下面是砚足的砚台，世上岂不多的是吗？

苏轼没有直说，但暗示了自己的取向，他看重的是砚的德，而不是形。不管天赋的形体怎样，要有砚的品质和德行。把自己造就成为"文字之祥"的人，就是少年苏轼的志向。这块砚台仿佛贾宝玉的通灵宝玉一样伴随他的一生，使得苏东坡的诗词书画如文曲星高照，散发仙风神韵。

后来苏轼因乌台诗案而下狱，被抄家，出狱后以为那方天

《东坡赏砚图》（[清] 黄慎绘）

石砚已经丢了，后来偶然间在箱底发现它！大喜之余，苏东坡写了一篇《天石砚铭》，记录这一神石的来龙去脉，并把天石砚赠给了儿子。

我们可以想象，一个秋日，眉山纱縠行迎来了一场持续的秋雨。于是，少年苏轼只能一边读书，一边遥想那一幅徐徐展开的人生图画，在诗意中萌芽的桑叶沾满水珠，已经弯成一钩红墙碧瓦上飘起的新月……

却鼠刀铭

上苍是公正的，总在暗示、启发芸芸众生。多数人熟视无睹，只有极少人才能感受到从器物间散发出来的神启。这样的经历在每个人的回忆里其实多是存在的，隔着一段时光回望，历历往事，宛若水晶。

宋代彭乘笔记《续墨客挥犀·却鼠刀》记载："苏子瞻有却鼠刀，云得之于野老，尝匣藏之。用时但焚香，置净几上，即一室之内无鼠。"

事情确有一番来历。

秋季的一个中午，眉州城内苏家的书房内一改昔日的静谧，人来人往。苏序素颜白发，但常年的山野奔走让他脸色红润。他着一身月白色丝袍，显得玉树临风。他站立厅堂中间，指挥几个青年登上高凳，往墙壁上悬挂一幅装裱好的书法作品。

程夫人忙完半天的蚕丝生意，也进来了，她明亮的目光掠过那疏朗俊秀的墨字，轻声吟诵："长不满尺，剑铍之余。文如连环，上下相缪……"那是一首语言简练、状写细腻的四言诗歌，勾勒出一把利刃的短小与纹饰，文章涌动着英俊少年的勃勃英气。

这篇作品是11岁的苏轼所写的《却鼠刀铭》。做得出这等诗作，就足以显示出他的不凡。诗歌写了一个不知名的乡村野夫，更可能是一位江湖侠客，久而久之，他手里攥着的那把刀越看越让他心烦意乱。一天，在眉山城外的乡道上，他被路过的苏轼身上的英气所吸引，心念一动，就说："少年，我看你长相不凡。我把刀送给你吧。"

这是意外之喜！少年苏轼血气方刚，像苏家父辈那样有古代侠客的梦想。苏轼有时佩刀而行，但更多是藏于抽屉。他时时告诫自己不能惹是生非。忽然一天，家中闹起了鼠害，老鼠们常常"跳床撼幕""啖噬枣粟"，扰人不安，苏轼实在忍无可忍，想起了韩愈著名的《祭鳄鱼文》，韩愈的文章是劝鳄鱼赶紧搬家，并列出了时间表。鳄鱼听后，果然西迁了六十里！潮州鳄鱼之患因此消除。有鉴于如此奇迹，苏轼于是把刀置于室内茶几之上，他大声朗读了自己的《却鼠刀铭》。几天之后，沉默的刀散发的神力竟然让老鼠四散而去。也就是说，刀的神力逼退了猖狂的鼠辈！这实际也是苏轼一厢情愿的浪漫想象。

在《却鼠刀铭》的结尾，苏轼深有感触："呜呼嗟夫，吾苟有之，不言而喻，是亦何劳。"

这神奇险怪的故事，印证了古语"一物降一物"的道理。

为什么苏轼非要在家驱赶老鼠？其实，这与苏家养蚕密切相关。

养蚕是非常细致而辛苦的工作，不能有半点差错，一旦桑蚕被老鼠吃了，损失就大了。因此桑蚕之家往往祈祷蚕神保佑家里平安。优良的环境卫生是养蚕的必要条件。姚寅的《养蚕

三苏祠博物馆"苏母教子"塑像（邓友权摄）

行》记录了养蚕妇人祈求蚕神保佑时的那种战战兢兢："夜深人静不敢眠，自绕床头逐饥鼠。又闻野祟能相侵，典衣买纸烧蚕神。一家心在阴雨里，只恐叶湿缲难匀……"

由此可见，凡是养蚕之家，必须灭鼠。

苏轼写此文大致在庆历八年（1048年），那时他才11岁。一个善于观察、敏于思考、天马行空一样神游文学世界的青春少年形象，跃然纸上。

具有对照意义的是，哥哥完成《却鼠刀铭》，弟弟苏辙写的却是《缸砚赋》，两篇少年英俊之作，却昭示了完全不同的方向。一个倾心于以刀除害，一个沉溺于文房器具，气血与胸襟，隐约可见。

为了激励兄弟俩，父亲让他们把这两篇文章誊写、裱糊之后，挂在墙上。一是为了提高其写作兴趣，增强信心，二来也不乏父亲的自鸣得意。

多年以后，苏轼被贬到惠州，他在《次韵定慧钦长老见寄八首》里感叹："钩帘归乳燕，穴纸出痴蝇。为鼠常留饭，怜蛾不点灯……"显然，饱经忧患的他，已超然于对鼠的仇恨之上了，他竟可以为老鼠预留一点饭了！

苏轼11岁写《却鼠刀铭》，刀的神威得到了浪漫主义的加持。由此开启了他与刀剑的不解之缘。苏轼自是刀的爱家，一生得到过异人赠予的多把好刀。他后来写诗《谢曹子方惠新茶》，提到了一种叫作"鹧鸪膏"的刀油：

陈植文华斗石高，景公诗句复称豪。

数奇不得封龙额，禄仕何妨似马曹。

囊简久藏科斗字，铦锋新莹鹏鹈膏。

南州山水能为助，更有英辞胜《广骚》。

鹏鹈膏（pì tí gāo），指的是鹏鹈（油鸭）的脂肪。除苏轼外，元代王逢在《江浙平章三旦八第宅观敕赐龙电剑引》中提道："鹏鹈膏莹今几年，淮汴襄汉兴妖袄。"明代徐渭也在《赠吕正宾长篇》"铜签半傅鹏鹈膏，刀血斜凝紫花绣"中提到了用鹏鹈膏涂抹刀剑可使刀剑不锈。其实从物性而论，铁锈反而是防鼠的。

也许，在却鼠刀上，苏轼赋予文字之"铭"并不能镇鼠，如果人量抹上鹏鹈膏，岂不令鼠们欣喜若狂？！

在阴差阳错的机遇里，渴望练就一身屠龙术，不闻龙吟，刀不能出鞘。但龙久久不现身，就只好杀鼠。这是刀的幸抑或不幸？多年以后，苏轼感叹鼠辈成群，也已成精，杀不胜杀，于是再写《黠鼠赋》，那就是另外一番况味了，他想到了天道，大发感叹：人能驯服神龙、刺杀蛟龙、捉取神龟、狩猎麒麟，役使世界上所有的东西然后主宰它们，最终却被一只老鼠利用，陷入这只老鼠的计谋中，惊诧于老鼠从极静到极动的变化，那么人的神智何在呢？

熙宁十年（1077年）四月，苏东坡抵任徐州。徐州古称彭城，华夏九州之一，自古乃兵家必争之地，盛产花岗石、美味的鱼蟹，还有侠客喜欢的刀剑。

这一年，苏东坡年过不惑，已经是3个男孩子的父亲。虽不及杭州，但他还是喜欢这里的楚风汉韵。他经常在公务之暇光顾城南的酒肆，那里的鲤鱼烧得最是让人念念不忘。有一次，苏东坡出门在外，听到一个吃饭的老人说，徐州地下蕴藏大量的石炭（煤），他闻风而动，派人到处寻找，果然在西南白土镇之北的山中觅到了矿藏。

他兴奋地写了《石炭》一诗：

湿薪半束抱衾裯，日暮敲门无处换。
岂料山中有遗宝，磊落如磬万车炭。
流膏迸液无人知，阵阵腥风自吹散。
根苗一发浩无际，万人鼓舞千人看。
投泥泼水愈光明，烁玉流金见精悍。
南山栗林渐可息，北山顽矿何劳锻。
为君铸作百链刀，要斩长鲸为万段。

从却鼠刀递进为百链刀，从杀老鼠到斩长鲸，其境界之变，真不可以道里计！

中岩寺"唤鱼池"

北宋皇祐五年（1053年），苏洵表弟史经臣大力推荐青神中岩书院的王方先生，说他的学问精深而务实，可以成为苏轼苏辙的老师。苏洵与王方也是好友，他评价王方是"述而不著"的大学问家。"述而不著"是指他尽力传播文化种子，没时间写自己的文章。王方曾中进士，曾在乐山九峰山讲学，他放弃入朝为官的机会，几年前直接从乐山回到了老家青神县瑞峰镇。他与中岩寺协商后，决定在佛门圣地的中岩古寺开办"中岩书院"。

苏母很赞成儿子去中岩读书。远近闻名的中岩寺毕竟是她的家乡福地，在程家嘴用得最多的一句话就是"开门见山"，那山就是中岩山峰。让两个儿子在程家嘴的对门读书，她是放心的。何况她父亲程文应也曾说过，王方先生虽是乡村的文化人，却与京城的大文豪欧阳修、梅尧臣都有书信来往，而王方推崇的韩愈、柳宗元的古文，也是苏洵夫妇学习的范本。

这一年，苏轼16岁，苏辙13岁。

可以想象，那是一个黄昏，夕光即将落下山峦，岷江水汽蒸腾，在夕阳周围形成了一圈一圈的光晕，太阳就像一只打破了又拒绝流动的鸡蛋，但终究扛不住大地的引力！岷江的一半洒满了夕阳的红光，另外一半则沉浸在山影的黛色之中。眼前的景色，与白居易描写的"一道残阳铺水中，半江瑟瑟半江红"的景色略有差异。一条岷江上特有的平底木船从瑞丰场渡口出发，载着苏洵和两个儿子荡向对岸的中岩。夜色似乎从远处的水面漫延过来，这一幕，让少年苏轼产生了壮丽人生就当中流击水的豪迈之气。水光不再是安静的镜子，江风乍起，宛若十万条出水银鱼的喧哗。水的波纹收敛着鱼的反光，水浪像鱼脊似的一波一浪地抖动着水平面。当最后一缕夕光散尽，中岩寺的两盏灯火，微笑着欢迎他们……

置身于流动的风景深处，课堂里讲授的诗词文章似乎也沾上了这种山水灵气，既让先生极目千里，也让学生们神游八极。第一次集中讲学下来，苏辙与青神本地的学生朱清明在卧室里发生了一场有趣的争论。

朱清明说："王老师讲《岳阳楼记》时应该在江边讲课，才能近观江水，远眺田野，体现情为景生、景为情发的意境。"

苏辙则辩解道："按你说的，那老师讲边塞诗人的诗，是不是就要找到一个古战场，黄沙漫漫，大漠孤烟？"

苏轼听他们辩解一阵，相互都不买账，于是参加了进去。苏轼自有见解，他说："当代诗文，容易找到与诗文符合的场景，如果是远古的，就自然不易了！学生听课，我觉得首先是入耳，就是能听得明白。其次是入眼，能够做到眼观则物化，物化便于认知。但人的双眼能看多少山川古迹？记住多少人间寒暑？我以为，最好的是入心，入心则铭骨于心，是眼不能见，

青神县中岩唤鱼池（邓友权摄）

但心能看到，能描绘，那些似曾相同的情景，自己也能去再现、再造。"

王方老师夜巡，在窗外听到这些争论，暗自喜欢上了这群学生，更喜欢天资聪慧的苏轼。回到家中，他常对家人说起这群了不起的学生！王方的女儿王弗听得熟了，对苏轼算是有了"第一印象"。

不久，一个春风习习、杨柳依依的佳日，中岩寺内热闹非凡，文人、香客早早就来了，聚在一口新建的鱼池边，今天聚会的重要主题，就是为寺内新建的鱼池命名。鱼池依红色的山岩而建。山上藤蔓悬挂，池边垂柳翠绿，池中清澈见底，鱼儿快乐地游戏其间。

聚会由王方和中岩寺元觉方丈共同主持。王方宣布征集鱼池名称后，不少学子文士跃跃欲试。一人看着水中游动的鱼儿，说出了自己的命名：藏鱼池。有人笑道："鱼儿一点躲藏的意思都没有哦。"

又一位文士说，新建的水池，刚刚在引水养鱼，可以叫"引鱼池"。一位僧人笑着说："这鱼是放养的，不是引水时引来的。"后来又有士子提出叫"跃鱼池""观鱼池""赏鱼池"，等等，王方觉得不大理想，最后他点名苏轼："苏轼，说说你的看法吧。"

其实苏轼早就想好了，只不过限于年龄、身份，没有急于抢先。他说："我观这鱼池里的鱼儿，颇通人性，好似跟人们心意相通、共享快乐，唤之即来，呼之即去，不妨就叫'唤鱼池'。"

王方一听，不禁脱口称赞，元觉方丈也频频颔首，鱼池就命名为唤鱼池。王方又请苏轼当场题写"唤鱼池"三个大字，命工匠镌刻于鱼池一面的山石之上。

就在苏轼俯身书案题字时，他一回头发现王方身边有一方纸片，上面赫然写着"唤鱼池"三字。苏轼愕然了，莫非王方之前已经想好了名字，竟然与自己不约而同？又或者是另有他人，在己之前就起好了同样的名字？

苏轼猜测得不错，确实有人之前已经起了一样的名字，但先于他取名的人，是一个小姑娘——王方15岁的女儿王弗。

原来王方召集文会，还有一个私人原因，就是为女儿择婿。这女孩聪慧，听说要为鱼池命名，自己就写了一个。她虽然没到现场，但是想到了众人对鱼儿呼朋唤友一般的戏玩，一定很有趣。

后来的事情大家都知道了，苏轼成了王方的乘龙快婿，王弗在苏轼19岁那年，嫁给了苏轼。夫唱妇随，恩爱有加。令人痛心的是，王弗在27岁那年，染病身亡。十年之后的熙宁七年（1074年），苏轼来到密州任太守，这一年正月二十，王弗的弟弟王缄从眉山来看望苏轼。看到昔日的妻弟，苏轼感慨万千，几杯酒下肚，他就醉了……那晚冷清孤寂，他梦见了爱妻王弗和山冈上茂密的松树。醒后，往事历历在目，他不禁泪湿衣襟，第二天送别妻弟后，东坡写下了一首被公认为古今"悼亡词第一"的《江城子·乙卯正月二十日夜记梦》：

十年生死两茫茫。不思量，自难忘。
千里孤坟，无处话凄凉。
纵使相逢应不识，尘满面，鬓如霜。
夜来幽梦忽还乡。小轩窗，正梳妆。
相顾无言，唯有泪千行。
料得年年肠断处，明月夜，短松冈。

"小轩窗，正梳妆"描绘的正是苏轼第一次见到王弗时的情景。苏轼后来到王方先生家拜访，他酒量小，很快就醉了。酒醒后看到一处灯亮，就走了过去，看到了一名娇美女子正在窗前梳妆，四目相对，深情款款……

情意缠绵，字字血泪，表现了绵绵不尽的哀伤和思念。词的下阕记述梦境，抒发了苏轼对亡妻执着不舍的深情：明月夜，短松冈，全词思致委婉，境界层出，情调凄凉哀婉，成为悼亡诗词的绝唱。

东坡的刀剑往事

太平兴国八年（983年），"日本僧奝然搭吴越商陈仁爽、徐仁满之舶入宋"后，向宋太宗赠送的礼品中，有中国国内已佚失的《孝经郑氏注》1卷，《越王孝经新义第十五》1卷等。这是自中国典籍传入日本之后，第一次由日本人回赠给中国。随着日本镰仓时代武士的兴起，刀剑甲胄的制造有空前进步，日本刀剑大量输入宋朝，很受中国人的珍视。宋代亦从日本进口折扇、螺钿工艺品、纺织品等，这些物品以精巧见称。欧阳修写长诗《日本刀歌》，描绘了一把做工非常精美的日本刀，但他赞刀之余，还表达了对中国典籍散失的遗憾。其中有这样几句：

> 宝刀近出日本国，越贾得之沧海东。
> 鱼皮装贴香木鞘，黄白间杂鍮与铜。
> 百金传入好事手，佩服可以禳妖凶。

诗人梅尧臣和司马光也写过关于日本刀的诗文，这倒不是因为当时进入中土的日本刀很不寻常，而是因为他们所写的都是同一把刀，这把刀的主人名叫钱公辅。钱公辅及其儿子钱世雄与苏东坡均是挚友，有两代人的深情交往，奇怪的是这把日本刀，没见到东坡寓目的记载，但这并不意味着东坡与刀无缘。

东坡自幼喜兵刃，也喜欢和尚武之人交朋友。自谓"少年带刀剑，但识从军乐"，加之受父亲喜欢谈兵的影响，儒侠气象早已经深入骨髓。在我心目中，东坡就仿佛一把无鞘之剑，即使刃口有缺，也应该是一把受伤的好剑！真所谓有"杀人刀，活人剑"之别。

南朝齐梁时期思想家范缜曾举了一个著名的"刀刃之喻"：把身体比作刀刃，把精神比作锋利，他认为若没有了锋利则不能称为刀刃，而锋利亦不能脱离刀刃而单独存在，所以人的形体倘已消失，精神自然也就不存在了。面对这样的高论，有人并不完全认同。

且看看东坡的刀剑铺。

宋神宗元丰元年（1078年），东坡时任徐州知州，时值弟弟苏辙40岁生日，他决定赠送弟弟一件特殊礼物——古传双刀。写有《以双刀遗子由，子由有诗次其韵》，就揭示了个中心路：

> 宝刀匣不见，但见龙雀环。
>
> 何曾斩蛟蛇，亦未切琅玕。
>
> 胡为穿窬辈，见之要领寒。
>
> 吾刀不汝问，有愧在其肝。
>
> 念此力自藏，包之虎皮斑。

湛然如古井，终岁不复澜。

不忧无所用，忧在用者难。

佩之非其人，匣中自长叹。

我老众所易，屡遭非意干。

唯有王玄通，阶庭秀芝兰。

知子后必大，故择刀所便。

屠狗非不用，一岁六七刓。

欲试百炼刚，要须更泥蟠。

作诗铭其背，以待知者看。

东坡之双刀应为宝刀。下为大环，以缠龙为之，其首鸟形。北魏郦道元《水经注·河水三》："并造五兵，器锐精利，乃咸百炼为龙雀大环，号曰大夏龙雀。铭其背曰：'古之利器，吴楚湛卢，大夏龙雀。'"至少，是对古代名刀的仿制。

这一对无鞘之刀，东坡不敢怠慢，遂用虎皮为刀囊，足见他对此的珍视。困厄中的他，知道兄弟苏辙绝非池中物，转赠之，与刀分别之际，特写了这一首"刀铭"。他以刀喻人，影射当时的用人制度，因此纪昀认为诗中"纯是寓言"。个中万千情感，纸张简直承载不了，唯有刀剑可以托付。

收到哥哥礼物，弟弟回赠诗《子瞻惠双刀》，感叹不已：

我衰气力微，览镜毛发斑。

誓将斩鲸鲵，静此沧海澜。

又欲戮犀兕，永息行路难。

有志竟不从，抚刀但长叹。

……

"誓将斩鲸鲵，静此沧海澜"！摩顶放踵，以造福天下为己任，问题是这个世道有"亮剑"的机会吗？古今如梦，何曾梦觉，但有旧欢与新怨，循环往复。这样的一双宝刀，竟成为承载兄弟二人泪水的道具。至今读来悲乎！古话是男人四十非庸才，但海德格尔曾经指出，阿勒曼尼—施瓦本的当地人，有一句俗话讲得到位，人到40岁就知道自己不能做什么了。

其实，我怀疑苏东坡这对宝刀，应该是来自大夏国。大夏国即西夏（1038—1227年），以党项人为主的方国，与宋朝是同一时代。这时期夏国的冶铁和铁器制造业相当发达，他们首先使用了"熔用之袋"的"坩埚"冶铁制造刀剑，质量精良，夏国剑被称为"天下第一剑"，古书中有记载。宋太平老人撰《袖中锦》："契丹鞍、夏国剑、高丽秘色……皆为天下第一，他处虽效之，终不能及。"苏东坡曾获赠西夏国刀剑，晁补之作诗《赠戴嗣良歌时罢洪府监兵，过广陵，为东坡公出所获西夏刀剑，东坡公命作》赞美："往年身夺五刀剑，名玉所摄犀札同。晨朝携来一府看，窃指私语惊庭中。红妆拥坐花照酒，青萍拔鞘堂生风。螺旋铛锷波起脊，白蛟双挟三苍龙。试人一缕立褫魄，戏客三招森动容。东坡喜为出好砺，洮鸭绿石如坚铜。"从诗中可以得知，西夏国之剑吹毛立断。还可得知，苏东坡得到的西夏剑，泛着古铜之光，引人遐思。

在黄州期间，东坡曾以所藏的铜剑与张近（字几仲）交换龙尾子石砚，为此写了一首《张近几仲有龙尾子石砚，以铜剑易之》。剑和砚都是苏轼之所爱，静夜观砚，他突然意识到自己执着于物的习气未改，再作《剑易张近龙尾子石砚诗跋》以反省："仆少时好书画笔砚之类，如好声色，壮大渐知自笑，至老无复此病。昨日见张君卵石砚，辄复萌此意，卒以剑易之。既得之，亦复何益？乃知习气难除尽也。"鉴于早发过"君子可以寓意于物，而不可以留意于物"的高论，东坡渴望从剑与砚的变奏中，从"留意于物"中超脱而出。

事情还在继续。张近更渴望得到东坡的赠诗，他竟然把古剑"完璧归苏"，东坡于是再写《张作诗送砚反剑，乃和其诗，卒以剑归之》。"仍将恩爱刀，割此衰老肠。知迷欲自反，一恸送余伤。"剑在，砚在！东坡呢，只能"呵呵"。

东坡在黄州时还作《武昌铜剑歌》说："君不见凌烟功臣长九尺，腰间玉具高挂颐。"他身处逆境仍不忘待机仗剑立功，图影留名凌烟阁。如今人们往往盯住他在黄州超旷甚至消极的一面，却罕有人意识到他仍有执着的另一面，那些滚动在他生命河床上的嶙峋怪石，才是他的精神依托。欲出世而不能出世，这才是东坡本色。离开黄州后，古剑伴随他驱驰南北，或在地方，或在朝廷，尽力做事，却仍不免卷入党争，乃至远贬海南……然而他不能忘却自己的社会责任。书房里的古剑的斑斓、砚台与笔的静穆，才构成了真正的东坡。

在我看来，一个人必须面对刀锋。面对稳定的刀，就会意识到刀就是这个飘摇世界上镇定自若的水准仪。光照之下刀的锋芒是刀的丝缘，它们从未来偷渡而来！刀锋是让一个人生试错者最后成为人的雕刻师。性格就是命运，刀锋对一个人命运构图的赋予，其实早已经注定。

东坡与刀的故事还在延续。一个并不以刀为生的人，他似乎在刀影的暗示下，抵达了一个词锋凌厉、精墨飞溅的地域。

苏轼有诗《郭祥正家，醉画竹石壁上，郭作诗为谢，且遗二古铜剑》：

> 空肠得酒芒角出，肝肺槎牙生竹石。
> 森然欲作不可回，吐向君家雪色壁。
> 平生好诗仍好画，书墙涴壁长遭骂。
> 不瞋不骂喜有余，世间谁复如君者。
> 一双铜剑秋水光，两首新诗争剑铓。
> 剑在床头诗在手，不知谁作蛟龙吼。

郭祥正比苏轼大1岁，因为他在20多岁时便因诗人梅尧臣称许为"太白后身"，所以其诗虽不及东坡，而成名却比东坡早。东坡兄弟与郭祥正的友谊由来已久，多有诗简往来。

那还是元丰七年（1084年）六月，东坡离开黄州途经安徽当涂，在姑孰城内郭府饮酒大醉之际，画竹石于郭家壁上。郭祥正不但不怒，反而赠二诗并两把古铜剑以表谢意。为此，苏轼他乡遇知音，作诗记之。东坡好作竹石，竹多枝干虬屈，飞舞跌宕，石亦无形无状，奇怪异常。正如东坡自己所言："空肠得酒芒角出，肝肺槎牙生竹石。森然欲作不可回，吐向君家雪色壁。"其画作里，古槎怪石，均属盘踞在其胸中的意象；因为是空腹喝酒，那天他醉得较为彻底。但创作的欲望压抑不住，故笔走龙蛇，老木蟠风霜，把这一路忧愁与激荡，泼在郭家雪色墙壁。

其间两人还有一段关于诗歌的著名交往，真是兔起凫举。陆游《入蜀记》记录的情节一曲三折：陆游回忆说，曾听我族伯父陆彦远说过：苏轼过当涂，读《姑熟十咏》，抚手大笑曰："腐物败矣，岂有李太白作此语者？"郭祥正与东坡争论，以为所说不然。东坡又笑曰："恐是太白后身所作耳。"郭祥正恼羞成怒了，这是因为他年轻时语句俊逸之作，前辈也称他为"太白后身"，郭祥正以此而自负，所以东坡才以此戏谑他。陆游所说是否真实可靠，姑且不论，但可以看得出东坡与郭祥正无话不谈的情义。

郭祥正家境富有，他赠送过东坡著名的歙州李廷墨十丸、宣州诸葛丰鸡毛笔十支以及不少衣物用品，为什么要送古铜剑？估计是东坡酒中所言，对方于是慷慨允诺。

这，会不会是东坡后来赠给弟弟的生日礼物？

事后，东坡很珍视与郭祥正不嗔不骂这份欣赏，这份友情。不禁叹道，世上还有谁能像郭君这样理解我呢？千古知音最难觅，正因如此，这友情、这理解才更显得美好，值得歌唱和回忆。诗画本一律，是自身心灵的抒写，是狂飙突进的生命力的外在表现。这首诗感人惊人，来自作者性格的天真、胸襟的开阔以及毫无保留的个性流露。读者易于在想象中，走进一个诗人所创造的世界里，并在这个世界中感到美与真。

雅州知州雷简夫

人生就是一场场机遇的排列组合。实事求是说，若没有雷简夫，就可能没有"三苏"的横空出世。

雷简夫（1001—1067年），字太简，同州郃阳（今陕西省合阳县东南）洼雷村（合阳县城关镇雷家洼村）人。雷简夫少年时常与在耀州为官的富言的儿子富弼、知州司马池的儿子司马光等人一起玩耍，歌咏戏游，诗酒酬酢，成为至交。他隐居不仕，戴着铁帽子骑牛野游，自称"铁冠道长"。宋仁宗庆历二年（1042年）后经枢密使杜衍推荐为校书郎签署秦州观察判官、坊州（今陕西黄陵）知州、简州太守。因益州太守张方平推荐，皇祐六年（1054年），53岁的雷简夫被派到雅州任知州。

宋朝将茶叶贸易纳入国控物资，经雅州往大理国（今云南）、吐蕃地区的贸易量增大。大中祥符元年（1008年），在今雅安雨城区老城区地界上规划建一座城，以作为西南地区贸易中转站。1016年雅州城终于建成，雅州的茶叶生产与贸易逐渐繁忙起来。此时的雅州茶叶被朝廷纳入国家战备物资，主要经茶马古道运往青藏高原、滇西，中原大地的文人雅士对雅州茶的品质了解甚少。

雷简夫走访茶农及制茶高手，恢复雅州细茶生产，改造、提高龙团凤饼品质，发展唐代蒙顶山春芽茶的制作工艺。当采摘一芽一叶的初展芽头，经过鲜叶摊放、杀青、摊凉、头揉、炒二青等工序春芽茶制作完毕，当即派人急送给住在京城的朋友梅尧臣。

梅尧臣乃宋朝著名文人。宋皇祐三年（1051年）得宋仁宗召试，赐同进士出身，为太常博士。中年后，授国子监直讲，累迁都官员外郎。梅尧臣品尝后大加赞赏，即将此茶分送给京城各名流品饮。梅尧臣为此还特意赋诗一首《得雷太简自制蒙顶茶》答谢："蜀荈久无味，声名谩驰骋，因雷得改造，带露摘芽颖……汤嫩乳花浮，香新舌甘永。"由此可见雷简夫对于雅茶的改良之功。

雷简夫好诗文，书法学王羲之、颜真卿，迅速崛起于北宋文坛。他夜闻青衣江暴涨涛声有悟，挥就《江声帖》。他的上司宋祁看到《江声帖》后作诗《赠雷简夫》："豪英出名胄，偃蹇倦宦游。大言满千牍，高气横九州。"苏轼在《论书》中描述："雷太简乃云闻江声而笔法进。"明代状元杨慎颇为激赏，书法界誉为"听江得法"之经典。

雅州距离眉山不远，布衣苏洵产生了拜谒雷简夫的念头。

嘉祐元年（1056年）春天，时年47岁的苏洵带着19岁的苏轼与17岁的苏辙来到雅州。经过通报，雷简夫将其唤至州署大厅，本准备叙茶一番，就算给面子了。不料苏洵谈吐不俗，纵论古今针砭时弊，性情豪爽兼具儒者风范。真是奇才！雷简夫有些震惊，没估计到蜀地民间竟有这等人物。苏洵身后两个

雷简夫楷书《新修白水路记》碑

少年，风姿潇洒，显然非同一般。

当晚，雷简夫读苏洵留下的一卷文章。尤其是读到《洪范论》时，他被苏洵文章的宏伟气势、那种严密而远离冬烘气味的议论所震撼了，他激动万分。文风高古奇荡，内容涉及政治、军事、经学、文学诸多领域，言辞犀利，切中要害，求实用而不尚空谈。洵志向高远，这样的人不为国家所用，真是埋没了！

雷简夫当然猜得到"三苏"雅州之行的目的，他们渴望遇到伯乐，寻找机遇。

雷简夫令人打扫州署后院房屋，布置一新。他亲自去往客店，迎接苏洵父子入住。州署背靠一小山，山形如月又名心月山，再往后更名苍坪山，沿用至今。

安顿好苏洵父子，雷简夫修书三封，分别给了三位官员，这就是迄今流传甚广的雷简夫荐"三苏"。这段往事，自然没能载于《宋史》。但南宋邵博《邵氏闻见后录》以及《舆地纪胜》《明一统志》《四川通志》《雅州府志》等典籍均有记载。其中尤以《邵氏闻见后录》所载最为详细。因为邵博以文章著称，受到宋高宗赞许，赐其同进士出身。绍兴二十年（1150年）前后，邵博官拜左朝散大夫，而后外放眉州知州，他因此熟悉当地人文。

清乾隆年间纂修《雅州府志》，记有："（简夫）荐眉州苏洵及其子轼、辙于益州守张方平，由是'三苏'名著。"另外，《雅州府志·古迹》中记载："贤范堂，州治内，绘宋雷简夫、'三苏'像，壁间刻雷简夫荐'三苏'书。"

三封举荐书中，两封至关重要：一封呈益州知州张方平。

雅州之前，苏洵去成都拜见太守张方平，得到这位学者型官员的高度认可，举荐之外先委以"学官"，只是朝廷那边如泥牛入海，没有回音。

考虑到这些因素，雷简夫斟酌再三，因此《上张文定书》的语气就显得较重，他认为苏洵"岂惟西南之秀，乃天下之奇才尔"。接下来，语气委婉："窃计明公引洵之意，不只一学官，第各有所待也。又闻明公之荐，累月不下。朝廷重以例捡，执政者靳之，不特达。虽明公重言之，亦恐一上未报，岂可使若人年将五十，迟迟于涂路间耶？昔萧昕荐张镐云：'用之则为帝王师，不用则幽谷一叟耳。'……愿明公荐洵之状，至于再，至于三，俟得其请而后已，庶为洵进用之权也。"

雷简夫言辞恳切的举荐信，岂能不打动张益州？！

另一封信呈一代文宗欧阳修。这已是雷简夫所能动用的全部能力了。

《上欧阳内翰书》中，雷简夫为苏洵说了一大堆好话，结尾直言不讳，将了欧阳大人一军："起洵于贫贱之中，简夫不能也，然责之，亦不在简夫也……向者，洵与执事不相闻，则天下不以责执事。今也读简夫之书，既达于前，而洵又将东见执事于京师，今而后，天下将以洵累执事矣！"

意思太清楚了：我雷简夫人微言轻，没能力让苏洵施展平生抱负，无人怪罪；大人您身为文坛魁首，苏洵赴汴京面见后，至于用还是不用，那么天下人都认为与您相关啊！

雷简夫甚至把张方平也请了出来，说张方平看了苏洵的《六经》《洪范》等文章后，惊叹地说："司马迁死矣，非子吾

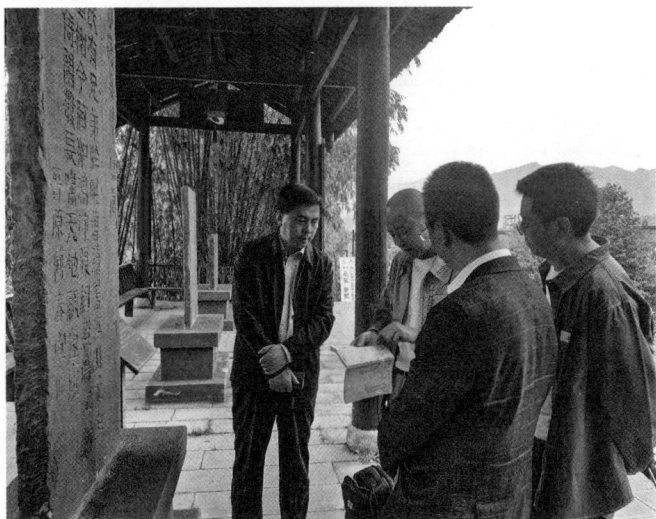

笔者与中国作协现代文学馆常务副馆长王军以及雅安市的作家研究
"三苏"来双凤堂读书的情况（石云摄）

谁与？"

雷简夫坦诚地说，知道苏洵的大才而不告诉欧阳修，感到自己简直有罪了！

第三封信写给当朝宰相韩琦。雷简夫说，苏洵"真王佐才"，"得史迁笔"，"讥时之弊"，"皇皇有忧天下心"。雷简夫还说，苏洵将带着两个儿子到京城参加考试，希望韩琦能"顺加奖进"，苏家父子的知遇之人就是你韩琦了。

……

尽管雷简夫有远见，但可能他不会料到，苏氏三父子会鲤鱼跳龙门，苏轼兄弟会登临权力的庙堂。

后来有人就认为，"三苏"名扬天下与天赋和努力密不可分，但没有雷简夫的倾情力荐，也许"苏洵将成为幽谷一叟耳"。

这毕生中唯一一次的雅州之行，苏东坡终生难忘。他在山东密州所属的胶西县写《寄黎眉州》，给时任眉州太守黎希声（眉州知州黎錞）："胶西高处望西川，应在孤云落照边。瓦屋寒堆春后雪，峨眉翠扫雨余天。治经方笑春秋学，好士今无六一贤。且待渊明赋归去，共将诗酒趁流年。"估计"三苏"在雅州期间，遥望瓦屋"桌山"，产生了浓厚的想象。此诗将瓦屋山和峨眉山对举，梦回家乡，山水如在眼前，表达了对恩师欧阳修的怀念之情。

张蜀州

一个人的写作，目的并不在于无效地重复现实，而是通过历史辨识、思想途径来延续现实，就像让自己的身体成为历史与未来之间的导体，自己乃是现实的河床。未名之际的"三苏"，必须要得到认可，因为他们注定要完成延续现实的事业。

2003年，在成都塔子山公园相继出土了"三苏"的残碑三通，即苏洵《致提举监丞帖》、苏辙《雪甚帖》和苏轼《中山松醪赋》，勾起了人们对于"三苏"的无尽缅怀。

至和二年乙未，即1055年。

苏轼同父亲苏洵和弟弟苏辙游学于成都。这是苏轼、苏辙第一次逛成都。

苏洵以民间田服布衣身份，来成都拜谒蜀守张方平。张方平字安道，号乐全居士，谥"文定"，北宋著名大臣，应天府南京（今河南商丘）人。至和元年（1054年）七月，任户部侍郎、知益州。在镇蜀期间做了许多好事，奏免横赋四十万贯匹，以及减兴、嘉、邛州铸钱十余万，蜀人便之，这为他赢得了"张蜀州"之称。他还特别爱惜人才，经常四处搜贤访异。

苏洵将雷简夫的推荐信递上去后，带着苏轼兄弟静候佳

賢郎在
侍下留錢塘此今有處疏告為附
達
寵惠名茶不任愧感⋯⋯中間
示諭新裹火爐告令買兩盌因
便寄及為幸

方平　啟

张方平《名茶帖》

张方平读到雷简夫的推荐信后，立即热情致信苏洵，邀请前来会面。苏洵将所作的《权书》《洪范论》《审势》《审敌》《审备》等文章奉上，并与其议论古今治乱之理，张方平胸罗万卷，加之阅人无数，但见其才识不凡，便以国士之礼待之。张方平比苏洵大两岁，由于年龄相近，观点也相仿，"论古今治乱，及一时人物，皆不谋而同"。二位一见如故，颇有相见恨晚之感。苏洵受到张方平的由衷赞誉，他还被介绍给朝廷使者代成都学官黄庠。(苏轼《张文定公墓志铭》)

苏轼苏辙一并拜谒，苏轼也将其新作《正统三论》等文章呈上。据苏轼《乐全先生文集叙》云："轼年二十，以诸生谒'成都公'，一见，待以国士。"

见张方平和蔼，紧张感一去，气氛和谐如同袅袅茶香绕室。张方平问及苏轼正在读何书，苏轼说自己正在重读《汉书》。张"哦"了一声，忍不住指导他："书读一遍就够了，读两遍多浪费光阴！"

张方平这么说是有理由的，他小时候家里穷买不起书，只能借阅。但他天资聪颖，具有过目成诵之能，书从来不需读两遍。据说他在一个月内就将《史记》《汉书》和《三国志》通读一遍，而且"已得其详"。

苏轼答："不然。我还打算看第三遍。"

张方平大奇，与苏轼交流了《汉书》的旨归，他觉得苏轼一遍又一遍还真读出了一些新意，见解也深刻。

为测试兄弟俩是不是确有真才实学，张方平根据过去科考的题目，出了6道模拟题让他们作答。他自己则在客厅外散步。

考到一半，苏辙有一道题不知出处，于是悄悄指给哥哥看。苏东坡一句话不说，把笔倒过来，用笔管敲了敲桌子，苏辙马上明白了，这题目出自《管子》之句。

不料，这一幕恰好被张方平看到了。他仰头笑笑。这两兄弟！他没忘了警告一下他们，作弊这种事无论你有什么理由，总不是好事，最好别干。

看完苏家兄弟的试卷，他走到苏洵休息的茶室，沉吟道："二子皆天才，长者明敏尤可爱。然少者谨重，成就或过之。"

看看，这就是大儒的眼光！似乎比苏洵《二子名说》展示的远虑更为明晰。

成都大圣慈寺

苏轼苏辙少时在成都首次游览了著名的大圣慈寺。

自唐中叶开始，大圣慈寺香火鼎盛、僧侣众多（北糠市街右端就有一条街叫和尚街）。晚唐诗人张蠙曾在大慈寺借景抒情题过一首颇有名气的诗《夏日题老将林亭》："百战功成翻爱静，侯门渐欲似仙家。墙头细雨垂纤草，水面回风骤落花。井放辘轳闲浸酒，笼开鹦鹉报煎茶。几人图在凌烟阁，曾不交锋向塞沙。"勾勒出墙头细草、水面落花以及浸酒、煎茶等生活画面，足见当时大慈寺的闲情怡趣及风光美景。

明人曹学佺《蜀中名胜记》描述说，到宋明时期，大慈寺香火仍然非常旺盛，附近街区也相当繁华，遇有庙会、节日更是分外热闹。大慈寺附近商业繁荣，寺前形成季节性市场，如夜市、灯市、花市、蚕市、药市、麻市、七宝市（七宝市虽然来自佛教，但在成都应与后蜀帝王孟昶有关）等。白天的市场延续到晚上，也照样人头攒动。成都夜市的习俗，一直沿袭到近现代。

苏家兄弟观摩了唐僖宗李儇及其文武官员系列画像；拜访了他们的族兄惟度、惟简，谈及唐末五代的诸多故事。

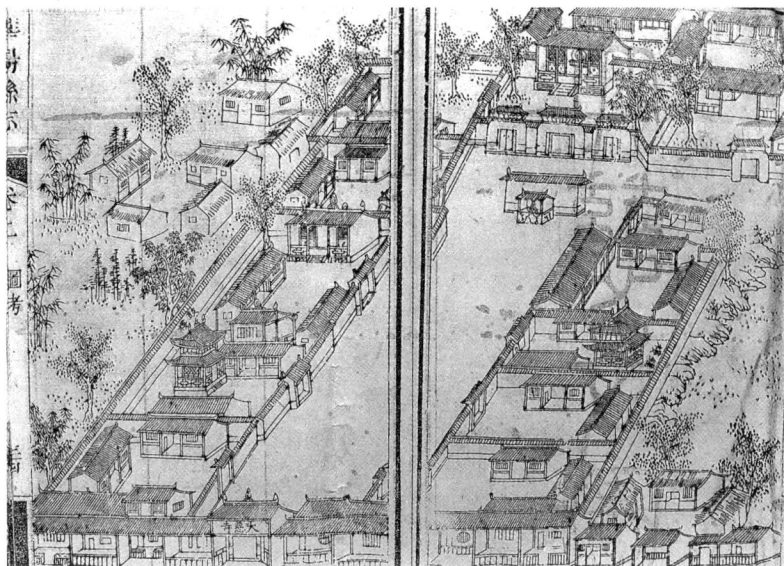

苏轼在《胜相院经藏记》中说："在蜀成都大圣慈寺，故中和院，赐名胜相。"又《中和胜相院记》云："然吾昔者始游成都。见文雅大师惟度，器宇落落可爱，浑厚人也。能言唐末、五代事传记所不载者，因是与之游，甚熟。惟简则其同门友也。其为人精敏过人，事佛齐众，谨严如官府。二僧吾之所爱。而此院又有唐僖宗皇帝像，及其从官文武七十五人。其奔走失国与其所以将亡而不遂灭者，既足以感慨太息。而画又皆精妙冠世。"又《宝月大师塔铭》云："宝月大师惟简，字宗古，姓苏氏，眉之眉山人，于余为无服兄。九岁，事成都中和胜相院慧悟大师……"

惟度与惟简完全是两种气度。在我看来，"事佛齐众，谨严如官府"并非讥讽，而是着眼于严正与肃穆。

宋仁宗至和三年（1056年）春，苏轼与苏辙跟随父亲进京应试，路过成都，兄弟俩第二次游历了大圣慈寺。这距离他们第一次游历大圣慈寺结识宝月大师惟简，仅仅过了一年。

这次的游历要从容一些，他们主要是观赏大圣慈寺的壁画。由于唐玄宗"幸蜀"，以及后来唐僖宗也因黄巢起义避难于蜀地，众多宫廷文人墨客也相继追随而至聚集成都。他们之中有不少是闻名全国的画师。据史料统计，当时在大圣慈寺中就有壁画一千余堵，留下作品的全国知名画师多达六七十人，名家壁画达到莫高窟的三分之二，题材包括神佛画像、经变、山水、花鸟、猛兽、亭台楼阁等，数量庞大，展示了唐宋壁画的最高精华，也是全国藏有唐画最多的宝地。宋代成都府尹李之纯在成都前后为官9年，多次到大圣慈寺观壁画，待其离开成都时，"而未见者犹大半"，其《大圣慈寺书记》载：所有画像"皆一时绝艺"，"举天下之言唐画者，莫如成都之多；就成都较之，莫如大圣慈寺之盛"。他深知这些唐壁画的价值，命令侍从会同该寺僧官逐一清数统计，造册保存，以传后世。"总九十六院，按阁、殿、塔、厅、堂、房、廊，无虑八千五百二十四间。画诸佛如来一千二百一十五，菩萨一万四百八十八，帝释、梵王六十八，罗汉、祖僧一千七百八十五，天王、明王、大神将二百六十二，佛会经验变相一百五十八，诸夹神雕塑者不与焉。像位繁密，金彩华缛，何庄严显饰之如是……"这是李之纯留给川蜀的珍贵历史文化资料。

104

洞仙歌（冰肌玉骨）。选自朱孝臧校注、龙榆生校笺《东坡乐府笺》

宋代范成大《成都古寺名笔记》、黄休复《益州名画录》等书，也对大圣慈寺壁画作者及内容多有记载。后世遂有"南大慈寺，北莫高窟"之称。

对于这次游大慈寺的感想，真正形成于文字，则是二十余年之后，敏行法师让徒弟法震乞文，苏轼于是写了《成都大悲阁记》（《全蜀艺文志》卷三八题为《大圣慈大悲圆通阁记》）："余游于四方二十余年矣，虽未得归，而想见其处。"距离上次拜谒大悲阁已逾二十载，诸多羁绊不得归乡，但他记忆里的游檀木（檀香木）制作的菩萨像威严壮丽，可见当年大慈寺给苏轼留下了难以泯灭的印象。苏轼称成都"佛事最盛"，大悲阁所供奉的正是千手千目观世音菩萨。经历连续幻灭的苏轼，回忆多年前见到的观音佛像时发出了"庄严妙丽，具慈愍性。手臂错出，开合捧执，指弹摩拊，千态具备。手各有目，无妄举者"的赞叹，观音像宝相庄严，姿态优雅，苏轼完全是以美术家的审美去评价佛家雕像的仪容，且展示了一己对于佛法独抒性灵的妙悟，比如："吾头发不可胜数，而身之毛孔亦不可胜数，牵一发而头为之动，拔一毛而身为之变，然则发皆吾头，而毛孔皆吾身也？"佛性如此，诗文如此，书法何尝不是如此！苏轼作为有独立思想的全才，对千手观音的观感并非盲目崇拜，而是带有思辨性质的质疑。这里就不再赘述了。

可以发现，苏轼正是对所收藏的古人书画潜心钻研，其书画才日益精进，终成大家。而苏轼终其一生都在积极地收集、珍藏、借出和获赠书画作品，这几乎成为他的日课。

苏轼官于陕西凤翔时，偶然买得唐明皇所建藏经龛龛门四板菩萨像，献给苏洵。门板画系吴道子所作，其阳为菩萨，阴为天王，苏洵甚为喜欢，以为至宝。治平三年（1066年），苏洵于开封去世，后归葬眉山，苏轼亦将四板龛门菩萨像带回眉山。

最早的苏轼墨迹石刻

　　苏轼是书画收藏家，家筑"宝绘堂"，广藏晋唐以来书法名画，并为之作《宝绘堂记》，其留意绘画，大约在很年轻时便已开始了。清代著名文献学家缪荃荪《云自在龛随笔》记载："'至和丙申春季二十八日，眉阳苏轼与弟苏辙来观卢楞伽笔迹'（题款）东坡二十五字，在成都东门大慈寺。丙申是至和三年，是年九月改元嘉祐矣。是时坡公年廿岁，子由年十八。海内苏氏石刻，莫先于此。"这至少说明，最早的苏氏书法石刻诞生在成都大慈寺！

　　苏轼在成都大慈寺市场，得到（买到）一个出自滕大师之手的神奇缸砚，后来送给弟弟子由。子由得到哥哥送的这块砚台感到高兴，后来还为此写了一篇赋。其叙云："先蜀之老，有姓滕者，能以药煮瓦石，使软可割如土。尝以破酿酒缸为砚，极美。蜀人往往得之，以为异物。余兄子瞻尝游益州，有以其一遗之。子瞻以授余，因为之赋。"碎瓦缸如何一瞬间变成砚台呢？这显然是异人滕公的江湖杂技手段，众目睽睽之下，"瓦缸砚"被赋予了异乎寻常的神力。

　　宋仁宗至和三年（1056年），这年九月改年号至和为嘉祐元年。正月开始，成都官民相庆年号更新，时值春节，市场异常繁华。这次"三苏"来到成都后，目睹精美壁画，苏轼跃跃欲试。

他感念蜀守张方平的知遇、举荐之恩，在千年古刹净众寺（遗址位于成都市通锦路，南宋时曾为纸币"交子"印务所）画了一幅张方平像，留于寺中。苏洵大喜，为此写作了《张益州画像记》并写了《上张侍郎书》云："洵有二子轼、辙，……闻京师多贤士大夫，欲往从之游，因以举进士。洵今年几五十，以懒纯废于世，誓将绝进取之意。惟此二子，不忍使之复为湮沦弃置之人。"这幅画像，后存成都净众寺"张文定公祠"。

在绘画史上，苏东坡的最大功绩是对中国文人画的发展产生了深远的影响。令人惋惜的是，这幅画作未能流传下来。

治平四年（1067年）苏轼、苏辙扶父亲苏洵、苏轼妻王弗灵柩回眉山安葬并守孝三年后，熙宁二年（1069年）他返汴京路过成都。谁也没有想到，这成为他此生与蜀地的诀别。他又访游成都，曾寄住成都西郊清水河畔"悦来客栈"，并在一棵大树下品茶会友。相传他临走时，出资在清水河上修了一座青石拱桥，于是后人取名"苏坡桥"，后人建"东坡亭"以为纪念。

晚清诗人周济曾写诗描绘："西出送仙桥，青羊闻鼓声。浣溪绕草堂，东坡月黄昏。""书圣遗踪东坡亭"曾与青羊官、文殊院、武侯祠同列"成都十景"之一。但无论是东坡亭还是苏坡桥的古迹，现皆已不存。今人为纪念这位大文豪，在苏坡东路与三环路交叉处，建起了一座交通大动脉"苏坡立交桥"；

桥下精心打造了"川剧长廊"，在这里能欣赏到川剧题材的现代装饰画与浮雕作品，呼应着桥名的文化底蕴。

时光如白驹过隙。王弗染病身亡10年后，其弟王缄从眉山到钱塘看望苏轼，苏轼写《临江仙·送王缄》：

忘却成都来十载，因君未免思量。凭将清泪洒江阳。故山知好在，孤客自悲凉。

坐上别愁君未见，归来欲断无肠。殷勤且更尽离觞。此身如传舍，何处是吾乡。

成都、眉山、玻璃江、峨眉等，不但成为苏轼可以互换的乡愁符码，而且成为他动荡命运的压舱石。他不是不知道吾乡何处，而是感叹仕宦中的自己，命若飞蓬……

文曲星下凡

嘉祐元年（1056年），苏洵准备带两个儿子进京赶考。临行之前，苏家办了两件大事：一是给苏轼娶妻王弗；二是为苏辙娶妻史氏。

古时未婚青年上京赶考，若是金榜题名，必会有很多达官贵人争先恐后上门提亲，但由于彼此并不了解，所以很多人婚后并不幸福。苏洵夫妇知道两个儿子的真实水平，中进士是极有可能的，因而决定提前把终身大事办妥，以免日后应对失局。

喝完喜酒之后第二年的阳春三月，47岁的苏洵带着20岁的苏轼和18岁的苏辙，在成都拜谒益州太守张方平后，出剑门、越秦岭，穿过广袤的关中平原，进京赶考。从眉山到汴梁有1000多公里路程，他们走了两个多月，这年五月到达汴梁。为节约旅费，他们寄宿于寺庙，等待秋季考试。那一阵恰逢大雨连绵不绝，洪水泛滥，直到初秋的时候才逐渐放晴……

礼部的初考，是选择考生以备次年的春秋对义（围绕《春秋》的考试）和皇帝亲自监督的殿试。三人在景德寺参加了此次解试（jiè shì），此次考试苏轼名列第二，所做论题为《儒者可与守成论》《物不可以苟安论》。会试之后，父子在京城逗留，游览名胜、参与社交、拜谒名流，希望能扩大交际圈，提高知名度，当时的社会风气就是如此。尤其是苏洵，已是第三次参加科考了，加上与儿子同台竞技，一旦成绩不理想，那就太丢面子了。所以，苏洵也不敢怠慢，将自己的文章呈给当时的文坛领袖欧阳修，欧阳修又将其引荐给枢密使韩琦和其他几位高官显贵。

一次，在欧阳修安排的宴席上，高朋满座，苏洵见到了一个"囚首丧面"的人，且此人隐隐有傲意。一问，原来是大名鼎鼎的王安石。苏洵精通《易经》，观人识相，他认定这样的人"必乱天下"，因此拒绝与他交往。到嘉祐八年（1063年）王安石母亲逝世，苏洵也拒绝前往悼念，并写下指桑骂槐的《辨奸论》。

仇怨不是单方面的。苏洵的出身与文章，如何入得了王安石的法眼？《避暑后录》记载，尽管京师对于苏洵是"一时推其文章"，而王安石"独不嘉之"。王安石对于苏洵也是"屡诋于众"的，根本不放在眼里，他讽刺道："苏明允有战国纵横之学"，"大抵兵谋、权力、机变之言也"，言下之意，山野村夫之论"售与帝王家"不过是渴求名利，对于国计民生的发展，何足道哉！

汴梁城雄伟壮丽，朱门白墙，树木翠绿，街道宽敞，热闹非凡，哥俩顺着汴河每日游历，看着河上来来往往的商船，街道上熙来攘往的人群马车，这自然不是眉州可比拟的。苏轼和苏辙大开眼界，享受着京城的繁华。

一转眼省试的日子到了。

《雨中一首诗帖》（［宋］苏轼书）

当年主持礼部考试的主考官是文坛领袖、翰林学士欧阳修。他在阅卷的过程中，看到一篇文章《刑赏忠厚之至论》，里面写道："尧、舜、禹、汤、文、武、成、康之际，何其爱民之深，忧民之切，而待天下以君子长者之道也。有一善，从而赏之，又从而咏歌嗟叹之，所以乐其始而勉其终。有一不善，从而罚之，又从而哀矜惩创之，所以弃其旧而开其新……"欧阳修觉得文章文风平实，语言流畅，说理透彻，是难得一见的好文章。因为卷子是密封的，盖住了考生名字，他也不知道到底是何人所写。于是，他私下调来所有考生的信息进行核对，最后，他猜测最有可能的作者是自己的得意门生曾巩。当年曾巩也参加了这场科考。欧阳修踌躇再三，觉得曾巩毕竟是自家弟子，让他当第一名不妥，为了避嫌，将这份卷子取成第二名。结果放榜后，发现这篇文章的作者竟然是苏轼！由此可见，苏轼的才学之高。

当年的那场科考，最后录取的不仅有曾巩和苏氏兄弟，还有两位后来赫赫有名的人物：一个是程颢，宋明"理学"的奠基人之一；另一个是张载，"关学"的创始人。就是写"为天地立心，为生民立命，为往圣继绝学，为万世开太平"的那个张载。

苏轼、苏辙的骄人才华与苏洵老辣的文章，一时名动京城。

在文坛领袖欧阳修的提携下，苏轼不仅高中进士，而且每有新作就会引起全城轰动。他也踌躇满志，准备大显身手。不料，一个来自家乡的噩耗让父子一下掉进了冰窟窿：48岁的程

《苏轼回翰林院图》（﹝明﹞张路绘）

夫人操劳过度，四月八日在家病故了。

嘉祐二年（1057年）四月七日，程夫人病逝于眉山纱縠行苏宅，五月讣至京师。三苏父子正当名动京师、踌躇满志之时，突然接到这令人痛断肝肠的噩耗，悲痛的父子三人来不及面辞京中故旧新交，匆匆离京返川。

程夫人在眉山家中操劳了一生，她或许在月上树梢的夜晚，还想起苏轼、苏辙小时在天井里，仰起头听她讲故事的情景。她仰望天空，在北方的星空下，有她牵挂的丈夫和儿子，他们进京赶考，可曾习惯异乡的饭食？听得懂当地的语言？天上的七星连排，道士都说苏轼是文曲星下凡，那去天子脚下，文曲星是在天上，该发出耀眼的亮光了！

　　母亲至死都不知道，两个儿子双双高中进士，名震京师！
一场改变苏洵、苏轼、苏辙命运的大变革，已从京城掀起！

　　她自十几岁嫁入苏家，以富家千金之身，毅然撑起苏家
"困厄"的大厦，还要完成一个女人为女、为媳、为妻、为母
的责任。一子二女的夭亡，小女八娘的再亡，让她备受摧残；
丈夫游学四方、求进不得的经历，更让她的肩上多了一份生活
的重担；苏轼、苏辙两个儿子的奋厉有志，又让她强打精神经
营眉山纱縠行，幸好在纱縠行的生意和田地的放租中，取得了
较为丰厚的经济收益。才能为他们三父子游学、赶考备好资金。

　　她太累，倒在了盛年。

　　苏轼和苏辙兄弟立即随父奔丧。父子进京赶考时，只留下

程夫人及她的两个儿媳在家，艰难度日。当他们急急赶回眉山老宅时，距离乡仅仅一年多，已经是物是人非、满眼萧条，不禁泪流满面，哀恸不已……

闲暇时间，苏轼常在书房静坐。他在思想的域界已经走出了很远。有时，远到人迹罕至，远到一片荒芜，远到不大容易找到回来的路……

自从嘉祐二年（1057年）中进士后，他逐渐从沉迷个人诗词，转入到潜心研究社会问题。针对所谓宋朝"百年无内乱"的"太平盛世"之下，而各种社会矛盾不断升级的现实，在短短的两年多时间里便写出了《策论》25篇和《进策》25篇，提出了改革弊端的革新主张，他是以革新派的面目走上权力舞台的。由此可见，苏轼对自己的人生仕途充满期待，对现实人生充满热爱之情。

比如，他在《思治论》中指出，嘉祐政治之弊，症结在于没有一定的国策，所以法弊而事无成。他说，世有三患，终莫能去：一是宫室祠祷之役兴，钱币茶盐法坏，加之以师旅，天下常患无财；二是澶渊之盟后，边陲不宁，辽与西夏日益骄横，而宋则战不胜，守不固，天下常患无兵；三是选举之严格，吏拘于法而不志于功名，考功课吏之法坏，天下常患无吏。这三大问题的形成，是由于国家没有通盘的计划，没有一定政策之故。他的主张是政府应该于众论中"从其可行者而规摹之，发之以勇，守之以专，达之以强，日夜以求合于其所规摹之内，而无务出于其所规摹之外。其人专，其政一，然而不成者，未之有也"。

守丧期满后，苏轼、苏辙陪同父亲南行，登临丰都平都山的山顶，残阳如血，峥嵘壮观，不似人间。他发出了"超世无有我独行"的强音。

　　等待他的路，真的可以"独行"吗？

苏坟山

苏家墓地位于在彭山县安镇乡可龙里（今眉山市东坡区富牛镇永光村二组）的柳沟之上，即今天的苏坟山。

嘉祐二年（1057年）十一月二十八日，苏洵率领苏轼兄弟将程夫人下葬于彭山安镇乡可龙里柳沟老翁泉之上大约二丈处。苏洵精于《易经》，"卜者曰吉，是其葬书为神之居"，于是选中了这块"风水宝地"。此处为成都平原中隆起的一脉山丘，山势浑圆，宛若一个硕大的梨子，山顶树木葱茏。整座山溪水环绕，环境清幽。略低于山顶处有一眼清莹的泉水，长流不息，汇蓄成了一口大井，可以"日饮百余家"，这就是老翁泉。当地传说，每当月明之夜，可以看见一位白发飘洒、举止俊雅的老翁独自走来，静坐于此吐纳。如果有人试图靠近，老翁便会消失于泉水之中……因此，泉以老翁得名。苏洵称为"老泉"也是由此而来。此处后来又称为"苏坟山"，苏洵、王弗都安息在这里。

从老翁井经过老翁亭，有一个青石板铺成的平台，一侧有碑，有新近镌刻的《老翁井铭》和《重修老翁井记》。鉴于"井中老翁误年华"，也许在苏洵眼里，"不出名"就是"误年

苏坟山牌坊（蒋蓝摄）

华"的证据，所以他在《老翁井铭》里惋惜，藏不住他一飞冲天的气象："余又闵其（隐者老翁）老于荒榛岩石之间，千岁而莫知也。今乃始遇我，而后得传世于无穷。"看看，这就是明证。事实上，苏洵也兑现了让无名者成为历史名人的承诺。

苏家墓群坐北朝南，背靠地势较高的苏坟山，正前方是一清澈的水池，坟前"案山"起伏，山坳间山溪蜿蜒，不时有山鸟飞纵，周边均有果园分布，与外围起伏的松林构成了回荡往复的气场，符合传统阴宅选址的风水理论。

当年，苏洵含泪写了《祭亡妻文》："昔予少年，游荡不学……我知子心，忧我泯没。"对年轻辞家、功名不成而忏悔，希望死后的坟"凿为二室，期与子同"，对自己内失良朋痛惜万分，表明"不日来归"。全文如下：

　　呜呼！与子相好，相期百年。不知中道，弃我而先。我徂京师，不远当还。嗟子之去，曾不须臾。子去不返，我怀永哀。反复求思，意子复回。人亦有言，死生短长。苟皆不欲，尔避谁当？我独悲子，生逢百殃。

　　有子六人，今谁在堂？唯轼与辙，仅存不亡。咻呴抚摩，既冠既昏。教以学问，畏其无闻。昼夜孜孜，孰知子勤。提携东去，出门迟迟。今往不捷，后何以归？二子告我，母氏劳苦。今不汲汲，奈后将悔！大寒酷热，崎岖在外。亦既荐名，试于南宫。文字炜炜，叹惊群公。二子喜跃，我知母心。非官实好，要以文称。我今西归，有以借口。故乡千里，期母寿考。归来空堂，哭不见人。伤心故物，感涕殷勤。

　　嗟予老矣，四海一身。自子之逝，内失良朋。孤居终日，有过谁箴？昔予少年，游荡不学。子虽不言，耿耿不乐。我知子心，忧我泯没。感叹折节，以至今日。

　　呜呼死矣，不可再得。安镇之乡，里名可龙。隶武阳县，在州北东。有蟠其丘，惟子之坟。凿为二室，期与子同。骨肉归土，魂无不至。我归旧庐，无有改移。魂兮未泯，不日来归。

　　苏洵凿了两室墓穴，一个用以安葬亡妻，一个用以自己魂归道山后与妻同葬一处。

　　司马光感苏母贤淑惠敏，为她作《苏主簿夫人（程夫人）墓志铭》，高度评价她："柔顺足以睦其族，智能足以齐其家，斯已贤矣！况如夫人能开发辅导，成就其夫、子，使皆以文学显重于天下，非识虑高远，能如是乎？"

宋赠太子太师苏老泉之墓碑。此为苏洵、程夫人合葬墓。清代嘉庆五年（1800年）眉州牧涂长发重建苏老泉坟地时于墓前所立墓碑（蒋蓝摄）

当年苏洵葬妻时，曾指墓后空地对苏轼兄弟说："此尔兄弟之居也。"苏辙作《颍滨遗老传》云："先君之葬在眉山之东，昔尝约袝于其廆，虽远不忍负也。"

治平二年（1065年）五月二十八日，苏轼发妻王弗在京去世。苏洵曾对苏轼说："汝当于汝母坟茔旁葬之。"在官场的风口浪尖拼搏的苏轼、苏辙，次年四月二十五日又遭亡父之痛。兄弟俩辗转数月，一船双棺，王弗被安葬在距程夫人墓西北大约八步的地方。月明风清之夜，婆媳俩又可以说话了。

邑人彭宗林书有《宋赠通义郡君苏轼夫人王弗之墓》。

在宋代，官员的妻子或母亲可由朝廷封给国夫人、郡夫人、郡君、县君四等名号。郡君属于第三等，苏轼时为殿中丞，王弗去世后追封之列。王弗的郡君封号前加"通义"二字，原因是北宋以各州郡称用作外命妇封赠，唐时眉州一度称通义郡。

到了这年十月二十七日，按苏洵生前遗愿，苏轼兄弟将父亲与母亲合葬。

有一则民间故事，甚是传奇。说的是苏轼葬父、葬妻时，日期已定而墓砖不足。有人告诉苏轼，东山有隐士，极豪爽，救人急难，有求必应。苏轼前往拜访，隐士进山打猎，第三天黄昏始还。隐士迎苏轼归家，款待酒饭，问明苏轼所求，嘱苏轼无忧，即令手下造办。苏轼如期破土，挖好墓坑，不见砖至，甚叹悔。不料次日拂晓，5万匹砖斩斩然罗列墓侧，苏轼大喜。事毕，苏轼前往拜谢，卒不见其居所，亦不见其人。此事类似神话，但《眉山县志》有记载，标题为"眉州隐君子"。

苏轼兄弟把这块墓垣叫"东茔"，并在墓地周围种下小松树若干株，这也是打发寂寞、寄托思念的最好方式，也唯有在成天劳作的艰辛过程里，理性意识防线薄弱了，感情的泉流才会汩汩而出，与老翁泉发生共振。

元祐元年（1086年），东坡回京任翰林学士知制诰，得到友人贾讷将到故乡眉州做官的消息，东坡作诗《送贾讷倅眉》："老翁山下玉渊回，手植青松三万栽。父老得书知我在，小轩临水为君开。试看一一龙蛇活，更听萧萧风雨哀。便与甘棠同不剪，苍髯白甲待归来。"他希望贾讷来到眉州，也可以照顾一下自己的精神祖地。"手植青松三万栽"虽是诗人的夸张，也

位于苏坟山上的短松冈（蒋蓝摄）

可见东坡手栽松树规模之大。小松树，是为"短"，此为"短松冈"的出典。松柏青翠满山冈，表达了他对妻子以及父母深深的思念。可见，这些松树已然成为屹立在他记忆里的"消息树"，无论置身何处，他一见松树自然会幻化为"短松冈"的无尽涛声。为此，他特意委托堂兄苏子安和乡亲杨济甫照看"东茔"以及苍松。

据苏辙《坟院记》："旌善广福禅院者，先公文安府君，赠司徒坟侧精舍也。先公既壮而力学，晚而以德行文学名于世。夫人程氏，追封蜀国太夫人。"苏轼、苏辙丁忧期满返京前，特地将坟茔托付给离此4里的广福寺僧代为照管。返城时路过大池院，苏轼手书18字于廊柱："自老翁井还，偶憩。治平丁未

（1067年）十二月七日，子瞻。"可惜现在已失其处。

多少人从岁月的长河里漂走，有的人却从来没有走出人们的记忆，即便是过了一代又一代。古老的青神程家嘴，面对岷江，江流依然，迟归的白鹭从远处排成行，在暮色渐浓的江上，从那宛若写意画的慈姥峰前，时断时续地飞过，如同漫长而散乱的历史，将渐渐淡出今人的视线。

程夫人是见过这些白鹭的吧。在她的少女时代，在她作为程夫人，携了苏轼、苏辙回娘家省亲时，在她离开程家嘴而陷入为苏家生计、为夫子学业操持的劳累时，那群故乡的白鹭也会进入她的梦中？

岷江是母亲身边的河，江水送出去的苏轼，常忆"我家江水初发源"，常吟"相望六十里，共饮玻璃江"，常叹"归来瑞草桥边路，独游还佩平生壶"。忆江即是忆家，没有母亲的人哪还有家呢？

母亲，就是一条河！

按当时朝廷规定的丧礼，儿子为父母守孝必须在3年以上，这期间不能当官任职，更不饮酒玩乐。苏轼、苏辙整个身心浸透了对父母哀悼缅怀的忧思，功名利禄等世俗杂念完全弃之脑后，倒也悠闲清静。也许是苦于整日面对那些凝聚着过多温馨回忆的旧物，徒增惆怅。这一阶段，苏轼常常到青神县岷江对岸岳父家中小住散心。

那是一个美丽的山乡，山下有清溪深池，山上有古刹佛寺，置身其间，不禁油然而生飘然出尘之感。苏轼与岳父家年龄、辈分相仿的几个年轻人很合得来，或者与他们一起登山谒庙，或者与他们一起到野外餐饮。中年之后，苏轼还在给内弟王箴的信里，饶有兴味地回忆起当年一起在夜色朦胧中踏过瑞草桥、回到了何村，两人对坐在村口一棵大树下吃瓜子、炒豆的情景……这与后来生活中的艰难险阻相比起来，不能不令苏轼叹惋：不知此生还能不能再过上这般清闲的日子！

他知道，快乐的时光，一去不复返了。

苏轼、苏辙服丧期满，于熙宁元年（1068年）的冬季离眉赴京。这一走就与家乡永别，兄弟俩再也没有回过家乡。

到元祐六年（1091年），东坡守杭期间，应圆照律师之劝，舍亡母程氏遗留的簪珥首饰，命工胡锡采画阿弥陀佛像，并作《阿弥陀佛颂》。颂叙云："钱塘圆照律师，普劝道俗归命西方极乐世界阿弥陀佛。眉山苏轼敬舍亡母蜀郡太君程氏遗留簪珥，命工胡锡采画佛像，以荐父母冥福。"

荐父母冥福，希望他们"所遇皆极乐"！不要说东坡这样做了，连鲁迅先生也于民国八年（1919年）捐银100多元，为母寿刻印《百喻经》。个中深情，感人至深。

……

2023年春季一天上午，春阳普照，我驾车出眉山城，沿岷江二桥向东北行驶五六公里，进入一片自山踝蔓延而上的寂静密林。松涛阵阵，香樟树长势与别处不同，均是挺直而高挑。停车后，顺一条蜿蜒的小径而上山，便见一个阔达的朝山门，山门四柱三门，正中主门，两侧耳门，四根廊柱的正反两面有楹联四副，横廊一面书"景行行止"，一面题"自洁自好"。正面门柱不同字体的两副楹联是："百代文章惊广宇，四时香火慰老泉"；"诗如山文如水古今何人匹，气似虹节似玉中外谁个同"。穿过朝门，几座硕大坟墓映入眼帘，这便是苏洵家族墓地。

经历宋、元、明期间400余年风雨侵蚀，苏洵墓碑字迹剥蚀，难以辨认，加上多年无人祭扫，逐渐湮没于荒草荆丛。明成化年间（1465—1487年），眉州知州许仁受命寻找苏洵墓。开初在岷江畔的蟆颐山寻找，没有结果。许仁有诗曰："骑从传呼不暂停，土坡石磴几回登。青山难觅先贤墓，白发重逢此寺僧。"此寺即广福寺。后来许仁调整寻找方向，来到广福寺，再溯井求墓，终于在柳沟山寻得墓茔，予以拨款培修。

经三苏祠博物馆考察，明末清初的动乱，让苏坟山淡出了人们的记忆。康熙四十一年（1702年），眉州学正段子文路过此地，询一老人，方知苏洵墓在附近，回城后即禀告于知州金一凤。金一凤马上召集僚属及眉州士绅前往查勘。斩荆棘，芟藤萝，终至墓前。只见两堆墓土前，残留两块墓碑：一为苏洵墓碑，一为许仁寻墓记事碑。还有一块小碑卧于侧，是明判官、苏洵裔孙苏大章赎祀田边界碑。墓前有垮塌祭台，瓦砾累累。苏洵墓有盗洞，深数尺，可见石椁。金一凤叹息良久，带头捐金，众乡绅亦踊跃认捐。修葺一新的苏洵、程夫人墓和王弗墓封土成垒，极高且大，使樵牧不侵，设祭拜奠。

据苏辙《坟院记》记载，苏轼、苏辙弟兄贬谪岭南，老翁井之水便逐渐耗减。到了官府剥夺苏洵坟墓的香火院时，井水竟彻底枯竭。而在皇帝下手诏恢复香火院后，井水又"瀚然而复"。苏轼自儋州北归，也曾写信问杨子微："闻井水尝竭而复溢，信否？现今如何？"

明代许、侯二位太守寻找苏洵墓，都是"溯井求墓"的，说明老翁井在明代没有荒废，但苏洵所建之亭一定是不存在了。

宋、元、明、清几代，老翁井都没有荒废，但在20世纪30年代，老翁井却再一次荒废了。如今老翁井的井台上有三通石碑，"老翁泉"三个大字为一字一碑，系民国二十五年（1936年）眉山专区首任督察专员兼眉山县长、保安司令梁正麟（字叔子）所书。"翁"字碑背面有阴刻草书五言长诗一首，系清宣统元年拔贡邑人彭耀章所作，记述重修老翁井事。

值得一说的是，苏坟山有一位守墓人，叫陶宗勤。

数十年前，他初中未毕业就回乡务农了。那时墓地情况很是破败，每每看到有牛在这里活动，吃草拉屎，陶宗勤就去赶，然后把牛粪清理掉。

1984年，苏洵夫妇墓和苏轼夫人王弗的墓重修，并增修了苏轼、苏辙的衣冠墓，形成苏洵家族墓地。陶宗勤家的山地、果园恰好在墓地对面的山头，早上出工或晚上收工时，他总会情不自禁多走几步，转到墓地去看看：封土是否有垮塌，刚立的墓碑是否有损坏。如果墓地四周脏了，他就要去清扫一遍。

现在的这块苏洵墓碑，是嘉庆五年（1800年）眉州知州涂长发所立。后一度被毁，被放进一家面厂做案板，1984年重修苏洵墓时终于找回……

一般来说，墓穴不宜距离泉山太近。但事实证明，苏洵确有独到眼光。

我发现，坐北朝南的几个墓穴均是香樟茂密，绿意盎然，

苏坟山

在其纵向两侧各有二三十亩的凹陷地带上，种有几百棵树，连同野草大面积枯萎了。两位正在墓地抽叶子烟的老人对我说，树是被山藤缠绕而死亡的。但我注意到一些树上并没有山藤。可见是地下水缺失造成的，但是在墓穴南端的老翁泉一带，又是汩汩水流……

在南端一小片地上，盛开在仲春的巢菜小花，就是紫云英。不禁想起在周作人《故乡的野菜》里的描述："扫墓时候所常吃的还有一种野菜，俗称草紫，通称紫云英。农人在收获后，播种田内，用作肥料，是一种很被贱视的植物，但采取嫩茎瀹食，味颇鲜美，似豌豆苗。"

"蜀狂"李士宁

蜀地自古出异人。尤其是出没于"五岳丈人"青城山云烟深处的高人，严君平、张道陵、杜光庭，等等，总得到红尘中人的极度膜拜。那时青城山道风极盛，慕青城之名入山隐居修道者多不胜数，甚至唐朝的玉真公主、金仙公主也来到青城山修行，而她们的修真之所正是上皇观。在各色人等中，"狂士"李士宁暴得大名，引发了各种议论。

鉴于他奔走于京师贵人之间，不断展示预言能力，李士宁很快成为北宋时博有声望的得道"高人"，尽管有人认为他目不识丁，但也不能不承认他颇有才思，口吐谶语以针砭世人。比如，在清代徐兆昺所著《四明谈助》详尽记载了一桩灵异事件：

某天黄昏，在广东一家铜铸佛像店，一女子背一大包铜料而来说："欲铸佛一尊，貌欲似我，送去浙东明州府戒香寺供养。"然后告辞。店家将沉甸甸的铜料放在桌上，就落锁回家了。第二天清晨打开店门，发现桌上的铜料居然变成了铜佛，佛像与送铜料的女子一模一样。店家惊奇不已，忙按那女子所写地址，将铜佛送到了明州戒香寺。戒香寺奉迎佛像后，惊觉其面容与本寺哑女一般无二。

神秘的哑女到底是谁？宋释志磐《佛祖统记》中有记载可对应：

宋时有一个叫卫开的宁波人，在洛阳旅舍里偶遇高人李士宁，仙风道骨的李道士对他说："先生家乡的哑女是维卫佛！若回乡的话，可往礼拜。"卫开半信半疑，回到家乡就到城南戒香寺访寻，方知哑女早已归葬，深以不及见为恨，只好向其画像焚香拜之。第二年卫开去杭州，寓居书吏陈式家中，见数十个儿童簇拥一位尼姑到来，入门哗然，只是说"哑哑哑"，卫开惊讶茫然，女尼做手势向卫开索取纸笔写道："大地山河是阿谁，了无一法可思惟。夜来处处闻钟鼓，敲破骷髅人不知。"落款"无去来"三字……维卫佛是梵语 Vipaśyin 音译，也译作毗婆尸佛、毗钵尸佛、微钵尸佛，意译为胜观、种种观、种种见等。

我引用到此就足以显示，李士宁的个人影响力早已从蜀地扩展到江浙地区了。

广为人知的是，李士宁在青城山学道多年，道法高深。他还有过人之能，便是出口成诗。不过他的诗所用皆是古人之句，是对前人诗句的重新组合，这说明他记忆力奇好，综合能力也不弱。他创造的这种"士宁体"，仿效者甚众，一度风靡朝野。置身民间、一直向往名山隐士的苏洵，想来李士宁也很合他的胃口。

苏轼赴京应试前曾于成都拜访之，李道士一见苏东坡的气象，就预言"子甚贵，当策举首"；民间亦盛传苏轼乃文曲星下凡。

苏轼对这个蓬州李士宁很是熟悉。在《东坡志林》中他记录了两人之间的神秘交往："士宁，蓬州人也。语默不常，或以为得道者，百岁乃死。常见余成都，曰：'子甚贵，当策举首。'已而果然。"看得出，苏东坡是相信李士宁的预言之能的。

在东坡进一步的描述中，提及另外一位高人：冲退处士章詧，字隐之，祖籍福建，迁于成都数世。善属文，绝意仕途，后来被成都太守王素举荐，赐号"冲退处士"。

东坡说：某一天，冲退处士章詧梦到有人投书而来，说是东岳道士的书信。第二天，他与李士宁同游青城山，两人濯足水中，章詧对李士宁说："脚踏西溪流去水。"李士宁是何等人，反应极快："手持东岳寄来书。"章詧惊诧不已，不知李士宁怎么得知自己梦中的情形！他儿子章楶亦以逸民身份而游走山林，因为一旦入仕的话，就会面临一命呜呼的结局。

由己梦推测他梦，由梦穿越梦，梦的沼泽之下还有一个反向生长的田园吗？

查尔斯·兰姆说过这样的深刻之论："真正的诗人哪怕在做梦的时候也是清醒的。他并没有像着了魔似的被他的诗才所支配。他漫游在伊甸园的圣林里，就像在自己家乡的小路上散步一样自由自在……"以此观之，梦中的章詧窥视到某种天机，临近大限。但梦中的苏辙并不是"自由自在"的，他在局促中窥视到了云遮雾绕背后的真相。

苏辙的一首诗就反映了李士宁的神异之事，诗名叫《正旦夜梦李士宁过我谈说神怪，久之，草草为具，仍以一小诗赠之》，这无疑是苏辙系列诗梦里最为奇怪的诗：

> 先生惠然肯见客，
> 旋买鸡豚旋烹炙。
> 人间饮食未须嫌，
> 归去蓬壶却无吃。

诗的意思是苏辙梦见李士宁来见他，于是立即去买鸡买肉烹调，一阵忙碌后，在阵阵肉香缭绕的氛围里，李高人感叹道："人间的饮食不要嫌弃啊，真到了蓬莱仙山，就没有这等享受了。"

其实，李士宁与青城山诸多高人有着很大的相似性，都渴望被高层权力所用，但只有极少数功成名就，绝大多数败退远走，其命运有天壤之别。而他们在青城山炼丹炉飘起的烟云间的身影，就让人浮想联翩，不禁想起鲁迅先生《隐士》一文里所引陈眉公诗"翩然一只云间鹤，飞去飞来宰相衙"。

在我的想象里，苏辙收到的是仙鹤送来的加急"鸡毛信"。而能够在梦中与仙鹤一起飞翔，是幸运的。人与仙鹤一道下坠红尘，则显得突兀而又自然。更幸运的是，醒来一片洁白的鸟羽，飘落在自己身上。

后来苏轼特意将苏辙此诗予以抄录，这就是行书《遗过子尺牍》。元祐元年（1086年）闰二月六日书于开封，手迹现藏台北故宫博物院。我们不妨推测苏轼书写此诗的心情，他一直是相信奇迹的！

李士宁云游天下，纵论朝局，并不时发布慧识玄论，被誉为世外奇人。他一到东京汴梁，很快就驰名京城，有一大批拥趸。

元祐年间，苏轼兄弟在京，好友吴子野恰好在，苏轼兄弟与李士宁、蓝乔交游。苏辙《答吴和二绝》，说的就是在"导游"李士宁率领下，一大批才俊畅游汴京的过程：

三间浰水小茅屋，不比麻田新草堂。

问我秋来气如火，此间何事得安康。

惯从李叟游都市，久伴蓝翁醉画堂。

不似苏门但长啸，一生留恨与嵇康。

苏辙自注："（吴）子野昔与李士宁纵游京师，与蓝乔同客曾鲁公（曾公亮）家甚久。"

关于李士宁的进一步发展，不能不说到王安石，因为没有王安石，汴京就不可能有李士宁的立足之地。

王安石小名叫"獾郎"，有时也被引申为野狐精，也许獾和狐狸在古人看来是同类。王安石出生后，他母亲吴氏略知阴阳数术，渴望儿子有一番大出息。因为从孩子的相貌、生辰来看也暗合诸种征象。那时王安石父亲王益客居外乡，因为清廉正直"不近人情"，得罪了不少豪强之家。儿子出生了，却有李士宁道士突然来访。李士宁与王家素有往来，所以吴氏目睹其异，知其来访，喜出望外，让他看一看儿子，问李士宁她儿子的命相如何？

李士宁沉吟不语良久。稍后李士宁话一出口，夫妻立即目瞪口呆："王家麟儿果非凡胎，竟是天上神狐降世。"王益不信，吴氏深信，更道生产之日，就看到一只獾掠过窗前，大概就是神狐的影子，因此取个贱名好养活。

根据蔡京之子蔡絛的笔记《铁围山丛谈》，他曾听人说王安石是"上天之野狐"，因此"无后"，暗示王安石长子王雱早逝、次子王旁神志有异，并非没有后代。对这样的议论，蔡絛"默然不平"，他回家告诉父亲蔡京。蔡京是王安石女婿蔡卞的堂兄，清楚王安石的家世，蔡京说了一句："有是哉！"还补充了更多细节。

蔡京的细节里涉及蜀地异人李士宁。某天在开封府的醴泉观，李士宁斜靠大殿前的栏槛柱，冷眼斜睨大夫们登阶拜北神，忽然看到一个衣着简朴的官人，大声招呼："你不是獾儿吗？"官人向李士宁行礼，正是王安石。李士宁预言："汝从此去，逾二纪为宰相矣。其勉旃。"意思是，再过些年就要当宰相了，但要努力哟！李士宁早年就出入王安石家，自他出生时就在王家出入，所以才有资格叫他"獾儿"，后来王安石出任宋神宗的宰相。蔡京给儿子讲李士宁称呼王安石"獾儿"的往事，是为了补充"天上野狐"之说，并非无中生有。

熙宁八年（1075年）初，李士宁被牵连到余姚县主簿李逢"谋反"一案。《续资治通鉴》记载："士宁以为太祖肇造，宗室子孙当享其祚。"会仁宗有赐英宗母仙游县君《挽歌》，微有传后之意，士宁窃其中间四句，易其首尾四句，密言世居当受天命以赠之。世居喜，赆遗甚厚。

对王安石心怀鬼胎的吕惠卿，以李士宁的谋反言论，欲彻底扳倒王安石，似乎胜局已定……

这就让人注意到，这个李士宁已经陷入权力旋涡太深了。王安石做宰相时曾让李士宁到东府住了半年时间，东府的宰相、副宰相、办事人员都与这个道人很是熟悉。

北宋邵伯温《邵氏闻见录》指出："惠卿又起李逢狱，事连李士宁。士宁者，蓬州人，有道术，荆公居丧金陵，与之同处数年，意欲并中荆公也。"

王安石的诗文中多次提到李士宁，他写过一首《寄李士宁先生》的诗，有"渴愁如箭去年华，陶情满满倾榴花。自嗟不及门前水，流到先生云外家"的诗句，可见其交情之深厚。

王安石还写过另一首《赠李士宁道人》的诗，对李士宁的种种不凡大加赞许：

> 季主逡巡居卜肆，弥明邂逅作诗翁。
> 曾令宋贾叹车上，更使刘侯惊坐中。
> 杳杳人传多异事，冥冥谁识此高风。
> 行歌过我非无谓，唯恨贫家酒盏空。

其实，当时世人对王安石与李士宁的交往有不少质疑的声音，但诗中王安石以"杳杳人传多异事，冥冥谁识此高风"来回应外人的疑虑，并说"李生坦荡荡，所见实奇哉"（《拟寒山拾得二十首》），他非常固执地证明自己并非昏庸之辈，认为自己对人对事的判断也是高于一般人的，捕风捉影之事不必介怀。

但李士宁的身份为人诟病，一个民间不知来历的草莽之辈，怎么能够跟一国之重臣成为朋友呢？所以这也惹来了众怒，一些人视李士宁为妖道。

当时的大学者司马光就把他当成是招摇撞骗的骗子，欧阳修也几乎持同样的看法，他在《赠李士宁》中直截了当地问："吾闻有道之士，游心太虚，逍遥出入，常与道俱。故能入火不热，入水不濡。尝闻其语而未见其人也，岂斯人之徒欤？不然言不纯师，行不纯德，而滑稽玩世，其东方朔之流乎？"在欧阳修看来，李士宁"既不采药卖都市，又不点石化黄金，进不干公卿，退不隐山林"，到底要干什么呢？他认为李士宁就是一个欺世盗名的江湖手段高超的术士罢了。

李士宁现身汴京时正好是王安石变法时期，这个人能够自如地游走在王公贵族之间，实有奇才。刘攽（1023—1089年），仁宗庆历六年（1046年）进士，精通经学、史学，著作等身，是北宋时期的大学者。他曾经写过一首《送李士宁山人》的诗，有"曾愧丹砂为狡狯，更谈沧海变桑田"，起因是李士宁为他妻子治病，竟然手到病除，他由此深愧自己曾把山人道士视为奔走名利的"狡狯"之徒。在这首诗的自注中，刘攽写道："予妻常病，山人自其家取药见遗，山人妻能采药也。山人又尝谈南海神事，甚异。"通过这首诗可以推断：一是李士宁深谙医术，二是他已深入到士大夫阶层的生活，三是他喜谈遥远的海外神怪，连见多识广的刘攽也颇为惊讶，自然要被"高看"。

章詧本是精于算度的高人，享誉蓉城，但与李士宁交往，却被道破了生死命数，在苏轼看来，李士宁功夫更胜一筹。李士宁究竟有多高的道行？李士宁当年在青城山中修道时，是否早已觊觎红尘官阙甚久？已胸有成竹？他到底是穿着道袍的政客，还是渴望一展身手的大才？难道他心目中的偶像是创不世功勋的诸葛亮么？

其实，欧阳修虽然对他有些看法，但也暗暗觉得此人举止远超庸常之辈，称他为"蜀狂"，欧阳修诗《赠李士宁》中就表达了他的感受与困惑：

> 蜀狂士宁者，不邪亦不正。
> 混世使人疑，诡谲非一行。
> 平生不把笔，对酒时高吟。
> 初如不着意，语出多奇劲。
> 倾财解人难，去不道名姓。
> 金钱买酒醉高楼，明月空床眠不醒。
> 一身四海即为家，独行万里聊乘兴。

如果"不邪亦不正"显得不够凸显其人的话，那么李士宁"倾财解人难，去不道名姓"，就不能不让人另眼相看了。山人与山意，看来的确难以度量。

说一下李士宁的结局吧。

熙宁八年（1075年）二月，宋神宗密召王安石回京，再次让王安石担任宰相。闰四月，宋神宗处置涉案人员，主张从严从重处理。王安石却觉得首犯当诛，从犯当恕，不能把事情闹大。他建议赵世居当杀，其他人就算了。以稳定朝堂为要，否则会纵容诬告之风。

宋神宗下旨，首犯赵世居赐死，子孙剥夺皇族身份，严密关押；府中女眷全部送去当尼姑；赵世居的兄弟、侄子爵位全部下降一级。从犯刘育凌迟处死，另一个从犯张靖被判腰斩。秦彪、李士宁被杖脊，流放湖南。

这是我们能看到的李士宁结局。至于他是否能顿开枷锁走蛟龙，那就不知道了。

时间已经过去了一千年，散布在汴京抑或蜀地、江浙的玄远言行，若非附骥三苏、王安石、欧阳修等名流，早已湮没无考。这让我们进一步洞悉了"隐士招牌"的底色与种种心机。

飞　蓬

　　苏轼《颍州初别子由二首》里，有"悟此长太息，我生如飞蓬。多忧发早白，不见六一翁"之句，这是他在赴杭州通判任之际的感悟。林语堂《苏东坡传》就认为，"飞蓬"一词正足以象征苏东坡的一生。东坡之所以"生如飞蓬"，主要缘于他"一发现什么事情不对，就像在饭菜里吃到个苍蝇一样，非要唾弃不可"的性格。

　　飞蓬草，在中国古典文学意象中颇为重要。飞蓬一词最早见于《诗经》中的"首如飞蓬"，是具有悠久的传统的植物意象，既然"脑袋"像"飞蓬"，这就说明飞蓬不是几根草在乱飞。王念孙《读书杂志》中解释："蓬之根孤而枝叶甚繁，既枯，则近根处易折，折则浮置于地，大风举之，乃戾于天，故言飞蓬也。"

　　飞蓬草是属一年生的草本植物，四川等农村也叫它大飞蓬、小蓬草。飞蓬草的叶片是条状披针形，用手去触碰它，会散发出一种奇特的味道，因为是在户外野生的，所以它的叶片上，往往有许多的虫洞。飞蓬草每年的农历六到九月也会开出白色花，成熟之后的花朵以及种子摇一摇会随风飘走，有些像蒲公英。彻底干枯的飞蓬草，会被大风带往天空，完成一生里最悲壮的漫游……

但在多山地的西南地区，飞蓬还有另外的指涉。

我们可以注意到，冬季的山地河谷，在山踝前是一大片滩涂，较为平缓。下午刮起了大风，只见一个枯草团，由远及近，在风力推动下越滚越大，越滚越圆，有些直径可以达到二三尺！有人会感叹，人的命运，就像是眼前的飘蓬……

在笔者看来，似乎还应该看到更深刻的东西。多年前的一天，我在采访四川大学林向教授时，偶然讨论起车轮到底是怎么发明的。他说，任何看似简单的发明都不是凭空而来的，一定有什么现象触发了古人的灵感。车轮的发明极可能是受到了自然之物的启发。《淮南子》中说，祖先"见飞蓬转而知为车"。"飞蓬"是一种草，其茎高一尺许，叶片大，根系入土较浅，遇到大风，很容易被连根拔起，随风旋转。古人可能就是受到这个现象的启发，发明了车轮和车轴。这与鲁班受锯齿草的启发而发明锯子的传说一样，虽然这种说法很可能也是一个传说而已，但谁能说这样的传说没有道理呢？

"飞蓬"是无根的，是不由自主的，飞到哪里是不确定的，具有极大的被动性。这和苏轼早年的以"雪泥鸿爪"描绘人生所到处的陌生之感异曲同工，不同在于，飞蓬之于鸿雁，身位更低。经历"变法"的大风暴后，苏轼处于一种飘荡不定、无所适从的状态，但他内心却早有方向。这种身心无法合一、心灵被迫跟从身体漂泊的状态，就倍感折磨了。

另外，在赴任途中，苏轼还写了一首《龟山》诗。开头是："我生飘荡去何求，再过龟山岁五周。身行万里半天下，僧卧一庵初白头。"起笔就是"我生飘荡"，立时一种随世浮沉的无处着力的感觉迎面而来，并且这种无力感的空间宛如"无物之阵"……

杜甫的"飞蓬各自远，且尽手中杯"固然是悲观的。弟弟苏辙也许没有想到，车轮之辙正是要让人生滚滚向前，哪怕是通往未可知的晦暗天际。人生就像山间的漫漫长路，这条路有蜿蜒曲折时，也有笔直平坦的时候。走这条路的人需要巨大的耐心。初遇挫折，东坡性直且急，尽管他有的是毅力。

而在苏轼的某个梦里，飞蓬也可以渡为一朵花。

那朵梦里开出的花，比如，突然不开了。那里就出现了一个空洞，声音沉默的空洞。这是任何具体物质无法填补的伤口，一个拒绝愈合的伤口，声音嘶哑，四方跑气，直至哑灭。这些空洞总是在睡眠不深的时候来到床下，开始釜底抽薪，接着，断然打破了锅底，他本是釜底游鱼，他因为获得解放而趋于委顿若泥……花，其实才是堵住这一空洞的最好材料，可以严丝合缝地吻合于空洞，不漏出任何秘密。其实，对于两个虚无的概念来说，既不知道问题，也不知道答案。但两个虚无者一碰面，问题就像一个在山坡上被风吹动的飞蓬，雪球一样，越来越大……

苏贤良

因为苏轼在殿试中的一系列突出的见解，让宋仁宗十分欣喜，国家的栋梁之材啊！御笔一挥，以"第三等录取"苏轼。大家要知道，自宋朝开始以来近百年了，制策考试能够进入"第三等"的只有吴育和苏轼两人。苏轼立即被授予大理评事的官阶和凤翔府"签书判官厅公事"职务，简称"签判"，负责处理繁杂的官府文书。

苏轼长期生活于山环水绕的四季不甚分明的蜀中平原，首次置身于陌生的秦岭山麓，迈开了仕途上的第一步。

凤翔古称雍州，因传说"凤凰鸣于岐，翔于雍"而得名。"古公亶父，来朝走马。率西水浒，至于岐下。"《诗经·大雅》16个字讲述了周人迢迢迁岐的经过，自此周人在岐下生产生活，为周的兴盛奠定基础。所谓"岐下"，考证在今陕西岐山、扶风一带，还包括眉县、凤翔、武功等地的一部分台地，范围200余平方公里。周原中心地区紧靠岐山南麓，或曰岐邑，在今扶风县西北的黄堆和岐山县东北的京当之间，面积约七至八平方公里的周原遗址即当其地。数千年前，这里是古公亶父迁居之处，周、召二公食采之邑，也是周人灭商之前的聚居地和周文化的发祥地。

相传秦穆公的女儿弄玉与女婿萧史在雍宫吹笛吹箫引来凤凰，夫妇二人于是一道乘凤凰而去……凤翔是祥瑞之地。凤翔能够成为苏轼的福地吗？

嘉祐六年（1061年），苏辙送苏轼夫妇到凤翔府上任，一直送到了40里外的郑州。置身在郑州西门外的阵阵寒风里，这是兄弟俩的第一次人生别离。苏轼目睹弟弟在雪地骑马北去，他的背影在凹陷的古道上隐现起伏，直到彻底隐没了，这才启程。

想到这次离别，不知何年何月才得相见，他无限惆怅，回忆起苏辙曾有《怀渑池寄子瞻兄》一诗，从而和之。提笔写下《和子由渑池怀旧》："人生到处知何似，应似飞鸿踏雪泥。泥上偶然留指爪，鸿飞那复计东西……"

人生在世，到这里、又到那里，偶然留下一些痕迹，你觉得像是什么？我看真像随处乱飞的鸿鹄，偶然在某处的雪地上落一落脚一样。它在这块雪地上留下一些爪印，正是偶然的事，因为鸿鹄的或东或西，根本就没有一定。

鸿鹄其实是有方向的，因为它们不会脱离这旷达的天野，犹如一些人永远无法摆脱官宦旅程，彻底回归江湖。

苏轼到达凤翔后立即又寄给弟弟一首七言长诗，结尾处他感叹"寒灯相对记畴昔，夜雨何时听萧瑟"，兄弟二十年来血浓于水的深情，彼此行走在不同的人生之路上，从此聚少离多。

嘉祐六年（1061年），时年26岁的苏轼到达凤翔履职。他的工作除了"签署一局，兼掌五曹文书"外，还负责着"编木筏竹，东下河渭"（供应宫廷建筑所需的木料以及集运粮草、供给西部边防军需）的两大要务。虽然官位不高，但他竭力为百姓减轻负担，留下了很多美名。苏轼总是把百姓放在心间，即使力有不逮未能尽善尽美，也会深深自责。

苏轼的第一任上司是凤翔知府宋选，宋选为政勤勉、席不暇暖，大事小事都要过问，这给了苏轼最早的示范。看来，当一个好官，真不简单啊！

古人相信"人在做天在看"，天人合一思想早已深入人心。灾害发生时，人们很自然地就从自身找原因，甚至帝王都会发布"罪己诏"来检视一己过失，以祈求上天的网开一面，旱魃肆虐，当地的父母官往往要求雨祈祷三日，为表明求雨的决心，自己下跪暴晒多时，即使这样也未能下雨。

嘉祐七年（1062年）春天，凤翔时值大旱，苏轼深为焦虑，不辞辛劳四处奔走，还登上太白山祈雨。这是苏轼第一次代民求雨，幸运的是天降甘霖，大暴雨下了三天三夜，人们喜上眉梢。此时衙门内的一座亭子正好建成，他就以"喜雨"命名，写下了千古名文《喜雨亭记》。

嘉祐八年（1063年）三月，宋仁宗驾崩，为修筑庞大的帝陵，凤翔府负责提供大批木料。当时恰遇大旱，河道干涸，无法漂运木头。可这是帝王的大事情，一旦延误工期，任何人都有罪责。对于因自然环境的恶劣不能便捷地运输而加重地方百姓负担，他深感无力和自责。他偶尔极目眺望家乡眉州的方向，感叹自己千里迢迢出来做官，却不能为百姓解决疾苦……

妻子王弗自幼受父亲王方的影响，性格比苏轼沉稳得多，加上又深得程夫人的教诲，她对苏轼刚刚开启的仕途生涯起到了不可估量的稳定作用。很多次，当苏轼与客人在家里谈话时，王弗就站在屏风后细心聆听。她能够辨别出那些圆滑世故的、善于当面奉承之辈。等到这些人前脚一走，她就会提醒丈夫："那些千方百计巴结你的人，离你而去的速度也是最快的。"后来，她的这些判断都得到了应验。这让苏轼大感钦佩，认为夫人有先见之明。

有这样的贤内助，苏轼尽心于政务与诗书。在凤翔的三年，他为百姓谋福利，为地方发展图富强，称得上竭尽所能。

宋选离任之后，接任凤翔知府的是陈希亮。

陈希亮（1014—1077年），字公弼，眉州青神县东山人。他的人生经历相当奇特，放之于官场、江湖，都是响当当的角色。

陈希亮在处理家事方面，品德高尚，为人称道。他父母积蓄了不少财富，可惜父亲早逝，家业由哥哥掌理。哥哥乃是性情偏狭之人，一门心思想侵吞全部家产。他16岁时，决定外出寻师，专攻学问，哥哥利用这一机会霸占了田地、房产，只将乡邻们的借款账单共30万钱给了他，就算是分了家。陈希亮是何等人！他把那些借债的左邻右舍都请来，将账单全部烧掉，然后背起书箧行囊寻师访友去了。学有所成之后，又将两个侄儿陈庸、陈谕带在身边教导。叔侄三人在天圣八年（1030年）一同进士及第，被乡人称为陈门"三俊"。

陈希亮在外游学还有奇遇。他曾与同乡宋辅一起游学。后来他在京城开封担任京东、京西转运使时，宋辅也到京城做了一介小官。不久后宋辅染病身亡，老母、孀妇和幼子宋端平失去了依靠，生活陷入困境。天无绝人之路，陈希亮毅然承担起宋家生活的重担。他把宋母以及全家接到自己家中，对宋母十分孝敬，一早一晚都行问安礼，还将自己的女儿许配给宋端平，要他努力攻读诗书。就这样，宋辅一家老小在陈希亮的关怀照顾下，过上了无忧无虑的生活。然而，由于陈希亮薪俸不多，清廉自守，他本人又有四个儿子，家庭经济已是十分拮据，如今又添了宋家，负担之重自不待言了。尽管如此，他宁愿缩减自己儿女们的衣食，节约家庭的不必要开支，也要把友人之子抚养成人。宋端平也不负厚望，进士及第。当陈希亮搀扶着宋母出堂接取捷报时，人们都以为宋母是他的生身母亲呢！

这些经历淬炼了陈希亮的性格，那就是刚正不阿，外冷内热。陈希亮身材矮小而清瘦，乍一看，面青颜冷，两眼澄澈如水，说话斩钉截铁，常常当面指责别人的过错，不留情面。当时士大夫宴游，一闻陈希亮到来，立刻满座肃然，喝酒雅聚也显得沉闷、寡味。对待同僚都是如此，他对待僚属自然又有过之，就有很多人吓得对他不敢直视。

按理说，他既是苏轼的老乡和长辈，又是顶头上司，应该比较容易相处，但是二人在交往中相处并不很融洽，而是总会有大大小小的纠纷。陈希亮是一名雷厉风行、刚毅干练的能人。他初来时，听到凤翔府中的小吏都尊称苏轼为"苏贤良"，他十分震怒，大声呵斥道："判官就是一个小小的府判官，哪里有什么贤良不贤良的。"他立即下令，把称呼"苏贤良"的小吏打10个板子！打板子，就是打屁股！他大喝道："以后哪个敢再这样称呼苏轼，照此办理！"虽然板子没有打在苏轼屁股上，但苏轼已是羞愧万分。

苏轼写的公文，他也毫不客气地涂抹删改，往返不休，此在以文章自负的苏轼，更不容易忍受。在苏轼眼里，陈希亮官架子很大。同僚晋见，他似乎刻意让来客等候，久久都不出来接见，甚至有人在客座打起了瞌睡……苏轼心生不平，写诗讽刺他："谒入不得去，兀坐如枯株。岂惟主忘客，今我亦忘吾。同僚不解事，愠色见髯须。虽无性命忧，且复忍须臾。"两人之间的摩擦，造成日深的成见。苏轼益发感觉落落寡合起来。他不赴府宴，连中元节也不过知府厅堂。陈希亮抓住这一点，上奏朝廷纠劾他，于是苏轼被朝廷罚铜八斤，苏轼也都不管，只是日后作谢馆职启中，才说："一参宾幕，轨蹈危机，已尝名挂于深文（苛刻的法条），不自意全于今日。"

更可气的是，苏轼写的文章，前任州官宋选就觉得很好，不需要改动，而陈希亮好像是成心要"鸡蛋里挑骨头"，在苏轼写的公文中总是反复涂抹、删减……至此两个人结下的"梁子"越发不可解。苏轼才二十多岁，血气方刚，也想报复一下这个趾高气扬的大人。

陈希亮在后院修筑了一座高台，恰好可以对望雄奇的钟南山。他请苏轼作一篇文章，这就是名篇《凌虚台记》的由来。

苏轼气盛，在文章里对陈希亮来了一番含沙射影：天下兴衰，一座凌虚台算得了什么？又怎能长久于世？如果有人想要以高台夸耀于世而自我满足，那就错了。世上确实有足以依凭的东西，但是与台的存在与否是没有关系的。陈希亮读了文章，也明白了苏轼没有直接表达的意图。

宋人邵博的《邵氏闻见后录》里记录了这一幕，陈希亮说："吾亲苏明允犹子也，某犹孙子也。平日故不以辞色假之者，以其年少暴得大名，惧夫满而不胜也，乃不吾乐邪？"说完，对苏轼的《凌虚台记》一字不改，吩咐立即刻石。据苏轼《陈公弼传》"公于轼之先君子为文人行"，可知陈、苏两家应确有交情，且陈希亮虽比苏洵小五岁，交往中却为长辈。

但苏轼终于理解了陈希亮藏在外壳下的真诚与一番苦心，认识到了他的正直与深藏不露。苏轼自称平生不为人写碑文，但他十分敬佩陈希亮的为人，担心陈希亮的事迹失传于后世，应陈季常之请，破例写下了《陈公弼传》。陈希亮的儿子陈季常，重友情、轻名利，堪称苏轼困厄时期的知音，给予他莫大的慰藉。著名的"惧内"典故"河东狮子吼"，就出自苏轼调侃陈季常畏惧夫人柳氏而写的一首诗，最出名的句子是："龙丘居士亦可怜，谈空说有夜不眠。忽闻河东狮子吼，拄杖落手心茫然。"柳氏郡望河东，杜甫有诗曰"河东女儿身姓柳"，而柳氏又经常念佛，真是一语双关，后来坊间盛传出了"河东狮吼陈季常，千古风流苏东坡"的名句，至今为人们津津乐道。

但毕生严正、谨慎的陈希亮，也有智者千虑必有一失的时候。

宋王栐撰《燕翼诒谋录》五卷，记载了宋朝的典章制度162条，涉及职官、选举、食货、兵刑、地理等多方面内容。其中说："治平元年，知凤翔府陈希亮自首，曾以邻州公使酒私用，贬太常少卿，分司西京，乃申严其禁：公使酒相遗，不得私用，并入公帑。"

于凤翔任上，陈希亮因将邻州馈送的"公使酒"（单位招待酒。公使库，为宋朝廷专设为地方负责招待往来官员的机构）私自转送，虽是惯例，但毕竟违律。陈希亮上书自首，由此被调职，不久后退休，去世，终年64岁。他辞世时，亲戚朋友莫不潸然泪下，人们钦佩他一生清正、严而不残，诚为当代良吏；更赞叹他忠厚仁爱的美德，以及怜孤恤贫、有功不夸的高尚行为。

好事者利用了这一点，传言陈希亮之所以获罪，是因为欧阳修代苏轼报复的结果，这分明是栽赃构陷。可见，当时的苏轼，俨然已是"箭垛式的人物"了。

在《陈公弼传》里，苏轼慨叹："公于轼之先君子为丈人行，而轼官于凤翔，实从公二年。方是时，年少气盛，愚不更事，屡与公争议，至形于言色，已而悔之。"这寥寥数言，至今仍让我们心生暖意。至真、至纯、至性的青年苏轼，与一位惜才、识才、懂才的宽厚长者形象，由眉山到华夏，联袂而立。

苏贤良

与"拗相公"斗气

《东坡志林》常常拿王安石来开玩笑。他说，王安石有次和刘原父一起吃饭，忽然停箸，问刘原父："孔子'不撤姜食'是什么意思？"原父一本正经答道："根据《本草》，生姜吃多了损智。老子说，道非明民，'将以愚之'，是以道教人的，所以提倡'不撤姜食'，让天下人都当笨蛋。"王安石有所领悟，十分高兴，后来才知道刘原父的话原是跟他开玩笑的。苏东坡因论王安石："多思而喜（穿）凿。"刘原父是按照他的思想方法来做解说的。《东坡志林》记这一个故事之后，接着说："庚辰三月十一日，食姜粥，甚美。叹曰：'无怪吾愚，吾食姜多矣！'因并原父言记之，以为后世君子一笑。"

王安石为人正直而刻板，有时到了不近人情的程度。他的学问水平堪称一代大家，因此对于学识，他颇为自负。所以当时朝廷中人，都暗中称他是"拗相公"。

神宗熙宁六年（1073年）三月开始，王安石在儿子等人帮助下动笔撰写《三经新义》（王安石撰《周官新义》，王雱、吕惠卿撰《毛诗义》《尚书义》的合称。是熙宁变法的重要理论依据），经过两年左右才告完成，他自认为是古代经书权威的评论家，基本否定了郑玄、马融等大儒的相关研究。他还利用行政管理的权力立下标准，全国读书人都必须研读他的"新义"，连科举生答卷也要以"新义"为准。一些大学问家包括欧阳修、司马光、苏轼兄弟等对此颇有看法。苏轼出京之后，有一次监考乡试，曾写诗表达了他对考生试卷表现出来的思想呆板、学识贫乏的深切担忧。

学者们不仅对"拗相公"的《三经新义》报以反对态度，对于他研究文字的著述《字说》也有看法，认为他研究文字的构造和起源，"多穿凿附会"，往往经不起推敲。有人曾讽刺他是"聋瞽学者"，一个人半天就可造出许多篇章。

备受人指责的《字说》，现在已遗失了大半，唯有残留下来的，可以推想原书情况，这成为历代文人茶余饭后的趣谈。而苏东坡和王安石的许多交际，都与《字说》有关。

明朝王世贞编纂的《调谑编》就记载了几个故事：

> 东坡闻荆公《字说》新成，戏曰："以'竹'鞭'马'为笃；不知以'竹'鞭'犬'，有何可'笑'？"

意思是说，王安石把"笃""笑"等当作会意字，荒唐地加以发挥。这怎能不被人讥笑呢？

有一天，苏轼与王安石闲聊。苏轼问王安石："说说看，'鸠'字为什么由'九'和'鸟'两字所构成？"

因为不明苏轼的底牌，王安石一时语塞。

苏轼笑着说："我认为这一证据是《诗经》里说的：'鸤鸠

在桑，其子七兮。'意思是7只小鸟儿，再加上它们的父母，不就是9个了吗？"

王安石恍然大悟，苏轼不是在讨论学问，而是在借此讽刺自己！他脸上的表情复杂起来，接着脸红了……

不料，没过几天苏轼又来"发难"了，这一次是涉及"波"字。

"波"也是形声字，是由"水"和象声的"皮"字所构成。王安石解释时，想象力太过丰富，在《字说》中竟解释为"波为水之皮"，这明显是诗人的思维。但如果牵强附会地理解，也还说得过去。

如果这一解释合理，苏东坡的"坡"，是不是"土地之皮"呢？哈哈哈，苏轼一想到此就大笑不止。没料到，千年之后的当代作家贾平凹道出了苏东坡有趣的这一重要品质："苏东坡，太'皮'了！"因为"人可以无知，但不可以无趣"。

苏轼遇到刚刚退朝的王安石，"波"字让他忍俊不禁，诙谐地说："波波波！照先生书里的解释，既然'波'为水的皮肤，那么'滑'字一定是说水有骨头……"

王安石表情尴尬，一时僵在了路上。

可见，《字说》的很多解释违反文字的造字规律，不少地方出于主观臆断，遭到人们的质疑和非议实属难免。何况，他遇到的是苏轼这样的诙谐之人！

苏轼在为反对新法所作的诗歌中，往往或明或暗地攻击王安石本人，他不但反感王安石的"新政"，而且对王安石的学识也看不上眼，说"王氏欲以其学同天下"，又说王氏之学为

"俗学"，而王安石的"经说"和"字说"，问题的确太多……

公允地说，王安石对苏轼当然也不无成见，但他年长一些，在为人处世上表现了长者的沉稳与大度。不仅如此，王安石后来还逐渐改变了对于苏轼的看法，他特别钦佩苏轼的文学天才，特别是在读了苏轼独抒性灵的诗作后，他发自内心称赞："子瞻，人中龙也！"

《警世通言》中有这么一则故事。一天苏轼登门拜访王安石。王安石不在，管家便把他引到主人的书房里用茶。苏轼在书房里一边品茶、一边欣赏悬挂的字画。

目光一转，他注意到王安石书案上有一首尚未写完的《咏菊》诗。其中的二句是："西风昨夜过园林，吹落黄花满地金。"苏轼看罢，谐谑的天性发作，哈哈大笑。他认为：春兰秋菊，菊是多年生草本植物，素有傲雪之骨，不管风吹雨打菊花只会枯干，不会飘落。眉山苏家庭院里的菊花就是如此！没想到当朝宰相王安石连这一点常识都没有！

他略加沉吟，提笔在王安石的诗句下加了二句："秋花不比春花落，说与诗人仔细吟。"续完诗句之后，回过神来的苏轼，知道自己总是祸从口出，这样岂不是损伤了"拗相公"的脸面？白纸黑字，已经不能再在纸上涂抹或销毁证据了。于是，他向管家匆匆告辞而去。

王安石回到家，管家说："苏轼来过，等了您一会儿，就走了。"

王安石见到书房的书案上的续诗，知道定是苏轼所为。他不禁暗笑起来："苏轼呀，枉你过目成诵、出口成章，但是你对事物观察得不仔细、不全面啊！《离骚》你不是背得很熟吗？那里边就有'夕餐秋菊之落英'的诗句，该如何解释呢？难道你这名震京师、帝王视为栋梁之材的大学者，连这都不晓得吗？你的眼界很有限！"

东坡来到黄州后，公务之余，经常与友人一起吟诗消遣。一天正值九九重阳节，他约请已是隐士的陈季常来家里饮酒赏菊。当他与陈季常来到花园时，一向见花就喜形于色的东坡，突然沉默了。原来啊，昨天还是怒放的菊花，经过一夜风雨之后，现在只剩下一些光秃秃的枝干在风中微微摇曳，像一个光杆司令，枯菊枝下铺满了金黄色的菊瓣……

《王安石像轴》，明摹本（现藏江西省博物馆）

陈季常很少见到东坡这副沉默木然之样，忙问缘由。东坡禁不住深深叹了一口气，便把给王安石咏菊续诗等往事，细说了一遍。

陈季常饱读诗书，提出了自己的观察："晏子说，橘子生长在淮河以南就称为橘，生长于淮河以北就称为枳。菊花一般不落瓣，但黄州这里的季候有些特别，菊花是落瓣的。可见凡事都有它的特殊性。你曾经提到，蜀地眉州还有香海棠，但是黄州这里的海棠就没有任何气味啊……"

东坡恍然大悟，他有些不好意思了，羞惭满面地对陈季常说："看来'拗相公'所写的'吹落黄花满地金'没错！倒是我写的'秋花不比春花落'错了！这才是地地道道的狗尾续貂……"

几年之后，东坡被重新起用应召回京时，他曾专门为续诗一事，登门向王安石认错。

苏东坡与王安石两人在政治观点上虽处于对立面，而且自始至终谁也没有说服对方，但从文学创作上讲，尤其是变法初期的情况已成为往事之后，他们又是真正的同路人，毕竟都是欧阳修古文复兴运动中的杰出人物。在欧阳修逝世后，苏东坡、王安石在当时文坛上威望最高，时代赋予了他们很多期望。在文学上的这种关系，促使他们更加重视和珍惜彼此的友谊。因为拥有友谊，并非要出于知音。

元丰七年（1084年）秋，苏东坡从黄州调往汝州（今河南省汝宁），已经成为平头百姓的王安石，晚年又失去了爱子，心灰意冷之余他选择退出官场，隐居在金陵钟山（即南京北山）的半山园。得知苏轼要到金陵来看望自己，他深受感动。苏轼到达的时候，王安石整衣束冠远远迎候在山下路旁。这是"迟到的握手"，他邀请东坡在金陵逗留一个多月，成为千古佳话。

经过了很多挫折与荣辱，是龙是虫早已一清二楚。苏东坡、王安石的处境都有了巨大变化，他们终于抛弃了官场分歧，在文学的地界握手言欢。两人一道出游，尽论古今文学，彼此听取和交换意见，王安石对于苏东坡有了更进一层的了解，对人感叹道："不知更几百年，方有如此人物。"尤其是他读到东坡《同王胜之游蒋山》诗中的"峰多巧障目，江远欲浮天"之句，对在场的王胜之大发感叹："老夫平生作诗，无此一句。"

东坡对于王安石也是倾慕的。即使大家攻击王安石的学风时，他也肯定王安石的文章。这次会面的临别，苏东坡写的《次荆公韵四绝》，就满怀真情：

> 骑驴渺渺入荒陂，
> 想见先生未病时。
> 劝我试求三亩宅，
> 从公已觉十年迟。

苏轼认为，他们彼此历经了十年的风风雨雨，王安石劝自己买下三亩地住下来，一起归隐山林，但他觉得已经太晚了，何况自己有罪在身。哎，茫茫人海里，哪里才是尽头？

这一次分别后，他们再也没有见面的机会了。

攇云与送雪

罗马尼亚诗人埃米尔·齐奥朗说过："雾是空气的神经衰弱症。"在我看来，这是诗人的突兀之语。显然雾气在敏感的诗人心中具有呼吸不畅的意象。中国诗人不但没有这么多抱怨，而且视雾气为生活的瑞兆。

秦岭主峰太白山麓，原始森林茂密，岚烟与浓雾彼此互嵌，加上云瀑的加盟，气势仰天俯地，不禁让人产生"出尘"的自由遐思。据清人王文诰《苏文忠公诗编注集成》卷三记载，北宋嘉祐七年（1062年）三月，时任凤翔府签判的苏轼，首先是在郊外，因与知府宋选登临真兴寺阁祷雨，当天雨雾交替，云气满袖，回家后写了一首《攇云篇》。苏轼叙述了攇（qiān）云的过程："余自城中还，道中云气自山中来，如群马奔突，以手掇，开笼收其中，归家，云盈笼，开而放之，作《攇云篇》。"诗歌形象地描绘攇云过程中云气的变幻：

物役会有时，星言从高驾。道逢南山云，欻吸如电过。竟谁使令之，袞袞从空下。龙移相排拶，凤舞或颉亚。散为东郊雾，冻作枯树稼。或飞入吾车，逼仄碍肘胯。捊取置笥中，提携反茅舍。开缄乃放之，掣去仍变化。云兮汝归山，无使达官怕。

显然，苏轼攫云的方式是"手掇"与"抟取"，即掇拾和抟聚；他所攫之云，是大雨临近时山中涌出的云气，在奔突滚荡中迎面而来、进入轿子内的云气；他攫云使用的工具是随身携带的竹笼和竹笥，可能内衬有棉布，属于衣箱或者书箱，具备一定的密封性；攫云之后是赶紧携到城内家中。然后开笼放云，云气缓过来了，伸筋缩骨打开了翅膀，欲飞。

这是多美的一幕！

苏轼的攫云，想来是童心未泯、诗兴大起的乘兴而为，明显是"赤子"之举。由于携带的距离比较短，并且始终没有离开山中的环境，因此云气所处的气压、温度等因素都没有发生明显变化。苏轼诗的末尾还特意强调，从竹器中放出的云气仍然保持原有的活动能力，并幽默地希望云气如鸟，能够空中识途自行归山。

云也罢雾也罢，结尾一句"云兮汝归山，无使达官怕"，云啊，你还是自己回到山中去吧，免得落在树上凝成霜让达官贵人害怕。因为俗话说"树稼达官怕"，凝霜封树预兆着达官贵人里有人死亡，这多让他们害怕啊。云雾之中，他也没有忘记幽默一把，从而使诗歌上升了一个高度，达到了云朵之上。全诗意象万千，如梦似幻，趣味横生，字词精准到位，用典也较多，让人们不知不觉体验了一次山林隐逸、仙踪无迹的生活感受，也让人们看到了一个不一样的苏轼。

但仔细想想，苏轼的描述不大容易实现，至少温度、湿度一旦略微变幻，就不具备可复制性了。尽管从他的描述来看，他的确是成功了。

诗人王士祯对此指出："坡公作《攓云篇》，余昔行秦栈中，见道左石罅间烟气如缕，顷刻弥漫山谷。已而雨大至，行人衣袖中皆云也。始信'囊云'非妄。"（《分甘余话》卷二，中华书局1989年版，第51页）

后来查慎行还作诗提及此事，其《三笑堂书阮亭先生题壁后》诗曰："谢灵运屐去已久，苏子瞻诗留不多。两袖攓云独惆怅，一灯照壁犹吟哦。"（《敬业堂诗集》卷十五，中华书局2017年版，第564页）

江南大学人文学院颜庆余指出：苏轼攓云成为后世仰慕的风雅之举。清乾隆皇帝《御制诗集》二集卷二十有《攓云亭》诗。晚清徐灏著有《攓云阁词》一卷（宣统三年南京刊本）。

南宋晚期的周密《齐东野语》卷七"赠云贡云"条，提到了云是否可以持赠的问题。在这条记载中，周密先引陶弘景的五言四句小诗，得出"云固非可持赠之物"的说法，又引苏轼《攓云篇》，他得出的结论是"然则云真可以持赠"。也就是说周密认为苏轼之举完全成立。最后，他还记载了北宋徽宗宣和间"贡云"的事件："宣和中艮岳初成，令近山多造油绢囊，以水湿之，晓张于绝巘危峦之间，既而云尽入，遂括囊以献，名曰贡云。每车驾所临，则尽纵之，须臾滃然充塞，如在千岩万壑间。然则不特可以持赠，又可以贡矣。并资一笑。"

囊云的地方是汴京附近的山峰；放云的场所是汴京宫城内

《西园雅集图》(局部)

的皇家园林艮岳，用意在于营造云烟缭绕的人间仙山，满足教主道君皇帝的高情逸致；囊云的工具是用水打湿的油绢囊；囊云的办法是清晨云气蒸腾时，在绝巘危峦之间，张开油绢囊，让云气飘入囊中，然后扎紧囊口，运送入京。

这里，顺便再说一说"囊云"。

龚炜字巢林，自称巢林散人。江苏昆山人，生活在康熙至乾隆间，一生怀才不遇。其《巢林笔谈》记录了读书之外的很多从庸常生活中霍然而起的灵念，是我十分喜爱的一部枕边书。在续编之序言中，龚炜自云："四十余年来视履所及，暨胸中所欲吐，稍稍见于此矣。"此书编排按时间为序，起自康熙末年，迄于乾隆二十八年前后。所记内容相当广泛，既记社会民情、风俗掌故、天灾人祸、官吏贪诈，也有考据心得和友朋交往。

其中有《囊云》一篇：

"宁献王自号臞仙，尝令人往庐山囊云，结屋曰'云斋'，障以帘幕，每日放云一囊，四壁氤氲如岩洞，此兴不减东坡。坡有《撦云篇》，其序云：'云气自山中来，以手撮开，笼取其中，归家云盈笼，开而放之，作搴云篇。'"（中华书局1981年版，第22页）

宁献王是指一代才子朱权，为明太祖朱元璋第十七子，杨升庵赞其"文教一方，藩屏中央，文集五部，贤王众多"。宁献王博学多思，平生撰述纂辑见于著录者约有70余种，存世约30种。这对于皇室弟子而言，尤其难能可贵。朱权在正统十三年（1448年）卒，享年71岁，谥曰"献"，世称宁献王。

在陈田（1849—1921年）辑录的《明诗纪事》甲签卷二里，"宁献王权"条收录有诗二首，其前小传曰：宁献王"作《囊云诗》云：'蒸入琴书润，粘来几榻寒。小斋非岭上，弘景坐相看。'王每月令人往庐山之岭囊云以归，结小屋曰'云斋'，障以帘幕，每日放云一囊，四壁氤氲，如在岩洞。余观周宪王有《送雪诗》。臞仙囊云，宪王送雪，此宗藩中佳话可属对也"。

得与"囊云"合作佳话的"送雪"之宪王，更是明代藩王中最为才华卓绝者。明宗室朱谋㙔在《藩献记》当中，称赞他"好文辞，兼工书画，著《诚斋录》《乐府传奇》若干卷"，"所制乐府新声，大梁人至今歌舞之"。

近读晚清巴蜀才子赵熙四次登临峨眉山的诗词，在佛光、圣灯、云雾、冰雪、虫草的咏叹里，无人为之送云与送雪，只有僧人送来了一筐山笋，赵熙也写了《峨眉僧送笋》一诗。可见蜀人更讲求实际。

凤翔大熊猫

可以说，凤翔也是苏轼文学的一个全新的起点。有些人的仕途是在庙堂，而苏轼的仕途是深入民间，耳闻目染的百态生活不但激活了他童年的乡村记忆，也为他的创作打开了广阔的视野。《凤翔八观》《石鼓歌》等130余篇诗文和《喜雨亭记》《凌虚台记》等名篇佳作，都写作于凤翔。

英宗治平元年（1064年）夏季，某天苏轼在凤翔的山野，见识到了一种奇妙的动物。他为此写的一首标题为《竹䶥》的诗，很少引起人注意：

野人献竹䶥，腰腹大如盎。
自言道旁得，采不费罝（jū）网。
鸱夷让圆滑，混沌惭瘦爽。
两牙虽有余，四足仅能仿。
逢人自惊蹶，闷若儿脱襁。
念兹微陋质，刀几安足枉。
就擒太仓卒，羞愧不能飨。
南山有孤熊，择兽行舐掌。

这是一块陨石。苏东坡在凤翔修东湖时，把它搬来，成为凤翔一景（蒋蓝摄）

事情的来历是这样的：当地一个村民上山砍柴时，抓住了一只竹䶕，刚好苏轼路过，村民就送给了他。村民还说，这是在山道旁得到的，自己也没有费什么力气。

这个动物对苏轼来说是非常陌生的。

虽然古人历来相信道法自然，不可随意违背天道，但饮食一道，似乎就顾及不了那么多了。山野村民不会为这些道义所控制，加上生活清苦，飞禽走兽也是一大饮食来源。

俗话说："天上的斑鸠，地下的竹䶕。"古时，竹鼠是朝廷高官才有资格享用的珍贵食材。在苏轼看来，眼前这个动物"腰腹大如盎"，模样十分可爱，自然不愿意去将其杀死而烹吃，他更着意于"南山有孤熊，择兽行舐掌"的味道，意思是自己很想吃山野里的熊掌和熊肉。因为在苏轼笔下，多次提到了"熊白"，就是黑熊背上堆积起来的脂肪。

在接到苏轼的诗歌后，弟弟苏辙立即和诗一首《次韵子瞻竹𪖌》，苏辙为这一只被兄长拒绝食用的动物感到可怜，继而提出了"愚死智亦擒"的观点，引申出自己为"百物"性命感伤的情怀，由此也能看出宋朝知识分子对大自然、对动物的一种关爱。

值得一提的是，与历史上其他诗人写竹𪖌的文字相比较，可以看到苏氏兄弟明确反对食用竹𪖌。东坡诗"念兹微陋质，刀几安足枉。就擒太仓卒，羞愧不能飨"，意思是应该将它放归自然，最后两句发挥了韩愈《猛虎行》中猛兽应"择肉"的诗意，表示绝不吃掉它。苏辙的和诗亦是对东坡诗意的紧密回响。

那么，竹𪖌是什么动物呢？根据诗中"腰腹大如盎"和"两牙虽有余，四足仅能仿"来推断，以往学者认为是形似豚鼠的一类动物。也有人认为，这一动物，似乎就是在竹海之间很容易见到的"竹𪖌"，四川民间称之为竹鼠、竹牛。

四川大学张志烈教授是著名的杜甫、苏学专家。他对此提出了自己的看法："根据苏轼诗歌的情态描述，这是继续形容竹𪖌的肚子和屁股像装满酒的皮口袋一样肥大圆滑。这一动物显然不是寻常的竹𪖌，而应该是大熊猫！"

凤翔大熊猫

《凤翔府疆域图》（黄冈市谭冰提供）

竹鼬体型太小，一般不到一斤重，个别肥大的至多大一些，但无论如何不会达到"腰腹大如盎"的庞大程度啊。反而是大熊猫，从其习性可知，它们比较容易受惊，而且大熊猫往往是近视眼，很多场景都看不见，等到了眼皮子底下才看到，自然就会被吓一跳。

古籍中主要把大熊猫称为"貘"以及食铁兽等，两千多年前，汉朝初年成书的《尔雅》中，便有"貘体色黑驳，食竹"的记载。出生于蜀地的司马相如在《上林赋》中，列举了当时咸阳上林苑里饲养的近40种珍奇异兽，大熊猫就名列其中。可见大熊猫在当时就已经被人们视为珍贵的奇兽了。

同为吃竹的动物，大熊猫对付竹鼠有一套巧妙之法：一旦闻到竹鼠的气味，或发现其踪迹，大熊猫很快就能找到它们的洞穴，然后会向洞里猛烈喷气，用前爪使劲拍打，让竹鼠惊吓而出门……如果竹鼠不为所动，大熊猫就会深挖洞直捣老巢。这就颇有点"相煎何太急"的意思了。

如今的大熊猫国家公园由四川岷山片区、邛崃山—大相岭片区和陕西秦岭片区、甘肃白水江片区所组成，这些地方都是大熊猫古老的家园。苏轼见到竹䶄的地方是在凤翔，正是秦岭西北的边际。

唐末五代，秦陇之地，也就是秦岭西部箭竹茂密，大熊猫繁殖得很快。因为常见，就有人编出童谣，记录此事。比如宋初编成的《太平广记》卷一六三里，就根据《王氏见闻》引录了一首秦人《竹䶄谣》，"竹貙"即"竹䶄"。民谣表面说的就是熊猫与黑牛，其实是暗示了有人要占领蜀地。

凤翔位于秦岭西段偏北。今陕西省商县处于秦岭东边，宋时称为商州。比苏东坡时代略早的宋初著名诗人王禹偁在淳化三年（992年）被贬为商州团练副使。王禹偁在商州期间，也写了一首题为《竹䶄》的诗，同样有对大熊猫的细致描写。

从唐末五代至宋初，"竹䶄"这个名字，指的确实就是大熊猫。

我们可以说，苏轼在凤翔县见到的，应是一只未成年的大熊猫。也可以认为，王禹偁、苏轼都是歌咏过大熊猫的诗人。

四川省社会科学院教授、博士生导师李后强对于苏东坡与大熊猫主题异常关心，撰文指出："2020年7月30日至8月6日我们调研组赴陕西省汉中市、勉县、凤县、太白、宝鸡市、岐山县、扶风县、延安市、榆林市、神木市、宜川县、黄陵县、西安市等地调研……课题组还深入森林、山区、社区、街道、市民、农户调研，在汉中、宝鸡（凤翔区）及其周边的有些老农和知识分子，还知道苏东坡喜欢大熊猫的故事。特别是当地有些学者认为，'竹𪕉'是古代方言、土话，就是指"竹公子（仔）。"表示很小的吃竹子的大熊猫，不是指竹鼠、竹牛，当地出土文物中还有大熊猫的遗骨。这与张志烈教授的考证一致。（《苏东坡遇见大熊猫》，《四川经济日报》2023年3月21日）

纤竹启示录

深墨为面、淡墨为背

竹是象形字，在甲骨文里字形像两根细枝上垂下的六片叶子。祖先们故意忽略竹干部分，强化这冬草之叶的造像。但有学者认为，竹字的构字理据，应该是指"初生之竹"，即刚刚冒出来的竹笋。正符合宋代徐庭筠《咏竹》所谓"未出土时先有节，便凌云去也无心"的旨归。毕竟竹的全部精神蕴藏在竹叶间：君子彼此之间戛然独立，又隐隐相互依托，风举为海，呼和成涛。

"竹子效应"引发古人的思索：竹子用4年时间生长，竹芽只能长出1寸，而且这1寸还深埋于地下。到第5年，竹子终能破土而出，以每天1尺的速度爆发，仅用半个月的时间就可以长到15米。在前4年的时间里面，竹子并不是过早动用自己的精华，而是花大部分的时间和能力在"扎根"。它将根茎深入土壤里，接触到的面积绵延数百平方米，所以能广泛吸收水分和营养物质，为后来的爆发夯实根基。

姑且不谈竹林林总总的大千世界，竹子之中一般有"谬竹"与"真竹"的分野。

宋代叶梦得在笔记《岩下放言》中，记录了一则他在山中栽种竹子的往事：山里原有几十竿竹子，经他数十年栽培，繁殖几千竿，成为一片大竹林，每在竹间漫步，任情欣赏，无一处不森茂喜人，便以为自己种竹的功夫已经到家，没有人能比得上他种竹子的经验。后来他遇到秀才王份，王份告诉他：竹子本来容易栽培，只要土肥，清除瓦砾、荆棘，经常浇水壅肥，没有活不了的。但这样的竹子，供赏则可，若就使用价值说，则远不如山中野生之竹，在岩碜瘠地生长的大竹，其质坚实，断之如金石，用作屋椽，可以二十年不坏。而寻常栽出来的竹子，十年就腐败不能用了。叶梦得听了这席话，回去实地调查了他所居前后用竹子做屋椽的人家，情形完全与王份所说的相符。他才恍悟：种了三十年的竹子，实际上还没有懂得什么是"真竹"，因而感叹道："要不是王份告诉我这些学问，我对于竹子可以说完全无知。"（原文见［清］杨钧《草堂之灵》上，浙江人民美术出版社2016年版，第112页）所谓"谬竹"，指的是难堪大任的寻常之竹。而进入东坡、文同审美畛域的竹子，彰显怪竹之"精"、壮写瘦竹之"气"、放大纡竹之"神"，他们的胸中之竹，正是这种"真竹"。

如何为"真竹"赋能？

深墨为面、淡墨为背的墨竹，是"湖州竹派"美学架构，已逾千年历史。湖州竹派始自文同、苏轼，还有李衎、高克恭、赵孟頫、管道升、吴镇、顾安、李士行、柯九思、倪瓒、文徵明、王绂、夏昶等墨竹熠熠，峭拔生辉。湖州竹派的创始人文

《枯木怪石图》（［宋］苏轼绘）

同和苏轼都来自蜀地，其画作成为中国美术史上的不朽经典。由文同、苏轼开创的"以书为根，以画为干、以文为骨"的墨竹气质，作为一种经典绘画样式确立下来，成为后世的典范。文同的代表作《墨竹图》目前收藏于台北故宫博物院，著名画家黄胄称赞其"千古绝唱，笔笔精神，无一笔不佳，使人惊叹不已，千年竟无人过之"。

文同（1018—1079年），字与可，号笑笑先生，人称"石室先生"。北宋梓州永泰（今四川盐亭）人。《宋史》里有文同的记载：文同为汉文翁之后，因为文翁创建世界上最早的地方官学"石室"而化蜀，蜀人犹以"石室"名文同家。文同相貌堂堂，方口秀眉，以学名世，操韵高洁。当时文彦博守成都，对于文同很感奇特，致书文同："与可襟韵洒落，如晴云秋月，尘埃不到。"

文同33岁中进士，步入仕途，仕宦三十年，且大多数的时间在家乡任职。文同非常有个性，因为善画竹名声在外，开始他并不自贵重，四方之人持缣素请者，足相蹑于门。文同不耐烦了，夺过对方送来的缣投之于地，骂曰："吾将以为袜。"

治平四年（1067年），英宗崩，神宗即位，熙宁变法的序幕由此展开。此年文同母亲去世，他回乡丁忧。期满还朝，知太常礼院兼编修《大宗正司条贯》。因为议论几位宗室后嗣承封爵位之事，文同受到降职处分。在此背景之下，文同请求回蜀地故乡任职。

苏轼称文同"有四绝：诗一，楚辞二，草书三，画四。"在"四绝"中，以诗为首。其诗在艺术上最突出的有二：一是以描写景物见长；一是以图画入诗见称。他的写景诗占他所存诗歌的四分之一以上。这些诗寄情野谷山林，清新素雅，风格朴素，直指人心。钱锺书在《宋诗选注》中说："他（指文同）在诗中描绘天然风景，常跟绘画联结起来，为中国的写景文学添了一种手法。"

陵州纡竹

苏、文二人不仅是表兄弟，并且同为"竹痴"。恰如东坡所言，文同主张画竹必先"胸有成竹"。所写竹叶，自创深墨为面、淡墨为背之法。他供职的陕西洋州有筼筜（yún dāng）谷，多竹林，时往观察，因而画竹益精。一日，文同去观竹，晚饭仅有竹笋下饭。正吃时收到东坡信札。东坡除了照例嘘寒问暖外，还附了一诗："汉刀修竹贱如蓬，斤斧何曾赦箨龙。料得清贫馋太守，渭川千亩在胸中。"两人的密切关系，一如竹子与竹叶，文同建了房子，东坡就写《墨君堂记》；文同去陵州当官，东坡写《送文与可出守陵州》相送，一再劝慰他"夺官遣去不自沉"；文同的良马被庸医治死，东坡也写诗悼念。有东坡这样的表亲，"清贫太守"倍感慰藉。他常坦言："世无知己者，唯子瞻识吾妙处。"

　　熙宁三年（1070年）六月，文同作《永泰县新修孔子庙记》，宣扬"治学为治国之本"的观点。七月，与陈荐等议宗室袭封事，执据典礼，这一建议违背了皇上旨意，皇帝怒而被夺官，由五品降为六品。他再请乡郡，以太常博士知陵州（今眉山市仁寿县）。次年（1071年）三月文同出任陵州知州，当时的陵州下辖仁寿、井研两个县，户数3万余，尽管田地贫瘠，商业也较为凋敝，但百姓勤劳善良，耕作不辍。眼见"东城兀高峰，爽气浮翠微"，丘陵地带的漫山竹林给了他很大慰藉。得到文同的书信与画作后，尤其是见到文同笔下的"纡竹图"，东坡感念之余，从中也看到了自己一生屈而不挠的棱棱风节。在文同逝世后十余年的元祐七、八年间，某天东坡回忆起往事，提笔写了《跋与可纡竹》：

　　"纡竹生于陵阳守居之北崖，盖歧竹也。其一未脱箨，为蝎所伤，其一困于嵌岩。是以为此状也。吾亡友文与可为陵阳守，见而异之，以墨图其形。余得其摹本以遗玉册官祁永，使

《墨竹图》（〔宋〕文同绘）

刻之石，以为好事者动心骇目诡特之观，且以想见亡友之风节，其屈而不挠者，盖如此云。"

纡竹，即是盘曲不直之竹。产于龙泉山脉陵阳地界的这些畸形的弯曲之竹，让太守文与可产生了人生美学上的联想。至于东坡认为是嫩竹为蝎所伤造成的扭曲，那是他的悬想，"困于嵌岩"而奋然向上，才是纡竹的根性所在。文同晚年仕途失意，加之疾病缠身，纡竹便成为其苦闷心境的真实写照，其所绘墨竹"为垂岩所轧"而"屈己自保，生意愈艰"，且有挣扎向上之势。总之，歧竹与怪竹的造型间，"屈而不挠"才是关键词，这不但与杜甫的风骨一脉相承，也是文与可、苏东坡心目里中国文化精神的具体显现。

有感于此，苏东坡还特地请朝廷中专门刊刻碑石的刻工"玉册官"祁永，将文同《纡竹图》刻石立碑，并亲笔撰书《跋与可纡竹》加以赞誉，号召人们铭记那种"屈而不挠"的风节。与其说是赞美文同，不如说也蕴含了东坡的神伤。

诗人王维善画竹，开元间即有刻石。萧协律善画竹，白居易《画竹歌》云："萧郎笔下独逼真，丹青以来唯一人……婵娟不失筠粉态，肃飒尽得风烟情。举头忽看不似画，低耳静听疑有声。"把竹子的色、声、情都予以呈现。元代张退公在《墨竹记》中说："夫墨竹者肇自明皇（李隆基），后传萧悦（协律）。"黄山谷有云，"吴道子画竹，不加丹青已极形似。"当时有专门画竹的名家，可见唐代画竹已成独立的题材。

植物之中竹难写，为纡竹造像无疑是难上加难。没有迁回、跌宕、爱怜之心，岂能懂纡竹！岂能在纡竹的盘曲之间看到沧桑！霜筠雪色、劲节虚心。在委屈、挫折之中完成了缓慢地向上！自此以后，"纡竹"意象成为后世画家倾心的重大竹题材。宋代诗人刘克庄有"苦嫌野蔓萦纡竹，甚爱残花点缀苔"之句。相传文同50岁后，疾病缠身，仕途失意，他时常画纡竹，在纡竹的"俯而仰"的大尺度往复之间，在出发与归去之间，顿悟"活着"的天地奥义。东坡与文同不同于常人的反向审美，意义深远。

有时我想，陵州的纡竹启示录，是否也包含了蜀地蜀人的气象呢？

文同观竹法

文同对竹子的精微观察法，非常值得注意。文同的儿女亲家苏辙在元丰元年（1078年）前后所作的《墨竹赋》，详尽记述了文同是如何观察竹子的：

……与可听然而笑曰："夫予之所好者道也，放乎竹矣。始予隐乎崇山之阳，庐乎修竹之林。视听漠然，无概乎予心。朝与竹乎为游，暮与竹乎为朋。饮食乎竹间，偃息乎竹阴。观竹之变也多矣。若夫风止雨霁，山空日出。猗猗其长，森乎满谷。叶如翠羽，筠如苍玉。澹乎自持，凄兮欲滴。蝉鸣鸟噪，人响寂历。忽依风而长啸，眇掩冉以终日。笋含箨而将坠，根得土而横逸。绝涧谷而蔓延，散子孙乎千亿。至若丛薄之余，斤斧

176

所施。山石荦埆，荆棘生之。寒将抽而莫达，纷既折而犹持。气虽伤而益壮，身已病而增奇。凄风号怒乎隙穴，飞雪凝沍乎陂池。悲众木之无赖，虽百围而莫支。犹复苍然于既寒之后，凛乎无可怜之姿。追松柏以自偶，窃仁人之所为。此则竹之所以为竹也。……"

文同听过苏辙言论后，微笑着说："我所追求的就是道，把这种追求寄托在竹子中了。我开始在高山南面隐居，在竹林附近修建房屋，视听淡漠，对外界了无牵挂。早晨和傍晚都和竹子同在。在竹林间吃饭，在竹荫下睡觉。看到了竹子形态体貌的诸多变化。每当风住、雨停之时，山林间空旷幽静太阳出来，竹林就显得特别秀丽茂盛，布满了整个山谷。竹叶像是翠鸟的羽毛，竹上的青皮像是青玉，非常薄，竹上的寒露好像都要滴下来了。只有蝉和鸟在林间鸣叫，人的声音寂寞而寥落。我顺着风发出长啸，终日眺望苍茫的远方。新的竹笋带着笋壳一起落下，根在土里潜长，穿过涧谷蔓延，生长出上万后裔。到了被斧头砍过，比较稀薄的地方，怪石嶙峋，荆棘丛生，竹在那种地方艰难地抽出芽却无法伸展，虽欲倒却顽强支撑着，虽环境艰难元气受损却更加坚强，身体弯折形状却更加奇特。狂风怒号的天气，天寒地冻，感叹于别的树木即使粗大却没有自持力，竹却依旧在严寒之后苍翠，没有那种可怜的姿态，使自己与松柏同列，这是效仿仁者的做法，这就是竹子为什么称之为竹了。""我开始见到竹子很是喜悦，如今这种喜悦的感觉已经融入自己身体。兴致所至挥毫泼墨，那真切的竹子就在跟前。

自然的竹子是天造地设的造化，可是，这与墨竹又有什么分别呢？"

最后的反问，恰恰是墨竹美学的关键。在文同眼里，在浅淡、深重、浓得化不开的变幻中，竹的最佳美学造影是墨色的，既非翠绿，更非五颜六色。

这是一段看竹、有竹、化竹、无竹的心理过程，即便到了郑板桥，也难脱其范式。所谓"一竹一东坡"固然不假，墨竹峭拔于华夏，更有竹影摇曳之处，便现出文同身形之感。苏辙总结说，客人们听了这一番议论后认为："我从前听说，庖丁是位杀牛的厨师，但是学养生的人从他那里学到了养生的至理；轮扁是制造车轮的木匠，读书人却从中悟到了读书之道。世上一切的道理都是一样的，只不过他们所从事的工作不一样而已，更何况您把这道理寄托在竹子中，我说您是得道的人，难道不是吗？"

《图画见闻志》："与可工于墨竹之画，非天资颖异而胸中有渭川千亩、气压十万丈夫，何以至于哉。"

出任陵州以后，文同在此完成了100多首诗、5篇赋、20多篇文章。比如七律《吴公惠酒因谢》，就作于陵州时期。收到成都知府吴中复赠送的"郫筒酒"，他写诗作答。先写当地严冬时节的梅花"露小红""破萼未""深收香不密"，再由梅花意象，转移到邀请同道一起品尝客人赠酒的喜悦，表达了对成都知府吴中复的感激之情。此诗虽为应酬之作，也较好地抒写友情。他并未一味沉溺写作，尽管对命运的安排颇为失望，他还是在地方上积极有为，"愿以所学施于有政"，提出了"抚

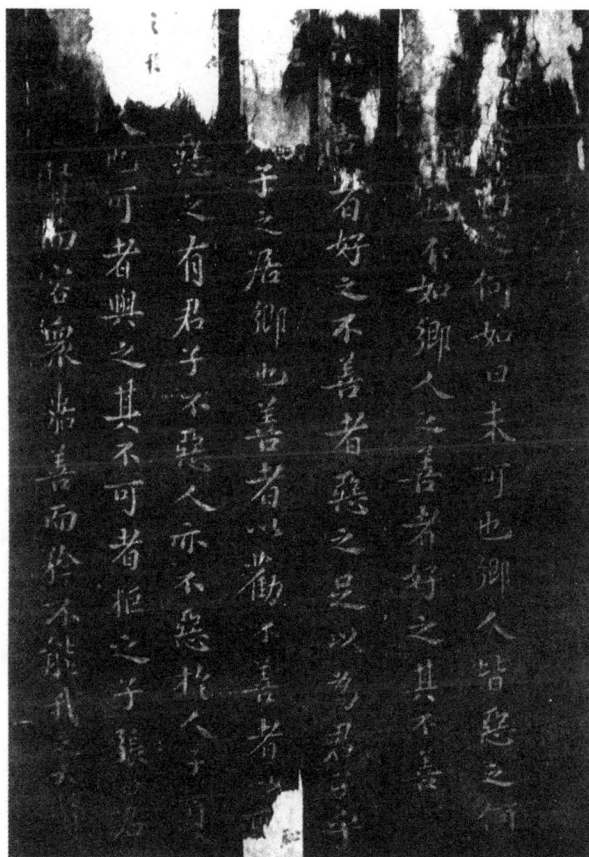

《文与可字说》（局部）（［宋］苏轼书）

《与可画竹赞》（[宋]苏轼书）

柔良，抑强悍，宣教化，齐咸俗"的施政纲领。文弱书生振臂一搏，大力整顿社会秩序，关心陵州的卓筒井状况以及盐业生产，针对当时盐井数量猛增，燃料供应跟不上，井户役人多而杂、对社会治安与稳定具有潜在威胁等问题，积极上疏，提出了解决问题之法。文同还上了《奏为乞改陵州州名状》，朝廷最后采纳了文同的建议，改陵州为陵井监。

在仁寿县黑龙湖85座岛屿中，最大一座岛龙岩寺的石窟壁上，有一幅神奇的"怪石墨竹图"。据说此图是文同画的，灰白色的石面光滑无迹，平时看不到图画，但只要泼上水，就会出现一幅墨竹图造像。水一干，图画又消失了。《仁寿县志》载："文同北宋熙宁四年知陵州后，在龙岩写怪石墨竹，两壁摩崖隐隐有光，怪石墨竹既无墨迹，又无雕镂痕；用水涤石，画面犹新。"这幅隐形的怪石墨竹图被誉为"蜀中一大奇观"。

······

大家知道"胸有成竹"与苏轼有关，其中有一个富有趣味的故事。

文同任洋州知州时，曾在筼筜谷筑亭，长期观摩竹子，并画《筼筜谷偃竹》赠苏轼。

苏轼特意为文同画竹写了一篇著名文章《文与可画筼筜谷偃竹记》，大意是：

竹子出生时，不过是一寸长的嫩芽，可是竹节、竹叶俱全。从蝉腹一般、蛇鳞似的小笋，长到挺直几丈的巨竹，从来都是有节有叶的。可现在的人画竹时，却是一节一节地接起来，一叶一叶地堆上去，这样做哪里还有竹子呢？所以说，画竹一

纤竹启示录

定要心里有完整的竹子，提笔凝神而视，就能看到自己心里想要画的竹子了。

这时，画家应快速跟随自己的所见去画，去捕捉看到的形象，就像兔子跃起、鹘鸟降落那样神速。这是文与可教给我的方法。我做不到，但心里却明白这样的道理。既然心里明白应该这样做，却不能做到，认识和行动不统一，理解道理和实际操作不能一致，这都是学习不够的毛病。

所以啊，对于事情常常是心里了解而不能熟练地去行动，平时自以为很清楚，但事到临头却忽然不明白了，难道只有画竹才是如此吗？

胸有成竹的寓意，这个故事和成语告诉我们，如果想要做好事情，就需要提前在心里想得十分成熟，然后着手立即行动，拖延不得。"成竹在胸"不但体现了苏轼独特的思想，而且是一个突破前人思维的壮举，人竹合一，逐步发展为"眼中之竹—胸中之竹—笔下之竹"的艺术创造规律。

记得是几年前一个上午，我来到春雨笼罩下的青神慈姥山下，山踩一线空无一人，细微的雨声与嫩竹嘎嘎作响的拔节之声相互缠绕，让一座空山充盈着自然的韵律。穿行其中，竹影婆娑，仿佛有一个背影以绝世轻功踏叶而舞。我想起了那个如竹节般峭拔的奇人：东坡。

走进林密叶稠的竹园，眼前光线暗下来了。通往幽深林子的石板路早已被野草覆盖，竹笋甚至顶起了石板，从缝隙里倔强而出。我站在园边，怀着一种说不清道不明的希望竖耳静听。传来的是村子的狗吠声，是林间叽叽地蛩声。静下心来，还是能听到一声声"咯吱，咯吱"的细微响声。声响虽小，但在寂静的早晨，还是清楚地传到耳际，一声落下，一声又起，此起彼伏，不绝于耳，似金属相击，又像清泉落潭，与那时鸣时停的喜鹊声相唱和，一高一低，一问一答。这是竹笋生长拔节的声响。竹子晚间是不休息的，白天吸足了阳光甘露，晚间就争先恐后生长。刚拱出土的竹笋长得极快，争着比着不断地拔节壮大身体，往高处直蹿；还未拱出土的笋，眼看同伴先行一步了，便也急不可耐地破土而出……生长发出的"咯吱、咯吱"之声，在心静时候才听得到。

慈姥山间，也有不少纤竹！细弱，歪斜，个别悬空在突出的崖边，慢慢挺直向上。

我想，竹子的拔节之声，陈希亮一定听到了；东坡兄弟肯定听到过；宋仁宗至和元年（1054年）二月，拔节之竹会在东坡与王弗的大喜之日如同红烛一般高高跃起；文同会在拔节之声下，枯坐，不看皎洁的月，也不看迷乱的星空，更不被摇曳的竹影扰乱心神，他就像一片委地的笋壳……

也像一根纤竹。

记得那天清晨，我置身水汽浓郁的竹林，双目微合，"咯吱、咯吱"春笋拔节的响声，就是时间的步履。经历一个长夜的孕育，每一棵春笋都会生长发声，我就这样听着，突然热泪涌出来……

苏东坡笔下与竹有关的诗词就有200首之多。据莫砺锋教授统计，他在黄州画兴浓郁，尤其喜画竹石。见于记载的就有元丰四年（1081年）三月为章质夫画枯木拳石丛筱；元丰五年八月为方竹逸画竹石；同年岁末为李昭玘画竹石；元丰六年五月为蔡景繁画竹扇；同年七月在里人王齐愈（字文甫）家画墨竹等。元丰四年九月，米芾来访，看见东坡将一幅色白圆润的"观音纸"粘在墙壁上，画上"两枝竹，一枯木，一怪石"，然后赠予米芾……

西方文学经典里，常将神奇的石头称为"活石"，透过苏轼写竹、画竹的一生，人们方能体味到何为"活竹"。

蚕　市

蜀地蚕桑业发展源远流长，宋人高承《事物纪原》卷八"蚕市"条，引前蜀杜光庭《仙传拾遗》关于蜀地蚕桑业起源的传说："蜀蚕丛氏王蜀，教人蚕桑，作金蚕数千，每岁首出之，以给民家，每给一所养之，蚕必繁孳，罢即归于王。"宋代李昉等编《文苑英华》卷八百八记载唐人陈溪之说，早在蜀汉时期就有蚕市了。《方舆胜览》指出："成都古蚕丛之国，其民重蚕事，故一岁之中，二月望日鬻花木、蚕器于其所者，号蚕市。"

由此可知，成都蚕市繁盛于唐代，在五代、两宋时期蚕市已经成为最重要的市场之一。这时成都养蚕业、丝织业高度发达，学者估计宋代成都丝织品的年产量达到300万匹以上［许蓉生《宋代成都的丝织业》，《西南民族大学学报》(人文社科版) 2006年11期］，成为国家的"硬通货"，因此对于各类蚕器的需求更大，因此进一步丰富了、扩展了蚕市的市场内容。早在唐高宗时，每年春三月在成都乾元观、龙兴观、至真观兴办蚕市，至真观道士王晖"好为人相蚕种，逆知丰损"。这一日人们蜂拥而至，道士王晖寓目指点，从而蚕市大兴。每年三月三日，"倾城士庶，四邑居民，咸诣仙观，祈乞田蚕。"繁荣的市场上，有人出售符箓让人佩戴，以消灾求福，祈求一年蚕桑大吉……市场逐渐漫溢周边街巷，成为春节之后的赏春之季。

文史学者彭邦本指出，较早明确使用"蚕市"这一概念的文献来自唐德宗时期。南宋王象之的《舆地纪胜》卷一三七《成都府碑记》中有"《蚕市记》，韦南康文"的记载。韦南康即韦皋，唐德宗贞元初（785年）任剑南西川节度使。韦皋在蜀地做官时亲身感受了巴蜀地区蚕市的兴旺，因此专门写下《蚕市记》。该文已佚，但从其留下的只言片语仍然可以看出唐德宗时期成都的蚕市已经是定期举行，吸引各地奔涌而来的商家和购物者，"每及上春，以蚕为名……商旅辇货至者数万。"

到唐僖宗时期，成都的蚕市已经和药市、十宝市一并被称为"三市"，并且官府将捕盗布告张贴于此，盗贼看到告示后就来自首。三市之一的蚕市恰恰因为人流量非常大，因此才会将官府告示贴于此处。

晚唐诗人薛能在《边城寓题》诗中曾写"蚕市归农醉，渔舟钓客醒"，司空图《漫题三首》之二亦有"蜗庐经岁客，蚕市异乡人"，可见蚕市已经是繁华之所，在蚕市做买卖的农人饮酒至醉，顿时成为茫然四顾的"异乡人"，足见蚕市成为山居者的一个"梦田"的大本营。这时成都的蚕市已经具有了强大的市井气息，成了各色人等会聚交际所在，同时也是一个大江湖。

花间派重要词人韦庄曾经担任前蜀的宰相，其《怨王孙·锦里蚕市》："锦里蚕市，满街珠翠，千万红妆。玉蝉金雀，宝髻花簇鸣珰，绣衣长。日斜归去人难见，青楼远，队队行云散。不知今夜，何处深锁兰房，隔仙乡。"这首词描写了晚唐成都锦里蚕市的热闹繁华，蚕市再也不是一个专门贸易蚕具、蚕种、蚕桑的地方，而是一个综合贸易的大码头，同时也成为歌舞宴饮游乐的销金窟。

晚唐五代时期，由于蜀地险阻，较少受到兵火之灾，成都仍然一派繁华之象，蚕市也进一步发展。前蜀皇帝王建割据蜀地，他十分重视蚕市，"至时货易毕集，阛阓（音环会，意思是"市区"）填委。蜀人称其繁盛。而（王）建尝登楼望之，见其货桑栽者不一，乃顾左右曰：'桑栽甚多，傥税之，必获厚利。'"（鲍士恭《五国故事》卷上）可见，王建从登楼观蚕市的繁盛之况，由此想到可以大肆收税，"必获厚利"。

这叫滚滚利润，入我彀中也！

五代时期的成都蚕市继承了唐末蚕市综合性贸易与休闲娱乐融为一体的功能，进而在社会上形成了逛蚕市的风气。这种风气甚至影响了皇室成员，后蜀后主孟昶的贵妃花蕊夫人在《宫词》中咏叹："春早寻花入内园，竞传宣旨欲黄昏。明朝驾幸游蚕市，暗使毡车就苑门。"早早准备，帝王逛蚕市已然成为皇室春季的头等大事。

北宋灭后蜀之后，朝廷将后蜀府库里贮存的金、银、铜、币、珠宝等"重货"和绢帛布匹等运往京城，水陆并运，一直延续十余年才运完，由此可见后蜀国库的丰赡。

黄休复《茅亭客话》指出："蜀有蚕市，每年正月至三月，州城及属县循环一十五处。耆旧相传：古蚕丛氏为蜀主，民无定居，随蚕丛所在致市居。此其遗风也。""少卿章岵尝官于蜀，

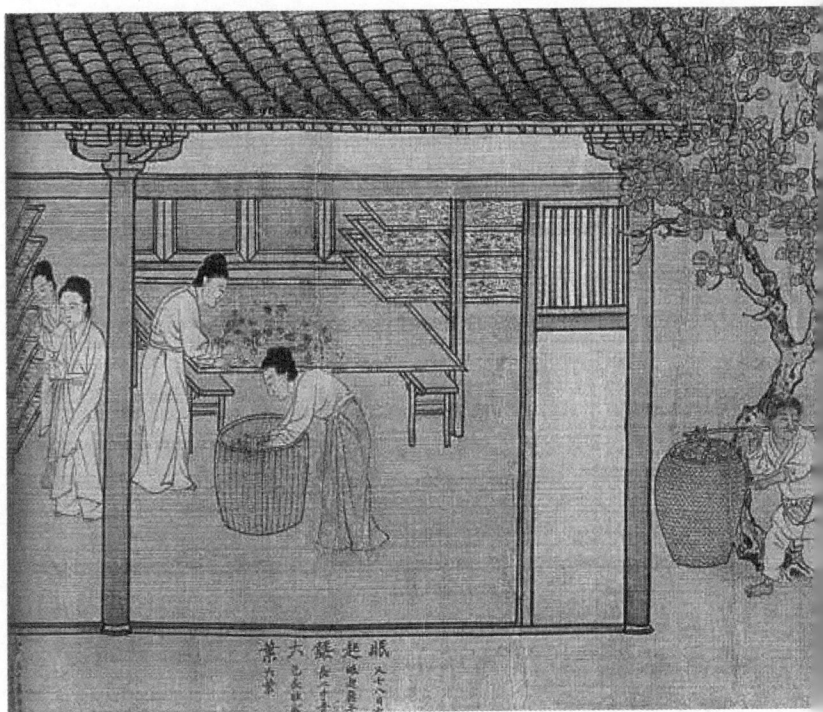

持吴绫、湖罗至官，与川帛同染红。后还京师，经徽润，吴、湖帛色皆渝变，惟蜀产者如旧。后询蜀人之由，云：'蜀地畜蚕，与他邦异。当其眠将起时，以桑灰煨之，故帛成宜色。'然世之重川红，以为染之良，盖不知由蚕所致也。"（《〈蜀典〉校注》，西南交通大学出版社2021年版，第159页）

由此可以发现，蚕市与蚕丛氏的曲折关系，以及蜀锦"川红"的具有传奇性的来历。

在成都，蚕市循环的时间和地点有明确规定，即：正月五日在五门；正月十五日在南门；正月二十二、二十三日在圣

寿寺；二月八日、三月九日在大慈寺；三月三日在北门学射山
（今凤凰山）；三月二十七日在大西门睿圣夫人庙前。此外各州
县也有蚕市，如眉州"二月十五蚕市"，彭州唐昌县、绵州龙
安县等均有蚕市。就连在较为偏僻的彭州葛仙山一带亦有蚕市。
《云笈七签》卷一二二指出："每年三月三日蚕市之辰，众逾万
人，宿止山内，饮食之外，水常有余。"可见当时蚕市的市景是
十分繁荣和壮观的。每当蚕市之际，人们从各地纷至沓来，百
货辐辏，万人拥道，红男绿女，摩肩擦背。

　　唐末彭州唐昌县（今郫县唐昌镇）蚕市，《文苑英华》卷

八〇指出："每及上春，以蚕为名，因定日而有知其往。公亦约之期而候之。其日商旅辇货而至者数万，珍纤之玩悉有，受用之具毕陈。想人之心，岂待询问而知其欢悦也。"

正月二十三日，"圣寿寺前蚕市。张公咏始即寺为会，使民鬻农器。太守先诣寺之都安王祠奠献，然后就宴。旧出万里桥，登乐俗园亭，今则早宴祥符寺，晚宴信相院。"这是一年当中继"五门蚕市"后的第二个蚕市。

开放的城市格局，加上经济的快速增长，使作为西蜀重镇的成都充满了活力。成都的蚕桑丝绸业发展迅猛，成都以

《纺车图》卷（局部）（［宋］王居正绘）

织造中心的效应带动蜀地很多州县成为绢帛产地。据《大唐六典》卷二十"太府寺"记载，四川的绢产地有28个州，约占当时全国87个产绢州的三分之一（李隆基撰、李林甫注《大唐六典》，三秦出版社1991年版，第383页），由此可知四川是唐代最重要的绢产地。精美的蜀锦，代表着我国古代丝织技艺的最高水平，不仅是唐宋时期四川的骄傲，亦为中世纪的成都带来

了极大的繁荣。

北宋年间，眉州文化发达，市井繁荣，城内有蚕市（官市）、纱縠行为丝、纱集市等。

苏辙诗《记岁首乡俗寄子瞻二首，其二蚕市》，就回忆说：

枯桑舒牙叶渐青，新蚕可浴日晴明。
前年器用随手败，今冬衣着及春营。
倾囷计口卖余粟，买箔还家待种生。
不惟箱筐供妇女，亦有钮镈资男耕。
空巷无人斗容冶，六亲相见争邀迎。
酒肴劝属坊市满，鼓笛繁乱倡优狞。
蚕丛在时已如此，古人虽没谁敢更。
异方不见古风俗，但向陌上闻吹笙。

每年农历二月十五日拉开帷幕的蚕市，不但是交易，而且成为蜀中乡民的隆重典礼。诗歌展示了眉州村民卖掉余粮、购买蚕器的过程，万木复苏、一派葱绿，市面上见不到浓妆高雅的闲人。市场上亲朋偶然相遇了，又成为一场友情的"春聚"。孩童时代的苏轼兄弟，忍不住放下书本，就行在蚕市的人流里，好不快活！

收到弟弟诗作，置身陕西凤翔府的苏轼，正处在春风得意马蹄疾的青春时期，但往事缕缕，感叹顿生，作《和子由蚕市》，记录了更为细腻的少年感观，构成了蚕市的二重奏：

蜀人衣食常苦艰，蜀人游乐不知还。

千人耕种万人食，一年辛苦一春闲。

闲时尚以蚕为市，共忘辛苦逐欣欢。

去年霜降斫秋获，今年箔积如连山。

破瓢为轮土为釜，争买不翅金与纨。

忆昔与子皆童卯，年年废书走市观。

市人争夸斗巧智，野人喑哑遭欺谩。

诗来使我感旧事，不悲去国悲流年。

　　这当是苏轼、苏辙两兄弟共同的眉州童年记忆。王十朋《东坡诗集注》卷二十三："次公：'子由诗序云，眉之二月望日（指月亮圆的那一天。通常指阴历每月之十五日），鬻蚕器于市，因作乐纵观，谓之蚕市。'"每当蚕市拉开帷幕，蜀中乡民"共忘辛苦逐欣欢"，投身于一场浩大的民众狂欢，吸引包括儿童，竟然"废书走市观"，可见蚕市的吸引力、影响力、震撼力之强烈程度。但同时，"市人争夸斗巧智，野人喑哑遭欺谩"，又反映充斥于蚕市的欺凌弱小的矛盾，体现了苏轼体恤社会底层民众疾苦的善意与爱心。蚕的意象在苏轼心目中挥之不去，以至于后来徒感"老蚕作茧何时脱，梦想至人空激烈"。早年清晰的民间印痕，与苏轼日后成长为敢爱敢恨的清官良吏，一脉相承、渊源有自。

鹅溪绢

鹅溪位于盐亭县城北安家北二里的叩鹅山东麓，注入梓江。

永泰县（梓州盐亭县）的鹅溪镇盛产闻名天下的"鹅溪绢"，也称"鹅溪丝"，绢面精细，紧致光滑，色泽柔嫩，唐代即为皇家贡品，是书、画所用的绝好材料。有时，此词还代指书信。此绢甚良洁白无瑕，宋代书画市场尤重之，称之为"雪绢"。因为永泰地处东川，故又称"东绢"。

唐代著名画家韦偃，后寓居于蜀，他在落成不久的草堂做客，专门为杜甫作画，用的材料便是杜甫珍藏的鹅溪绢。鹅溪绢自唐朝成为贡品以来，风靡数百年。宋朝也有"鹅溪出画绢"的记载，明朝更有"天下皆称鹅溪绢"的美誉，也足可见其精美程度。尤其是宋代李昭玘《观画》诗，"安得十万钱，尽致鹅溪白"，可见鹅溪绢的名头之响！

清代盐亭县令张松孙（1730—1795年），出生在鱼米之乡江苏吴县。乾隆五十一年（1786年）丙午，张问彤在张松孙的带领下，与乡绅仕宦合力纂修《三台县志》《射洪县志》《盐亭县志》《乐至县志》《蓬溪县志》《安岳县志》六志，六志开篇皆有张松孙所作序言，记述了他修志续史的过程和想法。张松孙对鹅溪一带的风土很有感触，曾写《咏鹅溪》一诗：

左绵山寨高渠西，低汇群壑流寒溪。

水经未能注远派，天教舒雁将名题。

鹅溪鹅湖旧得号，仙翔不与凡禽齐。

孝冢埋时定羽化，铃声起处思崖栖。

波靖乍挹霜毛泛，草碧忽临丹掌低。

爱唼绿萍逐上下，高吟曲项惊旄倪。

山飞潭宿老其处，历历简青皆可稽。

如何旷代传闻绝，空标梵院仰菩提。

旧产曾闻东绢好，万户桑林业不迷。

夹岸秋风储崔苇，连雷春雨起耕犁。

赴郭清流三十里，通山曲径万千蹊。

欲比辋川作图画，卧游自不劳扶藜。

（何藻儒、赵尽忠编《盐亭古代诗文选》，文汇出版社2017
年版，第117页）

诗歌细腻描写了鹅溪一带水脉蜿蜒，溪水潺潺，青简若屏，岸上人家，纺织机声轧轧不绝于耳，所产丝绢甚丰。叩鹅山东麓有鹅溪寺，由来久矣，乃邑域之胜概。他甚至把鹅溪比作著名的隐士理想空间陕西辋川，足见鹅溪风光之盛。

唐宋时期，一匹绢帛广度以二尺二寸为幅、长四丈为一匹。《宋史·食货志》：中下等的绢（楇缎）1300个铜钱至

3000个铜钱一匹，中等的绢（绢）10贯铜钱一匹。上等的绢（绫罗）20贯至30贯铜钱一匹。丝绸的种类、品质、花色繁多，决定了不同档次的绢（丝绸）的价格差别很大。

在绢上绘画，笔痕清晰，画家的功力好，在绢上能够充分地彰显出来；画家功夫差，在绢上所有的毛病也是丝毫掩盖不住的。书画家选择纺织细密、较厚的绢，幅面宽窄根据需要选择，一定要托墨效果好、墨色变化细微、受墨敏感的绢。蚕丝质感如玉，画在绢上的墨或色，产生独特的美感，称之为"绢丝美"，这种效果是纸上绘画所不具备的。

熙宁元年（1068年）七月，苏轼、苏辙兄弟在家乡为父亲服丧期满了。冬季来临，他们取道成都—梓州—阆州—长安，返回汴京。而阆州（今四川省阆中市）是兄弟二人的伯父苏涣长期为官之地。庆历元年至七年（1041—1047年），苏涣在阆州担任通判，他在当地施行仁政，公正廉明，受到百姓的称誉。虽然苏涣后来转官，担任利州（四川省广元市）路提点刑狱，并于嘉祐七年（1062年）在任所去世，但他的许多亲属、学生都还在阆州。苏家兄弟在阆州有很多亲戚，他们此行正有顺道探访亲友的目的。

而熙宁元年，也是苏轼表兄文同的不幸之年，他恰好也在家乡盐亭永泰故居为母亲守丧。苏家兄弟受到文同的热烈欢迎，还请他们为刚刚修建落成的墨君堂作文赋诗。之后，苏轼为之作《墨君堂记》。苏辙写五言律诗《文与可学士墨君堂》。苏轼的《墨君堂记》满纸议论，而不屑于记事。苏辙的《文与可学士墨君堂》则对墨君堂内外景物都有细腻描述。兄弟二人的一

鹅溪绢

文一诗，文采飞扬，珠联璧合。

苏家兄弟应文同之邀，一起游览了鹅溪镇。

文同清晨看到一群养蚕村妇身背竹筐，手持搭钩，过溪桥，进桑园，忙忙碌碌采摘桑叶，不禁诗兴勃发，写成一首《采桑》诗："溪桥接桑畦，钩笼晓群过。今朝去何早？向晚蚕恐卧。家家五十日，谁敢一日惰？未言给私用，且以应官课！"可是再看看蚕妇说的"未言给私用，且以应官课"这两句，文同不由得心里一沉，诗情画意顿时便打了折扣，觉得这些蚕妇委实可怜。

他们出桑园，入织房，又参观了农家纺织女的劳作，亲眼看见织妇们将极细的生丝缕分为经线和纬线，然后双脚踩动织机踏板，双手来回掷梭，织成鹅溪绢的过程。并且得知，一匹工艺精湛的鹅溪绢，需要三天三夜的辛勤劳动方能完工。当文同进而了解到织妇们从早到晚不停地辛勤劳作，却仍有交不完的官课租赋时，他的心震颤了。他万分怜悯这些贫苦织妇的悲惨命运，便写下了流传至今的乐府诗《织妇怨》。此诗形象生动，充满大慈大悲的情感，千载之后，仍然令人慨叹不已！其中有"大字雕印文，浓和油墨污"之句，意思是，印在绢上的"大字"是一个"退"字，即退货。郭祥正《墨染丝》说："缲丝自喜如霜白，输入官家吏嫌黑。手持'退'印竞传呼，倏见长条染深墨。"方岳《秋崖小稿》也说："截绢入官输，官怒边幅窄。抛掷下堂阶，'退'字印文赤。"

有人怀疑文同与苏家兄弟的"盐亭相会"，其实可以从苏东坡在黄州为纪念文同而撰写的祭文《黄州再祭文与可文》进行分析。祭文称："我官于岐，实始识君……一别五年，君誉日闻……再见京师，默无所云。"治平元年（1064年），苏轼正在凤翔府担任签书判官，文同路经此地，与苏轼邂逅，言谈甚欢，从此结为知己。"一别五年"，是说他们自从在凤翔相识，5年之后才再次见面。从1064年算起，5年之后正好是1068年。熙宁三年（1070年）四月，文同服丧期满，回到京城汴梁。文、苏二人"再见京师"，这离他们在凤翔府初次见面已经是第7年了。毫无疑问，苏家兄弟肯定到过梓州。

如今，在三台县还流传着许多关于苏轼的传说。在三台东山公园尚有"苏公流杯池"，其中的"苏公泉"是后人为纪念苏轼而专门修建的。传说苏轼曾经三过三台，游景赋诗，于此休息饮茶。每当人们登临名胜、怀念苏轼的高义，怎不让人油然而生出无尽的感慨?!

鹅溪绢

卓筒井

盐是立国之本。自古无盐之地就不易成为大聚落，所以盐长期被国家权力严控。远古巴国巫溪盐泉汇入大宁河，巴人凭借自流盐泉形成的食盐贸易，创造了"不耕而食，不织而衣"的盛况。蜀国与巴存在鱼盐交易，盐因此也被称为"盐巴"。

前255—251年，秦昭襄王命李冰为蜀守。李冰治水名扬天下，其实他还是井盐生产的创始人。《华阳国志》中记载："冰能知天文地理……又识齐水脉，穿广都盐井……"他首次在蜀地开凿出广都盐井，位置就在成都市双流县与眉山市仁寿县的交界地带，遗迹尚存。

广都盐井采用当时百姓打井取水的方法，通常不太深，且井径很大，因此称为"大口浅井"。依靠大口浅井提取盐卤，成为中国井盐凿井技术发展的第一阶段。大口浅井不仅生产力低，开凿技术粗糙，而且容易塌腔伤人，深处缺少氧气，人到深处容易窒息，加上官府对盐业的管控，到宋仁宗时期，大口浅井生产走向衰落，总产量不到800万斤。

北宋庆历年间，卓筒井技术在蜀地出现。苏轼非常敏锐，他意识到这是一种全新的生产工艺，在《东坡志林·井河·筒井用水鞴法》中写道：

> 蜀去海远，取盐于井。陵州井最古，渍井、富顺盐亦久矣，惟邛州蒲江县井，乃祥符中民王鸾所开，利入至厚。自庆历、皇祐以来，蜀始创"筒井"，用圜刃凿如碗大，深者数十丈，以巨竹去节，牝牡相衔为井，以隔横入淡水，则咸泉自上。又以竹之差小者出入井中为桶，无底而窍其上，悬熟皮数寸，出入水中，气自呼吸而启闭之，一筒致水数斗。凡筒井皆用机械，利之所在，人无不知。《后汉书》有"水鞴"，此法惟蜀中铁冶用之，大略似盐井取水筒。太子贤不识，妄以意解，非也。（《全宋笔记》第一编之九，大象出版社2014年版，第82页）

《天工开物》里也有类似记载，这项技术采用"冲击式顿钻法"，以圜刃为工具，用类似舂米工具的足踏杠杆"碓架"，凿成小口深井，以扇泥筒输送泥水与卤水，整个流程包括钻井、汲卤、晒卤、滤卤、煎盐几个步骤。这种方式最深可钻探至地下数百米乃至1000米，是人类发明最早的小口径钻井技术。

蜀地均有楠竹分布，长约20—40米，直径在20厘米以上。楠竹十分耐卤水腐蚀，一般可以使用二三十年才予以更换。

临邛卓王孙在冶铁炼铜之外，也开采天然气与盐卤，至于卓筒井之卓是否与之有关，尚缺乏证据。大英县属遂宁市管辖，十几年前才从蓬溪县分离而出。县内有一古井遗址，叫"卓筒小井"，属四川省级重点文物保护单位。"卓筒小井"就是苏东坡记载的"筒井"。

筒井采盐图

何谓"筒井"？

据《筒井用水鞴法》，卓筒井包含了现代钻井三大基本程序：第一，用圜刃钻头破碎岩石；第二，用泥筒取出井内的岩砂（岩屑）；第三，下竹套管固井保全井壁。多年之前，笔者父亲就是盐业钻井、固井工程师，因此笔者也熟悉这一工作。

用圜刀凿出如碗口大的"井"，再用巨竹（一般是几年生的大楠竹）采用公母相嵌根根连接，竹节全部凿通，大约数十丈伸入井中，"横隔"处注入淡水，卤水便自动涌出。再将稍小的竹筒放入"筒井"中为桶。桶无底，上亦空，悬数寸熟皮（牛皮？）使桶在"筒井"中上下出入呼吸气，熟皮便自动开合。一筒可以装数斗水。这大概像打气筒的活塞。所有筒水全部采用机械。"筒井"的原理交代得如此清楚，如果苏东坡没有目睹整个流程，不可能有如此环环相扣的描述。

熙宁四年（1071年），时任陵州知州的文同在奏章中写道："盖自庆历以来，始因土人凿地植竹，为之'卓筒井'，以取咸泉，鬻炼盐色。""凿地植竹"四字，概括了卓筒井凿井的主要特征。其中"植竹"是指将竹筒作套管，直立入井。同时代的益州华阳人范镇在《东斋纪事》中也有阐释："蜀江有咸泉，有能相度泉脉者，卓竹江心，谓之'卓筒井'。"范镇所谓的"卓竹"，就是将竹制套管从井口沿着井壁直放井底，其作用便是固井和横隔淡水，形成汲取小井深处天然黄卤水的生产通道。

实事求是，第一个称"卓筒井"的人，是文同。

这种从北宋庆历、皇祐间开创的凿井取盐法，比之西方凿井技术要早七八百年。对于这一成果，西方人一度不予承认，待苏东坡的《蜀盐说》一文翻译为外文公开后，西方人哑口无言了。蜀地"卓筒井"及其发明人，被西方人誉为"世界石油钻井之父"！

英国著名科学史专家李约瑟博士在《中国科学技术史》里指出："卓筒井开创了机械钻井的先河。"它加速了人类文明历史的进程，使整个人类社会的经济迅速发展，促使了现代石油化工、航空、汽车、电力等多种工业的兴起，与火药、造纸、印刷术、指南针一样，对人类做出了不可估量的贡献。"自贡井盐深钻汲制技艺"被国务院列为首批国家级非物质文化遗产。

卓筒井采卤技术迅速推广，使益州自宋代以来井盐生产独步天下。据南宋绍兴二年（1132年）不完全统计，"凡四川二十州四千几百余井，岁产盐约六千余万斤"。民国时期，大英乡有"筒井"108灶、1711井，年产盐4000多吨，还设有大英乡盐务所。所幸至今尚存9灶、41井。凿井、汲卤、煎盐等基本上保持了宋代筒井的生产工艺流程。大英县的古盐遗址，对研究中国盐井史和钻井史都具有重要价值。

"乌台"与鸦翅

"乌台"是御史台的别称。西汉初年，中央监察机构沿袭秦代制度，称为御史府。到汉代时，御史府一带柏树成林，有数千只乌鸦朝去暮来，人们称之为"朝夕乌"，后来称御史府为"乌台"，这一命名颇具象征意味。到宋代时，御史台是朝廷的纪律监察机构，权力很大。

元丰二年（1079年）七月二十八日，天空突然飘来一大片乌云，就像一方砚台的墨水翻倒在一池清水里。看着这一景象，苏轼心头不由得一怔。

鉴于东坡在徐州任期已满，四个月前开始以祠部员外郎、直史馆六品身份，出任湖州知州。他于本年的四月二十日抵达湖州。此时，王安石早已罢相，但新旧党争仍处于激烈的拉锯战状态。觊觎者的眼光，从未放松过对他的密集关注。

当朝的宰相吕惠卿、御史中丞李定、监察御史里行舒亶等人，撒下天罗地网，一直在苦心搜集苏轼的犯罪证据。他是旧党里最敢于直言的，作品又那么多。

苏轼到达湖州不久，给神宗皇帝上过一份《湖州谢上表》，谢表中所说的"新进"，就是暗指李定这类新贵。这一"新进"

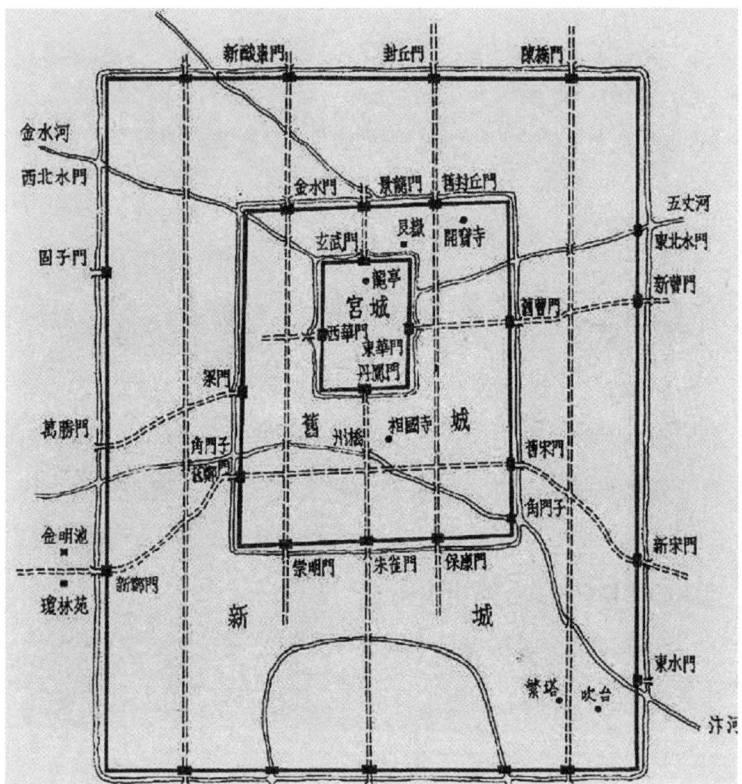

北宋皇城地图。南北长1090米，东西宽1050米，周长为4280米，合算宋制刚好为七里。据《事林广记》改绘

当然有嘲讽之意，李定得知后恼羞成怒，不除掉这个对手，难解心头之恨！李定、舒亶、何正臣这几个御史台官员，精心摘出苏轼谢表中的话，还有《灵壁张氏园亭记》中的句子，罗织罪状，说苏轼"侮慢圣上"。面对这些举报，皇帝都批送中书处理，没有过问。接着国子博士李宜之、御史中丞李定又连续上奏，神宗皇帝才批："送御史台根勘。"一场文字狱由此拉开

大幕……

御史台接到圣旨，立马派人到湖州"追取"苏轼来汴京候审。由于一时找不到适当的差官去完成捉拿、押解苏轼的重任，御史台的老吏眼光独到，鉴于太常博士皇甫遵是苏轼的对头，皇甫遵成为不二人选。皇甫遵随行带了独生儿子与两个御史台马弁，"倍道疾驰"。

驸马都尉王诜与苏轼是老友，暗中派人到南京告诉苏辙，苏辙就派亲信星夜兼程赶往湖州报信。这是在两股道上，跑着两辆车。

皇甫遵到达润州（今在江苏省镇江市），不料独生子生病了，不得不停下来处理，由此耽误了半日路程。这宝贵的半日，苏辙的信使提前赶到了。

一阵急促的马蹄声直冲到州府门前，满头大汗的送信人交给苏轼一封密信。苏轼放下手上的字画，接过信笺匆匆看了一眼，他手肘一抖，书案上的茶具"啪"的一声就掉到了地上，他知道自己惹出了滔天大祸！

苏辙向苏轼报告说御史台派人来逮他，请他速作准备。

苏轼双手一摊，决定只身面对。还需要做什么准备吗？现实更像是一场棱角分明的错误。

悲愤抵抗不了凄凉，他的神志一直被书画带往竹影婆娑的世界，他急忙返回现实，才惊讶地发现，混乱的事体、混乱的器物，现实里堵满了一系列棱角分明的错误。

他并未想依附一个幻景，让自负的斑斓去覆盖它们。十指的劳作在指向一个期待的明天，阔大，明净，处处都有仪式感。

「乌台」与鹅翅

尊贵的人性深处，即便遭逢厄运时也不堆积霜雪。他要摆脱麻木、狭隘、自以为是、临渊而不自知……这是否是命定的惩罚？

半日之后，皇甫遵到达湖州，湖州知州之职，已由湖州通判祖无颇予以代理。

那是一个雨后初晴之日，见阳光不错，苏轼想起珍藏的字画，到了湖州后从未拿出来晒过，只恐连日阴雨书画受潮，他命人把字画拿到院子里晾晒。

在宋代孔平仲《谈苑》卷里，对于这一过程刚则铁画、媚若银钩，为后人留下了精妙的细节：

把苏轼捉拿到州府衙门，皇甫遵"径入州廨，具靴袍、秉笏立庭下，二台（御史台）卒夹侍，白衣青巾，顾盼狞恶，人心汹汹不可测"。

苏轼非常害怕，对皇甫遵说："得罪朝廷，今天定是赐死。死也无所谓，只希望同家人诀别。"

皇甫遵反而透露了苏轼最希望知道的底牌："死，不致如此！"

皇甫遵把公文交给祖无颇，责成苏轼立即上路。两个台卒夹着他跟跄而行。风闻知州被逮捕了，百姓聚集起来，"即时出城登舟，郡人送者雨泣"。孔平仲最后说："顷刻之间，拉一太守，如驱犬鸡。此事无颇目击也。"

这些细节，估计是苏轼一生最为狼狈的、最为耻辱的一幕。

告别了泪眼婆娑的妻子，大儿子苏迈陪同苏轼随押解的官差奔赴京城，至太湖边的芦香亭，不料船坏了，在这里修理船舵，所以只能停泊一晚。历史上另外一种说法，是在渡过长江之际，苏轼准备纵深一跃……

是夕，风涛倾倒，月色如昼。

千言万语涌立，与明月之光一起躺平为水波，经岸边的水草摇曳，突然幻化出了无数双眼睛。妙曼的太湖似乎断了腰身，水面的宽度容不下爱的表达方式。一个人被理想燃烧多年，现在终于明白，比理想更为冷厉的是无边无际的构陷。他只能怀着枯萎的心境，去等待一个异化的罪名。

太湖夜景不可方物，大美之际备感神伤，他想跳湖自杀。但又怕牵累弟弟子由和朋友，思前虑后，那就走一步看一步！如此，到了汴京进入御史台狱。那时的当权派采取种种迫供，"侵之甚急，欲加以指斥（朝廷）之罪"。苏轼准备好"青金丹"，以备最坏情况下使用。这是一种效果极佳的毒药，这应该就是他唯一做好的准备吧。

其实，他们刚刚到达宿州时，御史台的命令又轰然而下：搜查苏家所藏的文稿。

当地州郡官员接旨后，派人冲入苏府，把苏府上下翻了一个底朝天，将所有诗稿、文稿一网打尽。苏轼家人从未经历过这样的事情，惶惶不可终日！等差人一走，夫人王闰之已是气得昏厥过去！回过神来，她把这股怒气发泄到丈夫头上："就是因为你好著书写字，才惹出来这些大灾难，把人吓得半死！"一怒之下，她把剩下的书画烧了大半。待案件结束苏轼回家，发现书籍字画损失了十之七八，不禁仰天叹气！那可是他大半生的心血啊。

"乌台"与鹞翅

回想起来，离开京师已有八九年了。从杭州到密州、徐州，又奉调到湖州，他远离了斗争旋涡的中心。当年王安石推行新法，苏轼和司马光等人一再反对，两派人物看法不同，一时间朝中充满了危机。苏轼两次给神宗皇帝上书，力辩新政之不可行，措辞十分激烈……现在想起往事，苏轼不禁满身泛起了一层鸡皮疙瘩。

苏轼是心直口快之人，他早已忘记了父亲为他取名字时的谆谆嘱咐，要收敛，要用"轼"这根横木来平衡、控制自己。他待人接物总爱直抒胸臆，毫无遮拦。他曾对苏辙说过："我如果觉得某件事情不对，就像饭菜里发现了苍蝇，非吐出来不可！"而且他天性幽默，喜欢在朋友的茶聚酒会上开玩笑，讥刺别人。

可以发现性情耿直的苏轼，的确是真正的爱国者。他的言辞虽然过激，于国于民并无不妥，他太珍惜老百姓的生命与生活！

皇帝喜欢他，百姓爱戴他，而妒忌他的人也很不少。比如，《梦溪笔谈》的作者沈括。那还是十年前的事。沈括巡察江南水利，来到杭州第一件事就是去找苏轼叙旧。神宗特意交代他："你到了杭州，要好好对待苏轼。"因此沈括对苏轼很友善，也得到了苏轼的热情款待，彼此谈论了新写的作品。为表示对苏轼新作的喜爱，沈括当即将诗集抄录了一份。他回到京城马上就将苏轼为民间发声的诗句加以圈点，并做了详细的"注解"，上报给神宗皇帝，称苏轼"愚弄朝廷"。但他没料到，皇帝对此沉默，反而是对苏轼的那本新诗集爱不释手。

沈括的算盘打错了。

苏轼的诗里，的确有一句诗"根到九泉无曲处，世间惟有蛰龙知"。蛰，是指潜藏、隐秘、冬眠，特指僵硬中还没复苏的万物。龙指皇帝，判官们认为，"蛰龙"来比喻当今皇帝，这是罪大恶极！

宰相王珪好几次拈出苏轼的"蛰龙"作为铁证，挑唆神宗治苏轼"不臣"之罪。奇妙的是，当时位居参知政事（副宰相）职位的章惇据理力争，指责王珪："你是想使别人整个家族倾覆吗？"王珪诡辩："我不过是转述舒亶的话罢了。"章惇的话锋利如刀："难道舒亶的唾沫你也吃？"

很快苏轼就知道了。他感念不已：有胆有识，章惇还是那个章惇！

御史台根据苏轼的诗作，给了诗作清单一个诨名叫"诗帐"。审讯之后，李定的意见是，苏轼狡猾且十恶不赦，该斩！只等神宗皇帝的批准了。

苏轼写了一份"供状"，详细交代了自己的三代、官职和来往密切的"案人"，其中有司马光、张方平、范镇、王诜、苏辙、李清臣、黄庭坚等29位大臣名士，另外还写了一份"坦白书"，老老实实地交代自己的诗中，哪一句是讽刺朝政的，例如《李杞寺丞见和前篇复用元韵答之》"兽在薮、鱼在湖，一入池槛归期无。误随弓旌落尘土，坐使鞭箠环呻呼"，是"言朝廷新法行后，公事鞭箠之多也"等，一共数十例。不知苏轼这份交代，算不算彻底"坦白交代"。但御史台并不满意，认为其还有隐瞒之处。鉴于宋朝的律例中，初无"文字谤讪"该当何罪的明文记载，最后只援引"作匿名文字嘲讪朝政及中外臣僚"罪，呈报皇上判"徒刑二年"。最后神宗还是一再宽宥，决定把苏轼贬谪，但保留他的"员外"官阶。

文化学者黄苗子指出："道光年间，桐城姚莹从友人处抄到了《诗案》始末，载入他所著的《康輶纪行》卷十中。"（《野史杂闻》，三联书店2009年版，第291页）

苏轼下狱后，长子苏迈一直照顾父亲。在等待最后判决的日子里，苏迈每天去监狱给他送饭。由于父子不能见面，暗中约好，平时只送蔬菜和肉，如果有死刑判决的坏消息，就改送鱼。有一天苏迈有事，就托人给父亲送饭，但苏迈忘记告诉朋友这个约定，偏巧朋友给苏轼送去了一条红烧鱼。苏轼一见，认为难逃一死，他立即写了两首绝命诗给弟弟苏辙。

苏辙看到哥哥的绝命诗，痛哭流涕给神宗皇帝上书，要求以自己的官爵为其兄赎罪……宋神宗此时也犹豫不决。因为宋太祖曾有誓约，除了叛逆谋反者，一概不准杀害大臣。

德高望重的老臣都为苏轼请命。最后还是赋闲在钟山的前宰相王安石给神宗进言，这很大程度上决定了苏轼的命运。他对神宗进言："安有圣世而杀才士乎?!"是啊，盛世怎么能杀大才子呢！实事求是，王安石没有作壁上观，更没有落井下石，这句话体现了一代政治家的博大胸怀。

此时重病中的太皇太后曹氏也为苏轼说话了，认为苏轼是老实人，不会背叛朝廷，皇帝不要被人蒙蔽。每当苏轼遇难，这位太皇太后总是张开羽翼竭力保护他！所以有人这样评价她："她呵护的岂止是一个苏轼，她呵护了中国的文明！"

这时，神宗读到了苏轼的狱中绝笔诗，还派人窥看苏轼在狱中的状态，确认苏轼对皇帝并无怨恨和道德的愧疚。神宗于是对左右说："我早知道，苏轼胸中没有亏心事！"

就在这节骨眼上，太皇太后突然病逝。举丧期间，依照法律和习俗也只能减罪而不能杀人，悬在苏轼头上那把明晃晃的利刀挪开了。神宗下诏：贬苏轼为黄州团练副使，本州安置，不得签书公事。名义上是地方军事助理官，其实不过是一个挂名的闲职。

但皇帝只下令把他贬到黄州。苏轼本来有一首狱中留别子由诗，这时狱卒还给了他，东坡还自和了一首，其中一联曰："却对酒杯浑似梦，试拈诗笔已如神！"后来他忽然想起，祸是由作诗闯出来的，就一边骂自己一边却还在嘴硬："犹不改也！"

"乌台诗案"让苏轼周围的亲朋好友受到了连累：贬弟弟苏辙监筠州盐酒税务；王巩监宾州盐酒税务；王晋卿免除绛州团练使、驸马都尉的官职；张方平、李清臣罚铜30斤；司马光、范镇、陈襄、刘攽、李常、孙觉等20人各罚铜20斤……历时130多天的"乌台诗案"算是结案。

而在民间，湖州、杭州一带的老百姓，他们得知苏轼身陷囹圄，奔走相告，他们不约而同地连日为苏轼做了一个多月的"道场"以期解困……民心是一杆秤，民心所向就是对苏轼的最高奖赏！

为兄轼下狱上书

苏轼被抓走后，其长子苏迈徒步跟随，照顾父亲。

剩下的一大家子人，如何生活？苏迨才10岁、苏过才8岁，还有一群女眷，怎么办？苏轼有两个从徐州跟随他到湖州来的学生王子立、王子敏，毅然担起了重担。他们不惧株连，将苏家二十几口家小一路护送到南京，交给苏辙。

苏辙画像

苏辙一边安顿哥哥的家眷，一边寻思如何营救哥哥。

苏轼在入狱前给弟弟写信，说过一段话："轼早衰多病，必死于牢狱。死固分也。然所恨者，少抱有为之志，而遇不世出之主，虽龃龉于当年，终欲效尺寸于晚节。今遇此祸，虽欲改过自新，洗心以事明主，其道无由。"鸟之将死，其鸣也哀；人之将死，其言也善。这分明已是苏轼的遗言。

现在苏辙能做的，乃是超出了一个弟弟、一个仕途之人所能做出的大义之举。他决定向神宗皇帝冒死进言，"祈天请命"。这就是《为兄轼下狱上书》。

苏辙开头写道："臣闻困急而呼天，疾痛而呼父母者，人之至情也。臣虽草芥之微，而有危迫之恳，惟天地父母哀而怜之。"他那呼天告地的话，把他为救哥哥万分焦急的情态表现无遗。接着他说他哥哥秉性愚直，"前后上章论事"，"陛下圣德广大，不加谴责"；又作"歌诗"，被人打了小报告，"陛下置而不问"。以后他就"感荷恩贷"，"深自悔咎，不敢复有所为"。他在将要被逮的时候，还说要为陛下"效尺寸于晚节"。他的意思是说，他哥哥以前冒犯过陛下，在得到陛下宽恕之后就改正过来了，对陛下是忠心的。

说到动情处，苏辙甚至说："欲乞纳在身之官，以赎兄轼。"这样做并非史无前例，作者引用汉文帝时缇萦上书救父的例子，汉文帝时淳于意犯了罪，当受肉刑，其年仅十几岁的女儿缇萦跑到京城，表示愿以自由之身"没为官婢，以赎其父"。汉文帝被缇萦的孝心感动，便免去了淳于意的肉刑。苏辙自谦：我的诚心远远不及缇萦，但陛下聪明仁圣远远超过了汉文帝，乞求陛下免兄长一死。"臣愿与兄轼洗心改过，粉骨报效，惟陛下所使，死而后已"。苏辙为救哥哥，愿意舍官，也就是放弃士大夫的地位和俸禄，回去当平民百姓。

对此哀婉泣血之言，神宗皇帝未置一词。

四个多月后的十二月二十六日，苏轼才被从乌台监狱释放出来，"责授检校水部员外郎、黄州团练副使，本州安置，不得签书公事"。次年正月初一即被乌台差人押赴黄州。与苏轼有

苏辙《黄州陪子瞻游武昌西山》写意图

诗文来往的二十几名官员受到轻重不同的处罚。

苏辙被贬为"监筠州盐酒税务"，五年不能升官和调任，可见神宗的记恨。他由南京去筠州（今江西高安）时，就把哥哥的家眷送到黄州来，这时已是五月末尾了。两弟兄一同游览了寒溪西山，也都作了诗。苏辙因为要转回九江带着留在那儿等他的家眷去筠州，不敢久留黄州。两弟兄难舍难分，苏轼送弟弟走出30里，在车湖遭遇了风雨，才不得不在王齐愈、王齐万家里饮别。

这才知道，苏轼在御史台（乌台）监狱里关押之际，赋闲在家的前宰相张方平也给神宗写了一封求情信。信怎么才能送到神宗手上？想来想去，他觉得夹带在官府里的奏折中最为便捷。可在这众人避之犹恐不及的节骨眼上，哪个敢冒险帮张方平这个忙？张方平叫儿子张恕带上信，去开封登闻鼓院（击鼓上闻的机构）擂鼓进书。张恕在院外徘徊甚久，没敢进去！

苏轼出狱后，司马光的学生、曾担任谏议大夫的刘安世，让苏轼看到张方平写给神宗求情信的副本，苏轼一看，脸色煞白，直吐舌头。刘安世问他这是怎么了？苏轼始终没说一句话。

刘安世感到很奇怪，将这事告诉了苏辙。

苏辙拿过那封信一看，抖了抖信纸，说："兄长他吐舌头，正是觉得多亏了张恕呢！"刘世安问："那为啥？"苏辙说："兄长其实哪有什么罪过，只是因为他名气（才情）太大，风头盖过了朝廷（暗指神宗）的缘故啊（透彻）。"苏辙指着信上写的文字说："你看，这写的什么，'实天下之奇才'，啧啧，这不是给他上'眼药'吗？皇上看了还能有好看法？"刘安世挠挠头，说："在理！那这句话该怎么说才能救先生呢？"苏辙笑了，说："只要在信上这样写：'本朝从未有过杀士大夫的先例，如今陛下的做法，就等于开了一个不好的先河，后世子孙自此必然以陛下为挡箭牌，大开杀戒了。'为什么这样讲？因为陛下注重名声，怕人说他不讲道义。这么写，或许可以达到救人的目的。"刘安世连连点头。

……

夕阳之下的码头，苏轼默默走在前面，苏辙在后。一个人将游弋于世界的目光收敛起来，开始仔细观察自己的身影，并从中发现许多从未注意到的细节，这一般是一个人中年之后才意识到的事。而能够持续探自己的身影，之后才彻底承认，认命与认输，不过是与人生达成和解的另一种说法。

俗话说"危难见真情"，苏轼受奸佞小人攻击被捕下狱，生死难卜。在此危急时刻，苏辙不惧株连，挺身上书皇帝，表示愿意以自身官职换取苏轼生命。苏辙的这些作为，是中国传统伦理道德中"悌"的完美实践。

这的确不是一般弟兄能够做到的，放之历史，又有几个兄弟能情深至此？！

难怪"窃哀其志，不胜手足之情"之类的话语，早已经成为中华家训家风的名言。

临皋亭

东坡《迁居临皋亭》一诗中有刻骨的比喻："我生天地间，一蚁寄大磨。区区欲右行，不救风轮左……"纪晓岚在评此诗之时，说该诗"有兀傲之气"。要在一副旋转的磨子锋棱槽齿之间苟活、闪展腾挪之外，岂止是"有兀傲之气"——不是负气自傲，还需要一种在窄逼的缝隙里随之"物化"的心态。古人所谓的"行唐"，恰是在踟蹰往复里去靠近某种释然。在东坡看来，活着，自己不跟自己处处过不去，才是第一要义。

东坡和大儿子苏迈首先在定惠院暂时安身。元丰三年（1080年）五月二十九日，苏辙携家带口合计二十多人抵达黄州，与东坡团聚。毕竟定惠院是清净之地，居住于此诸多不便，于是他决定迁居到临皋亭。

临皋亭所在位置，北宋许端夫在《齐安拾遗》中称："夏澳之侧，本水驿，有亭曰临皋。郡人以驿之高坡上筑南堂，为先生游息。"皋，乃是水边的高地。南宋王象之在《舆地纪胜》中"东坡故居"下记载："即今之临皋亭及临皋馆后，又居雪堂。""临皋馆"下记载："在朝宗门外，原名瑞庆堂，以故相秦公桧之父舣舟其下，秦公于是乎生。又有临皋亭，东坡曾寓居焉。"这与东坡诗文所记完全相符，又有赤壁和长江为参照。2023年春季，笔者考察了黄冈中学老校区，临皋亭应在黄冈中学东侧围墙所在的高阜之上。经过时空对位，临皋亭下临大江，对岸就是武昌的西山，距离赤壁大约500米。

临皋亭也名回车院，是北宋时期的驿站。但按照朝廷规定，谪贬官员无资格居住，而驿站亦是官舍，分明有风险。这要归功于黄州太守徐君猷，他是深明大义之人，深知东坡的委屈；鄂州太守朱寿昌也疏通关节，希望相关人员给予东坡照顾。东坡一家终于在临皋亭安顿下来，东坡投书朱寿昌，表达了感激："已迁居江上临皋亭，甚清旷，风晨月夕，杖履野步，酌江水饮之，皆公恩庇之余波。想味风义，以慰孤寂。"

滔滔长江之水，"皆公恩庇之余波"。这不禁让我想起旅居成都的杜甫对于大恩人严武的壮写："公来雪山重，公去雪山轻。"长江蜀山，破胸而出，傲岸而起。

能够放眼江山，东坡那种欣然的性情，又回来了！遂在《临皋闲题》中感叹："临皋亭下不数十步，便是大江，其半是峨眉雪水，吾饮食沐浴皆取焉，何必归乡哉！江山风月，本无常主，闲者便是主人。闻范子丰新第园池，与此孰胜？所不如者，上无两税及助役钱耳。"

闲者便是主人！不只是欣然，他的幽默也渐次复萌了。

东坡喜欢长江之水，那种狂放与自由恣肆的气势，宛若胸臆的外化。他自称饮用水和洗澡水都取自江中，这里的生活便利，使得他没有患"思乡病"，他觉得长江之水有一半来自峨眉雪山，所以他在临皋亭前饮用长江水，也算是饮用来自家乡玻璃江的万缕清流。他似乎回到了青神中岩的岷江……

委身于江山，自己就是江山。

因为江山对某些人来说鞭长莫及，只要有自然之心（闲心），自己就是风月之主了。这是东坡的逻辑，也是他的价值观。

范子丰是东坡的儿女亲家。他向范子丰描绘了临皋亭所处的位置，该处距长江仅几十步，可谓枕流大江与星河。大江浪花奔涌，水质清澈，看上去像巨大的雪堆连绵不绝，这让他联想到家乡峨眉山的雪景。东坡名作《念奴娇·赤壁怀古》就创作于临皋亭，此词中的"乱石穿空，惊涛拍岸，卷起千堆雪"当是东坡心中的峨眉雪水意象。

那时范子丰也刚造了一处大庭院，东坡就拿临皋亭的江山美景与之相较。虽然这是他幽默的天性使然，心情好的另一个原因，则是居住于此不用缴纳"两税"和"助役钱"——他仍然没有忘记捎带着讥讽一下王安石。

宋代纳税户除交纳夏税和秋税外，还要依其户等高低轮流服差役。王安石变法期间，改差役法，行募役法。明朝陈邦瞻《宋史纪事本末》卷三七载："（熙宁三年十二月）戊寅，行募役法。先是，诏条例司讲立役法，条例司言：'使民出钱募人充役，即先王致民财以禄庶人在官者之意。'命吕惠卿、曾布相继草具条贯，逾年始成。计民之贫富，分五等输钱，名'免役钱'。若官户、女户、寺观、单丁、未成丁者，亦等第输钱，名'助役钱'。凡输钱，先视州县应用雇直多少，随户等均取雇直。又增取二分，以备水旱欠阙，谓之'免役宽剩钱'。用

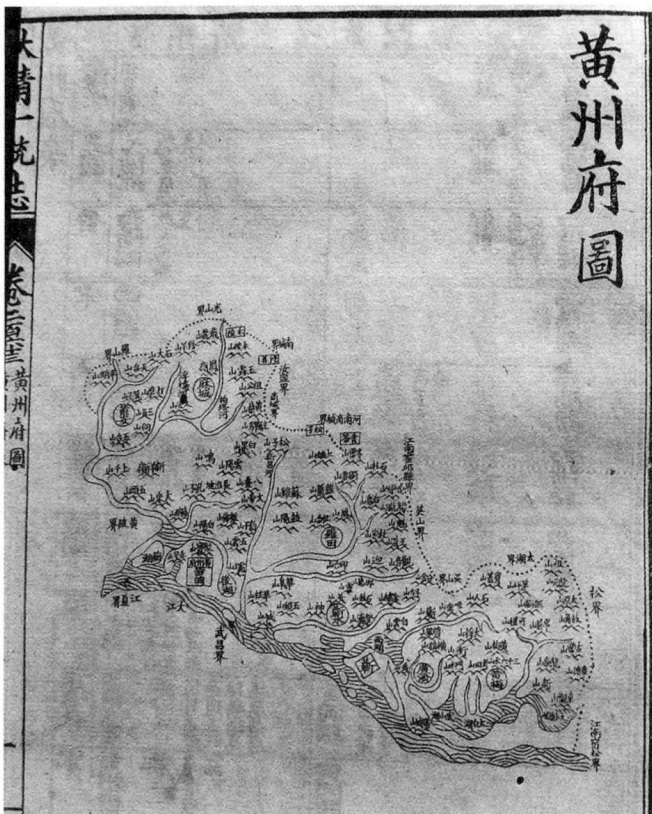

《大清一统志·黄州府图》

其钱募人代役。"募役法的推行，使大量劳役通过雇役完成，同时使役变为名副其实的税收。

助役钱只针对官户、女户、僧道、未成丁户、坊郭户。非所有百姓。东坡被贬到黄州后，此时因为他没有资产，也非官户，所以呢，他不用交"两税"和"助役钱"。虽然有这样的幽默，但实事求是说，那时的东坡还没有从心理上摆脱"乌台诗案"的浓郁阴影。毕竟美景不能疗饥，举家二十多张嘴嗷嗷待哺，自己宦囊羞涩，日渐掏空，让赋闲的他必须回归现实。还是吃饭要紧。

《唐律疏议》明确规定："犯五流之人，有官爵者，除名，流配，免居作。"就是说，被谪贬的官员，可以免除劳役之苦，但却没有俸禄。唐睿宗时期有一个叫李邕的官员，因为屡次贪污，先后被两任皇帝连贬三级，最后混成了一个县尉。但李邕充分发挥自己擅写碑文的特长，在地方上替别人写碑文谋利，居然赚到数万资产，足见发挥才能的重要性。这一制度到宋代也是如此，仅有一些官方多余的物品予以抵给，变卖后为口粮。

苏轼为人慷慨，没有多少积蓄。此前他出任杭州通判时，湖州秀才贾耘老曾向他介绍过节俭度日的经验。《乌程县志》载："贾收喜饮酒，家贫。"贾收，字耘老，为湖州乌程的著名隐士，长期隐居苕溪，其居有水阁名"浮晖"。贾耘老广有诗名，喜饮酒，李常、苏轼于熙宁、元丰间先后知湖州、杭州时期，皆与之交往，彼此唱酬甚多，东坡尝题诗作画于"浮晖"阁壁之上。

苏轼也很替贾耘老穷愁潦倒的生活忧心，至和三年（1056

年）夏季，他在《次韵答贾耘老》中云："五年一梦南司州，饥寒疾病为子忧。"为此给予贾耘老不少帮助，甚至还出面帮贾纳妾。那时的苏轼并没有想到窘迫贫穷会降临到自己头上，而今一大家子二三十口人都指望着他来吃饭，苏轼真是到了一个铜板掰成两半用的程度。

当家眷还没有来到黄州时，苏轼已经在谋划生计问题，在给章惇的信中他写道：

> 黄州僻陋多雨，气象昏昏也。鱼稻薪炭颇贱，甚与穷者相宜。然某平生未尝做活计，子厚所知之。俸入所得，随手辄尽。而子由有七女，债负山积，贱累皆在渠处，未知何日到此。见寓僧舍，布衣蔬食，随僧一餐，差为简便，以此畏其到也。穷达得丧，粗了其理，但廪禄相绝，恐年载间，遂有饥寒之忧，不能不少念。然俗所谓水到渠成，至时亦必自有处置，安能预为之愁煎乎？

这是话中有话，坦然讲述了自己和弟弟一家的经济处境，他甚至畏惧家眷们的到来，这如何是好啊?! 苏轼高妙，也不无希望能够拨动对方的恻隐之心。

苏轼被贬谪黄州"亲朋多畏避不相见"，反而只有章惇不顾身份，以朋友身份给苏轼写信，予以安慰，这不啻是雪中送炭，让苏轼颇为感动。但章惇是否还有另外的一番心肠？姑且不说破吧。

《答秦太虚书》是苏轼写给秦观的信："初到黄，廪入既绝，人口不少，私甚忧之。但痛自节俭，日用不得过百五十。每月朔，便取四千五百钱，断为三十块，挂屋梁上。平旦，用画叉挑取一块，即藏去叉。仍用大竹筒别贮用不尽者，以待宾客。"

苏轼每天计划的用度方式很是特别：每月初一他从积蓄中拿出四千五百钱，然后将这些钱分为三十串，一并悬垂于屋中房梁，每天一早用画叉挑下一串，以此作为一天全家的花费。

为了断绝花钱的欲望，那就不再抬头望见房梁的东西，他甚至把画叉藏起来，以此保证每日的花费不超过一百五十钱。即便如此，他也并不是把这点钱花光，如果这一天有了节余，他就将剩余的部分储藏在一个大竹筒里，等有客人来时，就用竹筒内的钱招待宾客。

苏轼明确说，这其实是贾耘老教给他的办法。即使如此，以他现有的储蓄，按这种节省方式也仅够维持一年多光景。如果储蓄花完了怎么办？苏轼达观地跟秦观说，到时再想办法！车到山前必有路，不必忧心忡忡。

那时的黄州经济水平一般，物价很是便宜，如果只是一二人，应该没有生活压力，等到苏辙把苏轼的家眷送过来了，以致令苏轼产生饥寒之忧，所以他才想出了贾耘老教给他的计划用钱方式。家眷到达黄州后，苏轼与妻子王闰之商定每天只吃两顿饭，每顿饭只能一酒一肉，如果有客人来，只能添加一道菜。

宋代赵令畤的《侯鲭录》中载有此事：

东坡在黄州，尝书云：东坡居士自今日已往，早晚饮食，不过一爵一肉，有尊客盛馔，则三之，可损不可增。有召我者，预以此告之。主人不从而过是，乃止。一曰安分以养福，二曰宽胃以养气，三曰省费以养财。

他是故意在门前张贴文字告示，既告诫自己管住欲望，同时也告诉朋友们，为人做人，即便饥肠辘辘，仍然要高迈地拒绝加菜。即使如此窘迫，东坡也能找出自己的幽默理由，一是安分养福，二是少食养气，三是节约钱财。

可惜的是，"养气"并不能变成油水。

北宋时期经济繁荣，物价很低，低到什么程度？宋史专家程民生教授的文章《一文钱》有载：

宋代曾有高僧如此说道："钱如蜜，一滴也甜"，所说的一"滴"钱，就是一文钱，自然也是有用的。所谓"一钱重丘山，斗粟轻粪土"，即是在钱荒情况下一文钱的珍贵。在广东沿海的南恩州，一文钱可以买两只螃蟹，还可以在岭南夏季的水边，买一捧小虾。在熙宁五年（1072年）的杭州观看歌舞的勾栏里，可以喝一杯茶。在北宋后期的苏州，可以买到一块饧（即糖）。陆游也曾用一文钱买了一（块）名为"饧煌"的饴糖。宋徽宗时，在开封可以买到一贴治疗咳嗽的成药。在开封城内，一文钱可买七颗蒸枣。在建炎年间的赣城，可以交一次新建浮桥的过桥费。大约可以买一只食用的青蛙。可以在南宋中期的临安府买一幅印制的政治漫画。（程民生《宋代物价研究》，江西人民出版社2021年5月版，第458页）

这样一算，发现一百五十钱虽不能奢望大鱼大肉，但填饱一家人的肚皮应该无大问题。

这是不得已的生活，而东坡何曾到了数米度日的精细程度！正如他给李公择的信中所言："口体之欲，何穷之有，每加节俭，亦是惜福延寿之道。此似鄙吝，且出之不得已也。然自谓长策，不敢独用，故献之左右。住京师，尤宜用此策也。"看看，他还渴望这样的窘迫之计在京师官宦之间推广。这分明不是他的目的，而是他的微讽。

置身临皋亭，苏轼更多是读书写作。他的《和何长官六言次韵五首》中，抒发了他在临皋亭中读书之乐趣："石渠何须反顾，水驿幸足相容。"临皋亭还是东坡待客的好地方，如元丰五年（1082年）三月，作《徐使君分新火》中，有"临皋亭中一危坐，三见清明改新火"的句子。直到唐代，寒食节与清明节无论从内容上或是时间上都有明显的划界与区别，这一划界与区别主要表现在寒食节要禁火，清明节则要钻木取火，即分火。

元丰五年九月，这已是东坡来到黄州第三年了。某天，他与客人在雪堂夜饮之后，乘醉返回临皋亭。那时已是半夜三更了，家童鼾声如雷，苏轼敲门，家童不应。东坡毫无睡意，移步来到长江边，江声浩荡，宇宙星河似乎已经溶解到大江，而船顺着大江就可以漂入星河……

后来他写出了那首著名的《临江仙·夜归临皋》：

夜饮东坡醒复醉，归来仿佛三更。家童鼻息已雷鸣。敲门都不应，倚杖听江声。

　　长恨此身非我有，何时忘却营营？夜阑风静縠纹平。小舟从此逝，江海寄余生。

　　上阕叙事，着意渲染其醉态。真有"行到水穷处，坐看云起时"的豁达心境。此词的心迹，是要作出"去"与"留"的大抉择。距离"乌台诗案"已经三年多了，该平息的已经平息，该崛立的已然崛立。那么，自己是继续留在官场，还是像陶渊明那样辞官归隐，这是摆在东坡面前最重要的事情。

　　如果继续留在官场，不但升迁无望，不能实现匡扶社稷的抱负，还可能被人继续陷害，他开始明白"陷阱之下还有陷阱"的道理。那么不如辞官，一走了之，做一个自由自在的农夫。

　　"长恨此身非我有，何时忘却营营。"长恨此身误入名利之网，并非"我"能左右。什么时候才能忘却这功名利禄日日钻营呢？

　　东坡是否回想起，父亲为自己取名"轼"的自我平衡、控制之深意？

　　东坡是否意识到，"轼"之于马车（官车）与牛车（民间之车）的分野？

　　他是否从来就没有时间来思考，慢速的牛车，是否能够抵达心中的终极地？分岔之途，尤其是拐向民间山野的路途，自己真的可以踏上而不反悔吗？

　　即便如此，问题又来了：人生天地间，真的有自由自在的人生吗？

　　这个问题，是不能，也无须马上回答的。

长江的涛声盈耳，他似乎从"夜阑风静縠纹平"的丝绸一般的水面找到了答案，即"小舟从此逝，江海寄余生"。此时此刻他的归隐的心情无疑是真实的。这最后一句颇有孔子所言"道不行，乘桴浮于海"之意。该词传播开来后，引起了一系列谣传。比如叶梦得在《避暑录话》中就称：

> 子瞻在黄州，病赤眼，逾月不出，或疑有他疾。过客遂传以为死矣。有语范景仁于许昌者，景仁绝不置疑，即举袂大恸。召子弟具金帛，遣人赗其家。子弟徐言："此传闻未审，当先书以问其安否，得实，吊恤之未晚。"乃走仆以往，子瞻发书大笑。故后量移汝州，谢表有云："疾病连年，人皆相传为已死。"

有一段时间苏轼患了眼病，只能杜门不出，有人怀疑他得了恶疾，但传着传着就变成了苏轼病死了。有人把这个传闻告诉了身在许昌的范景仁，范闻讯后大哭，还准备一些祭奠之物准备派人送到苏东坡家。有人跟范建议，这种传闻最好先写封信去证实一下，如果确实如此，再吊丧也不晚。于是范景仁派人前去询问，东坡得范书后大笑不已……但这个传闻并没有就此平息。

《避暑录话》中接着写道："未几，复与数客饮江上，夜归，江面际天，风露浩然，有当其意，乃作歌词，所谓'夜阑风静縠纹平，小舟从此逝，江海寄余生'者，与客大歌数过而散。翌日，宣传子瞻夜作此辞，挂冠服江边，拏舟长啸去矣。郡守徐君猷闻之，惊且惧，以为州失罪人，急命驾往谒，则子瞻鼻鼾如雷，犹未兴也。"

这是说，朝野有这样的传闻，说东坡填完这首《临江仙》后不久就乘船漂荡江湖一去不复返了，黄州太守徐大受闻听此讯后大为惊恐，因为朝廷把被贬之人安置在他所管辖的州内，罪人若逃离，知州肯定罪责难逃。他立即前往临皋亭查看究竟，发现苏东坡正在睡觉，鼾声如雷，这才让他放下心来。徐太守担忧此事，一是缘于职责所在，二是因为他知道皇帝很爱惜东坡。

《春渚纪闻》记载：

公在黄州，都下忽盛传公病殁。裕陵以问蒲宗孟，宗孟奏曰："日来外间似有此语，然亦未知的实。"裕陵将进食，因叹息再三，曰："才难。"遂辍饭而起，意甚不怿。

所谓"才难"，分明就是"天妒"啊！

苏轼的超人之处，就是在厄顿之时不会人穷志短，他仍然在撒豆成兵的想象世界中，振翮远翔。他居住临皋亭时期，艺术成为他遁世离忧的方舟。

宋郭若虚在《图画见闻志》卷四中写道："苏子瞻内翰尝得永升画二十四幅，每观之，则阴风袭人，毛发为立。子瞻在黄州临皋亭，乘兴书数百言寄成都僧惟简，具述其妙，谓董、戚之流为死水耳。"成都的惟简大师是东坡老友，东坡青年时代曾到大圣慈寺观摩壁画，并与惟简谈论诸多文化往事。东坡看到成都画家蒲永升的二十四幅画，显然进入忘我之境。蒲永升平日嗜酒成性，放浪不羁，权势者叫他作画，他扬长而去；待他创作灵感来时，"不择贵贱"，顷刻而成。如此性情，与文同颇为近似，这让东坡顿生好感。他对惟简大师一吐胸臆：蒲永升的画水图，简直是水波荡漾，水韵酣畅淋漓。

苏轼所撰《书蒲永升画后》，该文是论述绘画中水纹技法高与低的名篇，东坡首先称："古今画水，多作平远细皱，其善者不过能为波头起伏，使人至以手扪之，谓有洼隆，以为至妙矣。然其品格，特与印板水纸争工拙于毫厘间耳。"

就绘画技法论，画家大多能画出一些水波细纹，技法高一些的画家能够画出波浪的起伏，让人有想摸一摸的冲动，以此说明这种波浪的凹凸感很明显。苏轼认为这种画水方式没有达到极致，他最推崇的画家乃是唐代的孙位和孙知微，但就算是这两位大画家所画之水，在苏轼看来也比不过他的乡人蒲永升，当年蒲永升给他画了二十四幅水图，每当盛夏之时，苏轼在屋中将其悬挂起来，顿然感到凉气逼人。如果是实景描写的话，蒲永升的水图简直堪比今日之空调，在苏轼看来，有些画家画的是死水，而蒲永升所画则是活水。从死水活水之论，在神似与形似之间，足见苏东坡别致的艺术欣赏力。

此跋的落款是"元丰三年十二月十八日夜，黄州临皋亭西斋戏书"。这正是苏轼最为困顿之时，他既然能于此欣赏朋友的画作，其胸襟之宽广，少有人能及。

"东坡居士"诞生记

初到黄州，连地皮都没有踏稳，当年四月十二日，东坡就迎来了从武昌过长江来探望他的故旧。这是他见到的首位与武昌县衙有关联的友人。更为特别的是，他为东坡带来两样来自武昌西山的礼物。

友人是杜沂，字道源，世居蜀中。其父杜君懿在嘉祐元年（1056年）恰逢东坡兄弟进京赶考，把自己觅得的两支极为名贵的诸葛笔相赠，为其"试笔不败"，一考即中举人助上一臂之力。说来也巧，这时杜沂的大儿子杜传正好在武昌县衙供职。得知苏轼落难而来，杜沂从武昌西山谋得两样特产——酴釄花和菩萨泉，与儿子杜传一道过江，拜访这位传奇之人。酴釄花又称荼蘼花，属蔷薇科，是一种白色、有香气的花。古书上也指重酿的酒。因酒与花颜色相似，故取以为名。苏轼的回礼是《杜沂游武昌，以酴釄花、菩萨泉见饷二首》，足以让杜沂欣喜莫名。

第二天即农历四月十三日，苏轼自喻达摩一苇渡江，渡江登临古武昌（今湖北省鄂州市）西山，自此与西山结下不解之缘。黄州对岸的西山不高，主峰海拔仅170米，若把主峰周边小山头加起来，也只有大约2平方公里。山不在高，有仙则名；

水不在深，有龙则灵。这里，还有"豹隐"的踪迹。

西山依旧在，几度夕阳红。因为他在15年前就来过了。

宋治平三年（1066年）四月二十五日，苏洵在京城病逝。"英宗闻而伤之"，诏命"有司具舟载其归葬于蜀"。当年六月，苏家兄弟护送父亲和苏轼妻子王弗的灵柩溯江回川。

现在，他写了一篇《记樊山》，特别说明"予十五年前过之（樊口）"，跟弟弟一起"寻绎故迹"：在樊山之西的雷山圣母庙探访孙权猎豹遗踪；在山脚下的樊口码头听到老人们谈起"陶公（陶侃）治武昌，既病登舟，而死于樊口"的往事。虽是短暂逗留，樊山、樊口的历史给东坡留下了深刻印象。

苏轼对于猛兽并不关注，而《记樊山》里有这样一段话："仲谋猎于樊口，得一豹，见老母曰：'何不逮其尾？'忽然不见。今山中有圣母庙，予十五年前过之，见彼板仿佛有'得一豹'三字，今亡矣。"（《全宋笔记》第一辑之九，大象出版社2014年版，第80页）

竖豹尾，古代帝王出猎车队最后一乘建豹尾，故后以"竖豹尾"指建帝王之业。这个"老母"，隐指的应是西王母。而这样的权力之喻，为什么东坡要去留心？

也许，他在想象，一头横卧在酴醾花丛间的豹子，酴醾花在豹子身上奔涌不息，但豹子提前用自己的花斑，将酴醾花一朵一朵裹住，成为"花中花"。孙权杀了这只花豹，太可惜了。

他更喜欢"豹隐"之外的旷野与蓝空。豹子与蓝空，一起构成了他的日趋散淡的诗性。天地与豹子似互为依存的。甚至可以说，因为豹子的仰躺，白云苍狗的交替变得慢下来。

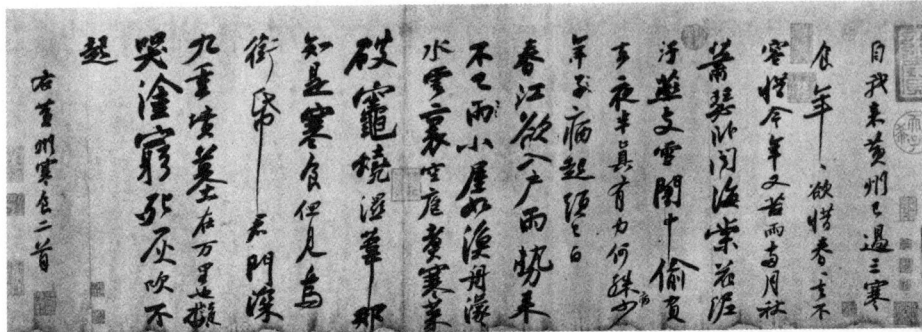

《黄州寒食帖》（［宋］苏轼书）

　　到了第二年，他终于得到一块土地，在州城旧营地的东面，那里恰好位于一个大长坡的坡顶，因此被命名为"东坡"。据其自述：

　　余至黄州二年，日以困匮。故人马正卿哀余乏食，为于郡中请故营地数十亩，使得躬耕其中。地既久荒为茨棘瓦砾之场，而岁又大旱，垦辟之劳，筋力殆尽。释耒而叹，乃作是诗。自愍其勤，庶几来岁之入以忘其劳焉。（《东坡八首·叙》，《苏轼诗集》卷二十一）

　　自耕自食，汗流浃背，看起来远没有"采菊东篱下，悠然见南山"那般诗意盎然。就像苏轼最为喜欢的陶渊明后来取名"五柳先生"一样，这里交代了"东坡"的来历，是苏轼到黄州的第二年，即元丰四年（1081年），老朋友马正卿为他向官府求来的一块荒地，让他可以躬耕免饥。苏轼在大旱之岁开荒播种，十分辛劳，放下锄头写了八首诗。虽然如此，总算可以指望下一年有些收入了，而有了"东坡"的苏轼也就自称为"东坡居士"。此后，他又在东坡造了几间屋，因为落成于冬天，便在墙上画一些雪景，称之为"雪堂"。这"雪堂"是他写作和接待客人的地方，家属还住在临皋亭。所以从此以后，黄州就有了一个东坡居士，时常往来于临皋亭与雪堂之间。

站在东坡园的菜畦间，苏东坡太喜欢属于自家人的这一小块土地了。流自己的汗，吃自己的饭，自己的事情自己干。除了应付一点公务，他的时间都消磨在东坡田园。白居易到重庆忠州时，年龄与苏轼在黄州时差不多。当年忠州城东就有一个"东坡"，白居易也对那片土地精耕细作，种花栽树，有《东坡种花二首》等诗传世。

苏轼历来敬重白居易，自己的个性、操守、行为方式又与白居易相通，正如周必大在《二老堂诗话·东坡立名》里所言：白居易、苏东坡两人，"其文章皆主辞达，而忠厚好施，刚直尽言，与人有情，于物无著，大略相似"。更重要的是，苏轼被贬黄州后，也像白居易遭贬江州司马后一样，思想发生了重大转变。从此以后，苏轼特别欣赏白居易"知足保和"的处世态度。他屡次在诗文中提到自己与白居易的相似，如："我似乐天君记取，华颠赏遍洛阳春"（《赠善相陈杰》），"平生自觉出处老少粗似乐天"（《去杭州》序言），等等，这就是他喜欢"东坡"二字的缘由。"雪堂"落成之后，他便处处以"东坡居士"自称。

在中国古代文人中，苏轼的称号之多无人出其右，根据学者袁庭栋《古人称谓》统计，竟有70多个。尽管北坡、南坡、西坡等竞相仿效，但"东坡"一词如高高的江岸峭拔而起，它为历史和未来打开了一个立足大地、直面天空、穷且益坚不坠青云之志的诗意空间。

"居士"后世一般指信仰佛教在家修行的人。在古代则并非专指佛教信徒，有德才而隐居不仕的人也被称为"居士"。尤其是唐宋以来，文人雅士多以"居士"自称，颇有孤芳自赏之意。比如李白自称青莲居士，白居易自称香山居士，欧阳修自称六一居士，秦观称淮海居士，李清照自称易安居士，辛弃疾称稼轩居士，等等。

东坡与家人又在田地四周种了数百棵桑树以及一些枣树、栗树，还在坡上盖了5间草房，号"雪堂"。一个雨后的月夜，苏轼拄杖从雪堂回临皋亭，独行于时幽时明的山路上，夜中铁杖声响连连，月色犹清，他意兴未尽，《东坡》诗就诞生了：

雨洗东坡月色清，
市人行尽野人行。
莫嫌荦确坡头路，
自爱铿然曳杖声。

"雪堂"建成，就成为名人会客厅。青年书法家米芾曾来这里与东坡谈论书法艺术。88年后的乾道六年（1170年）八月，南宋诗人陆游官宦入蜀时路过黄州，特意来到东坡故园瞻仰，他写下了自己的观感：东坡在黄州城东门之东，这一带地势高低起伏，到东坡则平展开阔了。东面隆起一座土坡，较高，上有三四间房子和一所亭子。亭下是一排朝南的住房，很有气势，这就是"雪堂"，四面墙壁上都挂有字画。堂中挂着苏轼画像，画中的他戴一顶乌黑的帽子，身着紫色皮衣，横按着筇竹杖。堂东有一株大柳树，传说是苏轼亲手栽植的。正南是一座桥，题为"小桥"，桥下小河是干涸的，下雨山溪奔流才汇为涓涓急流。再向东有一眼井，井水冷冽，即所谓的"暗井"。

东坡眼中无豹，也没有飞鸿，只有"黑牡丹"。那是一头黑色的耕牛。北宋时期，一头耕牛的价钱大约在3~5贯，相当于苏家一个月的生活总和。不能不小心对待。

在致章子厚的信里，东坡调侃：

某启：仆居东坡，作陂种稻。有田五十亩，身耕妻蚕，聊以卒岁。昨日一牛病几死，牛医不识其状，而老妻识之，曰："此牛发豆斑疮也，法当以青蒿粥啖之。"用其言而效。勿谓仆谪居之后，一向便作村舍翁，老妻犹解接黑牡丹也。言此，发公千里一笑。

东坡幽默，幽默里藏匿着另外一份心情：他一大家人躬耕东坡，妻子养蚕，种稻种菜，姑且以此为生，已经不作他想。为证明此言不虚，他告诉对方一件有趣的事：家里耕牛病了，奄奄一息，兽医也诊断不出病症，而苏妻熬的青蒿汁却治好了它。看来，妻子王闰之除了会给牛治病，还懂得"黑牡丹"的心思。

宋人程缦指出:"唐末刘训者,京师富人……京师春游,以观牡丹为胜赏。训邀客赏花,乃系水牛数百在前,指曰:'此刘氏黑牡丹也。'"富裕之人刘训,也是风雅之人。春天时邀请宾客前来赏牡丹花。花园中拴了数百头黑色的大水牛。他对来人说:这是刘家的黑牡丹。后来黑牡丹为水牛的别称。

东坡园里虽然没有种植牡丹,但为什么又不可以戏称黑水牛呢?

耕作之余,东坡经常回忆起家乡眉州,回忆起眉州的竹笋,他甚至请眉州的老友巢谷带来家乡的巢菜种子播撒在东坡,命名为"元修菜"。

一个作家的智慧并不仅仅局限于写作,更体现在他对生活细节的观察与热爱。苏东坡记录了大量黄州一带的风土人情,比如对市价低廉的羊骨头的精细加工而成美味,对于猪肉、猪头、鲫鱼、棕笋、野菜等的烹调,往往别出心裁,饮食深谙养生哲学,著名的"东坡肉"就发明于此。加上他本是植物花卉的专家,他对于这里的海棠花就有很多记载。《记游定惠院》记叙:黄州定惠院东小山上,有海棠一株,特繁茂。每年花开的时候,我都会带着客人前去饮酒赏花,已经五次醉在这海棠树之下了……他写有著名的《海棠》七绝,《王直方诗话》记载:"东坡谪黄州,居定惠院之东,杂花满山,而独有海棠一株,土人不知贵。"这说明,在偏僻的黄州,当时人们还不知道海棠花的文化与风韵。

苏东坡更喜爱的事情是黄昏时分在东坡散步,如果有月亮,那就再好不过了。月亮于他最亲密。踏着浮动的月光,他在虫声四起的山道上漫步，走着走着似乎感觉灵魂出窍了，与天地同游。转念一想，自己的名声渐渐不为世上所知，自己反而像一块丑石头那样滚落到了山溪中，也许这才是石头的最好的归宿。远远看去，丑石头与草木流水又是多么和谐、生机勃勃！

……

爱是灯，但友情不是影子。当灯熄灭了，影子也灰飞烟灭。这个时候，唯有闪烁远方的几点冷光才让他意识到，还有一些不是来自灯火的光，隐隐约约在厘定自己的方向。他一下感到有点说不清道不明，那就索性不说吧！

必须停留在喷射的瀑布旁边！

必须要让"雪堂"成为生活的牧场！

必须停驻在长江波浪推开又退去那充满生命力气息的滩涂！

必须在空荡荡的街市回望阑珊灯火下，那些一直目睹自己离去的眼睛！

那时，苏轼脑子里只有一个念头，那就是回到眉州老宅，像一滴凝在笔尖的闪耀着晶辉的墨汁。

为此，他尽力保留了黑夜与白日交汇处那种微暗的无尽暖意，去坦然面对一切。因为，自己已是东坡居士，不再是曾经那个挥斥方遒的书生了。在《书韩魏公黄州诗后》，东坡承认："轼亦公之门人，谪居于黄五年，治东坡、筑雪堂，盖将老焉，则亦黄人也。"书生成了"黄人"，但东坡还是告诫自己，不要伤春悲秋，抱怨自己年纪大，"休将白发唱黄鸡"。

方山子"陈惊坐"

在御史台催逼之下，苏轼在长子苏迈的陪同下，不顾刺骨的严寒立即上路了。元丰三年（1080年）元月，他们经陆路奔赴黄州。

达到陈州时，苏辙急忙从200里外的南都赶来相见。兄弟劫后重逢，真是悲欣交集，可惜只相聚了三天便挥泪而别。苏辙受到哥哥案件的牵连，携家带口到达江西九江以南数百里的高安县任职。他们商定：东坡的家眷由苏辙带着经水路去往黄州，这样哥哥可以稍微消停自由一点。苏辙尽一切努力为哥哥着想，为哥哥分忧，不惜一切得失与哥哥患难与共，如此深厚的兄弟情义，历史上并不多见。

一路上，苏轼走走停停，有景即游，有诗便写，看起来与以往没什么不同。其实牢狱之灾已震撼了他，山穷水尽、柳暗花明，但人生真的就像一架荡来荡去的秋千吗？苏轼陷入了对生命意义的反思中……

二月到达黄州，苏轼寓居佛寺定惠院。此院环境清幽，位于黄州东南大片山林之下，此处听不到长江的涛声。

不要说杭州了，就是与密州、徐州相比，黄州不但是小城，而且是穷乡僻壤。由于此地可以交流思想的人很少，苏轼很压抑，觉得天空也阴沉得可怕。

他偶然听说光州或黄州有一位叫"方山子"的隐士如何如何了得，东坡偶然在麻城歧亭杏花村，见识了这位号为"龙丘居士""方山子"的高人：头戴方山冠峨然耸立，"弃车马，毁冠服，徒步往来山中，人莫识也"。哈哈，这不是老友陈季常吗？！凤翔府一别，距今已经16年了。原来他一家人在黄州隐居，"方山子亦矍然，问余所以至此者。余告之故。俯而不答，仰而笑"。东坡笔法的潜台词太丰富了：陈季常了解到乌台诗案的过程、贬黄州情况之后，"俯而不答"，多少愤慨、惋叹、不平尽在其中。然后呢，陈季常"仰而笑"。陈季常联系自己的际遇，认为时事如此，幸与不幸，得意与失意，只应付之一笑罢了。这一笑是融万千言语于不言之中。

富有深意的是，陈季常因此成为东坡谪贬黄州后第一位迎接者！彼此都不会知道，后来陈季常也是东坡离开黄州送别最远的人。一饮一啄，岂非前定？

东坡来到陈季常家中，更进一步显出了陈季常的精神气象："环堵萧然，而妻子奴婢，皆有自得之意。""室内无长物，窗下有清风"的生活，不见蹙然愁苦，相反全家上下都怡然自得。其实，这不是陈季常贫困所致，而是为了远离豪奢。

这暗示陈季常已经不再是那个仗剑纵马的贵公子了，而是真正的高人"方山子"？

这倒未必。

这位使酒好剑、挥金如土的阔少爷，如何也在黄州安家？

冥冥之中注定朋友必要相聚么？他还怕不怕河东狮吼的老婆呢？很可惜，苏东坡的《方山子传》没有点出这一点。

其实呢，陈季常还是当年的那个公子。放弃功名是真，他也不是全心全意隐居，只不过是在山野乡村寻找自己的诗意栖居，他希望把古人理想中的任侠生活在现实落地，而且他具有实现这些的物质条件与人脉关系。有一回，陈季常前往黄州拜访

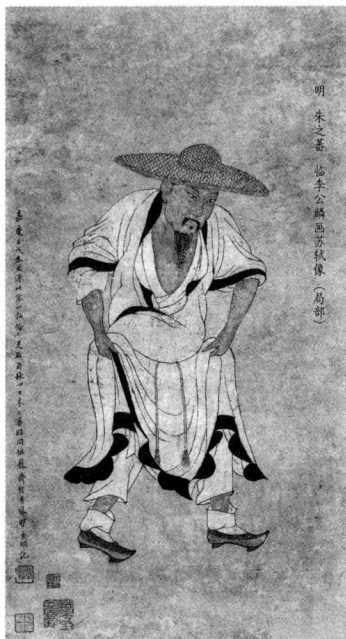

苏轼像（［明］朱之蕃临李公麟画）

苏东坡，东坡愕然发现，黄州的豪门贵族居然都争先恐后地安排轿子或马车，邀请陈季常去做客，他俨然名满江湖的"孟尝君"转世啊！于是，苏轼作《陈季常自岐亭见访，郡中及旧州诸豪争欲邀致之，戏作陈孟公诗一首》，给陈季常又开了一个玩笑：

孟公好饮宁论斗，醉后关门防客走。

不妨闲过左阿君，百谪终为贤太守。

老居闾里自浮沉，笑问伯松何苦心。

忽然载酒从陌巷，为爱扬雄作酒箴。

长安富儿求一过，千金寿君君笑唾。

汝家安得客孟公，从来只识陈惊坐。

　　诗歌里引证了蜀人扬雄"载酒"与"问字"的典故，足以看出陈季常的学识受人敬重。诗人的全部优点、缺点，似乎陈季常都有。东坡发自内心喜爱这样的真人。只是"陈惊坐"一出，堪对东坡赠予其夫人的"狮子吼"了。

　　在黄州的4年里，东坡到歧亭找陈季常3次，陈季常来黄州看望东坡竟有7次。东坡来麻城，都会在陈季常家住上十天半月。东坡心细，担心好友为招待自己去宰杀活物，专门给陈季常去了一首"泣"字韵的诗，要他不必因待客杀生。自从贬谪黄州后，东坡感觉自己"恶业深重"，于是吃斋念佛，戒杀生，陈季常马上执行，自己也茹素。据说陈季常的这一举动还影响了村里人，吃素风逐渐流行。

　　他们有做不完的趣事，谈论佛法，吟诗作赋，寄情山水，抚琴高歌，两人还一起合谋赚钱……东坡诗句中的"酸酒""甜酒"，指的就是与陈季常共饮的麻城老米酒。

　　宋词本为公演的曲艺形式，自然离不开觥筹交错与红颜。东坡性真，非常喜欢俗乐以及唱俗乐的歌女。"陈季常有位歌女名叫秀英，苏轼很喜欢她。有一回苏轼喝醉了给陈季常写信，附了一首带'君'字的诗。酒醒后他问夫人自己写了什么，夫人说写的是'一绝乞秀英君'，苏轼羞愧难当，赶紧再去信解释。"（仇春霞《千面宋人：传世书信里的士大夫》，广西师范大学出版社2023年版，第453页）

东坡逐渐抵达了"自喜渐不为人识，人生尔尔莫如此意"的境地！

韩愈等官员可以为人写文章挣大钱，晚年"为文必索润笔"，东坡没有这等兴致，只能守穷，尽管他的书画名满江湖，换钱是非常容易的，但东坡只为知己而书。诚如莫砺锋先生所言："友人们收受了东坡的书画作品，却从不表示谢意吗？当然不是。比如收受东坡书帖甚多的陈季常，便时常在物质上接济东坡，东坡曾作书致谢：'至身割瘦胫以啖我，可谓至矣！'至于其他友人，往往以笔、墨、纸、砚等物相赠，例如唐林夫赠诸葛笔，庞安时赠李廷珪墨，郑元舆赠绢纸，段君璪赠令休砚等，皆见于东坡在黄州所作题跋。凡此种种，都是朋友之间礼尚往来的互相馈赠，绝非商业活动。换句话说，东坡赠给友人的书画只是礼品，友人回赠的文房四宝也都是礼品，后者是东坡创作书画作品必需的艺术耗材。一切商品都是有价的，真正的艺术品则是无价的。东坡在黄州时衣食不周，捉襟见肘，却从不出售书画以谋利，他的写字作画皆是纯粹的艺术活动而非商品制造。正因如此，他的作品才会那般生机勃勃，元气淋漓。"（莫砺锋《宁钝斋随笔》，凤凰出版社2022年版，第297页）

是否如此呢？也有不同记载。当然绝非为财，而是为生存也。

提到陈季常与东坡的生意经，不能不看到东坡的睿智与慷慨。

仇春霞教授指出：

陈季常虽然隐居，但也没闲着，一直在经营出版业。他刻的书里有传统经典，如《易》《史记索隐》《旧五代史》，以及一些医书。另外，他还经常送纸给当代名家，请他们将自己写好的诗抄在纸上寄过来，他再把这些人的诗文刊印发售。他为苏颂刻过《苏尚书诗集》，这个苏颂就是苏轼《天际乌云帖》里提到的"子容"，后来官至宰相。黄庭坚的舅舅李常去世后，陈季常找到黄庭坚，想要他模拟李常的口吻写诗，然后刊刻发行。黄庭坚拒绝了，他认为这是对舅舅的不尊重，是不道德的行为，但他答应把给舅舅写的墓志送给陈季常刊刻发售。

陈季常刻售最多的应该就是苏轼的诗文了。苏轼是写诗词写文章的好手，又有名气，他写的东西自然不愁卖。可以想象，当苏轼的《前赤壁赋》《后赤壁赋》《黄州寒食帖》《浪淘沙·大江东去》等名篇横空出世时，陈季常得赚多少钱。也难怪苏轼要称陈季常为"大檀越"，也就是大施主。当然，苏轼这样称呼陈季常不只是因为陈季常帮他赚了不少钱，也因为他经常向陈季常借书看。

对陈季常来说，苏轼为他撰写的最有价值的两篇文章当属《陈希亮传》和《方山子传》，前者是陈季常父亲的小传，后者是陈季常自己的小传。苏轼自从与陈季常成为好友后，对老领导陈希亮了解更深了，也明白了当年老领导惩罚自己的良苦用心。后来元人在修《宋史》时，关于陈希亮和陈季常的列传全部参照了这两篇文章，两人因此而得以名垂青史。

（仇春霞《千面宋人：传世书信里的士大夫》，广西师范大学出版社2023年版，第460页）

方山子「陈惊坐」

243

念奴娇（大江东去）。原载朱孝臧校注、龙榆生校笺《东坡乐府笺》

北宋的惯例是，官吏薪俸有相当大的部分由实物折合银钱来代替。苏轼的水部员外郎属于加官，薪俸由公家造酒后的废旧袋子顶替，他领到后还要设法卖出换钱。好在黄州物价低廉，但他一向不善持家理财，也不屑与人斤斤计较，薪俸到手很快就用光。他初到时与僧人一起进餐，每月一次到城南的安国寺随僧人一起沐浴，借此节省烧水的柴火费。

后来家属来到黄州后，经知州徐君猷同意，苏轼将家搬到城南长江边上的临皋亭。临皋亭是供行经水道的政府官员住宿的驿站。

"苏文熟，吃羊肉。"现在呢，"苏文"的制造者却根本买不起羊肉了。

北宋羊肉价格高得离谱。据程民生教授《宋代物价研究》记载，北宋时期1只羊大概值3贯，1贯钱约等同现在的人民币670元，也就是说北宋1只羊售价约2000元！《夷坚志》也记载，绍兴年间，"吴中羊价绝高，肉一斤，为钱九百"。而当时县尉（相当于今天区县公安局局长）一个月的工资也不过才七千七百文，也就买8斤多羊肉。

苏轼曾言："平生嗜羊炙，识味肯轻饱。"在被贬惠州期间，苏轼就曾写信给弟弟苏辙，讲了他在惠州吃羊肉的趣事。当时惠州的市场上，有商家每日杀一只羊出售，这也是每日仅有的一只羊。苏轼想吃，却又顶着被贬之官的名号，不好和当地权贵们抢着买羊肉。

可是苏轼又放不下那羊肉，便找到了商家，定下了一般没人要的羊脊骨。作为一个上得厅堂、下得厨房的资深美食家，

方山子「陈惊坐」

245

苏轼拿着那一段羊脊骨，果真又倒腾出了花样。他先将羊脊骨煮透，再淋上酒，撒上盐，放到火上烘烤。待烤至骨肉微焦，便可享受一点点剔骨缝里的肉的乐趣。而苏轼的这道私房菜，便是"羊蝎子"的雏形。

在黄州期间，苏东坡饮食题材的诗词超过30首，赋1篇，文12篇（含书信）。他在逆境中以一种近乎审美般愉悦的态度去拥抱生活，对简朴的生活倾注极大的热情，比如关于生活清贫如何喝酒，从《桂花颂》"有道而居夷者"，可见端倪。

炎炎八月，苏轼的乳母任采莲去世了，年约72岁。任采莲是眉州人，在程夫人嫁入苏家时进门，跟随苏家患难与共35年。任采莲喂养过八娘和苏轼的乳汁，后来像一位奶奶那样养育东坡的几个儿子。平时任采莲担负起了生活总管的全部工作，是苏家不可或缺的成员。她为人"工巧勤俭，至老不衰"，无论穷达总是默默地追随苏轼一家，给以力所能及的支持，可谓有恩有劳。她的精神品格给了苏轼很深的影响。在自己落魄的时期，乳母去世，苏轼心情无比沉重，亲自撰写了墓志铭。这年十月，苏轼将乳母葬于黄冈县之北。他自己或让孩子多次祭奠她，对她难以忘怀。

东坡经常去拜谒任氏墓。离开黄州前，特来拜谒并委托好朋友潘彦明在他离开黄州后维护墓地。即便离开黄州后，他也多次来信询问墓地维护情况，拜托朋友祭拜事项。到了明清时期，有农民耕地时发现了墓碑碎片，后经人整修存放在东坡赤壁留仙阁内。

就在苏轼家陷入左支右绌的境地之际，一天老朋友马正卿

（字梦得）登门拜访东坡。那是嘉祐五年（1060年）八月，苏洵被朝廷任命为试秘书省校书郎，而作《谢赵司谏书》中，则说他"寓居雍丘，无故不至京师"。因而可以推断，苏轼、苏辙就是在居住雍丘期间认识当地有名的"穷士"马正卿的。

马正卿不愧是著名的"穷士"，穷到什么程度？连自己祖父、父亲死后都无钱下葬！苏轼兄弟一度也大惑不解，"问人何罪穷至此？"《东坡志林》卷一《命分》有一条云："马梦得与仆同岁月生，少仆八日。是岁生者，无富贵人，而仆与梦得为穷之冠者。即吾二人而观之，当推梦得为首。"

东坡的意思是马梦得和自己同年同月生，只比自己小8天。而这一年月出生的，都注定不能跻身富贵行列。但如果二人比赛一下，谁的命更穷的话，苏轼情愿将第一名让给马梦得。这是苏式幽默，但幽默之中藏有多么浓重的辛酸！

元符三年（1100年），东坡北归时，提到他的《东坡志林》还未能完成，这是他元丰至元符近20年的杂说史论，马正卿的"穷"能被苏轼记录在案，可见晚年的苏轼在回忆中对马正卿的关注与思念。这不仅仅是因为二人同年同月生，而是苏轼认为，冥冥中注定了他和马正卿的坎坷命运。

《东坡志林》卷五还有一条关于马正卿的记载：

杞人马正卿作太学正，清苦有气节，学生既不喜，博士亦忌之。余（少时）偶至其斋中，书杜子美《秋雨叹》一篇壁上，初无意也，而正卿即日辞归，不复出。至今白首穷饿，守节如故。正卿字梦得。（亦见《苏轼文集》，第2296页，"少时"二

方山子「陈惊坐」

字，依《文集》补）

彼此结识、相知逾20年，不管彼此得势与否，两人始终交好。嘉祐六年（1061年）制科考试毕，苏轼被授予大理评事、凤翔府（今陕西凤翔）签判。苏轼于十一月带着妻子王弗和襁褓中的苏迈，踏上仕途。而跟随苏轼一起到凤翔去赴任的，就有刚刚辞掉太学正的马正卿……

如今得知苏轼到了黄州，马正卿便急急赶来看望老友。

老友相见，眼泪夺眶而出。马正卿胡须浓密，苏轼亲切地称呼他为"马髯"。马髯抬头见到房梁上挂着钱串，感到有些惊讶："子瞻，这是为何？"

苏轼哈哈一笑，用叉子挑下来一串钱说："一串钱一百五十文，我家人每一天的花销便是这一百五十文。我遭遇贬谪，囊空如洗，每月只能花四千五百文，所以啊，我每日一早挑下一串钱，作为当日吃穿用度的花费。"

马正卿大为感叹，自己却一时无力设法，只得在梁下低头，不停叹息。

见马正卿一脸愁云，比室外的天色还要晦暗，苏轼反而开导他："马髯，前些天我想了许久，终于想清楚了我为何困顿至此。唐代韩愈以磨蝎为身宫，我则以磨蝎为命。韩愈一生颠沛，颇多谤誉，足见这个时候出生的人，便没有大富大贵的。所谓"惺惺惜惺惺"，苏东坡通过马正卿命运，也许窥视到了自己坎坷半生的谜底。

马正卿正思忖着与苏东坡讨论进一步的生计，听到这番苦中作乐的话，简直不知道该如何作答。其实，马正卿此时刚好在黄州府供职，而且是黄州通判。

马正卿不但为苏轼从官府申请下来一片撂荒的50亩旧营地，还帮助苏轼修筑起居室，让他们一家终于有了安居之地。苏轼带领家人整治营地，自备耕牛、农具，躬耕其中。土里除了大量种植蔬菜瓜果，当地几位崇敬苏轼的朋友也来助阵，卖酒的潘丙、卖药的郭遘，还有书生古耕道，他们挽起袖子下地，顶着烈日栽种麦子，到夏天则播种稻谷……总算解决了一家人的衣食之忧。次年二月，苏轼为自己在东坡建立的临时居室取名"雪堂"，并在门楣上镌刻题有"东坡雪堂"4个大字的匾额。

应该说，黄州的体力劳动，是东坡有生以来最为密集的劳动体验。这时苏轼外表颇像农夫，皮肤黝黑，身体反而强健了。成天在田地里操劳的苏夫人王闰之也像农妇，王闰之自幼在青神县乡间长大，动手能力极强。一天她发现花了大价钱买来的耕牛快要病死了，牛医也束手无策。王闰之细心观察看出了症结，她很有把握地认为："这头牛在发豆斑疮，治法是喂它吃青蒿粥。"按照她开的药方，耕牛转危为安，她赢得了大家的夸赞……

芒种之后，麦穗越来越饱满，这是躬耕东坡以来的第一年大丰收，苏家人收获20多石麦子。恰逢家中的粳米吃完，王闰之开动脑筋，将麦粒与红小豆掺在一起煮饭。家中的孩子们相互调笑，说这粗粮吃起来在嘴里毕毕剥剥直响，声音像咬吃虱子。苏轼一听，幽默的天性被启动，大笑不止："不然不然，我倒觉得颇有西北村落气息。尤其是撒入一把小豆一同煮饭，吃起来特别有滋味。"鉴于大麦、小豆外表均为红色，王闰之见丈夫不改旧日幽默脾性，也笑道："这是新样'二红饭'！"

幽默是抗拒忧伤的最好武器，一家人欢声笑语，苏轼好久没见过一家人这么高兴了。妻子王闰之一向话极少，更别说什么幽默了，纵然不是在这贬谪之处，而是在繁华富庶的杭州，她也少言寡语，只管埋头料理家事。多年来，苏轼极少从她嘴里听到新奇有趣的话。今天，算是开了眼了！看起来，吃着自己种出的粮食，感觉太美了！

在这穷乡僻壤，若不是夫人辛勤劳作，自己有何能力填饱一大家子人的肚皮？想到此处，苏轼不免一阵心酸。

有一天，东坡酒醉饭饱。他靠在椅子上，欣赏室外的景色。东坡写道：

白云左绕，清江右洄，重门洞开，林峦坌入。当时是，如有思而无所思，以受万物之备。惭愧！惭愧！

白云、树林、山峰、水波，万物纷至沓来，任自己随意指点，"如有思而无所思，以受万物之备"。仿佛在思考又像是没有思考什么，没有执念，并不消沉，惬意享受万物所有的惠泽与神启。独对天地，那是一介闲人获得的无尽馈赠，这岂不让人连说"惭愧！惭愧！"。这些观点，与《前赤壁赋》中"达则兼济天下，穷则独善其身"积极旷达的人生观已经有所变化，但开掘的域界明显更为阔达了。

桤木卷帖

　　1940年夏季，西南联合大学国文系教授朱自清第一次抵达成都，于九眼桥下游锦江右岸的宋公桥报恩寺租赁了三间简陋的房子。他对成都的印象非常好，认为成都气候温润，物产丰富，最宜居家。一年的学术休假届满，他从九眼桥锦江码头弃岸登舟，入锦江，经江口、夹江、嘉州，再行至宜宾上岸，转行川云山道进入云南。抵达昆明后他在一封致成都友人金拾遗夫妇的信件中，描述自己顺锦江而下的感观："江口以上，两岸平原，鲜绿宜人。沿河多桤木林子，稀疏瘦秀，很像山水画。"可见，沿江的风景多少冲淡了他淤积在胸的生存阴云。

　　信件里提到的桤木，又名水冬瓜树、水青冈、青木树、桤蒿，属乔木科，并不粗大，但可以长到一二十米高，具有椭圆形树叶，枝叶茂盛。此树春季发芽，秋季落叶也落子。桤树是由种子繁殖的植物，一棵老树之下，往往会有成片的树苗，几年就可以迅速追赶上父辈。桤树容易长虫，虫往往包裹成修长的纺锤形，民间俗称"吊吊虫"，就像一根测量使用的线锤，锥立水面，测量着水与天、阴间与阳间的距离。笔者记得在幼年时节，经常用竹竿扰乱这一静谧的场景，大概是受"扫除一

苏轼行书《书杜工部楷木诗卷帖》

切害人虫"的心理驱使吧。

古人视校雠如扫落叶，意思是扫不胜扫。陆游在《新凉书怀》里就感叹，"无日楷林无坠叶，有时燕户有新雏"，是说楷木自夏至秋，日有落叶，不可胜扫也。

宋祁《益部方物记》指出："楷木蜀所宜，民家莳之，不三年可为薪，疾种亟取，里人利之。"渴望追求其立竿见影的利润，在于蜀人务实，对植物的选择上也可以窥见其生活美学的向度。

在这样的蜀地氛围烘托下，楷树无脚走天下，遍及巴山蜀水。20世纪50年代，在岷江、青衣江、沱江以及无数支流之畔，均能看到野水奔流、拽动山影的风俗画卷，两岸由成片的楷木林子构成，宛然如一只踏水而飞的鹭鸟，把斜影留给了造梦的历史。楷木顽强的生命力被地力激发而起，楷木林盘深处必有人家。其实此树质地并不坚硬，树干也不广直，因为不是

背郭堂成蔭白茅緣

江路熟俯青郊檜林礙

日吟風葉一龍竹和煙滴露

梢甃下飛與將出子頻

來語鵝笑新巢勞爲人錯

比揚雄宅懶憶無心作

解嘲

蜀中多檜木讀如欹反

三歌散林也獨中薪耳

然易長三年乃拱故子

栋梁之材，无法被委以重任，农民多砍伐用来做猪圈栏杆，也当柴火。树皮、果实富含单宁，可作染料和提制栲胶。木炭甚至可制黑色火药。堤边也间有柳树、芦竹、芭茅之类。置身眉山一线的西蜀平原上，秀美而细腻的田园风光一览无余：田野里大小沟渠纵横，农田中的农作物一年四季郁郁葱葱。梓木林中，莺学唱新词新调；稻花香里，蛙仍奏古曲古琴。蜻蜓回旋，麻雀、雨燕、乌鸦、苍鹭、野鸭穿梭游动。苍穹之上，不时有黑鹰以刀片的翅膀，切割蜀天厚云。

高大的梓木在风中不时洒落水珠，就像迷路的村妇在嘤嘤哭泣。夏秋日雨过天晴，梓木树下会生出一种黑菌，叫"梓木菌"，因其生长地多伴有芭茅，人人戏称其"好吃不好采"。此菌的煮法是用清油加热放入盐，再在锅中倒入一小盆清水，放入菌子、大蒜，待其水开加入少量豆粉汁水，其味鲜美异常。

古人视草木具有通灵之能，草木荣枯自然成为一个时代的风向标。宋元时代著名学者马端临的《文献通考》卷二九九"物异考五"当中，记载了眉州的两桩"木异"事件：

> 广明二年（881年）春。眉州有檀树已枯倒，一夕复生。
>
> 元符二年（1099年）九月，眉州眉山县桤木二株，异根同干，木枝相附。

桤木异根同干，相互呵护，暗示了一种空前的情义。我们可以追问的是：为什么马端临要记载这一看似寻常的事件？

在我看来，马端临对阴阳五行具有卓越的见解与非凡的处理方法。他的《文献通考》以"物异"代"灾祥"，他褪去了笼罩在诸多"灾祥"身上的神光，还原为至多的罕见的自然现象，他的头脑毫无冬烘之气，这乃是马端临在史学研究的重大突破。于此记载的眉州桤木，他是埋有伏笔的。

历史的深意恰在于此：同在元符二年（1099年），眉州的苏辙自雷州调往循州。在雷州后来命名的"二苏亭"处，苏轼与苏辙，万里投荒，逐臣同路，携手同游。兄弟挥手分别，隔海酬唱。诗情倒卷而来，一如海峡震荡的流波。白发苍苍的东坡，贬居荒寂的海南岛，他只能与当地的黎民、白云、椰林交流他的痛苦与忧烦。

正所谓"彼此扶持弟兄桤，相亲挚爱夫妻榆"，成为苏门亲情的绝佳写照。

古人进一步意识到，桤木能够肥田甚于粪壤；一旦得风，叶声发声如白杨，就像是穷人在热烈鼓掌，这暗示了桤木的民间化指向。北宋严有翼在《艺苑雌黄》中也说：此树"止可充薪而已。惟蜀地最宜种。蜀人以桤为薪，三年可烧"。正因桤木具有这样的"蜀性"，杜甫于唐肃宗乾元二年（759年）年底到了成都，几个月后他的草堂建成了，杜甫四处索要树苗、竹子、果树。听说桤木生长迅速，他就四处寻找。而住在成都的诗人何邕是杜甫的好友，杜甫想起何邕的宅园中有桤木，就写诗向他索要树种。其《凭何十一少府邕觅桤木栽》：

> 草堂堑西无树木，非子谁复见幽心。
> 饱闻桤木三年大，与致溪边十亩阴。

可以发现，杜甫在草堂种植的桤木，应该不在少数。诗人的草堂尽管简朴，但杜甫一定会在其中竭尽所能营造艺术氛围。草堂建好后，杜甫又细致地描绘了"桤林碍日吟风叶，笼竹和烟滴露梢"的诗意图画。试想一下：高大的桤木遮住了阳光，和风吹响树叶好像是在吟咏，修长的笼竹萦绕着烟雾，它们的梢头还滴着露珠。

这，的确是让一代诗圣恍然入梦的物候之学。

无独有偶，后来的王安石也在《偿薛肇明秀才桤木》中写道："濯锦江边木有桤，小园封植仂华滋。"而苏东坡更是屡次在诗文中提到桤木，如《次荆公韵四绝》中："斫竹穿花破绿苔，小诗端为觅桤栽。"他还在《送戴蒙赴成都玉局观将老焉》中云："芋魁径尺谁能尽？桤木三年已足烧。"而其《木山诗》中也说："二顷良田不难买，三年桤木可行楣。"

如果说杜甫开启了"桅木诗学"的历史，那么苏东坡则是历史上第一个具有"桅木情结"的大诗人。

苏东坡在《论书》里有一句被今人奉为圭臬的话："书初无意于佳乃佳尔！"意思是学习书法初始时不必刻意求佳，应放松随意，自然能达佳境。这句话里有一个艺术创作技巧与心态的问题：朝向自然，如水一样与万物不争。

遥想魏晋时期狂诞的风度，《晋书》中记有王敦大将军每次酒至酣畅处，常常以铁如意击唾壶而慷慨放歌，以至于壶口因而缺损。这固然不是行为艺术，但在东坡看来，艺心与策略，只能在纸上！只能全力以赴去建立自己宏大的"纸上迷宫"。

东坡在黄州生活了4年零3个月时间，心有余悸的状况下，除了写诗歌、文章，词与书画作品的创作也是大幅跃进。东坡寓黄州平均一年写词19首，远高于一生平均数。他的书画作品在黄州臻于炉火纯青之境。

在叙述苏轼到达黄州的具体生活之前，首先当从制度上要考察一下宋代的"惩罚与规训"。像韩愈、柳宗元遭贬，固然被迫离开了权力中心，但他们在贬地却还是名副其实地掌握着地方的权力，生活并无忧愁。而到了苏东坡的时代，情况便大不相同了。成熟的官僚体制使这种惩罚方式更有效地发挥出惩罚的功用：朝廷制造出大量有名无实的官衔，把被贬者抑留于官僚体系之内，却不使其具有权力。

到达黄州，苏轼的官衔有二："检校尚书水部员外郎、充黄州团练副使"，本州安置。水部员外郎是水部（为工部的第四司）的副长官，但"检校"则表示这只是一个荣誉称号；团练副使是唐代的地方军事助理官，宋代只表示官僚的级别，根本就不存在这样的具体职务。比较实在的倒是"本州安置"，也就是说，苏轼必须老老实实待在这个地方。令人啼笑皆非的官名，不过是把贬谪官员与流放罪犯做了最低限度的区分。

在后人看来，黄州的贬居生活是东坡生平中的一个转折阶段，这样的看法肯定低估了这次贬谪对他的心理打击。正如做噩梦的人，不知道眼前是不会延续太久的梦境。当时，他也不知道何时才能走出厄运。按一般的推想来看，他会觉得自己俨然已走入一条死路：元丰三年（1080年）的苏轼已经44岁，而亲自主持政务、坚决实行"新法"的宋神宗年方33岁，谁也不能预料神宗竟然英年早逝，则因持"旧党"政见而不知灵活变通的东坡，能够指望的至多是谅解而已，如果说苏轼"得志"的前提是"党争"局面的改观，那么在当时看来这种希望何其渺茫，几乎是不可能有"翻盘"的希望。所以对当时的苏轼而言，自己的政治生命基本上就可能终结于此。这一打击，用"毁灭性"来形容并不为过。

苏轼顶着一顶近乎虚无的官帽，自然会与当地或路过的官员有所交往，但尴尬的是俸禄却基本断绝，需要自营经济收入。他初到黄州时，寄居于定惠院僧舍，到五月份苏辙将其家眷送来，全家便迁居到长江边的临皋亭，据说大有饥寒之忧，他只好痛自节俭，时不时地还得依靠苏辙的接济，全家以此苟延残喘。

在基本生活有了着落的基础上，其次就要保持身体健康、精神乐观了，方法是修道养气、参悟佛理。随着生活暂时稳定，苏轼继续《周易》《尚书》《论语》的研究与注释。可以肯定，在黄州期间，他已经完成了《易传》九卷、《论语说》五卷的初稿，《书传》也已开始起笔。这些成果标志着苏轼自成一家的学术思想的形成，经过黄州谪居，埋头著述的他已跻身于北宋最为重要的思想家之列，其学说被后世称为"苏氏蜀学"。

苏轼毕生极崇书法艺术，他"幼而好书，老而不倦"，认为"凡物之可喜，足以悦人而不足以移人者，其若书与画"。在黄州期间，苏轼的书法作品主要有：《黄州寒食帖》《祭黄几道文》《念妇娇·赤壁怀古帖》《前赤壁赋帖》《书杜工部槎木诗卷帖》等。

《黄州寒食帖》是苏轼书法作品中的上乘，在书法史上影响很大，元朝的书法大家鲜于枢把它称为继王羲之《兰亭序》、颜真卿《祭侄稿》之后的"天下第三行书"。

"诗至杜子美，文至韩退之，书至颜鲁公，画至吴道子，而古今之变，天下之能事毕矣。"苏轼对杜甫的诗以及其人，其人格精神、情怀，都是极其推崇的。

这里主要谈一下《槎木卷帖》，又称《书杜工部槎木诗卷帖》。

东坡黄州书迹今日可见的大约38件，除《梅花诗帖》为草书之外，其余37件均为行书或行楷书。《书杜工部槎木诗卷帖》乃是行书，行书介于草书和楷书之间，行书不易呈露真性情，一旦深情注入，才是鲜活之书。他落笔沉着，行笔涩进，提按转折凝重，故线条圆润丰实而富有内涵。据载，苏东坡"少时规摹徐会稽，笔圆而姿媚有余；中年喜临写颜尚书，真行造次为之，便欲穷本；晚乃喜学李北海，其豪劲多似之"（黄庭坚《山谷集》）。东坡是借杜诗以抒发流寓黄州的心情。椶木，成为他传递这一情愫的枢纽。跋文以及杜诗，说明椶木易长因而农家多栽植。行书结字秀润，姿态横生，笔法遒劲，墨韵生动，为东坡中年时节意韵丰厚杰作，甚至可以说是苏轼墨法最高的书品。

苏轼所书杜甫椶木诗的全文是："背郭堂成荫白茅，缘江路熟俯青郊。椶林碍日吟风叶，笼竹和烟滴露梢。暂止飞乌将数子，频来语燕定新巢。旁人错比扬雄宅，懒惰无心作解嘲。"

所谓"缘江路熟"，缘由是草堂在浣花溪上，溪近锦江，故通称江。江边本无道路，因营造草堂，缘江往来，走出来一条路，故曰缘江路熟。熟有成熟之意。"俯青郊"，意思是面对郊原。草堂地势较高，故用俯字。

为此，苏轼跋文：

蜀中多椶木，读如歆戾之歆，散材也，独中薪耳。然易长，三年乃拱，故子美诗云："饱闻椶木三年大，与致溪边十亩阴。"凡木所芘，其地则瘠。惟椶木不然，叶落泥水中辄腐，能肥田，甚于粪壤，故田家喜种之。得风，叶声发发如白杨也。吟风之句，尤为纪实云。笼竹亦蜀中竹名也。

全书帖共19行159字。

清人安岐评论说："此卷字画沉着，用墨浓淡适中，较丰墨者别有生动之趣。"明代金冕题跋云："昔先生尝赞美杜子美诗、颜鲁公书，皆求之于声律点画之外，今观先生书杜诗，后千百年，宛然若昨日挥洒者，盖寓精神于翰墨，而才品所自到尔。倘拘以宇宙之得而论之，是未可同赏妙也。"

应用不同书体抄录过多遍《汉书》的苏东坡就认为："真（楷）生行，行生草；真如立，行如行，草如走，未有未能行立而能走者也。"行，安步当车，一步一个脚印，所以万山均在履下。

研究苏东坡的专家李一冰先生指出："苏宗晋唐，黄追汉魏；苏才浩瀚，黄思邃密；苏书势横，黄书势纵。"苏东坡字形偏横，黄庭坚字形偏纵，经常看到，突然心熟眼生，幽默就来了。东坡说黄庭坚的字像树梢挂蛇，黄庭坚说苏东坡的字像石压蛤蟆，二人哈哈大笑之间，彼此都抓到了对方的特点，形容得很是到位。这就是说，苏黄等大家胸中学问有余，不免玩弄音韵、游戏文字，游刃有余，因为高出时代群伦太多了，彼此都显出寂寞！

苏轼以神赋形，才学品性贯注其间，凤翥龙翔。读杜有思，挥毫神助，使后人"爱玩不忍舍"。

这一幅东坡的杰作，现存于台北故宫博物院。

记得去年冬季一个黄昏，我在杜甫草堂开完会出来，阴霾天飘起了冷雨，信步走到"诗碑林"，抬头就看到了刊刻于石的东坡《书杜工部榿木诗卷帖》，雨水已经浸湿了大理石板，天光微暗，印刻的字迹发出了一种奇特的墨光。

写字的东坡，就是黑夜凝聚的一滴墨。

一滴墨，发出墨精之辉。

墨黑浓郁，墨精发亮。

他书写的每一个笔触，就已经在最黑的黑夜中墨光绽放。

正所谓"笔精墨妙发潜光"。

楷木俨然具有民间化向度的植被，我不妨直接称之为昭示民间祸福的消息树。"天下未乱蜀先乱，天下已治蜀未治"的著名结论，来自明末清初人欧阳直公的《蜀警录》。此书描写张献忠屠川诸多真实亲历的细节，其中提到自己"奔入资、简界，比夜憩，林皋遇四虎，相逐过其前，直困卧荒草中，侥幸脱虎口。过淙溪，遇暴水，漂泅涛间，因浪附楷树岸获免死"。楷木竟然可以救命，由此可见，楷木在明末川中一以贯之的恒久木性。眉山的楷木村、楷木岭就是一个地名学的案例。

明朝何宇度撰有《益部谈资》三卷本，其中特意指出："楷木、笼竹，惟成都最多。江干村畔，蓊蔚可爱。每见，必诵杜甫'碍日吟风'之句，第楷字音欺，不见字书。"《山海经·北山经》记载"单狐之山多机木"，郭璞注："机木似榆，可烧以粪稻田。"汉朝成都大才子扬雄《蜀都赋》"春机杨柳，袅弱蝉杪"，机、楷古今字。南宋学者蔡梦弼指出："《蜀中记》（蒋蓝注：此书应该指的是陆游的《入蜀记》）：玉垒以东多楷木，易成而可薪，美阴而不害。然余尝历考韵书，无楷字，询之蜀人，相传以为丘宜切。"

很显然，这是何宇度阅读范围欠广所致，而且这个"楷"字的读音，四川大学古籍所教授向以鲜认为此乃为古蜀人的发音。对此笔者完全赞同。

稍微仔细一点，就可以发现大作家们心细如发，笔下的诸多细节绝非偶然。与朱自清一样，"下江人"叶圣陶先生抗战时期旅居四川乐山、成都多年，他对蜀地的风物观察也堪称入味。到了1961年，他在《成都杂诗》里曾吟道："慈竹垂梢见异裁，护溪桤木两行载。成都郊景常萦想，第二家乡今再来。"他是把成都当"第二故乡"，其钟爱之情溢于言表。叶圣陶早在1945年就写过《谈成都的树木》，他是沿袭着自己的江南视野，以江南园林的美学构成来评论成都平原的树木，认为成都各家院子里的树木过于繁密，"如果栽得疏散些，让粉墙或者回廊作为背景，在晴朗的阳光下，在澄澈的月光中，在朦胧的朝曦暮霭中，观赏那形和影的美，趣味必然更多"。这恐怕又是不太熟悉蜀地的民情。蜀地审美远没有江浙园林的工巧，他们注重的是人的身体感受而非眼睛的审美，这就是繁、大、多、重、密。

现在桤木在成都并不常见，各处的景观树早已经被各种高档树木取代了。桤木难登大雅之堂，其主要用作建材和制作家具，其他剩下的边角余料、树皮和锯末，用于提取色素。这就是蜀人的眼光，更多关注了桤木的实用价值。他们不懂利用桤木来造梦。

歌德于1782年发表了一首神秘的叙事诗《桤木王》，其中有这样一句对话："父亲，你难道没有看见桤木王。头戴王冠、长发飘飘的桤木王？"

是的，我们看不见桤木王，只看见肥料、菌子、家具、火药、油漆……

我们如何才能感悟苏轼寄托于《书杜工部桤木诗卷帖》

里，那一树与流云对望、窸窣而动的乡情呢？

偶然想起康有为的一番大言："古今书法家，以苏东坡字最劣，彼不知用笔，故意装腔作势，若从余学，应先打四十戒尺。"康氏写不好字、成不了书家活该，康氏之说，明显是欺人之谈。

2020年某天，笔者与眉山作家华子、林歌儿等人在三苏祠喝茶，谈到叶圣陶之孙、著名作家叶兆言回忆起祖父笔下的成都平原时曾对笔者说："当然了，我最向往的地方是三苏祠……"三苏祠院子里曾有桤木，但早被名贵花木取而代之。在我看来，眉山的闲适，不是庭院幽深、曲径风荷、花木叩头如捣蒜；而是闲坐喝茶，独听雨檐琴声，白眼看鸡虫。楠木高敞，银杏肃穆，往往呵护的是高寺大宅。但寻常的、不堪做栋梁之材的桤木，俯仰之间，恰有蜀人的平常心：竹篱茅舍风光好，道院佛堂终不如。

这就难怪古人干脆直接赋予桤木一个伟大的名字：蜀木。

元修菜

东坡肉、东坡鱼、东坡肘子……发展至今的东坡菜横跨川菜、浙菜、海派等菜系，与苏东坡有关的美食，千百年来逐渐成为华夏民族对苏东坡的一种味觉怀念。但有一味乡野小菜，也与东坡息息相关，更是让他在离开家乡的15年里始终魂牵梦绕。

这菜，便是产自家乡眉州的寻常小菜——元修菜。

元修菜，也叫巢菜。巢菜有大小二种，小者即苏东坡所谓元修菜，大者即薇，就是《诗经》里大名鼎鼎的薇。司马迁《史记·伯夷列传》中曾记述伯夷、叔齐在殷商灭国后，义不食周粟，隐于首阳山采薇而食的故事。自此之后，首阳采薇及西山薇蕨便成了中国文化中坚守气节的代名词，屡见于历代诗词等典籍中，其中陶渊明的"饥食首阳薇，渴饮易水流"，也是历代称颂的名句。

生命力极强，加之分布广阔，历史上巢菜的别名很多，野豌豆（《品汇精要》）、野麻豌（《草木便方》）、箭舌豌豆（《植物学大辞典》）、救荒野豌豆、春巢菜、普通苕子、野菜豆、黄藤子（《中国主要植物图说·豆科》）、苕子（《广州

植物志》)、肥田草（《贵州草药》)等。《诗经》中也称它为
"苕草"，汉代《尔雅》称之为"柱夫"与"摇车"。晋代陆机
在《诗鸟兽草木虫鱼疏》中又称其为"苕饶""翘饶"，史籍上
"翘摇"之名也较常见。

可以推测，古语里的"漂摇菜"等名字，发音与陆游所
说的"漂摇"很相似，应是以音谬传的结果。而蜀人称之为
"巢"，多半是"苕"的一音二转。

"夫美不自美，因人而彰"，出自柳宗元的《邕州柳中丞马
退山茅亭记》，意思是：自然景物要成为审美对象，必须要有
人的审美活动，通过人的意识去发现它的外物气质和风景韵致。
不起眼的元修菜恰恰富含异常丰富的故事。

元修菜的命名，出自苏轼的诗作《元修菜（并叙）》："菜
之美者，有吾乡之巢，故人巢元修嗜之，余亦嗜之。"可见，巢
菜得名要早于巢元修，加之巢元修也十分喜欢巢菜，分明是
"巢巢叠加"的结果。

苏东坡与巢谷（字元修）是同乡也是好友，少时曾携手游
于江湖，传说巢谷博学多才、力大无穷。苏东坡被贬黄州，在
这期间，他思念家乡，于是嘱托来黄州看望自己后准备回眉州
的巢谷给自己带一包巢菜种子回来。巢谷很快照办了。目睹在
黄州东坡菜畦里长出的元修菜，东坡闻到了故乡的气息。在这
种野菜上，寄托了东坡对于巢元修以及故乡的深重感情。每当
黄州当地人问到这是什么菜时，苏东坡都会介绍这是"元修
菜"。诗作之外，他还专门写一篇文《记元修菜》以传之。

元修菜之名并非东坡一时兴起所命，而是他开的一个玩

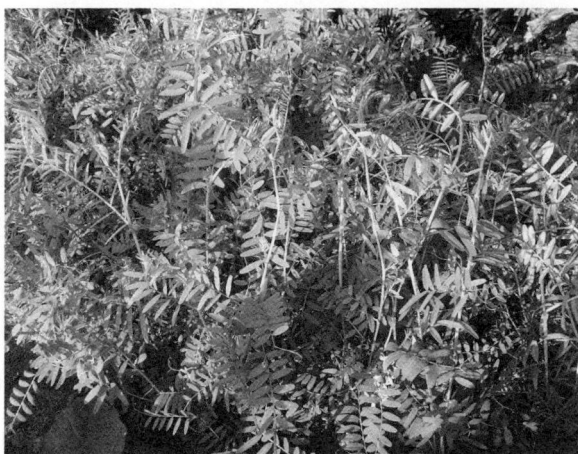

眉山山野里的元修菜（石云摄）

笑。但经其锦心绣口，巢谷就不再是滔滔时光中的无名者。

宋代诗人陆游在蜀地为官多年，留心蜀地风物，也喜爱巢菜，而且对巢菜的分类及渊源还颇有研究，在他的《巢菜并序》中记述说："蜀蔬有两巢，大巢，豌豆之不实者。小巢，生稻畦中，东坡所赋元修菜是也，吴中绝多。名漂摇菜，一名野蚕豆。"

漂摇菜在南宋《履巉岩本草》第二卷也有收录并附有彩绘图鉴，与大巢菜极为相似。陆游关于大巢菜及小巢菜的区分，历代一直沿用，李时珍也认为"此说得之"，清代《植物名实图考》中还曾清晰地绘出了大巢菜与小巢菜的植物图鉴予以区分。

大巢菜及小巢菜均属于豆科野豌豆属植物，大巢菜有野豌豆等多个俗名，小巢菜除了俗名硬毛果野豌豆外，也有多个俗

266

名与大巢菜相同，此外同为豆科野豌豆属的救荒野豌豆、广布野豌豆及野豌豆也常常被当作是巢菜。《诗经》中的"薇"，很可能是上述几种野豌豆属植物及其他近似种的混用名，按照现代的分类系统并不一定能够准确区分（张叔勇《早春的那些巢菜》，《中国科学报》2021年3月18日）。

东坡、放翁所记述的也是将茎叶当作野生蔬菜食用的，"薇名野豌豆，藿（豆叶）可做羹，东坡所谓元修菜也"（清代乾隆《淮安府志》）。明代朱橚主持编写的《救荒本草》中称之为"野豌豆"，则是采用豆子来救饥，"救饥采角煮食，或收取豆煮食，或磨面制造，食用与家豆同"。

奇妙的是在四川，对于元修菜一直有争议。有人认为元修菜就是常见的豌豆尖，也有人说是红苕尖……这个让苏东坡牵挂的美味，究竟是什么？

根据田野调查，元修菜实际上就是四川山乡随处可见的油苕，它们匿身在杂草之间，以上升而弯曲的枝叶，打开了一种蜀地的从容诗意。这是一种立春之后开始生长的野菜，也叫巢菜、肥田草等，可以拿来烧炒，做羹烧汤；还能做成干菜……做法多样，味道鲜美。

我的表弟曾照长期生活在崇州市的乡野，那一带就叫苕菜，文雅点的有叫龙须菜，遍及山乡。川西坝子乡下一般吃法是这样的：锅中放油，下豆瓣姜蒜粒炒香，20世纪七八十年代农村家家吃沥米饭，就有米汤，加入米汤煮苕菜一般成了标配，另外特别之处是还要抽一小把挂面断成几节放入一起煮；有奢侈点的还加点油渣或猪油，快起锅时再放入切好的蒜苗节。

再对比一下苏东坡写的《元修菜》一诗，他早就厘清了元修菜几乎所有的形态与功用：

彼美君家菜，铺田绿茸茸。

豆荚圆且小，槐芽细而丰。

种之秋雨余，擢秀繁霜中。

欲花而未萼，一一如青虫。

是时青裙女，采撷何匆匆。

烝之复湘之，香色蔚其饛。

点酒下盐豉，缕橙芼姜葱。

那知鸡与豚，但恐放箸空。

春尽苗叶老，耕翻烟雨丛。

润随甘泽化，暖作青泥融。

始终不我负，力与粪壤同。

我老忘家舍，楚音变儿童。

此物独妩媚，终年系余胸。

君归致其子，囊盛勿函封。

张骞移苜蓿，适用如葵菘。

马援载薏苡，罗生等蒿蓬。

悬知东坡下，塉卤化千钟。

长使齐安民，指此说两翁。

诗里对巢菜作了详尽描述，烹煮后不变色，依然翠绿；吃起来甚至也不会去想吃鸡肉和猪肉了，可谓对元修菜极尽赞美。

这其中显然蕴含了对故土的浓郁情怀，思念加剧了味蕾的无限回甘。

宋代蜀地眉州诗人、曾担任过大理寺少卿的家铉翁（约1213—1297年）写有一诗，标题很长：《西州旧俗，每当立春前后以巢菜作饼，互相招邀，名曰东坡饼，顷在燕尝有诗》：

我家自贵东坡饼，不为人间肉食羞。

闻道西山薇蕨长，摘来我可辈元修。

可见，家铉翁是用巢菜做饼，但宋代的"饼"不是现在流行的做法。陆游曾写过：蜀中以巢菜杂蟹肉作笼饼，也就是"巢菜包子"。家铉翁所写的，就应该是巢菜包子了。

苏学学者刘晋川指出，现在眉山乡间都到处可见元修菜，老百姓把巢菜的嫩芽摘了，与肉丸子一起煮成汤，就是一道家常美味。2022年春季，我去眉山郊外的苏坟山拜谒，在山门牌坊下的甬道旁，就发现长有一些紫云英，这就是巢菜，它们俯伏在地，却悄然举起了旋转的花箭。这，是否是一种天意的昭示呢？

这个菜的吃法，就是少量油炙锅后加入米汤煮熟，然后蘸酱食用。不过吃元修菜有一点要注意，就是不能同时喝酒，不然可能会引起喉头水肿。这就等于解释了巢菜没有能够成为日常蔬菜的原因，苏东坡在《记元修菜》的说法是："性甚热，食之使人呀呷，若以少酒晒而蒸之，则甚益人，而不为害。"

川西坝子的民俗是，吃巢菜不能喝酒，否则会呼吸急促。

有的还说哪怕是中午吃了巢菜，到晚上也不能喝酒。但的确有喝酒之人说过破解之法：即喝酒前先吃几口生的干巢菜，再喝酒就不会有出气急促的现象了。

看来，巢菜只是百姓的救饥野菜而非王公贵族们的桌上佳肴。透过它的枝叶，我看到的都是清癯如竹的背影。

巢　谷

巢谷（约1025—约1098年），本名毅，字元修，北宋眉山（今四川眉山市）人。在苏轼、苏辙兄弟的众多朋友里，巢谷是最具传奇性又最易被忽视的一位，被称为"风尘异人"。他的事迹主要见于苏辙的《巢谷传》。我们知道苏辙为人刚直端正，写人物传不多，为一位名不见经传的乡邻作传，应是仅此一篇。

苏辙在这部传记里，写下了奇人巢谷几件感人至深的事迹。

一是"予以罪谪居筠州，自筠徙雷，自雷徙循。予兄子瞻，亦自惠再徙昌化，士大夫皆讳与予兄弟游，平生亲友无复相闻者。谷独慨然，自眉山诵言，欲徒步访吾兄弟"。

二是在韩存宝落难之时受其重托，不辱使命。"谷许诺，即变姓名，怀银步行往授其子，人无知者。"

在文章最后，苏辙把巢谷比作古代君子高恭。苏辙想起苏东坡第一次遭贬，巢谷亦曾慨然奔赴黄州探视并一起躬耕于东坡园，因而说："谷于朋友之义，实无愧高恭。"

苏辙用传记把他记录下来，成为今天扬贤颂德、追述缅怀的翔实史料。

巢谷排行老三，因此小名叫巢三。因为眉山程氏、孙氏、朱氏、史氏、苏氏等家族因读书出仕而崛起，当地读书风尚大兴，他父亲巢中世在务农之余也勤于诵读，后来成为村里的私塾先生，也奠定了巢家耕读传家之风。巢谷耳濡目染，"朴实博学"的巢谷比苏轼大了11岁，以长兄情怀视之，与少年苏轼自幼就有了醇厚的情义。巢谷也曾经到京城开封参加过进士科考，可惜未能如愿。他体质粗壮，力量强劲，巢谷产生了弃文从武的念头。当时蜀地有习武结社、守土保乡的世风，尤其经过宋淳化四年（993年）王小波、李顺在青神县发动的大起义后更为盛行。刘斧编撰的《青琐高议》就记载，经历王小波、李顺起义之后，蜀地民情汹汹，成都平原的社会民间仍是暗流涌动，稍有风吹草动，就会再次激发一场祸乱……巢谷于是置办了弓箭，开始练习刀马射术，武林的行话叫"一力压十会"，他逐渐成为文武兼修之才。

北宋时期，西夏强势崛起。宋仁宗、宋神宗、宋哲宗先后都大规模对西夏用兵，河湟地区成为双方角力的战场，先后爆发过几次大战，宋朝先后收复了宕、叠、洮、岷、河、临（熙）6州，这就是著名的持续达30年的"熙河开边"。巢谷听闻边地战事后，执意西行，来到前线一带游历，渴望一展报国之志。巢谷结识了宋军将领韩存宝，见识趋同，两人关系十分融洽，巢谷还为他指点兵书奥义，结下了动荡之际的深情厚谊。韩存宝是统领河州军队的将领，熙宁十年（1077年）他还带兵作为右路军参加了岷州的平叛战斗，其"熙河名将"的名头伴随西进的马蹄而驰骋西北漠地。

世界上没有常胜将军，经历西北战事的拼杀磨砺，韩存宝多少有点轻视蜀地的民情风潮。

元丰三年（1080年），朝廷"命泾原路总管兼第一将、四方馆使、忠州团练使韩存宝都大经制泸州蛮贼事"，韩存宝"经制十万之众"，统一指挥镇压西南泸州纳溪地区的夷人屡禁不绝的暴乱。个中原委是：渝州僚攻打南川，僚酋长阿讹战败逃到斧望箇恕那里，经制泸夷的韩存宝重赏发檄文欲杀阿讹，斧望箇恕不从，将阿讹藏匿在部族里。当时斧望箇恕年老，将兵权传继给儿子乞弟。乞弟曾经跟随韩存宝讨伐罗苟部得过赏，泸州知州乔叙让梓夔都监王宣守江安，也贿招乞弟，乞弟以为宋室怕自己，日益骄横，率众围攻熟夷罗箇牟族，王宣率兵救之，一军全没，宋室立即令韩存宝率兵讨伐。

韩存宝不熟悉川南江河纵横、山势连绵的地望，特意请巢谷到军帐来了解情况，巢谷多年行走江湖，熟悉蜀地人情风俗，尽力辅佐。

元丰三年（1080年）十月的枯水时节，战争拉开帷幕。韩存宝一开始就发现川南山路十分艰难，军需供应艰难，进军受阻。在鸦飞不到山（九丝城）一带，韩存宝收到夷人首领、曾经的老部下乞弟的一封乞降书，他心胸宽阔，于是决定退兵回泸州，以观情况变化再谋方略。但朝廷据此认定韩存宝"出师逗挠，遇贼不击"，为树威严，次年八月在泸州竟然将其问斩！

霹雳炸空之际，韩存宝知死罪难逃。他拜托巢谷："我本是泾原一介武夫，死不足惜，只是妻儿不免要挨饿受冻。我装钱的袋子里有几百两银子，现在除了你，没有人可以代我把钱送给妻儿了……"巢谷流泪指天发誓，换装改名，潜行陕西，将银子如数交给了韩存宝妻子。他不辱使命，完成了知己之托，在当时没有一个人知道这事，其豪侠之气直贯天地。自此，为避祸巢谷隐居江淮，匿其踪迹。

不久，巢谷偶然得到苏轼贬谪黄州的消息。元丰五年（1082年）九月，59岁的巢谷独行千里前去黄州探望，此时苏东坡的黄州生活已延宕近两载。巢谷是闲不住的人，平时就是一副农人打扮，参与东坡园的劳作。他筑雪堂、盖南堂，学做有名的黄州小吃"为甚酥"（一种米粉所煎的油果子），开坛教育穷家子弟。巢谷住在东坡上的雪堂，这里居住条件简陋，空床破絮，破灶冷薪，但巢谷不以为意。苏东坡将两个儿子——13岁的苏迨、11岁的苏过交给他教授。能够成为苏东坡家的西席（家庭老师），不但表明巢谷学养不凡，也昭示苏东坡对他的另眼相看。

黄州生活是苏东坡首次遭受打击、甚为落寞的时光，他就像一根被暴力严重折弯的竹子，急需扶助之力让自己逐渐恢复常态，感受来自上空的阳光暖意与呢喃鸟语。两人结伴饮酒作诗、躬耕东坡、游赤壁、逛承天寺、问禅定惠院……深淳的友情大大缓解了苏东坡的苦闷，他在巢谷出生入死的经历中，恍悟出一己遭受的苦痛，不是生命承受之轻与重的问题，而更多是一种"宿命式的命定"。

冬天来了，春天还会远吗？

他的眼光渐渐清澈沉定，他在长江之水被赤壁激发的雪浪花里，洞悉到一种变数与常数。

黄州的冬季大异于蜀地，元丰六年（1083年）冬季，东坡园早被厚厚的积雪覆盖，大风在积雪上刮削出条条诡谲的痕迹，就像一面放射形的凸凹磨盘，自己不过是磨盘间的一只蚂蚁，而蚂蚁随时可能成为齑粉，又如何去指望能改造历史呢?！苏轼一家住在黄州城南的临皋亭，那里距离东坡雪堂有二三里的距离，二十四节气里最后一个节气大寒的当日，鉴于民间有"过了大寒，又是一年"的俗语，他携带家里仅剩的一壶酒披雪出门，想对孑然一身的巢谷说一番话，共度大寒日。在他的《大寒步至东坡赠巢三》里，生动记录了两人患难相助的生活场景：

春雨如暗尘，春风吹倒人。

东坡数间屋，巢子谁与邻。

空床敛败絮，破灶郁生薪。

相对不言寒，哀哉知我贫。

我有一瓢酒，独饮良不仁。

未能赪我颊，聊复濡子唇。

故人千钟禄，驭吏醉吐茵。

那知我与子，坐作寒蛩呻。

努力莫怨天，我尔皆天民。

行看花柳动，共享无边春。

只有一壶酒，连酒量不大的苏东坡也"未能赪我颊"，对于素来豪饮的巢谷，就只能濡湿一下嘴唇！恰是在如此寒冷的境遇下，人间至情的暖阳回荡胸臆。苏东坡的自信心在恢复，努力莫怨天，我尔皆天民！这就像伤口处的结痂，往往比平常的肌肤更为坚韧。更何况，出去走走，看到积雪之上花柳在萌动，无限的春意正在凝聚。

《苏沈良方》书影

巢谷阅人无数，见识岂是寻常人所能及。古人所谓"武医一家"，他通医术，手中积累了不少秘方，这和蜀地道教盛行有关，也与他常年云游在外、习武从军相关联。"圣散子方"据说是他祖传的丹方，被他视为至宝。而苏东坡幼习道学和岐黄之术，也喜欢搜集药方，《苏学士方》就是东坡收集的药方组成的书籍，后来人们把苏轼的《苏学士方》与沈括的《良方》合编成《苏沈良方》，于北宋熙宁八年（1075年）刊刻成书。恰逢黄州出现了疫情，巢谷出手救治了不少人。苏东坡很想得到他手上秘方，软磨硬泡好久巢谷方才应允，并要求苏东坡指着长江发誓：这个方子只可以用来救人，绝不外传。东坡事后却认为这样有效的方子，应该能救治更多的人才对。他便违背了誓言，私下把这个药方传给了当地一位名医——后来的"北宋医王"庞安时。巢谷知道后长叹不已，但没有和东坡绝交。

这样的胸怀与眼界，千年以后也感动着我们。

"圣散子方"在苏东坡二度知任杭州时发挥了重要作用。元祐五年（1090年）春天，杭州"饥疫并作"，苏东坡又用"圣散子方"施药施粥，再次救活了民众无数。后来，苏东坡还为庞安时的《伤寒总病论》以信为序，此书中就收录了"圣散子方"。此方一时便流传开来，备受推崇。

2022年春季的一个上午寒风料峭，我来到位于黄冈市中心区的遗爱湖公园，阳光照射湖面，腾起缕缕水雾，不禁想起苏东坡代巢谷而写的《遗爱亭记》。那是元丰五年（1082年）的重阳节，恰逢黄州太守徐君猷任职3年即将离任。他亲民而颇有惠政，对谪贬的苏轼总是悉心照顾。离任之际自然有一系列宴请。席间安国寺继连法师谈道，应该给寺中竹林间的新建的小亭起名，苏东坡将其命名为"遗爱亭"，一语双关，有纪念徐太守留下仁爱高风之意。太守欣然认同，并请巢谷为遗爱亭写记。

这是怎样的期许啊？！只能证明继连法师对巢谷学养的高度认可。

巢谷站起身，瞩目东坡。这不是巢谷疏于笔墨，而是他清醒意识到，在这种特殊语境里，自己一介武夫，岂能去夺了文人雅士的头彩！巢谷注视苏东坡，苏东坡哈哈一笑，主动请缨。《遗爱亭记》一气呵成，他特意在题下特别点明："《遗爱亭记》代巢元修。"起首设问，直接引用汉代何武的典故，接着对遵循规律、为政清净不折腾、深受民众拥戴的徐太守加以褒扬，记

巢谷

叙了徐太守与他同游安国寺吟诗作赋的过往，最后说明此记的由来。实际上，巢谷到黄州已经有一年了，中间经苏轼介绍认识了徐太守，三人还多次一起饮酒唱和，而且巢谷作为苏东坡孩子的家庭老师，徐太守对其文采自然也是相当认同的。本来一人命名，一人作记，徐太守的要求是合情合理的。但是巢谷也是谦谦君子，自知一介布衣，又是东坡西席，由苏东坡来写这篇文章更合适；而苏轼欣然命笔并特意点明"代巢元修"，既写实又照应了巢谷胸怀与情分，顺便又对徐太守的关怀照顾表达感激之情，更为重要的是借赞扬徐太守而抒发自己对无为而治、为官不扰民的执政理念的高度认可。

一年半之后，元丰七年（1084年）四月，苏东坡接到由黄州团练副使改迁汝州任团练副使之令。前途未明，但朝廷的政治风向已在趋缓。

巢谷未同行，年逾花甲的他悄然返回了眉山。

元丰八年（1085年），宋神宗病故，登基的皇帝是年仅10岁的哲宗赵煦。高太后已是太皇太后，她奉神宗遗诏辅佐小皇上。高太后立即任用司马光为宰相，将王安石的新法全部废止。她执政期间勤俭廉政，励精图治，政治比较清明，经济也十分繁荣。好运与厄运是相互转换的，旧党执政，苏东坡开始了顺风顺水的历程，他再次回到朝堂，从登州知州、礼部郎中、起居舍人、中书舍人、翰林学士到龙图阁学士、杭州知州……可谓风光无限。这期间巢谷反倒从苏东坡的交际圈中消失了。

磨难就是朋友面前的照妖镜。

大千世界，多数人都是旁观一个人的起落沉浮。只有极少部分会第一时间站出来和你分担风霜雨雪，正所谓风光不离，低谷不弃。

雪中送炭的人，假不了；危难时刻挺身而出的人，错不了。

对此，唐代骆宾王的《帝京篇》概括精妙："一贵一贱交情见。"

绍圣四年（1097年），巢谷又闻苏东坡、苏辙两兄弟同遭不幸，双双被发配往岭南。他不顾亲朋劝阻，执意去岭南看望东坡兄弟。他以73岁高龄，于绍圣五年（1098年）冬月从眉山出发，沿水路出川，过湖北入江西，弃舟登岸直奔赣南的赣州，奔波3个多月，于次年正月才到达梅州。巢谷在到达梅州时给苏辙写了一封信："我万里步行见公，不自意全，今至梅矣。不旬日必见，死无恨矣。"以当时的交通条件和巢谷的身体状况，他不听亲朋相劝万里跋涉来探老友，并非逞匹夫之勇，他已抱死志。

苏辙的贬居地在龙川，这里是岭南最早设置的古县龙川县城（佗城）所在地。当他见到一身风尘、疲惫不堪的巢谷，苏辙感动万分，含泪相拥："元修大兄，你就是高古之人呀！你跋涉数千余里，就只为探望我们兄弟一眼！"

从苏辙那里巢谷得知：几个月前，苏轼被再贬谪往海南儋州。稍事休整后，他又执意要去海南看苏东坡。苏辙劝说无效，见他已囊中羞涩，勉力资助了他盘缠。巢谷坐船顺东江而下，船到惠州，登上白鹤峰和留守的苏过、苏迈及两房家小相见。师生见面，不胜唏嘘。当巢谷坐船到新会，不料却被一个南蛮奴隶偷走了他的行李和盘缠。后来听说盗贼在新州被抓，他又赶去想取回盘缠……经过这番折腾，他终于在新州病倒了。

自知行将不起，巢谷对着南方滚滚波涛的大海呼喊：东坡东坡，我来看你了。

最终，他死于客栈。这里，距离儋州的苏东坡尚有一千里地，距离龙川的苏辙有四百里。

苏东坡闻听此噩耗，大为悲伤，写信告知眉山老家的杨济甫，请他资助巢谷远在西北军中的儿子巢蒙前来迎丧，并请地方官员协助。苏辙闻听后痛哭失声，后悔不已，后来特意写下了《巢谷传》，巢谷的侠义事迹才得以流传。

邓敏先生指出，在今天眉山市东坡区和丹棱县的户籍档案上，已查询不到巢姓后人了。

在广东省广州市的从化区吕田镇黄迳村的头龙山南麓，有"巢氏大宗祠"。巢氏大宗祠有数百年历史，具体始建时间现已无从稽考。据当地宗亲考证，从化几地巢姓宗亲，均奉巢谷为祖。还有资料记载，巢谷终葬于广州白云山，巢谷之子巢子寅葬于吕田黄迳巢氏大宗祠西南向约10公里处。吕田黄迳巢氏大宗祠所供巢氏始祖为巢谷，但黄迳巢氏大宗祠供奉之巢谷名元修与宋代四川眉山巢谷字元修，极可能是同一人。

何为侠义？侠有辅助、挟持之义；义字指羊，是"用我来宰羊以作祭品"的意思。又因"我"字指宰羊的兵刃，故义字从我。侠义之魂戛金断玉，响彻古中国的锈红色长空。而像巢谷这样的侠义之士，就是放弃自我、追怀道义的古人。在我眼中，巢谷就是真正的大侠。

知不可为而不为，是为智；知不可为而为之，是为勇。所以，知不可为而勇为之，担负起道义的责任和使命，这才是"侠之大者"的风范。

邓敏感叹："也许，在今天的眉山应该立起一个两苏和巢谷的雕塑，主题就叫作'忠肝义胆'。巢谷如此侠气，笃于风义之人，可惜是生错了时代。在唐必然大书，在宋则不然。文化再盛，也需侠义。眉山人巢谷的故事，既是对朋友最好的诠释，也是现代人所要厚补的一种精神。"（邓敏《侠士留遗风——苏东坡的侠义朋友巢谷》，《惠州日报》2023年1月25日）

"圣散子方"具体是治疗哪种瘟疫？是寒疫还是温疫？如何对症施药？庞安时书中将此方归到寒疫处方当中，并未讲清其他对症施治的注意事项。所以苏东坡在有了两次成功的应用经验后，在其"圣散子叙"中便有失审慎地坦言"用圣散子者，一切不问"。或许他这样的推崇是自信过了头。他毕竟不是专业的医学家，据后世医家在深入研究东坡病案之后，认为他最后死在常州也是错在他自己给自己开的药上。

再后来在宋末到明的几次瘟疫中，有很多人硬生生套用这个方子，结果出了不少惨烈的意外。方子是死的，用方人是活的，要辨证施药，要看病症，要看剂量，不应该机械照搬。这一剂药方从配方看是治寒湿的，针对寒湿性的瘟疫效果会很好的，但如果用在风热湿热实热的疫病上，杀人也很快。可惜"圣散子方"被人诟病和责难，乃至弃用。

一蓑烟雨任平生

　　面对汴京那些衮衮诸公构成的"无物之阵"，东坡真如禅宗机锋所言"如鸦啄铁牛，无下口处"。既然无从置喙，那就只能找会心者。

　　苏东坡贬官黄州，前后两任太守是陈君式、徐君猷，他们有感于苏东坡的遭遇，都很关心照顾他，只要东坡能够自由自在，那就是最好的安慰。

　　不知不觉，苏轼已在黄州生活了3年。元丰五年（1082年）寒食节，知道返回眉州探亲无望了，苏东坡便在雪堂写了《寒食贴》。《寒食贴》后来被世人评为"天下第三行书"，足与王羲之《兰亭序》比肩而立。

　　苏东坡在黄州4年间，逐渐重视买田置地，这毕竟是一大家人基本温饱的要义。这要归功于陈季常的反复推荐，螺蛳店看地，武昌看宅院，以及另外朋友们的推荐，他都一一去查看，讨价还价。

　　当年三月七日，苏东坡决定与朋友一道去沙湖一带探视田园，听说那里地价不高，看看有无另择安居之地的可能性。毕竟东坡园是官方的土地，随时都有被收回的可能。

《东坡志林》中说："黄州东南三十里为沙湖，亦曰螺蛳店，予买田其间，因往相田得疾……"

其小品文《游沙湖》《书吕道人砚》中也提及沙湖。北宋的沙湖名称，到了明代以后就被"道人湖"替代了，也许觉得过于直白，在近代再演变为"道仁湖"，位置在今湖北省黄冈市黄州区路口镇与陶店乡之间的"道仁湖"及其周边。《游沙湖》中提到的"螺蛳店"位于"道仁湖"附近。《书吕道人砚》中的"黄氏家"，应是道仁湖旁的陶店乡陶店村的黄家湾。苏东坡从沙湖渡过巴河到蕲水县（今浠水县）麻桥街寻找名医庞安常治病的渡口，就是黄州区陶店乡孙镇村的"西阳古渡"口。

那天上午，大家走走停停，中途突然遇雨。由于带雨具的仆人走到前面去了，于是大家四处寻找避雨之地，只有苏东坡芒鞋竹杖，安步当车。风大雨也急，他竟然一路高歌，好不自在！东坡喜欢下雨天，因为雨中有诗意，而且他也经常写到雨景，除了雨景的美，他还总爱说，雨落成诗，诗成画卷。

如今世路已习惯，此心到处悠然。他突然感到有雨滴渗透心底，他感到一种从未有过的透亮，那么曾经认为"世间、出世间事，不两立也"，现在看来似乎不再去着意了。一个人敢于承认自己在现实中的失败，那就很了不起。

当夜，他写下千古名作《定风波》："三月七日，沙湖道中遇雨。雨具先去，同行皆狼狈，余独不觉。已而遂晴，故作此词。"这是他的一生遭遇、心志、人格的最佳写照：

莫听穿林打叶声，何妨吟啸且徐行。竹杖芒鞋轻胜马，谁怕？一蓑烟雨任平生。料峭春风吹酒醒，微冷，山头斜照却相迎。回首向来萧瑟处，归去，也无风雨也无晴。

苏东坡对"一蓑烟雨"的意象堪称情有独钟，他曾经改编过唐代词人张志和的《渔父》，"自庇一身青箬笠，相随到处绿蓑衣"，在当时就家喻户晓，广为传唱。

"风雨"是一语双关，所以东坡用《定风波》词牌是有意取"平定风波"之意，那么如何面对是山似海的人生风波呢？安步当车的人，因为已经"放下"了

苏轼（向以桦绘）

一切，那么狂风算什么？暴雨算什么？高头大马算得了什么？涌动在他心中的，是儒家"穷则独善其身，达则兼济天下"之志，融汇成了他独特的人生智慧，现在就像他身上的蓑衣，所以不要怕形单影只，一身蓑衣任凭风吹雨打，照样过着不一样的人生！"莫听"二字说明了下雨等对他来讲均是身外物，根本不足以放在心上。这不仅仅是这一次郊游偶遇风雨，即便是人生的雷鸣电闪，又奈何得了一个彻底"放下"之人吗？

这是苏东坡从生活的磨炼中，提纯出来的答案：将功利的一切"放下"。

妖魔鬼怪也好，大悲大喜也好，患得患失的人与事，终究都会过去，而且已经过去了。因为他用了一个足以抵消万古哀愁的词——谁怕！

《策杖高士图》（陈少梅绘）

一蓑烟雨任平生

285

《潇湘竹石图》（[宋]苏轼绘）

东坡赤壁

在黄州西北就是浩瀚的长江，距离太守官邸数百步之处，南岸赤鼻山的石头突出江心，这是一片赭红的悬崖峭壁，像一只巨大的鼻子插入江水，当地人将其称为"赤壁"。

黄州赤壁又叫东坡赤壁，那是因为源于东坡的名声。赤壁背山面江，风景优美，几乎是当时黄州最著名的盛景，东坡常约请一些友人到这里雅聚。

苏东坡第一次去赤壁，是刚到黄州不久时。"舟至赤壁，西望武昌山谷，乔木苍然，云涛际天。"他看到石壁上盘踞着两条大蛇，也看到了江水里晶莹的鹅卵石。那些卵石生得温润如玉，五颜六色，他就从儿童手中买来不少，他发现将这些怪石放在盆中，倒入清水，怪石的纹理更加清晰，认定这是此类怪石玩赏的最好方法。于是他选择了298枚怪石，放在铜盆中，其中有一枚长得像老虎头，眼睛口鼻都栩栩如生，被他视作珍爱之物。他特意写作《怪石供》一文。之后又收集250枚放入第二个石盘，作《后怪石供》。苏东坡还将这些怪石盛在石斛，寄给朋友鲁元翰，并赋诗一首，其中广为流传的名句"清池上几案，碎月落杯盘""坚姿聊自儆，秀色亦堪餐"。

这些美学倾向、怪石之好均是他在眉山时期形成的。他希望投身于石，或者让这些石头长在自己身上。怪石就是东坡的"骨"："陋劣之中有至好，石之一丑则众美俱出。"可以说，他是历史上第一个怪石的知己。

对于东坡赤壁，北宋以后历代文人不断前往探寻访古，钱锺书先生非常留意，《管锥编·毛诗正义》第二十三则《淇奥》，副标题为《〈正义〉隐喻时事——诗文中景物不尽信而可征——君子亦偶戏谑》，他搜集后发现宋以后古人对东坡赤壁的考察诗文，此地"了无可观"，多是诗人"梦语"。钱锺书以此来证明"古今之文举不足信"，与"传奇中所谓'佳人'，半出虚说"观点一致。

这也说明，东坡艺术的夸张、变形之力，历来是他艺术独步古今的不二法门。就像北宋黄州其实并无多少竹子，但在东坡笔下，却是竹影婆娑的世界。

元丰五年（1082年）七月十六日，苏东坡又约了几个朋友一起去赤壁赏月。荡起一叶扁舟，迎着若有若无的清风，大家饮酒唱诗。过了一会儿，月亮从东山升起，徘徊在北斗星与天牛星之间，牛乳一般的月光洒落在江面上，又与茫茫白雾交融水面，仿佛是天女的裙裾。大家也不必划桨了，让小舟随波漂浮。苏东坡如同平时练气功那样，闭上眼睛，仿佛两腋生出羽翼，御风飞行在无边仙境。虽然比不上庄子笔下的列御寇，但苏东坡已获得了一种生活的快感，内心回荡着自由的风。大家情不自禁唱起歌来，歌词是东坡写的诗，他似听非听，叩击船舷打着节拍："桂棹兮兰桨，击空明兮溯流光。渺渺兮予怀，望

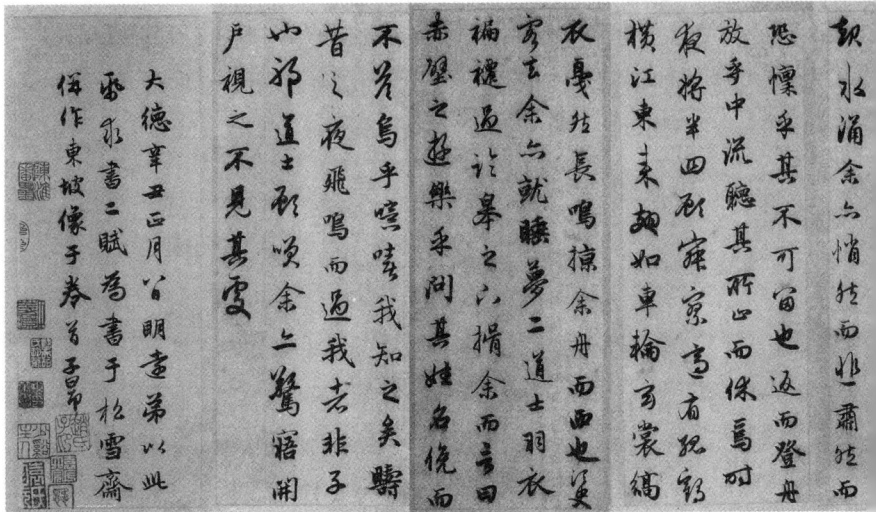

《后赤壁赋》（［元］赵孟頫书，现藏台北故宫博物院）

美人兮天一方……"

有人说，当年曹孟德就是在这里对酒当歌，高唱"月明星稀，乌鹊南飞"。现在，站在江中礁石上歇息的鹭鸟，都弯着脖子，金鸡独立，仿佛一把休息的弯刀。周围是自由的风，流动的水，高敞的星空，两岸无边落木萧萧下。可是白鹭懒得抬头，梦在水里融化，宛如破水的刀。但刀在水里融化，就像融化的过往与风景。鹭鸟不但构成了一个赤壁之梦，更让苏东坡发现，自由与自在，均在振翮与收翅之间。

回去后苏轼就写了《前赤壁赋》。

在《前赤壁赋》中，提到"举酒属客""客有吹洞箫者"等句子中的人物，正是从庐山到黄州东坡雪堂作客、居留数月之久的蜀人杨世昌。

後赤壁賦

是歲十月之望，步自雪堂，將歸于臨皋。二客從余過黃泥之坂。霜露既降，木葉盡脫。人影在地，仰見明月，顧而樂之，行歌相答。已而歎曰：有客無酒，有酒無肴，月白風清，如此良夜何！客曰：今者薄暮，舉網得魚，巨口細鱗，狀如松江之鱸。顧安所得酒乎？歸而謀諸婦。婦曰：我有斗酒，藏之久矣，以待子不時之須。於是攜酒與魚，復游於赤壁之下。江流有聲，斷岸千尺。山高月小，水落石出。曾日月之幾何，而江山不可復識矣。余乃攝衣而上，履巉岩，披蒙茸，踞虎豹，登

杨世昌的洞箫声悠悠而起，伴随着水汽而散开，江面豁然开阔，壁立千仞无依倚的赤壁似乎消匿了。面对着雄奇的江山与知心朋友，东坡如水一般回到大江。他不由得吟起《陈风·月出》："月出皎兮，佼人僚兮。舒窈纠兮，劳心悄兮！"仿佛天人感应，一轮明月从东山顶冉冉升起。月光下的景渐次入梦，仿佛披上了一层鹅溪绢。水天一色，江面变得更加辽阔，夜声与水声，又被杨世昌的洞箫一点一点串起来，那就是天籁！一叶孤舟出没在万顷烟波之中，东坡与众人都飘飘然有神仙之慨。

这时，杨世昌箫声呜咽，东坡愀然作色，诘问杨世昌："老弟，为何箫声如此悲凉啊？"于是引出了一番对话……

杨世昌回答："月明星稀，乌鹊南飞。"这不是曹操的诗句

吗？当年他就是在这里希望打败周瑜、攻破荆州、占领江陵，然后顺流东下，战船绵延百里，旌旗蔽空。他面对长江饮酒，握着长矛赋诗，本是一代枭雄的人物，现在何地？何况你我在此打鱼、砍柴，以鱼虾为朋，与麋鹿为友，驾着一只小船，举一壶浊酒，在这天地之间渺小得如一粒粟米。人生太短暂，想像长江一样无穷无尽，想和仙人一样长命百岁，万古长存，但这些都是不可能的。所以啊，我只能把这些念头寄托于箫声，化在秋风里……

东坡骨子里是昂扬的，对于杨世昌的感叹有些不以为然。面对江水的浩渺、月亮的盈亏以及风声月色，他意识到任何事物都是无常的。流逝的江水，实际上并没有流去；盈亏的明月，最终也没有增减。变与不变就看自己的角度。如果以变易的角度看待万物，那么天地之间一眨眼就是移形换位；如果以自己不变的立场去看，那么万事万物又都是永恒的。变，万物都在变；不变，万物都不变。那么你又有什么可羡慕的呢？

《赤壁图》（［明］仇英绘）

天地之间，万物各有其主，不是自己的东西，一丝一毫也不能拿。这话，最早是母亲告诉东坡的。现在只有江上的清风、山间的明月成为时空的主语，耳朵能捕捉到就成为声音，眼睛看到它就成为颜色，这是大自然赐给人无穷无尽、用之不竭的宝藏，我们方能尽情享用。苏东坡用江水和明月作为喻相，强调看待事物的角度不同，得出的结论也会完全不同。

东坡气势滔滔，众人无语。

从云层倾泻而来的月光，开始在丝绸的水面淘金。白鹭忽闪着翅膀栖息下来，水墨画一样的简净淡雅。白鹭立在水边长久冥思，成为隐士们的榜样。在它的身边，则是穿行在千年长江里的那一叶扁舟，终于用一束渔火，放大了扁舟梦一般的体型。我们不但目睹了杜甫的扁舟，也看清了李白的白鹭，而白居易的扁舟彼此交错而飞，在历史的水面撒下了365天的樱花、报春花与细雪……

过了三个月，他和两个友人再游赤壁，又写了一篇《后赤

东坡赤壁

壁赋》。当然了，还有雄视千古的《念奴娇·赤壁怀古》。

这些诗文，千年以来一直晃动在历史的天头地脚，一有间隙，它们就纷纷离开纸面，把书稿推出天窗，返回到各自的域场，把那些飞扬在空气里的精魂收回，焊合折断的刃口。然后，诗歌坠地，稳如衬枋和柱础。这印证了一个古老的说法，有些诗，是不能躺在纸上念诵的，甚至，它们不是依靠糖浆般的嗓音来到世上助兴悦耳的。

有些诗，出口即灭，一根火柴无法再次划燃；

有些歌，说出就变质，煤精曝光成了矸石。

这样的诗只信任一条管道，在血的加盟中，血宛如银丝镶嵌，勾勒出声音的纹理。

自称"以文字之缘漫浪江湖者四十年"的宋代文人俞文豹，在《吹剑录》里记载：

东坡在玉堂日，有幕士善讴，因问："我词何如柳七？"对曰："柳郎中词，只好于十七八女郎，执红牙板，歌'杨柳岸晓风残月'；学士词，须关西大汉，铜琵琶，铁绰板，唱'大江东去'。"公为之绝倒。

这并非是对写作境界的坐而论道。词乃须以曲度之，诗词必须发出声音，方能让抽象之思从纸面起立，复原它的身姿或猫步，并钩稽那看不见余韵或丝缕，以飘拂的方式在声音的边缘觊觎良久，或如丈夫见客，大踏步便出去；或如女子见人，先有许多妆裹作相。

《赤壁图》（局部）（［明］仇英绘）

《吹剑录》之名取自《庄子·则阳》："惠子曰：夫吹管也，犹有嚆也；吹剑首者，吷而已矣。"吹剑只能发出小而锐利之声，自谦之中，在红板玉音之下，在铜琶铁板之下，恐怕也蕴藉了俞文豹的个人之声。

可是，俞文豹为何不利用"筑"来加固自己的修辞术呢？或者学学伍子胥，干脆拔剑而歌。

这就让笔者发现，那些感动后世的，往往不是那些锦囊妙计或宫阙里的顾盼自雄，而是黑色绝望所酝酿出来的铅与铁，却又被柔情涂上了一道诡异的胭脂。而所谓绝望，多半是力可拔山却无从拯救红颜时产生的。这时，汹涌的力量转过了利刃，只好咬噬自己。这样人从来就无须别人的宽恕。有人认为狂放、浪漫、血性就是"楚狂"精神，其实它们是戾气的掌上之舞，这也是我所理解的"楚狂"气质。不料数千年以后，它成为自由主义的对立面。

弘治十三年（1500）黄州城图

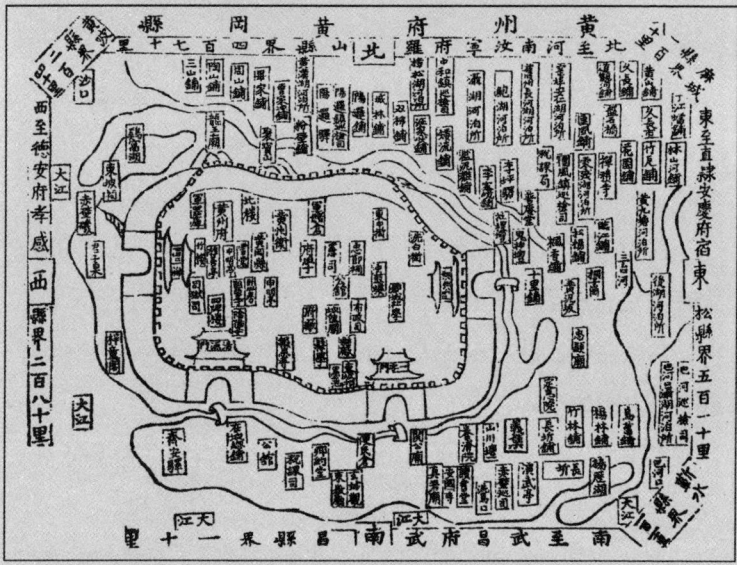

弘治十三年（1500年）黄州城图（黄冈市谭冰提供）

连苏东坡也说不清楚，自己到底去了多少次赤壁。他实在是喜欢那种苍茫无际、大江东去的感觉。长江比家乡的岷江宽阔，沉默的赤壁只需用一个水面的镜像，就立马让时光老去。

每次有好友过来看望他，他都会安排小舟载酒，彼此谈古论今，痛饮于赤壁。比如有一次，李善来访他："李善吹笛，酒酣，作数弄。风起水涌，大鱼皆出，山上有栖鹘，亦惊起。坐念孟德、公瑾如昨日耳。"

苏东坡喜欢赤壁，不仅仅是为了喝酒。与古人晤面，他要与曹孟德、周公瑾以及那些沉浸在时光之水下的千载英灵对坐、流泪、晤谈。

多年以后，经历更多的幻灭，相较赤壁时期，东坡的思想已然发生改变。多少成败事，都付笑谈中。

《后赤壁赋》按题材说，属于纪游赋的创作，但东坡却写得惝恍迷离，确实与前人同类赋作完全不同，所以宋人唐子西《语录》说，历代的赋作，只有"东坡《赤壁》二赋，一洗万古，欲仿佛其一语，毕世不可得也"。

这样，在铁板铜琶的破裂处，露出了历史的红肉，筑音把一种与剑气异质同构的品质挥发出来，以千钧一发的悬置，构成了汉诗之上难以触摸的天庭。而《垓下歌》与《大风歌》，却是这天庭的梁柱。

但笔者一直认为，在东坡的这三篇杰作里，《后赤壁赋》最靠近诗。因为用彻底的梦去置换了景色，反而获得了诗意的大拥有。

这样的诗，被楚狂之气高高抛起。诗是不规范的，无意为诗，但诗性为这样的胸臆铺就了诗境。在此之后，汉语诗歌的面孔逐渐规范、整饬，一副眉清目秀的可人。这样的诗是不能"和"的，异品拒绝仿造。非要为之，不是东施效颦的问题，而是有鞠躬过度、撕裂裤裆的危险。

2023年1月一天下午，陈新群先生陪同笔者来到东坡赤壁，买了门票进去，见到有一小水池，水呈黄绿色，看着不像活水。登上高处往长江方向眺望，鳞次栉比的住宅小区，层楼叠嶂，根本不见长江天际流，没有江上使人愁。当地人解释，因为长江多次改道，江流的主干道早已不再经过赤壁。

千年之后，东坡的赤壁，已经不能再"酾酒临江，横槊赋诗"了。这才叫"沧海桑田"。东坡自己是不知道的。那么舒亶、章惇、王安石、李定之类，有什么好争的呢？"遥想公瑾当年，雄姿英发……"

不禁想起东坡的雄论：如果以自己不变的立场去看，那么万事万物又都是永恒的。变，万物都在变；不变，万物都不变。

英雄狗熊俱往矣。逝者如斯夫！连我们以为"不废江河万古流"的长江，都改道了！东坡啊，这是变，还是不变？

黄泥坂

东坡初到黄州，满目萧然，他给友人说："黄州真在井底。"逐渐，他才适应，变得随遇而安。

苏东坡在《后赤壁赋》中说："是岁十月之望，步自雪堂，将归于临皋。二客从予，过黄泥之坂。"依据此段记载，地望很明显，黄泥坂就在雪堂与临皋亭之间。就是说，黄泥坂是在城内，而非城外。现在一般认为，黄泥坂的具体方位在黄冈中学至黄州市中药材商店之间。明、清时代称之为会同冈。

北宋时期黄泥坂究竟位于黄州城东还是城南或城西呢？明代弘治《黄州府志》有两处绝不相同的记载，其一说："黄泥坂，在黄冈县西，苏东坡先生作词。又，《赤壁赋》云'过黄泥之坂'。弘治庚申，新建亭，揭匾于其地之旁。"其二说："黄冈山，在府城南，度壕堑，绵亘而行，平冈迤逦。由便民仓至洗马池止，其北则接一字门西之山顶。溯县学、按察分司、军储仓而来，此即《赤壁赋》云苏子与二客所过黄泥坂也，以土色黄故名。"迤逦，曲折连绵。洗马池，北宋时期名夏澳，明代改为洗马池，临皋亭在其侧。将以上两条记述进行剖析，前者明显失于考证，有误后来人。真正的黄泥坂，位于府城南洗马池与一字门之间曲折连绵的黄冈山。

清光绪《黄州府志·城图》，即可知今日黄州区实验小学（原青云街八一小学）、黄冈中学、银花宾馆、国药大楼、原地区公路总段等单位坐落的地方，略略隆起，就叫黄冈山。黄冈山南止洗马池（今黄冈中学内），北抵壕沟集贸市场，西至八一小学，东抵国药大楼。苏东坡《后赤壁赋》中言及的黄泥坂在黄冈山山脊之上，东抵十字街，西抵江堤。所谓："出临皋而东骛兮，并丛祠而北转。走雪堂之陂陀兮，历黄泥之长坂。"指的就是这块地方。说简单一点，今日黄冈中学到黄州区教委（原一字门遗址）之间的道路，就是当年苏东坡寄居临皋亭躬耕东坡每天必走的黄泥坂。（"黄州赤壁古战场研究会筹备小组"王琳祥作，2022年12月12日发布微信《黄泥坂与承天寺》）

黄州尽管位于长江边，但气候远非夔门之内长江沿线可比，冬季劲风呼啸而干燥，非常寒冷，与北方平原无异。

宋神宗元丰五年（1082年）岁末一天下午，东坡忆与诸友往来临皋雪堂间，途经黄泥坂，大醉于道旁，衣服全被露打湿，于是写下一首纪游之作《黄泥坂词》。词中指出："出临皋而东骛兮，并丛祠而北转。走雪堂之陂陀兮，历黄泥之长坂。大江汹以左缭兮，渺云涛之舒卷。"丛祠，是指乡野林间的神祠，即后来著名的承天寺。陂陀，指倾斜不平的陂地。将以上文字进行理解，大意是说他从临皋亭出来后朝东走，沿着承天寺向北转弯。走在雪堂那倾斜不平的陂地，其间经过了黄泥坂。汹涌的大江在黄泥坂的左边环绕而去，舒卷的云涛看去十分遥远。

《黄泥坂词》大意是说，自己酒后和朋友分手，踉跄回家。

《后赤壁赋》图卷（局部）（［宋］乔仲常绘）

东坡兴致浓郁，一路唱歌。冷风一吹酒劲上来，就立场不稳了，索性把手杖扔了，枕着土块倒伏草地呼呼大睡。不知过了多久，露水沾湿了衣裳，月亮也升起来。放牧归家的老乡经过，怕他被牛羊踩伤，才把他叫醒。他爬起来，继续唱歌，提醒自己：是啊，天凉了，赶紧回家吧，我不能在黄泥坂嬉戏太久……

《黄泥坂词》初稿是酒醉后所作，小儿子苏过将父亲匆匆书写的草稿收藏起来，秘不示人。6年之后东坡在升任翰林学士的两个多月后，东京汴梁城的仲冬寒夜，苏东坡与3个学生夜坐闲话，这3个学生，黄庭坚、张耒、晁补之，只缺一个秦观，就凑够了"苏门四学士"了。欢聚一堂，提及此事，3人翻倒几案，搜索箧笥时意外获得原稿。但草稿上的字有一半不可识读，东坡以意寻究，乃得补全全文。张耒没有放过珍藏苏东坡手迹的机会，他将《黄泥坂词》抄写一篇给苏东坡，然后将原稿名正言顺地归为己有。这段韵事，在文坛久传不衰。

这一记录黄泥坂的亲身故事，张耒抄录落款是元祐元年十一月二十一日。东坡50岁，这一天距离他的生日十二月十九日不到一个月。张耒不禁诵读起来："初被酒以行歌兮，忽放杖而醉偃。草为茵而块为枕兮，穆华堂之清晏。纷坠露之湿衣兮，升素月之团团。感父老之呼觉兮，恐牛羊之予践。于是蹶然而起，起而歌曰：月明兮星稀，迎余往兮饯余。归岁既晏兮草木腓，归来归来兮黄泥不可以久嬉。"

于是，东坡将两日来"失而复得，得而复失"的趣事，记录在这一作品的最后，也就是留存今世的《书黄泥坂词后》：

余在黄州，大醉中作此词，小儿辈藏去稿，醒后不复见也。前夜与黄鲁直、张文潜、晁无咎夜坐。三客翻倒几案，搜索箧笥，偶得之，字半不可读，以意寻究，乃得其全。文潜喜甚，手录一本遗余，持原本去。明日得王晋卿书，云："吾日夕购子书不厌，近又以三缣博两纸。子有近书，当稍以遗我，毋多费我绢也。"乃用澄心堂纸、李承晏墨书此遗之。元祐元年十一月二十一日。

东坡老友王诜来函说："我每天为了收购老苏你的墨宝，可没少花钱。前几天还拿三匹上好的布料换了你的两幅文字。我刚听说你最近又有新作品，就咱俩这交情，你应该先想着留给我，也替我省点钱啊。"呵呵，当年乌台诗案，王诜亦因此受到牵连，苏轼总感觉对他有所愧疚。既然老友有求，便遂了他的心愿。于是东坡用澄心堂纸与承晏墨，再书写了一遍当年在黄泥坂的醉中之作，赠予王诜。

年届知天命的东坡，一直保持着赤子之心，就像一副著名对联所言：

天为被，地为床，谁人敢睡？
田作琴，路作弦，哪个能弹。

这些都无妨，东坡就可以了！

东坡写诗，并不像杜甫那般据实而为而兴，而是更倾向于诗意的飘飞与诗心的寄托。因此，过于拘泥于东坡诗句，企图

康熙二十四年（1685）黄州城图

黄　州　县　图

北至麻城县界一百二十里

西至黄陂县界二百五十五里

东至蕲水县界四十里

南至武昌县界十里

康熙二十四年（1685年）黄州城图（黄冈市谭冰提供）

　　在现实中按图索骥，就容易撞墙。2023年1月，笔者在黄冈中学附近游走了较长距离，在那些较为老旧的低矮楼群间穿梭，没有见到一棵老树可供笔者慢慢缅怀。笔者有些茫然地站在一个小十字路口，心想：我脚下1米多深的地表下，一定是东坡倒卧的地点。

黄州承天寺

　　承天寺是黄州的一座普通寺院，规模较小，因为苏东坡的涉足，俨然成为一个文化地标。其故址在湖北省黄冈市城南。然后呢，一般记载就语焉不详了。

　　"承天"一名的含义，即是承奉天道，顺承天意。《易·坤》载："至哉坤元，万物资生，乃顺承天。"《后汉书·郎颉传》中荐黄琼、李固时云："夫求贤者，上以承天，下以为人。"

　　元丰三年（1080年）的六月中旬，暑气笼罩大地，处于长江之畔的黄州赤日炎炎。东坡给好友陈季常去信说："临皋虽有一室，可憩从者，但西日可畏。承天极相近，或门前一大舸亦可居，到后相度。"信中的"承天"指的就是承天寺，承天寺与东坡住宅临皋亭相隔不远，位于临皋亭的东边。

　　苏东坡在《黄泥坂词》中有"出临皋而东骛兮，并丛祠而北转"之说，词中的"丛祠"即指承天寺。"丛祠"一般指乡村郊野的神祠，这在四川眉山乡野也很常见，所以在遣词造句上，东坡是非常精准的。由"丛祠"二字可以推测承天寺规模不大，声名也不显。

　　宋徽宗崇宁二年（1103年），岁在癸未，"苏门四学士"

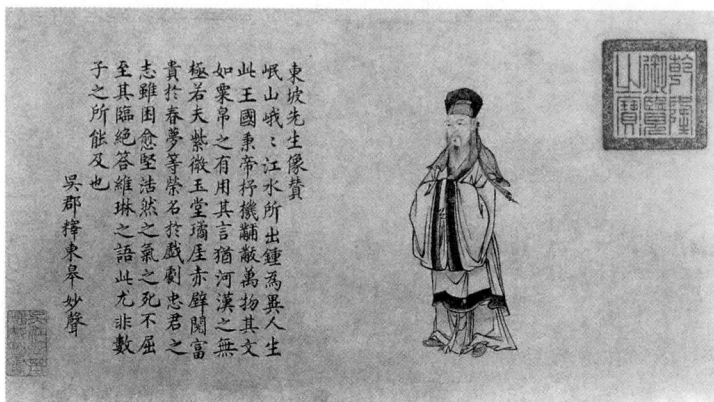

《治平帖》卷首苏轼像（北京故宫博物院藏）

中的张耒谪居黄州，作《……癸未元夕，谪居齐安，携家游定惠、妙圆、承天，下大云、东禅盖出，雨夜有感示柾秸》寄怀，诗题中的承天即承天寺。

承天寺至明代已不存在。明代弘治《黄州府志》记载承天寺说："古寺，在今城南大云寺前，今为民居。"大云寺即张耒诗题中的下大云寺。

2023年1月底，笔者在黄冈市陈新群先生指引下，来到黄冈中学。由于学校放假，大门紧锁着。大门内的左侧方向，就是临皋亭位置。由此往东大约二三百米，黄州十字街口西南、原黄冈地区公路总段的宿舍区里，即承天寺旧址。

张怀民，字梦得，一字偓佺。他和当时主张革新并实行新法的王安石政见不同，便作诗讽刺新法，所以被捕，后被贬到黄州。张怀民于宋神宗元丰六年（1083年）被贬黄州，初时寓居承天寺。他还筑亭于住所旁，以纵览江山之胜概，东坡名之为"快哉亭"。

东坡尤其喜欢写小品，大都作于贬谪时期，简洁的文字凸显一个历经磨难而又豁达旷阔的心灵。铅华褪尽的小品，犹如竹梢聚集的露水，露水里甚至沉浮着事物的碎屑，唯有这样的竹露才能指心见性，展示他率真而无饰的人品。而他的这种启示录写作，无疑是其儒、释、道思想的默化之影，尤其是会通了儒家与道家精神，将"乐"与道家精神尤其是庄子"独与天地精神相往来，而不敖倪于万物"为追求，形成苏轼的精神格局和生活状态，黄州的山水风物，承载了他生命的价值旨归。

在黄州期间，他相继完成《书临皋亭》《记游松江》《记游定慧寺》等佳作，峭拔而起的无疑是仅有85字的《记承天寺夜游》。笔者翻译如下：

元丰六年十月十二日夜，我脱下衣服准备睡觉，恰好见月光照在门楣，于是我欣然起身出门散步。想到没有和我一起同游之人，于是前往承天寺寻找张怀民。怀民也没有睡，我们便一同在庭院散步。月光照在庭院里，庭院像积满了清水一般澄澈透明，水中的水藻、荇菜纵横交错，原来是竹林和柏树的投影。哪个夜晚没有月光？又有哪个地方没有竹子和柏树呢？只是，缺少像我们两个这样清闲的人罢了。

东坡高妙，一点不写自己深处的情感，似乎只是画了一幅月光与树的文字素描，但藏匿其间的智慧，昭示了他一尘不染的情怀，并使无形的、静态的月色有了空间感与动态感。清人储欣《唐宋十大家全集录·东坡集录》卷九评价道："仙笔也。读之觉玉宇琼楼，高寒澄澈。"

由此可见，世界上最美的良宵与最美的景致，却是为"闲人"准备的；而最美的景致，竟然是因为两个"闲人"的闲庭信步而创造出来的。

更为关键的还在于，"闲人"未必没有"闲事"。慧开禅师所言"若无闲事挂心头，便是人间好时节"，唯有心中无"闲事"，了无牵挂，方能真正做一回拥有天地大美的"闲人"。

庄子说："天地有大美而不言，四时有明法而不议，万物有成理而不说……"东坡心念一动，心有大美者，方能"闲笔"录之。

所谓"闲"，在东坡的语境里是具有反讽意味的——他与张怀民，不再是忙碌的公事人而已。所以"闲"不是身份，更多的是内在的一种恬淡心境。真正的"闲"不仅仅是避开觥筹交错的应酬，更重要的是在心中，一派明月朗照，竹影婆娑。禅宗语录中有两句诗："拾薪汲涧煎茶外，倚杖闲看云去留。"生活清苦，因而得"闲"，由此得到了自性与自明。

唯有以"闲笔"予以记录的才是生命流动的文字。仔细看，似乎文中并无玄奥的生命之论与境遇之叹，但东坡的文字素描，已经撷取了生命游弋在地面的投影与纹理。刘勰所谓"句有可删，足见其疏。字不得减，乃知其密"，而《记承天寺夜游》臻于此境！东坡的这等笔法，"尔道不孤"，在明清小品文乃至日本清少纳言随笔《枕草子》的"物尽"笔法里，呈现出别样的传承韵致。

虽然是"闲人"，但东坡对于这一时期完成的几首豪放词

清光绪八年（1882）黄州城图

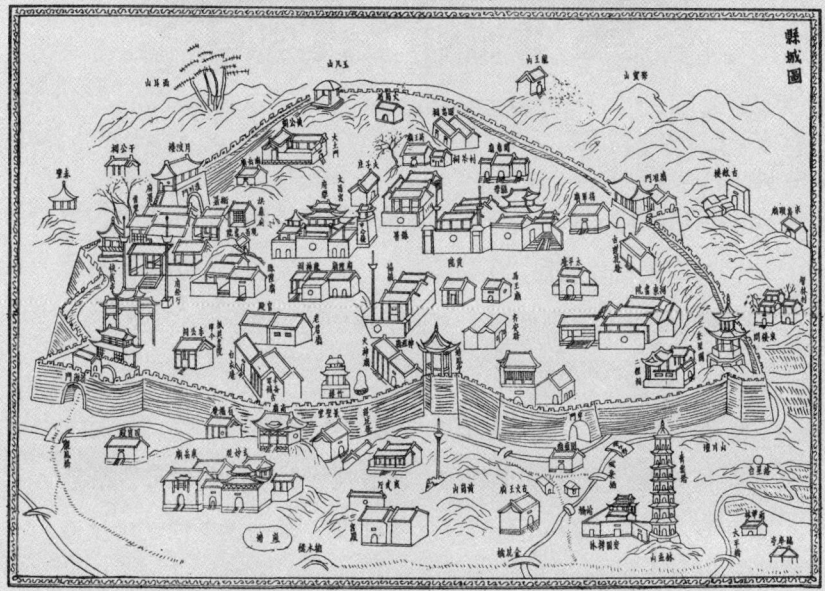

清光绪八年（1882年）黄州城图（黄冈市谭冰提供）

现在的承天寺（蒋蓝摄）

是非常满意的，他早已经在"自度曲"的境界里道尽万物，站位低的人就会评价他"不协音律"。有一天客人来访，苏东坡谈到最近的词作，便问客人："你说说，我的词跟柳永比如何？"

客人回："不好比较。"

东坡略微一惊："为什么，你倒是说说看？"

客人说："因为柳永的词，只合适十七八岁的女郎执红牙板，歌'杨柳岸晓风残月'；而你的词，却需要关西大汉执铁板，唱'大江东去'！"

东坡哈哈大笑……

黄州的几年，无疑让苏东坡的写作水平臻于炉火纯青的境地，达到了"无一意一事不可入诗"的化境。古人所谓的"反视法""翻案法"等写作观点，并不能圆满概括黄州岁月对于一个诗人的身心磨砺与锤炼。清代叶燮《原诗·外篇上》指出："志高则言洁，志大则辞弘，志远则旨永。"意思是说，志趣高尚、宏远之人，写出文章自然行文简洁流畅，措辞刚健，思想深邃，耐人寻味。

叶燮在《密游集序》里进一步指出：才子之诗可以写，也可以不写；志士之诗就是想不写，也必定不能不写。才子之诗，虽可以让人享受丰厚的俸禄和很高的职位，但常常没有流传下来；志士之诗，更显得诗人贫贱而内心忧伤，但绝对不会不流传下去。才子之诗，从古至今数不胜数；志士之诗，虽然每一代都不缺抒写之人，但能够推到极致的，像晋代的陶潜，唐代的杜甫、韩愈，宋代的苏轼，是诗歌的成就达到极点的，事实上是将他们的志向抒发到极致的。大概他们以高远明达的性情为根本来成就诗歌的本质，经历世事变化而使他们更坚定，遭遇过境况的困顿与忧郁烦恼而使他们的学识更老成，而后以无所不可的才情写出诗句。这本就不是号称才子的人可以写出和有希望达到的，像这样流传诗歌就是为了流传写诗之人啊。

这一段话，道出了"才子"与"志士"的区别，也道出了苏东坡之所以成为千古文化英雄的秘密。因为东坡承认，此时的他，是"诗成却超然，老泪不成滴"。

陈新群先生陪着笔者，在公路总段的老宿舍区徘徊，遥想着地下一二米的深处，应该就是宋朝的土层，还有宋朝的夜光与竹影，还有苏东坡的履痕……

诺贝尔文学奖得主卡内蒂在《人的疆域》里指出："有一些人，面带微笑，用死亡的方式对抗死亡。他们只能感觉到，所有抵抗死亡的行为都太弱了。"在这个意义上，我认为其实还有一种"苏东坡的方式"，那就是无论生、死，无论大悲大喜，都面带微笑，坦然就之。

野性之狂

法国学者让－吕克·南希《解构的共通体》指出："闯入者凭强力进入，或让人惊讶，或诡计多端。无论哪种闯入，都是没有权力、没有事先征得同意的进入。在陌生人身上必定有某种闯入的东西，否则陌生人就失去了陌生性。如果他已经有进入和居留的权利，如果他是我们所等候的，是为我们所接受的，没有什么地方不合人意、不受欢迎的，那么，他便不再是闯入者，也不再是陌生人了。"

作为强行进入者，这些才华横溢的人其实并没有权力这么直率，他们强行进入到一个制度里，结果是遭到驱赶。这一点不奇怪。这就是人们所说的"不速之客"。其实，这就是历史上公认的"闯入者"这个词的最美妙定义。

他们的直接性总是雷鸣电闪，毫不做作，其不管不顾的秉性，就已然成就了这样的表达，成就了作为一个艺术生命而鲜明存活的意义。

从文化上说，闯入者是最大的创新者。对于陈陈相袭、按部就班的一个领域，闯入者是陌生的，他带来了簇新的力量，裹挟着旷野的虎虎生气，渴望对僵化的格局来一番大冲决。可

《陶渊明轶事图》（局部）（赵孟𫖯绘）

野性之狂

313

以发现，自学成才的苏洵就是一个文学的意外闯入者，他创造出一种新的语言与角度，进而带来一种陌生的可能性。至于他的两个儿子更是青出于蓝的闯入者，在官场、策论、诗歌、散文、书法、美术、爱情，乃至生活方式方面，苏东坡无疑是过往巍然的文化王国里最大的一位闯入者。

法国作家帕斯卡·基尼亚尔就曾指出，"闯入"与"出生"一词非常接近。在于"艺术不知道有消极面，因为艺术没有时间性。在逃离标准之前，它已经靠近了鲜活的东西。艺术是不会偏心的：它就在中心的心脏地带。艺术就是行为，行为的行为性，'道'（tao）的准确性。创造不会从世界中减去任何东西，也不会减去生活中的任何东西。这就是真正的生活。这才是真正的道"。（帕斯卡·基尼亚尔《游荡的影子》，译林出版社2007年版，第19—20页）

所以，闯入者并不知道是哪一刻进入冰封的河道上的，也不知是从哪里来到冰面上的。冰面在暖暖的春风里冰清玉润般如镜子平滑，只能看到自己模糊而迅疾的身影。一层霜花，是夜与昼交替的结果，是暖阳和夜寒的杰作。冰面上到处都是陷阱，到处都可能被风猛推一把而滑倒。一望无际的雪原，又如晾晒蚕茧的平坝，阳光在冰面上暖成霜花下的一滴滴水。走在上面，会有玻璃江的破碎声，从脚下升起。但蚕丝在风中打开的丝绦，那就是闯入者的方向……

"三苏"均是北宋官场与文坛的双料闯入者，鉴于才华过于炫目，睥视者、觊觎者、翻白眼者总想探究这些绝世才华下的家世、学历与成长背景，而东坡的自我评价词就是——野性。

野性源自眉山田间地头，野性源自岷江一往无前的气势，野性源自苏家几代人某种纵容子女的自由发展理念。可以说，野性熏陶了东坡随意自适、"任天而动"的人生观，"野性"就是闯入者的天然禀赋。野性既是东坡概括的自我性格特征，也是他"满肚子不合时宜"的具体外化。其表现特征就是不慎言语，任真而动的"疏狂"。这样的疏狂的野性，更塑造了东坡飘飘乎如遗世独立的高尚人格，使其在创作上表现出质朴自然的赤子之风。

熙宁三年（1070年），鉴于东坡屡次上书议论王安石变法的诸多弊端，他已被下派，以殿中丞、直史馆判官告院，权开封府推官。他在《答杨济甫二首》（之一）中说：

某近领腊下教墨，感服眷厚，兼审起居佳胜。某此与贱累如常。舍弟差入贡院，更半月可出。都下春色已盛，但块然独处，无与为乐。所居厅前有小花圃，课童种菜，亦少有佳趣。傍宜秋门，皆高槐古柳，一似山居，颇便野性也。渐暖，惟千万珍重。

汴京春色已盛，苏轼却是"块然独处，无与为乐"。这已经暗示他的心情显然不是环境决定的了。他不满于当时政坛的种种举措，他甚至对仕途产生了失望。一个长期没有受到压抑的人，一旦被权势者念了紧箍咒，自然开始对过往的田园生活产生向往，他认为那样才自由自在，才"颇便野性"。

"野性"一词第二次在东坡集子中出现是在熙宁八年

（1075年）。是年他在太常博士直史馆权知密州军州事任，一次游庐山作诗《游庐山，次韵章传道》：

尘客已似服辕驹，野性犹同纵壑鱼。
出入岩峦千仞表，较量筋力十年初。
虽无窈窕驱前马，还有鸱夷挂后车。
莫笑吟诗淡生活，当令阿买为君书。

如果说，东坡第一次表达的"野性"，要传达的是大自然对于居所的"野化"，那是东坡渴望置身的生活之境，那么第二次书写"野性"，则传达了他当时疲惫而不甘的内心，"野性犹同纵壑鱼"，化用杜甫《将适吴楚，留别章使君留后，兼幕府诸公，得柳字》诗句"昔如纵壑鱼，今如丧家狗"。这让人想起《庄子·外物》之"涸辙之鲋"：是干涸了的车辙里的鲫鱼。指即将干渴而死的鱼，也喻处于困境急待援助的人。"尘容"是肉身，"野性"却是不甘坐以待毙的心灵，身体虽然被生活所捆绑，但心灵是在野性推动下奋然前行。这是东坡随遇而安的深层因素，若有所思而无所思，那么野性同样赋予了若有所行而悄然行的秉性！这使他遭受任何际遇都能够做到进退自如。

我们似乎可以看出东坡的"野性"的本义与转义——是"蟆颐山色腴不枯，玻璃江水如醍醐"所赋予的根性；更是闯入者渴望超脱僵化束缚的快意人生态度，既然无法彻底摆脱无物之阵，那至少以保持距离的方式来实现超越自我从而实现精神的自由和心灵的解脱。

这种生活态度不全是儒家匡扶现实的入世情怀，也不是道家"知其不可而不为"的处世态度，更不是悲天悯人、杜绝世俗的佛门姿态，而是近于入世悟禅机、在世系黎民、出世修大德的生命智慧。

很多人以为，比如越南籍学者阮延俊就说："苏轼的这种'野性'所表达的不仅是儒家的胸怀，或是道家的襟怀，或是佛家的修养，而是一种苏轼式的儒、释、道融会境地，是一个活着的人带着三家思想，或更多对当下生活有用的思想，走进世俗生活去体验生活的真味。"（阮延俊《苏轼的人生境界及其文化底蕴》，世界图书出版公司2014年版，第21页）

我并不赞同。

尽管每每遭遇不可解的苦难，东坡会遁入道教教义和佛经，甚至炼丹、参禅、茹素……但这些行为仅仅是他痛苦心灵的表现。其实，他根本不相信"羽化而登仙"；他也不会指望面对天下民生的艰难，立地成佛就会得到任何改变。他血液里流动着的是"穷则独善其身，达则兼善天下"的精神，甚至是"穷也尽力扶助"的无怨无悔。这不会允许他羽化而登仙，抛却这个满目疮痍的现实世界。因而，苏东坡是以野性否定了无为的神性和执着来生的佛性，更以自己的行动批判了营营奔走的仕宦人生。

东坡之"狂"，为我所最爱。狂想、狂放、狂傲、狂狷之外，唯独没有狂妄、狂悖。

湖南湘潭人杨钧，杨度之弟，兄弟两人均为王闿运得意弟子。我读到他一段话《说狂》，切中了历史之死穴：

禽滑釐曰，端木叔狂人也，辱其祖矣。段干木曰，端木叔达人也，德过其祖矣。此二说也，一似太过，一似不及。然则余于二者之间又孰取焉？顾信其辱于祖，毋宁信其过于祖也。且狂为美德，孔子曰："必也狂狷乎，狂者进取。"又曰："吾党之小子狂简。"是孔子以狂为教。孔子之弟子皆狂，而禽滑釐反之，以狂为辱，余以此知禽滑盖为非孔。

或问曰："以狂为教，其利安在？"余答曰："狂与腐，为对待之词。孔子知后世必有曲解忠孝节义之人，以成其名者，故不得不以狂为教之旨。曲解忠孝节义者，腐儒也。狂也者，防腐剂也。孔子以此防民，而唐宋以后之儒生，莫不蓄有腐气。试详审之，愈腐之人，反愈尊孔，而指狂者为离经叛道，则又孔子之所不料也。"朱竹垞之言曰："董仲舒、刘向经术最深，故其文最尔雅。彼扬雄之徒，品行自诡于圣人，务摄奇字以自矜，尚安之所谓文哉！魏晋以降，学者不本经术，唯浮夸是务，文运之危数百年。赖昌黎韩氏始倡圣贤之学，而欧阳氏、王氏、曾氏继之，二刘氏、三苏氏羽翼之，莫不原本经术，故能横绝一世"云云，即此数语，大可表示千年以来儒生心理。董仲舒，汉儒中之略腐者也，而彼扬之；扬子云，汉儒中之能狂者也，而彼抑之。更足以知唐以后之腐，倡之于韩退之，清以来之腐，振之于朱竹垞矣。而彼辈之所谓经术者，腐术焉耳，登能睹乎古贤哲之所谓经术也耶？（《草堂之灵》上卷，浙江人民美术出版社2016年版，第23—24页）

卫国的端木叔是子贡的后裔（子贡姓端木名赐），依靠祖先留下的财产而富甲一方，所以他也乐得不问俗务，任意挥霍，只要是寻常人生活的享受，他无不去追求、尽情玩乐。他还把所剩的钱送给亲人与邻里。到老年气衰体弱就抛弃家事，分散库藏的奇珍异宝，不给子孙留下一点财产。禽滑釐听到这个消息就说："端木叔真是个大狂人，他那种做法真使他的祖先受辱。"

段干生予以反驳："端木叔真是个通达的人，他的德行比他的祖先子贡还要高。"如此看来，端木叔的所作所为，虽刻意经营却也是真诚而又合情理啊！卫国那么多君子，都以礼教自我要求，却无人能比得上他的真诚。

这是晚清才子杨钧与朱彝尊、朱大可等人的关于"狂"的一次思想对话录。朱彝尊为浙西词派开山宗师，与纳兰容若、陈维崧并称"清词三大家"。

以狂为教的孔子，认为"狂"有"肆、荡"之分，钱穆先生将"肆"释之为"志愿高，每肆意自恣，不拘小节"；而"荡"则解释为"无所据，并不见其志之狂矣"。狂而不荡，所以孔子执着于儒学、气节尤其是为天下的理想"狂"形象。

"狂"在苏轼诗集里出现过84次，词集中有12次。诗里面"狂"字出现频率最高是苏轼在杭州和其他外任时期，尤其是在近于"乌台诗案"发生前不久，但在诗案发生后贬居黄州时期诗集中基本上没有。看看他走出乌台监狱后的那种不服气、不服输的狂气："平生文字为吾累，此去声名不厌低。塞上纵归他日马，城东不斗少年鸡……"他已意识到，自己因祸得福，

"相反，词里面的'狂'字则于黄州时期出现频率最高。这些诗词里，有的是自况，有的是他况，有的是指其他跟表达人的感情态度无关的事情。在他况的例子中，往往是苏轼对前人之'狂'表示赞美或向往，如对孔子'不得与之言'的楚狂接舆，苏轼是非常赞美的……"（阮延俊《苏轼的人生境界及其文化底蕴》，世界图书出版公司2014年版，第23页）

在"狂狷"的二者分野中，孔子很明显喜欢狂者。子曰：狂者进取，狷者有所不为！狂者的这种敢于创新、开拓，改天换地的精神强于有所不为，言尺行尺、见寸守寸的狷者！苏轼的狂，是秉承盛孔子之狂、汉唐遗风的率性之狂，也是诗人之狂。

在这一过程中，苏轼"高风绝尘"的人生理想在狂的猎猎罡风鼓舞下，赫然树立，雪山之巅的旗云。而在经过元祐时期的痛苦反思，东坡野性的思想体系中，庄子哲学战胜了儒家学说。这标志着苏东坡野性的进一步成熟：他对人生社会等问题的体认，更为落地、更为全面、更为深刻。而晚年东坡遭贬惠州、儋州，更使他的野性丰满而圆成。尤其是儋州时期，他已经由人生道路的选择，升华到更高的人性美学的畛域，由向往自然、追求生命的升华到与自然的彻底和解。

这便是苏东坡的一生，受野性秉承、经狂加持、终于在苦难醍醐灌顶过程里圆成的灿烂人生。

这，就是苏东坡的民生性！

东坡酒量

苏洵不饮酒，东坡先生好酒但酒量有限，自然不会向往李太白"会须一饮三百杯"的狂放状态，他评价平生有三样事情不如别人：着棋、吃酒、唱曲（宋代彭乘《墨客挥犀》卷四）。苏辙的酒量甚至不如哥哥，他被贬谪为筠州的盐酒税小官时，曾说"阮籍作官都为酒，不须分别恨南邦"，他将自己与阮籍进行了一番比较，别人为了喝酒而追求仕途，自己却是整天守着酒坛而感到万分郁闷，这酒，如何喝得下去啊！而与苏家祖辈苏杲、苏序相比起来，苏家后人学问大长，但酒量明显呈下滑态势。

酒，毕竟与东坡的贬谪之路如影随形，而且在岁月沉浮中，酒量还略有提高。他不得不躲到壶中，企图瞒天过海。但酒醒之后怅然，又是饮酒之前估计不足的。

东坡晚年作《书东皋子传后》一文，阐释了自己的"酒经"："予饮酒终日，不过五合，天下之不能饮，无在予下者。"他是说，普天之下，没有比自己更不能饮酒的人了。他喝酒并不看重多与少，而是重在寄意抒情，让心态酣适愉悦，认为自己饮"五合"即可。这里的"五合"就是半升，宋朝半升仅相当于现在的300毫升。而北宋时期蒸馏酒还没有发明出来，那时的酒味甚淡，仅仅十几度而已，烈酒也不过20度。但他也颇为欣赏"见客举杯徐引"，自己不畅饮也能享受发自胸臆的酣适之味，因而，他自言天下人之"好饮"无出其右。东坡于此实乃重在"好"，而非一饮而尽，这是东坡的独特"酒经"。苏轼饮酒诗中最显而易见的一种抒写方式是直抒胸臆。我们可以从苏轼饮酒诗中，感觉出苏轼是如何地畅所欲言去抒发胸臆和发表议论。一般人的性格思想没有苏轼来得通达，因此他们的饮酒诗都没有什么内心感受，而苏轼不一样，他往往选择将内心的感受、想法明明白白地不加掩饰地表达出来。

他在密州时给叔丈王庆源写信指出："近稍能饮酒，终日可饮十五银盏。"到了惠州时又给表兄程之才写信坦诚："弟终日把盏，积计不过五银盏尔。"

东坡的"酒经"，比较有说服力的还是《叔弼云，履常不饮，故不作诗，劝履常饮》：

我本畏酒人，临觞未尝诉。

平生坐诗穷，得句忍不吐。

吐酒茹好诗，肝胃生滓污。

用此较得丧，天岂不足付。

吾侪非二物，岁月谁与度。

悄焉得长愁，为计已大误。

二欧非无诗，恨子不饮故。

强为醉一酌，将非作愁具。

成言如皎日，援笔当自赋。

他年五君咏，山王一时数。

苏轼对酒的一些想法进行了认真的考鉴，针对恩师欧阳修三子欧阳棐所说的陈师道饮酒才能够写诗的创作现象，东坡以亲身体验为据，告诉欧阳叔弼酒之于诗歌创作的微妙关系。饮酒的确能够催动诗思，酒亦能排忧度日。如果不饮酒而作诗，身体内就会滋生激烈思想活动后留下的"污垢"，后果是得不偿失。这些观点听起来有点玄奥，如果不是对酒与诗歌具有深刻经验，恐怕就只能是"囫囵吞酒"了。

东坡在《题子明诗后》《书东察子传后》和《与王庆源十三首》（之二）、《与程正辅七十一首》（之四）等作，都提到了酒量的具体数据："二十蕉叶""三蕉叶""五合""十五银盏""五银盏"等。

宋代诗人张镃有"杯传蕉叶温成酒，袄织梅花软入绵"之句。"蕉叶"为何？

唐冯贽《云仙杂记·酒器九品》："李适之有酒器九品：蓬莱盏、海川螺、舞仙盏、瓠子卮、幔捲荷、金蕉叶、玉蟾儿、醉刘伶、东溟样。"此处金蕉叶是指蕉叶杯。

南宋胡仔《苕溪渔隐丛话后集·回仙》引陆元光《回仙录》："饮器中，惟钟鼎为大，屈卮螺杯次之，而梨花蕉叶最小。"清冒襄《影梅庵忆语》卷二："姬能饮，自入吾门，见余量不胜蕉叶，遂罢饮。"据此可知，"蕉叶"，指像卷曲的芭蕉叶状的酒杯，是一种浅底小酒杯，容量不大。

《东坡行吟图》（张大千绘）

《宋诗钞》陈造《雪夜与师是棋次前韵》："掀髯得一笑，为汝倒蕉叶。"可见，蕉叶是"形似蕉叶"的浅口酒杯。既浅又不宽大，所以它是盛不了许多酒的小杯子，一般是供饮"慢酒"的文人和酒量不大者浅斟慢酌，豪饮李白一定看不起！同时期的蕉叶的大小应该是基本相同的，所盛酒的多少也就基本相同。

明代袁宏道《觞政》记述："余饮不能一蕉叶，每闻垆声，辄踊跃。遇酒客与流连，饮不竟夜不休。非久相狎者，不知余之无酒肠也。"袁宏道承认自己非常喜欢饮酒，听到酒保的叫卖声，就快步走进酒店，遇到知心酒友，能喝一整夜，但是自己的酒量确实不大，喝不了一蕉叶杯的酒。

到了清代，蒲松龄诗文有3处提到"三蕉叶"，足见清代也是这样称呼酒量的。如七律《送赴试者》云"列万牙签凭引睡，饮三蕉叶易行沽"；七律《夜饮再赋》其二云"放怀尽饮三蕉叶，酒醒床头香梦残"；文章《代毕韦仲为羲仙韩邑侯寄子记》曰："适邢孝廉来自陇西，为侯同榜，与共晏笑，欢甚，促酌不觉尽三蕉叶焉。"

人们说某女人"不胜娇羞"，是褒义；又说文人性脆"不胜蕉叶"，则是微讽。如果相较，你选哪一个呢？

另外，说一下"鸱夷"。

东坡五言诗《连日与王忠玉张全翁游西湖访北山清顺道潜二》，有"载酒有鸱夷，扣门非啄木"之句。《和赠羊长史》里，有"不持两鸱酒，肯借一车书"之说，均涉及扬雄饮酒之典。

王莽始建国元年（9年），时年45岁的扬雄，大概于此年作《酒箴》。这是蜀人第一篇深刻论述酒文化的力作，一定程度上也开启了魏晋时代狂放的酒文化。

扬雄在《酒箴》里说："鸱夷滑稽，腹大如壶。尽日盛酒，人复借酤。""鸱夷"典故来自越国历史。《越绝书》记载说吴国被越国复仇之后，越王竟然把美女功臣西施"鸱夷"沉江，就是把西施装在皮口袋里投水溺杀了。《吴越春秋·逸篇》沿袭墨子的说法："越浮西施于江，令随鸱夷而终。"《东周列国志》赞同《墨子》沉江说，细节化令人心悸，把国家希望获得的"暴力清洁"，妖魔化成了女人之间争风吃醋的谋杀："勾践班师回越，携西施以归。越夫人潜使人引出，负以大石，沉于江中。"后来范蠡泛舟五湖，自号"鸱夷子皮"，为什么？恰恰体现了他对西施的无尽缅怀。东坡《次韵代留别》里，说"他年一舸鸱夷去，应记侬家旧住西"，此处的"鸱夷"，就是泛舟五湖的隐者范蠡的代称了。

鸱夷可以装美女，其实它本就是巨大的皮制酒囊，移动起来很不方便，所以在"人复借酤"时，要用一个"滑稽"来取酒。所以说，滑稽的本义，是吸酒曲器之名。

北魏崔浩在《汉记音义》中指出："滑稽，酒器也。转注吐酒，终日不已，若今之阳燧樽。"清文康著《儿女英雄传》讲得更通俗："这'滑稽'是件东西，就是掣酒的那个酒掣子，俗名叫'过山龙'，又叫'倒流儿'。因这件东西从那头儿把酒掣出来，绕个弯儿注到这头儿去。"

看起来，这是利用虹吸原理取酒的一种器物。把酒滑引出来的"酒掣子"，还有限制的稽留功能。掌控弯曲的"滑稽"

一端或起或降，就是"稽首"的形象；控制一定的量，就是"稽查"，由此不但可以看出巴蜀酒文化的源远流长，而且也可以坐实滑稽、稽查等词语的"词源"，均与蜀地生活明显有关。

从词语历史上看，尽管滑稽一词，最早的出处可能是《楚辞·卜居》："将突梯滑稽，如脂如韦，以洁楹乎？"王逸注："转随俗已。"这明显告诉我们，此意已经是词语转义，而非本义。当然，扬雄在《法言·渊骞》中再次使用了"滑稽"来批评一些饱食终日的"滑头"："饱食安坐，以仕易农，依隐玩世，诡时不逢，其滑稽之雄乎！"这里的"滑稽"，则是圆滑的意思了。司马迁《史记·滑稽列传》中，已引申为能言善辩、言辞流利之人。

尽管梁武帝《断酒肉文》早就指出"酒是魔浆"，但沉溺其间的人大有人在。宋代秦观《〈精骑集〉序》里说："予少时读书，一见辄能诵。暗疏之，亦不甚失。然负此自放，喜从滑稽饮酒者游……"这也很符合我的性格。所以，经常听成都人说，喝醉了是一件很滑稽的事。遥想东坡一边饮酒，一边诵读《猪肉颂》，这个场景一定非常爽！

滑稽就滑稽吧，多美啊！

东坡笔下的影子

　　田晓菲在《秋水堂自选集：影子与水文》里指出："影子是西洋油画明暗技法的灵魂。国画有不同的美学取向。然而，当我们展开北宋乔仲常的《后赤壁赋图》，一幅描绘苏轼《后赤壁赋》的叙事长卷，我们赫然发现，在这一幅长卷的第一部分，'苏子''二客'与一个童仆，在地上投下深深浅浅的影子。这是中国早期绘画史上，据我们所知唯一的影子。然而，除了这几个人之外，同一画面上的其他物象，树草、石，都没有投影。这几个人似乎是画面上得到映照的存在。这些影子为空白的画面和地面勾勒出纹理……"

　　中国画历来不喜绘出事物的影子，尤其是人物散发出来的情绪。明末意大利传教士利玛窦说过这样一段话："中国画但画阳不画阴，故看人之面躯正平，无凹凸像。吾国画兼阴与阳写之，故面有高下，而手臂皆抡圆耳……吾国之写像者解此法，用之，故能使画像与生人亡异也。"尽管如此，并不意味着深谙风情的中国古人，不明白影子在历史上溅出的汁液和叫喊。

　　宋代词人张先（990—1078年），字子野，因常把"影"字入诗词，人称"张三影"。可见影子造像，早已引起文人的重视。那么苏东坡呢？检索统计，苏东坡词中带有"影"字的句子达60多条。苏东坡堪称古代文人里书写影子最多的诗人，称为弄影高手，实不为过。

在实体之外，影子具有附属性、朦胧性、空无性的特征。东坡创造了多样的影子意象，表现清幽宁静的审美和孤独寂寞的情感意蕴。影子可虚，影子也可实，影子也可不翼而飞，唯有高手才可采撷影中的神韵。东坡《传神记》就强调"传神写影"：

> 传神之难在目。顾虎头云："传形写照，都在阿睹中。其次在颧颊。"吾尝于灯下顾自见颧影，使人就壁模之，不作眉目，见者皆失笑，知其为吾也。目与颧颊似，余无不似者。眉与鼻口，可以增减取似也。传神与相一道。欲得其人之天，法当于众中阴察之。今乃使人具衣冠坐，注视一物，彼方敛容自持，岂复见其天（真）乎！

这一段话，固然是画家捕捉神采的精微描述，东坡于此的体认，早有心法。

发现美，需要反复变形；获得美，需要不停折返。在我看来，"系风捕影"恰是苏东坡的审美方法论。大千世界里，实体与影像的存在，宛如现实与过往的关系。他超拔于视力对于影子体认的局限性，而代之以向着本质之影无限接近、渴望与之彻底合一，从而在审美理论上阐明了"意"与"达辞"的可显现性与可操作性。

《苏轼留带图》（［明］崔子忠绘）

东坡面目，也许就是超离历史烟云而投射到现实的一道斜影，它总是与纤竹、嶙峋怪石相俯仰，并从陶公的真意、白乐天的洒脱和佛禅的机锋中超离藩篱而自成面目。

东坡诗句中的"影子"范式，多为光线被物体挡住而形成的自然阴影；也有感情的具象化影子；怀有"幻影"；还有"疏影"——影子与月色构成的一幅幅洋溢诗情画意的水墨画；苏东坡曾画过自画像——照着自己映在墙壁上的影子，勾出画像轮廓，居然惟妙惟肖。他伸手触及墙上的影子，与我们抚摸镜子中自己的脸颊，区别在于：前者是为了疗伤，而我们仅仅是出于自怜。

再看看东坡的各式影子造像：

《菩萨蛮·回文秋闺怨》中的"影孤怜夜永"；《次韵范纯父涵星砚月石风林屏诗》中的"簸摇桑榆尽西靡，影落苏子砚与屏"。也有指物影的，如苏轼《文与可有诗见寄云，待将一段鹅溪绢，扫取寒梢万尺长》中的"世间那有千寻竹，月落庭空影许长"，通过月夜下竹影，刻意放大，以映衬竹子之长；还有《题潭州徐氏春晖亭》中的"穿竹鸟声惊步武，入檐花影落杯盘"，等等。至于《登州海市》"心知所见皆幻影，敢以耳目烦神工"，影子显然成为达摩东渡的芦苇，东坡反向横渡。

事物的阴影泯灭了美丑，所以影子总比本身显得更光滑、更伟岸。人们面对一个事物以及印象，力求摆脱其阴影，抵达事物本身，就成为一项异常困难的工作，因为对于不少事物而言，阴影就是其必不可少的构成，甚至是其骨骼成分。

初到黄州时，《卜算子·黄州定慧院寓居作》无疑为奇妙之作，也是一首影子之歌：

> 缺月挂疏桐，漏断人初静。
> 谁见幽人独往来，缥缈孤鸿影。
> 惊起却回头，有恨无人省。
> 拣尽寒枝不肯栖，寂寞沙洲冷。

月亮挂在稀疏的梧桐树梢上，计时的沙漏也已经滴尽，院落里也没有人声了。一个影子在灯火下飘来飘去，它孤孤单单，像一只鸿雁。突然间，它回头凝望我，眼神中藏有怨恨。在恨什么，外人无从知晓。也许是想找一个地方栖息，又嫌弃院中的树枝配不上它的身份，宁可飞到寂寞寒冷的沙洲。

词中并没有说，他看到的影子是人，抑或飞禽。他只是在后一句说：它的影子像鸿雁。这，恰恰就是东坡的神来之笔。如果过于拘实，那又何来神启呢？！

那是高洁之物的君临，那是不肯与俗物为伍的天外来客。这里的鸿雁，既可能是东坡精神的外化，也可能是他记忆里的某个人，比如王弗。

林语堂在《苏东坡传》里指出："飞鸿是人心灵的象征，苏东坡的传奇一生，正是一个伟大心灵偶然留下的足迹，真正的苏东坡只是一个心灵，如同一只虚幻的鸟，这只鸟也许直到今天还梦游于太空星斗。"

在东坡看来，影子是自己的一部分，情同手足，影子还经常可以抵达手足无法触及的高巅和彼岸，影子一直具有马前卒本色。尽管影子知道得太多，有时会泄露出一些秘密。秘密一旦曝光了，秘密就会缄默如初。影子比情侣更可靠，直到有一天，它在你倒地不起时，也蜷缩在你身下，镶出了一道死的蕾丝！

也许，爱过的人与事，都趋于出轨的、叛道的危险。

那些恨过的人都全然消失了，变得漫漶不清，并且没有影子。

越是思考成熟的人，就越是放弃现实利益的人。也就是说，那些湛然之思，其实是认输的终极思想。他们只留下了印象与影子。

在东坡大量的影子之作当中，我最喜欢平起入韵七绝中的一首《花影》。此诗也有人认为是出自东坡崇拜者、诗人谢枋得的《叠山集》。但敢于大白话写诗，而且此诗充满反向美学意象与禅意，这样的诗也只有东坡才写得出。

重重叠叠上瑶台，几度呼童扫不开。

刚被太阳收拾去，却教明月送将来。

此诗约作于熙宁九年（1076年），是在王安石第二次出任宰相后。该诗写花影，童子扫不胜扫。在人无力可使之际，太阳、月亮的联袂加持，花影得意扬扬，诗人无可奈何。诗人借吟咏花影，抒发了自己想要有所作为，却又无可奈何的心情。全诗借物抒怀，比喻新巧，意新语工，具有言近旨远、意在言外的含蓄。

形而上的花朵拒绝散发浓香。比如牡丹，比如转莲。

形而中的花朵色香味俱全，那是花的全在。比如梅花，比如菊花，比如兰花。

形而下的花朵弥散四周，目迷肉身，扫不胜扫。比如茉莉，比如夜来香，比如月桂，比如隐去花体而凸显于地的顽固花影。

跳出三界外的花是没有的，心中唯有感念"不辞相送到黄州"的无尽梅花之影。

相如孺子

　　蜀地多才子，川中出奇人，至少在宋朝之前，蜀地很难出现绵延的家学与学派。这一现象，可以从扬雄《法言》《太虚》对后世的影响里找到部分原因。

　　蜀人呼"一"为"蜀"，扬雄的《方言》指出："一，蜀也，南雄谓之独。"所谓"一者，道也"，标举其峭拔其上、独立于世的雄奇，这样的人一旦出世必将一鸣惊人，旁人无法学习。如果以此看待蜀地的才俊，司马相如无疑是证据确凿的第一人。

　　作为西汉顶级的辞赋大家。司马相如是中国文化史、文学史上杰出的代表，是西汉盛世汉武帝时期伟大的文学家、杰出的政治家。景帝时为武骑常侍，因病免。工辞赋，其代表作品为《子虚赋》《长门赋》《凤求凰》等。作品辞藻富丽，结构宏大，使他成为汉赋的代表作家，后人称之为赋圣和"辞宗"。他与卓文君的爱情故事也广为流传。鲁迅先生的《汉文学史纲要》中，还把他与司马迁放在一个专节里加以评述，指出："武帝时文人，赋莫若司马相如，文莫若司马迁，而一则寥寂，一则被刑。盖雄于文者，常桀骜不欲迎雄主之意，故遇合常不及凡文人。"(《鲁迅全集》第10卷，人民文学出版社1981年版，第416页）恰恰因为这个世界充斥着太多善于"遇合"的文人，由此可见，鲁迅先生对于司马相如人格的高度认同。

但在东坡眼里，司马相如完全是为人师表的"反面教材"。每到困厄人生的某个临界点，东坡往往会情不自禁地骂一会司马相如，犹如对一个拳击沙袋。他对这个蜀地同乡的严重蔑视，主要还在于文人品格以及个人才华方面。在《东坡志林》卷二《臞仙帖》就和盘托出：

> 司马相如谄事武帝，开西南夷之隙。及病且死，犹草《封禅书》，此所谓死而不已者耶！列仙之隐居山泽间，形容甚臞，此殆"四果"人也。而相如鄙之，作《大人赋》，不过欲以侈言广武帝意耳。夫所谓大人者，相如孺子，何足以知之！若贾生《鵩鸟赋》，真大人者也。庚辰八月二十二日，东坡书。（朱易安，傅璇琮等《全宋笔记》第一辑之九，大象出版社2014年版，第54页）

2000多年以前，司马相如广开西南夷，具有深远的国家战略眼光。他稳定了汉在巴蜀的统治，保证了通西南夷的顺利进行。他亲自出使西夷，使汉朝与西南夷地区的经济、文化联系得以加强，增强了西南夷对汉王朝的政治认同，为西汉政府后来在西南夷地区设置郡县奠定了坚实的基础。

可惜，东坡没有看到这些。他睥视天下，怎么会认同"谄事武帝"之举？！东坡认为司马相如仅仅为了讨好皇帝，不惜

选自《新刻出像司马相如琴心记》（［明］戏曲家孙柚撰，明万历时期金陵唐氏富春堂刻本，有21幅绣像图）

让汉武帝去攻占西南夷，搞得西南夷的人都恨死了他，快病死了都还写了《封禅书》继续猛拍马屁！同样是辞赋大家，相如和贾生相比，则一个分明是小人，一个才是"真大人"啊！

而千古流传的"琴挑"一词，成为司马相如"身体政治"的符码。

这改变命运的奔走方式，让古人一再置喙不已，他们均认为司马相如娶卓文君意图"窃妻"与"窃财"。

而第一个对司马相如和卓文君"私奔"，提出疑问的是历来崇拜司马相如的扬雄。他在《解嘲》里说"窃资于卓氏"，意思是司马相如觊觎卓文君的钱财。持有相同观点的人，还有中国"家训之祖"、魏晋南北朝的颜之推，其《颜氏家训》中披露得更加赤裸："司马长卿窃资无操"——跑到卓文君家偷窃了一笔钱，毫无士人的道德操守了。扬雄与颜之推提出了"窃资",也就是劫财亦劫色的观点。

刘勰和蜀人苏东坡则关注淑女的命运,先后提出了"窃妻"之论。刘勰《文心雕龙·陈器》"相如窃妻而受金"。苏东坡在《商刻东坡志林》卷四里说:

> 司马相如归蜀,临邛令王吉谬为恭敬,日往朝相如。相如称病,使者谢吉。及卓氏为具,相如又称病不往。吉自往迎相如。观吉意欲与相如为率钱之会尔。而相如遂窃妻以逃,大可笑。其《谕蜀父老》云:以讽天子。以今观之,不独不能讽,殆几于劝矣。诎谀之意,死而不已,犹作《封禅书》。相如真所谓小人也哉。(朱易安,傅璇琮等《全宋笔记》第一辑之九,大象出版社2014年版,第141页)

这一番议论,千载以来从未尘埃落定。

钱锺书先生十分赞赏人人应追求自由恋爱与婚姻。他认为爱情应如《易经》所言:"同声相应,同气相求,同明相照,同类相招。"在《管锥编》里,他把晚清大儒王闿运及其弟子的观点引进文中,王闿运认为卓文君私奔司马相如是"史公欲为古今女子开一奇局,使皆能自拔耳",王闿运弟子陈锐说:"读《史记》,疑相如文君事不可入国史,推司马意,盖取其开择婿一法耳。"钱先生在此意味深长地评注:"目光如炬,侈谈'自由婚姻'者,盖亦知所本。"

东坡还在《和陶杂诗十一首》中有写道:

相如偶一官，嗤鄙蜀父老。

不记犊鼻时，涤器混佣保。

著书曾几何，渴肺灰土燥。

琴台有遗魄，笑我归不早。

作书遗故人，皎皎我怀抱。

余生幸无愧，可与君平道。

诗中对司马相如从政"忘本"大肆讥嘲，但对相如的作品予以了肯定。东坡最后表明自己虽未归隐，但一生坦荡无愧于心，足可与西汉大隐士严君平前辈交流。

……

"窃妻"也罢，"窃财"也罢，这叫一个愿打一个愿挨。再说了，估计司马长卿先生会幽幽地说：羡慕嫉妒恨，空虚寂寞冷。列位看官，我的爱情干卿何事？！

蜀中雷琴

苏东坡有很多特异之处：他不是非常擅长抽象思维，但想象能力千年无俦；能饮，却称"不解饮"；会棋，却称"不解棋"；善琴，又称"不解弹"。但无论他如何谦退，古琴与他一生相伴而须臾不离，琴理与琴声也像竹子一般如影随形，伴随他大半生。

古君子历来有"剑胆琴心"的向往。他们除在墙头悬挂书画之外，还常悬挂镇室之宝：琴与剑。也许主人不一定会弹或会使，就像袁枚所说："我不知音偏好古，七条弦上拂灰尘。"主人也许剑术并不高超，但一剑在手，君子古风宛然在焉。

子女总会受到父辈审美、嗜好的强烈熏陶。对于古琴，苏洵就是顶级"发烧友"。在苏洵留下的众多逸闻里，除了花大价钱购买乌木假山，更值得一说的是他对古琴的浸淫。毕竟在古人心目中，古琴与情操简直就是合二为一。而且，苏洵自幼善琴。明朝万历年间琴师张大命在《阳春堂琴经·琴窗杂记》中就写道："古人多以琴世其家，最著者……眉山三苏，斯皆清风颉颃，不坠家声于峄阳者也。"苏洵对古琴的热爱也深刻影响了苏轼兄弟对琴乐的理解，他们习惯于琴声深处触及那些常人不易理会的天地之风、幽冥之理，并逐渐触类旁通。因此在苏氏兄弟的笔下，记述家传琴艺的诗文很多。

嘉祐四年（1059年）十月，秋高气爽，苏洵率苏轼、苏辙乘船出川赴汴京，这次"家托周航"，属于全家入京。二子、二媳、长孙苏迈与苏轼兄弟乳母任采莲、杨氏同行。比起3年前赴京赶考，这次多了些从容，这也是苏家唯一一次全家旅行。

一家人同游乐山大佛所在的凌云山之后，再顺水直行，于翌日夜泊戎州（今四川省宜宾市）江畔。东坡在《南行前集序》云："舟中无事，杂然有触于中，而发于咏叹。"苏轼首次表达文艺观：缘情言志，决不刻意为文而造情。其时，苏轼、苏辙等一大家人在舟中听苏洵弹琴，两人皆写有琴诗为纪，如苏轼《舟中听大人弹琴》：

弹琴江浦夜漏水，敛衽窃听独激昂。风松瀑布已清绝，更爱玉佩声琅珰。自从郑卫乱雅乐，古器残缺世已忘。千家寥落独琴在，有如老仙不死阅兴亡。世人不容独反古，强以新曲求铿锵。微音淡弄忽变转，数声浮脆如笙簧。无情枯木今尚尔，何况古意堕渺茫。江空月出人响绝，夜阑更请弹文王。

着眼于苏轼"弹琴江浦夜漏水，敛衽窃听独激昂"之句，可知苏轼儿时就听过父亲的琴声。不同于广陵琴派，蜀琴之声尤其激越，金戈铁马之声拨动心弦，一听蜀琴便兀自"激昂"起来。激昂之后，重实温劲的雄远声韵一如蜀山入水之影，清雄沉细，如金石相击，这是雷琴所独具的琴色。而江面似乎被琴声越推越宽，琴声把片片月光串联起来，那似乎就是一本岁月的"玉册"。

苏辙则写有《舟中听琴》诗：

江流浩浩群动息，琴声琅琅中夜鸣。水深天阔音响远，仰视牛斗皆从横。昔有至人爱奇曲，学之三岁终无成。一朝随师过沧海，留置绝岛不复迎。终年见怪心自感，海水震掉鱼龙惊。翻回荡滴有遗韵，琴意忽忽从此生。师来迎笑问所得，抚手无言心已明。世人嚣嚣好丝竹，撞钟击鼓浪谓荣。安知江琴韵超绝，摆耳大笑不肯听。

两人诗作意境相仿佛，苏轼感叹"自从郑卫乱雅乐，古器残缺世已忘"，苏辙则说"世人嚣嚣好丝竹，撞钟击鼓浪谓荣"；苏轼诗中写了"江空月出人响绝，夜阑更请弹文王"，是写古曲《文王操》；而据苏辙"一朝随师过沧海，留置绝岛不

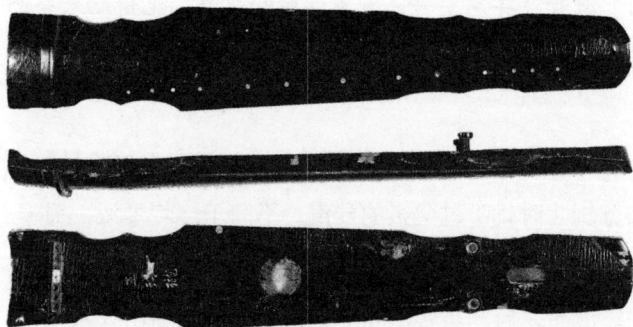

唐雷氏琴（故宫博物院藏）

复迎"意，指的是记述昔日伯牙从成连学琴的琴曲《水仙操》，从中可见苏洵的琴乐审美是好尚"微音淡弄""古意渺茫"之曲，这与北宋中期复古主义成风的社会好尚，显然相一致。但苏洵的"游学"生涯，又赋予了他另一种"万川归海海不赢"的博大气质。

根据苏轼兄弟诗文可知，苏洵曾藏有唐代蜀地斫琴名家雷氏家族所制古琴，这在当时已是稀世之宝。苏辙在《栾城集》记述，苏洵平时常弹琴，但有一段时间外出久不复弹，并将雷琴借与他人，后来稍将温习，手熟了，即寻回旧曲一事，这首《大人久废弹琴，比借人雷琴以记旧曲，十得三四，率尔拜呈》说："久厌凡桐不复弹，偶然寻绎尚能存。鸧鹒鸣树思前岁，春水生波满旧痕。泉落空岩虚谷应，佩敲清殿百官寒。终宵窃听不能学，庭树无风月满轩。"

雷琴，可不是"凡桐"。

中国古琴专指七弦琴而言，兴起于周代，定型于汉代，唐代尤有新发展。其形制与今琴大体相同，桐木、漆面、头足圆形，或圆头方足，琴身狭长，底板开二个出音孔，琴面有十三个徽，以标定泛音与音阶位置，其上张弦七根，拨弦即发音。一般于池沼上刻题腹款，造型美观，音质纯雅，每常令雅士爱玩不置。

中国制琴史上，唐代有雷、张二家制琴技艺冠绝古今。雷氏一家以雷威所斫最为卓绝，张氏一家即指的是江南张越。当时虽说两家并驾，但经过时光的洗淘，终归雷琴独步天下。雷氏家族造琴传承3代共计9人，造琴活动从开元二年（714年）

开始到开成元年（836年）终，前后经历120多年，跨盛唐、中唐、晚唐3个历史时期。但雷氏子孙渐趋于利而失掉祖传，其后雷琴逐渐走向了衰落……他们所制的琴被人们尊称为雷琴、雷公琴、雷氏琴。雷威所制之琴，冠有"响泉""松雪""春雷""忘味""百纳"等名，一听名字就不是凡物，一千多年来身价与日俱增，皆为无上珍品。究其原因，雷琴做工精细，从取材、制造，到校音、施漆的工艺，极为考究。一张琴音响效果的优劣，就是取决于选材、斫琴、髹漆三个阶段。自古斫琴必用桐木，所谓"焦尾枯桐""龙门之桐"，而雷威却不一定专取桐树。

《琅嬛记》引《采兰杂志》之说："雷威作琴，不必皆桐，遇大风雷中独往峨眉，酣饮着蓑笠入深松中，听其声连绵悠扬者伐之，斫以为琴，妙过于桐。"大雪压树，树枝欲裂，直到发出咔咔的开裂声，斫琴家由此循声辨音寻木。雷威所做之琴，并不拘泥于梧桐、梓木，而是以"峨眉松"为主材，却比桐木制作的还要好。在传世古琴中，尚未见有松木之作，文献中亦只此雷琴一例。根据考证，所谓的"峨眉松"，正是冷杉木。

《贾氏说林》记："雷威斫琴无为山中（无为山在四川绵竹、什邡境内）以指候之，五音未得。正踌躇间，忽一老人在旁指示曰：'上短一分，头丰腰杀，巳日施漆，戊日设弦，则庶可鼓矣。'忽不见。自后如法斫之，无不佳绝，世称雷公琴。"

古琴有"忽雷"之称，此词的含义，《太平广记》卷464引《洽闻录》谓是鳄鱼的别名，或写作"骨雷"。据词意推测，雷氏所制之琴，形状与常见的一弦或七弦琴制形不同，而是仿鳄

听琴图（［五代］周文矩绘）

鱼之形而制出的琴体，因而才以此为名，而斫琴师又姓雷，可谓一语双关。雷琴既与常琴式样不同，其发音自然也就有异，所以《续湘山野录》才会说出雷琴声调，能盖过常用琴六七面之和，真可谓洪亮而激越。

《琴苑要录》则谓："雷琴重实，声温静而雅，张琴坚清，声激越而润。"不难看出，雷琴的精妙之处。

雷琴的清越高亢之声，在唐宋时代已经引起朝野高度重视。苏轼在《杂书琴事·家藏雷琴》及《东坡志林》等文中，详细记载了雷琴来历："余家有琴，其面皆作蛇腹纹，其上池铭云：'开元十年造，雅州灵關村。'其下池铭云：'雷家记八日合'。不晓其'八日合'为何等语也？其岳不容指，而弦不㪡（xiàn），此最琴之妙，而雷琴独然。求其法不可得，乃破其所藏雷琴求之。琴声出于两池间，其背微隆，若薤叶然，声欲出而隘，徘徊不去，乃有余韵，此最不传之妙。""岳"也叫"岳山"，制作若恰到好处，就是一张好琴的标志之一，当时只有"雷琴"才具有这样的优点。

晚清梁章钜对此解释说：东坡"公非不解者，表出之，令后人思之耳。盖古'雷'字从四田，四田拆之是为'八日合'也"。

尤其需要注意东坡提及的刻在琴上的5个字："雅州灵關村。"这说明了雷琴与雅州的家族渊源。位于群山森林怀抱的灵关古镇，位于雅安市宝兴、芦山、天全交界处，现属宝兴县，那里盛产优质木材，曾是青衣羌国的国都，《华阳国志·蜀志》中说"蜀王杜宇以熊耳、灵关为后户"，熊耳峡在平羌县东北

31里，位于今乐山市北、青神市西。灵关即灵关古镇。

唐开元十年（722年），苏东坡时代已是当时的300年后了。据文献记载，在宋代优良的古琴价值多在10贯以上。唐代雷琴价钱多为1000贯。南宋时南昌一家人藏有古琴，"面上三穿孔，然皆不碍声，不当弦"，琴的名字还挺美，叫"玲珑玉"，被一位官人买去，价钱是1000贯。嘉定年间（1208—1224年），有人在临安城卖"雷琴"赝品，买家出1000贯，这人不答应，结果被人识破说他卖假琴，但因为琴音良好，最终以100贯成交。

自古斫琴必用桐木，所谓"焦尾枯桐""龙门之桐"，而雷威却不一定专取桐树，雷琴有的是桐面杉底，有的底面皆用蜀地峨眉冷杉木，仅于池沼内纳音部分用梧桐木镶贴而成，这样做的纳音，既没有增加琴面的厚度，又使龙池凤沼两个出音孔变得稍稍狭隘，借以延缓共鸣箱中余音的扩散。东坡在文中用自己的亲眼所见，向后人记录了唐代雷琴在制作上的特点，弥足珍贵。

苏轼少年时，出于好奇曾对此琴进行过剖腹式研究，由此得知唐代雷氏琴在槽腹制作上的独特之处，在于"琴声出于两池间，其背微隆，若薤叶然，声欲出而隘，徘徊不去，乃有余韵，此最不传之妙"。对此，这一特点从现存故宫博物院所藏"九霄环佩"等唐代雷氏琴上得到了印证，由此可知东坡所言非虚。

苏轼好友庐山道士崔闲曾弹过苏家这把雷琴，认为其音色绝佳。苏轼也曾在西湖月下听琴，《次韵奉和钱穆父、蒋颖叔、王仲至诗四首见和西湖月下听琴》的诗中写道:"……我有凤鸣枝,背作蛇蚹纹。月明委静照,心清得奇闻。当呼玉涧手,一洗羯鼓昏。请歌南风曲,犹作虞书浑。"

苏轼在《东坡志林》里写道:"唐雷氏琴,自开元以至开成间世有人,然其子孙渐志于利,追世好而失家法。故以最古者为佳,非贵远而贱近也。"在一个黄钟毁弃瓦釜雷鸣的时代,也愿后世的斫琴师应该牢记这句箴言!

元丰二年(1079年)正月,贬谪徐州的苏轼与儿子苏迈等人春游泗水畔,来到桓山上的桓魋墓(后被证实为汉代墓葬)。桓魋是春秋时宋国的大夫,曾起意加害孔子。苏轼不但"使道士戴日祥鼓雷氏之琴,操履霜之遗音"于桓魋墓,还发出"司马之恶,与石不磨""司马之藏,与水皆逝"的哲学之思。

……

多年后,东坡在黄州写有一首禅意十足的妙诗《琴诗》:

若言琴上有琴声,

放在匣中何不鸣?

若言声在指头上,

何不于君指上听?

士无故不撤琴瑟,犹如剑不能无故拔出。人若心中有思,抚琴时从琴声里必然会与风吹万窍的"吹万"之声相遇,琴与自然之声相互接纳,相互赠予,相互加持,当琴音熄灭,自然之音复又发出琴的袅袅余音。

才子纪昀就认为："此随手写四句，本不是诗，蒐辑者强收入集。"（见《纪评苏诗》卷二一）虽有人斥责纪评"所见甚陋"，但至少说明纪晓岚于禅门是门外汉。

最早将《琴诗》收入诗集的，是明成化四年（1468年）程宗编印的《东坡续集》。与此同时，《续集》所收苏轼黄州书简《与彦正判官》又记载："古琴当与响泉韵磬，并为当世之宝。而铿金瑟瑟，遂蒙辍惠，拜赐之间，赧汗不已。又不敢远逆来意，谨当传示子孙，永以为好也。然某素不解弹，适纪老枉道见过，令其侍者快作数曲，拂历铿然，正如若人之语也。试以一偈问之：'若言琴上有琴声，放在匣中何不鸣？若言声在指头上，何不于君指上听。'录以奉呈，以发千里一笑也。"可见苏轼本人认为《琴诗》不是诗，而是"偈"。

琴曲的产生单靠琴不行，单靠指头也不行，必须人琴合一。但东坡岂是说废话之人！《楞严经》卷四云："譬如琴瑟、箜篌、琵琶，虽有妙音，若无妙指，终不能发。汝与众生亦复如是。宝觉真心，个个圆满，如我按指，海印发光，汝暂举心，尘劳先起。"又偈云："声无即无灭，声有亦非生，生灭二缘离，是则常真实。"可以说，《琴诗》是为这样的开释语提出了一个哲学命题。他的话语机锋微指世间诸事都不是孤立的。事体的出现，必有它产生之道，而一件事情的圆成与否也有它的因果命定。凡事皆是因缘，相互相生。

东坡有一首为古琴曲填词的佳作，那是为沈遵根据欧阳修《醉翁亭记》的意境创作的古琴曲《醉翁操》填的词，这是苏轼为纪念欧阳修而创作的著名琴歌。

庆历五年（1045年）欧阳修谪贬安徽滁州，写千古名文《醉翁亭记》，轰传天下。太常博士、古琴家沈遵为此到滁州观光。沈遵观滁山，神意飞荡，浮想联翩。"爱其门水，归而以琴写之，作《醉翁吟》一调。"沈遵创作的琴曲《醉翁吟》，为琴界和文人所激赏。欧阳修听到了琴曲《醉翁吟》，大为感动，立即引为知音，特写酬谢之作《赠沈博士歌》。东坡盛赞这首琴曲的成功，认为它"节奏鍼宕，而音拍华畅，知音者以为绝伦"。

倏忽三十年，欧阳修、沈遵魂归道山。沈遵的琴友崔闲感叹："常恨此曲无词，乃谱其声，请于东坡居士。"苏轼觉得，能为浸润恩师心血的《醉翁吟》再填词是宿命的召唤，义不容辞。他在《醉翁操》词序中曰："……翁虽为作歌，而与琴声不合。又依楚辞作醉翁引，好事者亦依其辞以制曲。虽粗合韵度，而琴声为词所绳约，非天成也。"他创作的这首琴曲比原词意境更为阔达，很快在琴界轰传，宋代古琴大家成玉礀在《琴论》里记述演唱这首歌的心法："子瞻作《醉翁吟》，世皆知之，余每遇良夜，须作此曲，且弹且歌，至于'月明风露涓涓，人未眠，则欢然'，如与子瞻抵掌谈笑耳。"

所谓抚琴动操，欲令众山皆响。

琴音过处，春雨无痕。

蛮布弓衣

　　船过叙州之后，金沙江与岷江汇合的两股水流，绞缠十几里才融为一体，江面浩大，水天一色，长江的阔达气象方才真正映入眼底。

　　十月虽然是长江的枯水期，但泸州两岸的绵延灯火让苏洵、苏辙和苏轼眼前一亮。他们的航船肯定在泸州城下靠岸。东坡与泸州城有一段诗缘。

　　北宋有"小东坡"之称的唐庚，其《题泸川县楼》咏叹："百斤黄鲈鲙玉，万户赤酒流霞。榆甘渡头客艇，荔枝林下人家。"足以显示泸州美酒与肥鱼的富足，这是靠水吃水的气象。

　　苏氏有一位眉山同乡叫任孜，字遵圣，当时任职简州平泉令，与苏洵、文同是至交。他们提前约定，在泸州"南井口"晤面。"南井口"大致在江安县的井口镇（此镇建置已撤销）。此地东与今泸州市江阳区接壤，南临黄金水道长江。为此他们专程驶去那里。哪知这位任先生当天早已去过，江边眺望，久久不见苏氏父子踪影，返回到距离那里15里的南井监（今江安县南井场）小憩去了。直到傍晚，暮色苍茫中任孜复来，终于得以与苏氏父子见面，几杯泸州老酒下肚，又匆匆言别。此时夜雨潇潇，徒增别离的伤感。东坡兄弟不胜惆怅，各自写了一首记述这次见面情况的五言诗。

东坡的诗，题《泊南井口期任遵圣长官，到晚不及见，复来》，收录在他的《南行集》里；苏辙的诗载在《栾城集》，题作《泊南井口期任遵圣》，也就是在这里，苏东坡登岸买了一个淯井监（今长宁县）少数民族同胞织成的土布弓箭袋，袋上还绣有梅尧臣（字圣俞）的《喜雪》诗一首。这把东坡乐坏了。

赵永康先生考证指出：淯井监是宋代著名的井盐产地之一。当时行政上归属泸州管辖，泸州"公私百需皆仰淯井盐利。"（《宋史·高定子传》）在这一地区，居住着众多的彝人、苗人、僰人等，其中主要的有：

两界夷人——居淯井监（今长宁县城附近）；

斜辣族——距清井监10里；

生界乌蛮晏子部——居长宁、宁远寨（今长宁县城以东）以南。（《苏东坡与泸州，有着这样的诗缘……》，见《文旅泸州》2022年6月17日）

《宋史》把居住在泸州以南直至滇黔数千余里地区的众多兄弟民族，总称为"西南徼外"之地的"泸州蛮"，说他们经济、文化特别落后。苏东坡买到的弓箭袋，就是这个地区山区同胞的手工织品。都掌蛮即生活于该地区，鉴于都掌蛮为汉代有"夷中最仁，有仁道"之称的古僰人，蛮布弓衣最有可能出自僰人之手。东坡一行到京师以后，东坡将此礼物送给了恩师欧阳修。

对于来自遥远之地的"方外之物"，欧阳修在《六一诗话》

里予以了记录：

苏子瞻学士，蜀人也。尝于渭井监得西南夷人所卖蛮布弓衣，其文织成梅圣俞《喜雪》诗。此诗在梅圣俞集中未为绝唱。盖共名重天下，一篇一咏，传落夷狄，而异域之人，重之如此耳。子瞻以余尤知圣俞者，得之因以见遗。

因为梅圣俞的诗集，就是由欧阳修作序的。"穷而后工"的说法，是这篇序言里首次提出的。欧阳修是梅圣俞的知音，他说《喜雪》诗不是梅圣俞上乘之作，当然是公允之论。事实上，流传至今的《梅尧臣诗文集》里已经没有收录这首诗了。这样一首小诗流布川南民族地区，不仅说明梅圣俞当时名满江湖，更说明了宋代泸州以南地区已经具有相当的经济基础与文化眼光，能够编织可以得到欧阳修这样士人赞赏的土布，而且已经有了相当的文化知识和鉴赏水平。从这一点看，苏东坡实在是泸州的知音，他向朝中人士介绍了泸州一地的风土文化。

"小东坡"唐庚因为研习东坡多年，知道这一典故，在他的《赠泸倅丘明善》（二首）里，其一云：

吴头楚尾秀山川，一分才华占得全。
和气暖敷冬有日，清风寒压瘴无烟。
分麾共领南门钥，簪笔终归北阙天。
寄语江阳夷落道，安排春织待新编。

末句诗人自注曰："淯井夷人织蛮布为弓衣，小其文织梅圣俞诗。"泸倅，即泸州通判。"南门钥"乃是北宋朝廷南门锁钥之喻，可见权位之重。"夷落"当指僚人聚落。蛮布弓衣以梅尧臣诗为饰，可见夷地文风颇盛，诗文审美水平已直追中原水平也。

北宋时节，棉花尽管已在中原种植，但偏僻的川南山区还没有推广。当地人还是采用苎麻一类纺织衣被。清代褚人获在笔记《坚瓠集》中进一步描述了蛮布弓衣的原委：

苏子瞻尝于淯井监得西南夷人所卖蛮布弓衣。上有织成文云：朔风三月暗吹沙，蛟龙卷起喷成花。花飞万里夺晓月，自石烂堆愁女娲。乃梅圣俞《春雪》（《十二月十三日喜雪》）诗也，子瞻以遗欧阳公。公家旧蓄古琴，乃宝庆三年雷会所斫，遂以此布更为琴囊云。

看来《喜雪》诗的确不怎么样。但弓衣换作了琴囊，完全符合欧阳公的眼界，也体现了他对东坡情义的看重。

"青苗"之害

就在东坡仕途上快马加鞭之际，人生的不幸开始接二连三地来临：治平二年（1065年），时年27岁的妻子王弗在开封因病去世。苏轼悲痛欲绝，暂时把妻子灵柩放置在京城郊外。

不料几个月后，58岁的慈父苏洵也在治平三年（1066年）四月二十五日撒手人寰，苏家又一次沉浸在悲痛之中。他辞官与弟弟一道扶父亲、妻子灵柩回到眉山……

东坡注意到，山林里的鸟总是高飞，远离尘嚣。它们是天空的儿女，忙于云上的生活。有些尽量靠近人类生活的鸟儿，除了食物原因之外，它们无力高飞，必须利用一技之长来争取继续活下去的机会。有些鸟儿乖巧，羽色亮丽，就成功了。像白鹭、灰鹭、斑头雁，走"中间路线"，也在人们的视线内外存活下来。但乌鸦近距离地叫喊，反复提示，苦口婆心，引起了人们的反感。其实，人类历来蔑视预言者，尤其是一些鸦语者。

东坡参加进士考试时的答卷《省试刑赏忠厚之至论》，其中就阐明了他终生坚持不渝的政治革新的纲领性主张："爱民""忧民""广恩""慎刑"（广恩就是向人民广施恩惠，慎刑就是少用刑罚）。在26岁参加制科考试时写的25篇《进策》、25篇《进论》和答卷《御试制科策》以及后来所作的《思治论》等文章，则全面、集中、系统地阐明了具体的政治革新思想和主张，其内容涵盖经济、财政、民政、吏治、军事、文化、外事等诸多方面。

转眼王弗已去世3年，东坡为父亲服丧期满后（朝廷官员的父母如若死去，必须回到祖籍守制27个月。此时段就叫丁忧期），又在故乡续娶了妻子，就是王弗的堂妹王闰之。早在服母丧期间，苏轼常到青神县岳父家去散心，与王弗那些堂兄弟、堂姐妹相处得很好。当时王闰之还只有十来岁，已对这位名震京师的姐夫充满了敬羡之情，而东坡对王弗和岳父家的感情也很深，也希望再续姻缘。

这弟兄二人，在丁忧之前都属朝廷备选的栋梁之材，被分派到最有前途的岗位上磨炼，时刻准备进入通往国家权力中枢的上升通道。

等到他守满丁忧期返回汴京时，他惊讶地发现，以前赏识自己的大臣多不在朝了，主政的是主张变法的王安石。他公然标举"天变不足畏，祖宗不足法，人言不足恤"，意思是推进改革过程里，哪怕天象有变也不必畏惧，祖宗规矩不一定要效法，人们的议论也不需担心，这些标新立异的言论让东坡心生警惕。

这是个狠角色！

熙宁年间，王安石为节约支出，裁减皇家宗室的封号等级。皇室宗亲的子弟们聚集在京都，议论汹汹，集体抗议。等到王安石上朝的时候，纷纷上前围住他的马车，皇族子弟相继前来陈说："我们都是皇帝宗庙的子孙，你怎么能不看祖宗的面子呢？"王安石缓缓地下马，厉声说道："祖宗要是隔的时代太远，神也要迁出宗庙，移到祭祀远祖的祧庙里去，何况你们呢？"一席话，这些宗亲子弟全都散去了。这虽然是王安石的临机应变，但是他所说的话，当时人们却不能不听。这个出自张燧《千百年眼》里的细节，也可以看出当年王安石的魄力。当时对王安石有8个字的评语——虚名、实行、强辩、坚志，变法才得以推行。在此威势之下，造成了"元祐诸贤无定见"的态势。

何谓"青苗法"？《宋史·王安石传》中明确记载："青苗法者，以常平籴本作青苗钱，散与人户，令出息二分，春散秋敛。"就是官方为出贷方（国家官营高利贷），以"青苗钱"的名义公开向农民借贷，然后收利息，正常的放贷是在春天播种的时候，然后在夏天的时候收本息。这也并非王安石的专利，《左传》里记载郑国发生饥荒，子皮依照子展之令，给每户人家发放一钟米。"青苗法"本意是体现王安石一直倡导的"利民"思想。青苗法令中不断强调，这是在"天灾之年"为了确保农民可以有钱可以安然度过。推进过程中，问题丛生。贪污成风的北宋朝廷，官吏克扣青苗钱，谋取私利，很多地方在放贷的过程中向自耕农的贷款比例"逾两成"，让民众苦不堪言。对此较早发难的是苏辙，《宋史·食货志》记载"以钱贷民，使出息二分，本非为利。然出纳之际，吏缘为奸，虽有法不能禁；钱入民手，虽良民不免非理费用；及其纳钱，虽富民不免违限。

如此则鞭笞必用，州县多事矣。"他点明的问题在于青苗法虽好，但是实行的过程完全在人，利欲熏心者可以大肆捞取。

王安石变法最主要的，除"青苗法"外，另一个重头是实行"免役法"，可以"以钱代役"，有钱人可以出钱而不服兵役，政府用这笔钱再去雇人服役。这本来是一项改革举措，但在实施中却违背初衷，因为在征收免役钱时，增加了高达40%～50%的附加税，加重百姓负担。但朝廷通过"免役法"所得款项，甚至超过了"青苗法"所得。

变法推行的结果如何呢？据马端临编撰的《文献通考》记载，变法之前的国家年税收，比如景德年间一年折合为粮682万9700石，而变法后的熙宁十年（1077年）猛增到5210万1029石，增长近8倍，作为户部的经费，可供开支20年。此外各州县税收也大大增加，作为地方政府的经费，可用24年。这充分说明王安石变法，确实达到了"富国"的目的。

问题在于，民众的生活有没有同步提高呢？看看变法期间饿死人的一组数据：

熙宁中，饥疫人死大半。

熙宁之灾伤，本路死者五十余万人。

熙宁八年，两浙饥馑，猝死五十万人。

民间有钱，尚因无米，饿死四十万人。

熙宁中，杭州死者五十余万，苏州三十余万。

熙宁中，浙中饿死百余万人。

富庶的两浙地区就饿死这么多人，其他地方可想而知。北宋时期全国总人口在7000万到8000万，因此饿死的人数是骇人听闻的。

"如此变法，急功近利，将国家、百姓置于何处？"

苏东坡不止一次向神宗上奏：先是上《议学校贡举状》，反对王安石的科举改革；后来王安石准备低价购买浙江出产的4000盏灯供宫中使用，东坡又上《谏买浙灯状》予以阻止。神宗皇帝认为苏轼说得对，没有采取王安石的意见。熙宁四年（1071年）东坡挺身而出，为民请命，又上三千多字的《上神宗皇帝书》，直言纳谏，到了"非吐不可"的时候了，质疑王安石推行新政的可行性。

变法派恼羞成怒，将苏东坡视为保守派的干将，想方设法进行排挤打压。御史谢景仁就上奏说，苏轼回蜀丁忧时，用官船贩卖货物，并且大售私盐；丁忧期满回京时，又私下调用兵士……

东坡认为，谢景仁为改革派成员，又与王安石弟弟王安国是姻亲，谢景仁如此诬告自己，自然是他们的授意了。

面对朝廷的质询，东坡回复："苏某奉公守法，绝无贩卖私盐之事，也绝没有私下调度兵士。"

朝廷为此逮捕了当年船上的船工、水师等人，严加审讯，才知道贩卖私盐之事纯属无中生有。苏轼返京之际，恰逢眉州兵士去汴京迎接新任的知州大人，于是顺道将东坡一行送回京城，其实东坡还为公家节约了一笔路费，显然不属于私下调兵。

案情已查清，但东坡彻底心灰意冷了。谁人不知这是陷害

「青苗」之书

啊！他不想在汴京这个旋涡里弄得昏天黑地。

前途阴晴不定，风雪难料。

天地之间拥塞着不可名状的痛苦。望问远方，茫茫人海，有多少爱恨与悲欢湮没在天际。春季的静默中，唯有细雨斜斜飘成一种牵挂。但也许是了无牵挂。

他内心惊呼，充满空洞的时辰与毫无意义的忍耐。在自我的目光中踽踽独行，意义全部失散了。深情在诗歌中匍匐倒地，歌坊的夜曲飘来，听起来就仿佛是一场旧梦。东坡回头，睨见朝云眼角有两道泪痕，省略了所有的艰辛。

风雨是不会收起承命的。辽阔的路途上，枝丫间的春意，把远方拉到了眼底……

那就走吧。

神宗的确是"专任"王安石，于是东坡"自乞补外"，神宗一见，批复"通判杭州"。通判相当于副知州，朝廷之所以不让苏轼当一把手，还是怕他不奉行新法。其实东坡自凤翔签判至今已经十年有余，足够知州的资格。蜀地是申请外调，所以甘愿降职。

熙宁四年（1071年），苏东坡携带一家老小乘舟出都。陪伴他的是继室王闰之，还有发妻王弗所生长子苏迈，以及王闰之所生次子苏迨。他们一家在这一年的十一月二十八日抵达杭州。

初履杭州

　　杭州是中国十大古都之一，早在4700多年前的新石器晚期，我们的祖先就在这一带创造了以黑陶、玉器为代表的"良渚文化"。春秋时期先后属于吴国和越国。秦朝统一中国后，置会稽郡，下设钱塘县。如今的杭州市区与西湖当时还是一片浅海湾。到了西汉，由于江水冲击、泥沙沉积才形成陆地。隋文帝开皇九年（589年），废钱塘郡，置杭州，才有这一名称。隋炀帝开运河，杭州为南端的起点，杭州的经济与文化得以迅速繁荣兴盛。经过唐代全面开发，杭州成为东南名城和重要贸易口岸，出现了"灯火家家市，笙歌处处楼"的繁华景象。诗人白居易任杭州刺史期间，不仅兴利除害，完成了治理西湖、疏浚六井等惠民工程，而且留下了很多歌咏杭州山水与人文的诗章，比如脍炙人口的《忆江南》："江南忆，最忆是杭州。山寺月中寻桂子，郡亭枕上看潮头，何日更重游？"

　　苏东坡一生曾两度做杭州地方官，第一次是熙宁四年（1071年）到熙宁七年（1074年）五月任杭州通判，历时3年多时间。第二次是元祐四年（1089年）七月到元祐六年（1091年）三月，担任杭州太守，这次前后不足2年。尽管时

清代京杭运河全图（钱塘江，西湖段）

间不长，为什么他能得到杭州人民的感激与拥戴呢？

这就在于苏东坡尽一己之力，为杭州城谋出路，为民众保平安，留下了无数感人的事迹。

熙宁四年（1071年）十一月苏东坡来时，江南秋雨连绵到了初冬，毫无停止迹象，知州陈襄与苏轼等人来到田间察访民情。乡道泥泞不堪，村民冒雨抢收庄稼，老少妇女全都在田间忙碌……

陈襄比苏轼年长20岁，他阅人无数，钦佩苏轼才华，对他十分器重，而且陈襄对王安石的改革早有看法，多次上书，知道苏轼与自己所见略同，所以他们很亲近。

站在路边一座功德牌坊下，屏退左右，陈襄说："子瞻，你的文中说新法'慎重则必成，轻发则多败'，与我的看法一样！可见我们并不反对改革，而是涉及国家民生，必须慎重。我在乡野私访，看见'青苗法'给这鱼米之乡造成了很大危害……"

苏轼神情黯然，叹气道："在这田间劳作的村民，一年到头辛辛苦苦，到头来生活还是十分困苦！如今官府缴税只要钱，不要米，现在稻米又卖不出好价钱，百姓只好卖耕牛来交税了。这样逼迫下去，迟早是要出人命的……百姓有米，而官府不要米，百姓无钱，官府却要现钱。稻谷价钱太低，必然伤害百姓，新法造成的钱荒，京城里的大人们都高高在上，他们也不屑于知晓下层的疾苦！"苏轼越说越愤慨。

他回忆起几天前在葛岭遇到的一位上山挖笋的七十老翁，苏轼见他身形蹒跚，手足浮肿，于是上前细问。老翁说，盐价太高，自己3个月没吃过盐了……

秋日的几场急雨，让乡民的收成大跌。熙宁六年（1073年）十一月，陈襄派苏轼去常州、润州等地赈灾，苏轼忙到第二年六月才回到杭州。八月，又为蝗虫灾害赶赴临安等地。当时蝗灾很严重，蝗虫遮天蔽日："西来烟障塞空虚，洒遍秋田雨

西湖烟雨（向以桦绘）

不如。"（见《捕蝗至浮云岭，山行疲苶，有怀子由弟二首》其一）
他疲于奔命，眼见百姓种种艰难，他备受煎熬，一度想要"杀马毁车从此逝"。这一典故出自东汉冯良。冯良出身孤儿，身份微贱，年纪轻轻开始出任县吏，30岁才出任尉佐。一次奉命去迎接郡里来的督邮，一路上想到自己担任这种低贱的职务而大发感慨，愤然毁车杀马，撕裂了衣冠……

　　苏轼之所以萌生"杀马毁车"的念头，反映出他的心境极度苦闷：除了官差劳苦的因素外，还有"拜迎官长心欲碎，鞭挞黎庶令人悲"的痛苦以及仕途上不断遭受打压的落寞心境。苏轼感叹了一番，他没有像冯良那样一走了之，也不完全如诗中所说，是怕躲起来了弟弟苏辙找不到他，他不能失去这天地间牵挂于怀的兄弟浓情……

　　手不释卷的苏轼，为了处理政务席不暇暖，这一年半时间里，不曾打开书本！这在他一生中还是破天荒头一回。

　　待灾情基本平息，已是次年初春了，一身风尘的苏轼一回到杭州城，便听说有百姓来官府求助，原来城里的井口堵塞，百姓屡屡为饮用水发愁。

　　杭州临近长江入海处，井水常常带着海水的咸苦味。唐代李泌任杭州刺史时曾经派人开掘了6眼井，分别为相国井、西井、金牛池、方井、白龟池和小方井，并将西湖淡水引入全城，才得以解决全城百姓的饮水问题。300年后，6眼井早已淤塞，饮用水问题再次困扰杭州。

　　陈襄决定修淘6眼水井，请来精通水利的仲文、子珪等僧人主持疏浚工程。苏轼全力协助，一起谋划此事，规划挖沟

《西湖十景图》瓶画（向以桦绘）

壅、掏淤泥、修井壁……经过几个月的努力，西湖水流入6眼井，再向南汇入漕河，毛细血管一样通达全城。他们很是细心，淡水所经沿路设置了4个水闸，砌墙上锁，保护好来之不易的甘泉。

实践出真知，实践见真理。第二年江浙又遭大旱，一些地方相继出现人畜饮水困难，而杭州城不但饮水充足，而且还有余水供耕牛饮用和洗澡。生活在6眼井附近的老百姓都深深感恩苏轼。

因为白居易的亲民风格，加上苏轼尤其喜欢他的诗，苏轼深深爱上了杭州。后来，苏轼说过一番肺腑之言："我对杭州人有何恩情？但那里的人们一直惦记我。我自己也不知什么原因，每年差不多都要做四五个水灵灵的梦，回到了西湖。这大概就是世俗所谓的前生之缘吧。我初到杭州时曾游览寿星院，一进门就恍然有悟：我曾经来过这里啊！我当时便能说出后院堂殿、山石的样子。所以诗中有'前生已到'的话。"事实证明，苏轼一直把杭州视作自己的第二故乡，视作心灵的安稳之地。

柳宗元所言"夫美不自美，因人而彰"中的"人"，绝非泛说，乃指有灵心慧眼之文人，尤其是为生民立命、为城市立功的士大夫。一座城市的气韵之美，是依靠文人之笔而流传、而深化的。城市与文人，处于一种相互赠予、相互保有、互为挚爱的状态。

对此，明代李东阳《蜀山苏公祠堂记》有言："夫天下之论名臣硕辅者，或原于岳降，或归之地灵，文章气节亦以为得江山之助，固也。及乎遐陬僻壤，一丘一壑，或有所凭借，亦足以不朽于世。是所谓人与地者恒相须以显，而亦不能不相为重轻。"（《李东阳集》，周寅宾、钱振民校点，岳麓书社2008年版，第1031页）

文章得益江山助！他乡成为真故乡！这里，道出了自古文人，尤其是苏东坡与杭州两相契合、相得益彰、共存共荣、世代承袭的人文之理。

画扇制案

在杭州灵隐寺大雄宝殿上悬挂着一副著名的对联，其中上联是"古迹重湖山，历数名贤，最难忘白傅留诗，苏公判牍"。"白傅""苏公"分别指白居易、苏轼。

对联反映了苏轼在杭州判案的故事。

一人到杭州府里告状，说有一位卖扇子的商人拖欠他的绫绢钱二万，很久不见归还，分明是存心赖账。绫绢是制作扇子的材料，苏轼当即命人把卖扇商人传唤来。

不一会儿，那个商人便被带到堂下。苏轼问道："这人告你欠他绫绢钱二万，可有此事？"

商人连连叩头，供认不讳。

苏轼阅人无数，发现商人是个老实人，就问道："既然欠别人的钱，为什么拖延至今不予偿还？"

商人道："大人有所不知，我丝毫没有存赖账之心。"声音哽咽，说着说着便流下了眼泪："我家祖上一直以制扇为业，生意一向还好。不幸去年过年时，我父病亡，家道衰落。今春以来，连续下雨天气寒冷，扇子积压卖不出去，所以拖欠了他家的绫绢钱……我并非要赖账，但实在是偿还不起，请大人宽恕。"说罢呜呜咽咽抽泣不已。

苏轼仔细端详这个商人，见他发乎真情，泪流于面，不是演戏。他一边听，一边看，一边沉思。他在想如何帮这个商人偿还拖欠的钱款。忽然，他抓起惊堂木一拍，高兴地说："有了！"

他一拍不打紧，堂下的两人都被吓了一大跳。特别是制扇子的商人，以为苏大人不信他的话，要"大刑伺候"，他瘫倒在地，上气不接下气地喊："大人，大人，饶命啊！"

苏轼安慰商人道："起来，快起来，不必伤心。你现在就回去，马上把你做的扇子给我拿20把来，老夫自有办法……"

扇商不大理解这番话，但他还是很快拿来了20把白团绫绢扇子，呈送上去。苏轼展开扇面，提起公案上判案用的朱砂笔，左勾右画，上书下写，在扇面上画上枯木竹石，题上行书。不大一会儿工夫，便将这20把扇子题画完毕。他饮了一口茶，对这个扇商说："你赶快拿出门去，将它们卖了还账吧。"

直到此时，这个商人才终于醒悟过来，这个苏大人不是一般人啊！他接过扇子，感激涕零，千恩万谢而去。

他一出门，便有许多人围住他。人们听说这是天下闻名的苏学士亲笔题画的扇子，争着以一千钱一把的高价购买。片刻工夫，20把扇子一销而空。这位扇子商人点了点钱，恰好二万，随即尽数还了身边的债主。他们都像在做梦一样。

这就是有名的"画扇制案"。这件事在杭州城引起了一阵轰动，人们对苏轼无不交口称赞，这也才有了灵隐寺里的那副赞美二人的对联。人们说苏轼心系民众，这就是一个生动而真实的故事。他"上可以交玉皇大帝，下可以交卑田院乞儿"，这就是明证。

东坡字画在东坡青年时代开始，就成为收藏界的抢手货，他的好友王诜曾在信中对他说"吾日夕购子书不厌"；九江的刻碑工李仲宁则因专刻东坡书法而温饱无虞。当时甚至出现了以制造东坡书法赝品而闻名的高述、潘歧一流人物。

黄山谷题跋东坡书帖云："今日市人持之以得善价，百余年后想见其流风余韵，当万金购藏耳。"

杭州梵天寺

杭州最为著名的寺院，有称为"西湖东南三大佛寺"的梵天寺、圣果寺和栖云寺。现在，梵天寺与圣果寺均已不存。

西湖图卷（［宋］李嵩绘。纵26.7厘米，横8.5厘米，上海博物馆藏）

但梵天寺前的一对经幢（chuáng），历经千年风雨，却依然挺拔。

梵天寺经幢建于后周显德三年（956年），现位于杭州南宋皇宫遗址区，为国家级文保单位。历史上，梵天寺不乏名人典故。苏轼和梵天寺的渊源便可谓极深。

苏东坡笃信佛教，热衷参禅，经历黄州岁月后，更是自称"居士"，与佛门中人来往甚密。他与梵天寺寺僧守诠（又名惠诠），便有过一段诗歌的佳话。

守诠是个不拘一格的自在和尚，经常放任自己，游山玩

杭州梵天寺

371

《西湖图卷》（［宋］李嵩绘）

水，穿着打扮也是十分随便，但诗写得很好，颇有山野林泉的清新之气。有一次他诗兴大发，就在梵天寺的粉壁上挥毫写下了一首禅诗："落日寒蝉鸣，独归林下寺。松扉夜未掩，片月随行履。时闻犬吠声，又入青萝去。"

熙宁五年（1072年）秋天，苏轼过访梵天寺，正好看见壁上的这一首诗，读后只觉"清婉可爱"，令人赞服。苏轼一时技痒，也是为了应和守诠的诗境与意趣，略加沉吟，提笔写了一首和诗："但闻烟外钟，不见烟中寺。幽人行未已，草露湿芒履。惟应山头月，夜夜照来去。"

两首诗清远幽深，意趣相投，成为梵天寺人文之美的绝妙见证。

元祐四年（1089年）秋季，苏东坡再一次造访梵天寺。一晃十多年的时光就过去了，他不由得发现，现在的自己饱经忧患，也许不同于先前题诗的那个人了。

他在《梵天寺题名》中写道："余十五年前，杖藜芒履，往来南北山。此间鱼鸟皆相识，况诸道人乎！再至惘然，皆晚生相对，但有怆恨。"以白话来说，就是："十五年前，我挂着杖穿着芒鞋游历诸山，就连当中的虫鱼鸟兽都相识，更何况那些道人，可再一次来到梵天寺，所见到的都是一些晚辈，令人惘然、遗憾不已。"

一如"梦绕吴山却月廊，白梅卢橘觉犹香"所抒发出的浓浓情愫，苏轼对梵天寺是十分眷恋的。那过访和诗的往事，那再访惘然的经历，那些字里字外的点点滴滴，将梵天寺与苏轼牢牢绑系在了一起。于是作为梵天寺护法神的苏轼，诞生了。

清代陆次云在《湖壖杂记》中记载了一个传说："杭州梵天寺伽蓝乃东坡。"此处的"伽蓝"即指地位稍低于四大天王、韦驮菩萨的护法神。

密州杞菊

杭州通判任期将满，因为弟弟苏辙调到济州（今山东省济南市），苏轼便向朝廷请求到山东任职。熙宁七年（1074年）五月，苏轼被任命为密州知州（今山东省诸城）。从杭州通判升任密州知州，而且兄弟俩距离更近了。

熙宁七年是甲寅年，古人对此有颇多议论。清初刘献廷《广阳杂记》云："往闻之长老云：'岁在甲寅多乱。'予初不信，及按史传，尧之洪水，幽王之得褒姒，吕政之易嬴，皆在是年。而今，康熙则有吴三桂之乱，其余比比，不可胜数，亦阅世者所当知也。"（《不过如此：历代笔记中的史事寻源》，中国和平出版社2014年版，第12页）

这样的议论，姑妄听之。

当年春季，江淮等地相继发生大饥荒，老百姓食树皮和草果腹，个个枯瘦如柴，一些人走着走着体力不支倒地而亡……

负责看守城门的安上监门官郑侠（1041—1119年），决定要让皇帝看到真相。他把每天在城门所见流民的群像，绘成图画并写下《论新法进流民图（疏）》上奏朝廷，称百姓被新法所苦，请求罢黜新法，但是中书省拒绝转达。他又冒着"欺君"

之罪的杀头风险，假冒边关急报交给银台司，直接呈交皇帝。他决心赌上自己的性命而不惜，声称：如果皇上罢黜新法之后，十天不下雨，我甘愿被斩首……

面对这幅《流民图》，神宗皇帝被深深震动了，长吁短叹，夜不能寐。光献太后知道了，就对着神宗皇帝哭诉。于是皇帝下旨：下令开封府开仓放粮；王安石被罢相，新法暂停。

王安石非常失望而落寞。在离京赴江宁知府任上，为不惊动沿途官府迎送，王安石微服私行。结果呢，一路上看到的听到的全是对他的谩骂，有的农妇为了发泄怨恨，甚至把自家养的猪和鸡唤作"王安石"和拗相公。甚至有老百姓拿着棍棒等候在驿站，准备等王安石经过时打杀他。

更具讽刺的是，在新法被暂停后的第三天，竟然天降人雨！郑侠保住了性命，一张写实主义的画作告倒了一个宰相，命运就是这样吊诡。

当年十一月，苏轼到达了号称"山东第二州"的密州。新法的弊端似乎具有高速的传染性，初来乍到，他就发现情况不妙。

密州其实是一个小城，街道冷清，建筑简陋，城外就是荒芜的旷野，大风呼啸，飞篷乱走。这不但无法与杭州相比，也远不及江浙的很多富庶的县城。他刚一到任密州就遇天灾，而新法让百姓负担加剧，民不聊生，盗贼四起……苏轼原来就没有储蓄的习惯，不料现在身为堂堂知州，竟然到了衣食难以为继的地步了。

王安石推行新法，大力削减公款费用，各级政府的小金库几乎都被收空，因此地方官员可支配的因公消费暴减。

为此苏轼写诗发牢骚，说当年陶渊明一个区区县令，可以用官家田2顷中的50亩种上高粱酿酒，我如今身为知州，却只能"岁酿百石，何以醉宾客"。他情不自禁地怀念起杭州生活富裕的岁月。

无酒是小事，但饥肠辘辘，日子就更为艰难。遥想唐朝诗人陆龟蒙写过一篇《杞菊赋》，讲自己实在没吃的，只好以杞菊（泛指野菜）为食。自此，枸杞和菊花固定成为一个意象，彰显遗世独立、清贫自高的人生态度。为此，东坡写下《后杞菊赋》一文。东坡在序言讲自己曾读到陆龟蒙此文，一开始不以为然，觉得读书人即便坎坷，但生活俭省一点，也就可以对付下去，至于一个地方官饿到要吃野菜，那也太夸张了。现在呢，苏轼平生第一回体验到了这个境况。他承认自己为官19年，日渐贫困，衣食越发不如以前。来密州前，以为最差的情况还是能吃饱……

在自嘲之外，更有椎心泣血的寄语：

人生一世，如屈伸肘。何者为贫？何者为富？何者为美？何者为陋？或糠核而瓠肥，或粱肉而黑瘦。何侯方丈，庾郎三九。较丰约于梦寐，卒同归于一朽。吾方以杞为粮，以菊为糗。春食苗，夏食叶，秋食花实而冬食根，庶几乎西河南阳之寿！

情况万般无奈，东坡与当地通守刘廷式一起，每天沿城墙根寻找野菜来果腹……幽默是苏轼的天性，两人寻觅到野菜后，迫不及待地放到口中，一顿大嚼，互相指着对方的肚子，哈哈大笑。

古语里的菊，不只是指菊花，主要是指菊花菜，即大名鼎鼎的茼蒿，在古代甚至有"皇帝菜"的美称。东坡与刘廷式多半会想起屈原"朝饮木兰之坠露兮，夕餐秋菊之落英"，这固然是中国最早食用花卉的记载，但痛饮甘露、菜食杞菊，仅仅是一种高洁的修为，并非当饭吃。但事已至此，只能囫囵填饱肚子再说。

知州大人野菜充饥的事，传遍了密州城。城里富家被感动了，拿出粮食救济灾民，百姓才度过了这个荒年。后来，民众在苏轼挖野菜的地方建起"杞菊园"，成为名胜景观。

自此，杞菊不断出现在东坡的诗文里，持续散发幽香，比如《超然台记》"而斋厨索然，日食杞菊"；《唐陆鲁望砚铭》"噫先生，隐唐余。甘杞菊，老樵渔"；《过云龙山人张天骥》"饥寒天随子，杞菊自撷芼"；《再过超然台赠太守霍翔》"无复杞菊嘲寒悭"……

由此可见，东坡笔下的杞菊，比起隐士们的清纯意象，又多了一层刺骨的寒！

到"乌台诗案"时，政敌们翻找苏轼作品，这篇《后杞菊赋》便成为证据之一。

密州杞菊

377

飞蝗蔽日

对古代百姓来说，比猛虎更可怕的，一是孔子所说的"苛政"，二就是蝗虫。古代华北一带是旱灾的多发地，在最严重的灾荒之年，旱灾又往往与蝗灾相连，给当地百姓造成无尽苦难。

北宋讲求"崇文抑武"，所以经济、文化发展极快，但弊端也逐渐显露。有学者就认为，多年困扰北宋政府的"四大顽疾"是：旱灾，蝗虫之灾，黄河之患以及西夏、辽国的兵燹。

从熙宁五年（1072年）开始，江淮一带雨雪就特别少了，黄河以北地区出现了严重的蝗灾。经验证明，蝗虫一旦没有杀灭，真是"春风吹又生"，来年同样颗粒无收，次生灾害也会层出不穷。当时仅能依靠人力战天斗地，天不见雪，朝廷公文雪片一样纷飞而下，命令各地官员与老百姓并肩作战，大战蝗虫，随时上报蝗灾和抓捕情况。神宗皇帝焦急万分，他写了好几道手诏，让手下人快马加鞭送到捕蝗一线。

后来，神宗皇帝又细化了工作指标：凡是有蝗灾的地方，由知县牵头，所有的在职官员都要去捕蝗虫。每抓到5升幼蝗或1升蝗虫，可奖励1升细苞谷；挖到蝗卵1升，给粗苞谷2

升。烧埋蝗虫的情况要详细汇报，如果因为捕蝗而损坏庄稼的，要按情况予以处罚。

中国历史上关于旱魃的最早记载是在《诗·大雅·云汉》之中："旱魃为虐，如惔如焚。"孔颖达疏："《神异经》曰：'南方有人，长二三尺，袒身，而目在顶上，走行如风，名曰魃，所见之国大旱，赤地千里，一名旱母。'"旱魃最早的传说和蚩尤有关系。蚩尤和黄帝大战，黄帝派天女魃参战，魃身穿青衣，能发出极强的光和热。她来到阵前施展神力，风雨迷雾顿时消散，黄帝终于擒杀了蚩尤。应龙和魃建立了奇勋，但也丧失了神力，再也不能回到天上。应龙留在人间的南方，从此南方多水多雨，魃则留居北方。

宋神宗熙宁七年（1074年）前后，一场大旱灾袭击了密州、沂州等地，随后引发了铺天盖地的蝗灾。东坡走在往山东密州赴任的路上，他想起来了，几个月前杭州各个属县也爆发蝗灾，当时的蝗虫厚如乌云，正是从西北方向飞来，似乎西北有一个蝗虫的大本营。他曾经这样记录："见飞蝗自西北来，生乱浙江之涛，上翳日月，下掩草木，遇其所落，弥望肃然。"苏东坡所见的自西北方飞来的蝗虫，正是当时汴京之东一带（包括今山东的大部分及江苏北部一带）蝗灾的余波。

苏东坡进入密州境内时，就看到田间道左上，男女老少三五成群奔忙不已，奋力捕杀蝗虫。他停下来仔细观察，发现村民用杂草将死掉的蝗虫包裹起来，挖地深埋。捕杀的场景一直绵延200里地，累累蝗虫坟不可胜数。

苏东坡一到达密州府上，便着手调查蝗灾、旱灾情况。这一年密州的秋旱特别严重，从夏至秋滴雨不落，秋小麦无法下种；等到十月十三日一场不大的雨降临时，已经错过了小麦播种的季节，即使勉强种下，麦苗也无法生长。由此可以推断，明年春夏之际，将面临严重的饥荒。他注意到一个惊人的数字：当地捕杀蝗虫已有3万斛了。这是什么概念呢？宋朝时1斛为5斗，1斗就是15斤啊。但飞蝗来势太猛，简直杀不胜杀。

他拜访老农，研究剿灭蝗虫之法，终于懂得了蝗、旱二灾发生、发展相互依存的关系，于是大力倡导"秉畀炎火"（火烧）、"荷锄散掘"（泥埋），利用偶尔下雨天土质湿润松软的有利时机，深埋蝗子，根绝后患。他大力鼓励百姓积极灭蝗除卵，还可以肥田，一举两得。

到任后的一个月左右，东坡上《上韩丞相论灾伤手实书》和《论河北京东盗贼状》奏折，报告蝗灾的严重情形，对其前任的一些官员欺上瞒下的说法进行了批驳，比如，当地官吏认为蝗虫未构成大的灾害，有的甚至发出了"蝗虫飞来，能为民除草"的大谬之论。东坡请求朝廷豁免赋税或暂停收青苗钱，否则，"饥赢之民，索之于沟壑"，而"寇攘为患"，"势必不止"。

但东坡内心充满了愤懑。他是相信"头顶三尺有神明"，自古以来，连年冬天不下雪，夏天蝗虫必过境，这是被视为"天罚"的征兆。他进而认为蝗虫之所以这么多，都是王安石推进的新法给闹的，他在给弟弟苏辙的诗中说："新法清平那有此，老身穷苦自招渠。"他的老朋友孔武仲对蝗灾抱有深仇大恨，认为比蝗灾更严重的就是眼下推行的新法。蝗灾还有消尽的时候，而且只有部分地区受灾，但是新法流布全国，没有尽头，危害比蝗灾严重多了。

不少人均有这样的"新法引发天灾"的认同，旧党中的官员，尤其是每天要去田野捕蝗虫的官员，就借机上书神宗皇帝，要他赶紧向老天爷认错，废止新法。但以王安石为首的新党，认为这世间事与老天爷没有任何关系。他们更愿意相信雨多、雪多才是消除蝗灾的关键，捕杀蝗虫卵才是当前最重要的工作。所以雨和雪变得弥足珍贵，它们关系到老百姓的粮食，也关系到新法的顺利推行。

由此可见，雨雪是否降临，已经是博弈天平上的指针。

就在这时，京城开封飘起了纷纷扬扬的雪花。新派官员蔡卞欣喜若狂，岂止是"瑞雪兆丰年"！这一场雪，对于新派改革生死攸关。蔡卞是王安石的女婿，他从王安石学，得安石学术、议论非常多。因此，蔡卞连升三级，成了中书舍人……他书写《雪意帖》，记录了这场大雪对于嗷嗷待哺的黎民百姓、对于矛盾四起的朝政均有深远意义。

问题在于，京城的雪，是否可以挽救鲁北大地？

不能！

为了说服丞相，苏东坡动之以情：像我这样守在边远地区的一个小官，都不值得朝廷杀我的头，如果飞蝗根本没有造成灾害，我怎么敢拿这事欺骗朝廷呢？如果您再不相信我所说的，还要反反复复地考察验证，而丧失了救民的最佳时机，那么等到朝廷来人察访饥民时，恐怕只能到山谷间找到被抛弃的尸体了……

飞蝗蔽日

东坡甚至深感后悔，为什么当初要自请移守密州，这样的心态在《次韵刘贡父李公择见寄二首》（其二）中呈露无余：

何人劝我此间来，弦管生衣甑有埃。
绿蚁濡唇无百斛，蝗虫扑面已三回。
磨刀入谷追穷寇，洒涕循城拾弃孩。
为郡鲜欢君莫叹，犹胜尘土走章台。

治理蝗虫过程中，东坡还发现了一个可喜的自然现象："县前已窖八千斛，更看蚕妇过初眠。"因为"蚕一眠，则蝗不复生矣"。

来到密州的第一个春节就在这样郁闷的心境中度过了，好不容易盼来了上元节，本以为可以热闹一番的苏轼再次深深地失望，对杭州的思念，突然如钱塘江潮水般涌来，他的《蝶恋花·密州上元》说：

灯火钱塘三五夜，明月如霜，照见人如画。
帐底吹笙香吐麝，更无一点尘随马。
寂寞山城人老也！击鼓吹箫，却入农桑社。
火冷灯稀霜露下，昏昏雪意云垂野。

这"昏昏雪意"，延宕到第二年的四月，干旱和蝗灾不但没有减弱，反而愈发严重了。东坡没有坐视不理，他沐浴焚香，素食斋戒，两次登临境内有名的常山，虔诚祈祷。据《唐十道四蕃志》记载："密州常山，齐时祈雨常应，因以得名。"苏轼两次率吏民群众登常山祈雨救旱，果然得雨。苏轼又发现常山"庙门之西南十五步，有泉汪洋折旋如车轮，清凉滑甘，冬夏若一……乃琢石为井，其深七尺，广三之二"。此乃雩泉，东坡又为百姓寻到了水源，使抗旱救灾取得进一步实效。

　　这两次祈雨，与他在凤翔府登太白山祈雨一样，天降甘露。苏轼欣喜若狂，他写《次韵章传道喜雨（祷常山而得）》，其中有诗句：

　　　　山中归时风色变，中路已觉商羊舞。

　　　　夜窗骚骚闹松竹，朝畦泫泫流膏乳。

　　　　从来蝗旱必相资，此事吾闻老农语。

　　　　庶将积润扫遗蟥，收拾丰岁还明主。

送　瓜

　　旱情仍在持续，灾荒深入每一个家庭，密州百姓简直无法承受了，实在没有吃的，有人就把自己的婴孩扔掉。苏轼发现了不少弃婴，这简直是人间惨剧啊！

　　他立即下令：务必收养弃婴。仅仅几天时间，州府中就收养了近40名弃婴。他筹措了几百石粮食，规定单独储存，专门用于收养弃儿，让一些民间的善良人家至少要把婴儿养到一岁。他不仅策划组织了这件事，而且自己也"洒泪循城拾弃孩"。人们受到感召，一年之后，收养的孩子们已经成长起来，负责哺养的人家和孩子的父母都产生了亲情，便不怕没人收养了。这一举措，在密州救活了几千个孩子。后来，苏轼多次向同行介绍这一经验。后人总结社会救助制度，认为苏轼创办了中国历史上第一家"孤儿院"。

　　苏轼回顾密州的经历时说："今虽在外，事有关于安危而非职之所忧者，犹当尽力争之，而况其事关本职而忧及生民者乎？"意思是，我的分内之事肯定要做好，但收养弃婴的分外之事也要管。由此可见，苏轼一生在政治上的信念和理想是：忠君、报国、爱民。三方面不可分割，而爱民是核心。

一天，苏轼到密州城外散步，黄昏回城正遇下雨。他见路旁有人家，柴门没掩，听见屋里有人声，是一对夫妻在逗弄小孩。男的问孩子亲谁，孩子说亲爹。女的问孩子亲谁，孩子说亲娘。问他怎么个回敬，他说："我长大了买瓜给您吃。"

父母又问："要是没钱买呢？"小孩说："没钱买，我就去偷！"夫妻呵呵大笑，夸赞说："真能干！"苏轼听到这儿扭头就走。

第二天苏轼吩咐衙役把那家的男人传来，他指着一根木棒说："你用它给我屈个粪篮子圈！"男人苦笑道："大人，木棒不能屈成粪篮子圈，要用树条。"

"对啊，木已成型屈不动，"苏轼接着问，"小孩在成长，是属木棒呢，还是属树条？"

"那还用说，是属树条。"

"小孩儿既属树条的，就该扶直，往正路上引。你怎么还怂恿他去偷瓜？"苏轼索性把昨晚听窗的事和盘托出。男人反而争辩："大人，咱这里有个老规矩，就是正派人不听墙根。你怎么……"

苏轼不高兴了，把惊堂木一拍！

男人见势不妙，赶忙叩头苦苦求饶，方免除责打。

男子回到家，因为受了惊吓，躺在床头休息。不久就听见柴门外有人招呼："可以进来吗？"

男子抬头一瞧，见是苏大老爷带着一个衙役，忙出屋迎接。苏轼进屋，见那个小孩怯生生地望着他，便从衙役的背囊里拿出一个甜瓜，给了小孩，说："吃吧。记住，长大了可别去

送
瓜

385

偷瓜……"

苏轼送去的岂止是瓜，而是做人的基本准则。

熙宁九年（1076年）底，苏轼调离密州，他希望接任的知州孔宗翰能让百姓过上好生活："何以累君子？十万贫与赢。"苏轼离别密州时百姓遮道哭泣，洒泪相别。

元丰八年（1085年）十月，东坡赴登州任太守途中路经密州，小住几日。知州霍翔在超然台上设宴款待他，百姓听说后，都来看望东坡。"重来父老喜我在，扶挈老幼相遮攀"，尤其那些曾被苏轼收养的弃儿及其养父母，都相继赶往州衙拜谢救命恩人，"当时襁褓皆七尺，而我安得留朱颜"，"山中儿童拍手笑，问我西去何时还？"一问一答，其乐融融，场面极为感人。

射 虎

有个妇人白天把两个小孩放在沙滩上，而自己去河边洗衣服，老虎从山上跑下来，妇人慌忙潜入水里躲避老虎。两个小孩子还依然在河滩上玩耍……

老虎仔细看了很久，甚至用头来触碰两个小孩子，希望其中一个能够感到害怕，可是小孩子很天真，竟然不知道害怕。老虎也终于离开了。

估计老虎吃人，必定先对人施加威风，但是对于不害怕的人，老虎的威风不就没有施展的地方了吗？

这是《书孟德传后》的大致意思，是东坡根据苏辙的散文《孟德传》而写的。老虎！老虎！现在东坡真的要与比老虎更凶猛的物种打交道了。

初冬的山东大地，一片萧条，到处都是光秃秃的，了无生机，寒冷紧随，令人瑟瑟发抖，在旅途劳顿之中，苏轼竟遇到了一群骑马的土匪，但见他们提着翅膀乱抖的鸡鸭，拎着大包小包，马车里还有女子的啼哭声，很快消失在望不到尽头的路上。

苏轼询问前来接他的密州通判刘庭式，为什么密州的土匪如此猖狂，刘庭式不住叹息，一言难尽啊。这群匪徒的头目叫何四两，他们打砸店铺，抢夺财产，侮辱妇女，老百姓每天过的都是胆战心惊的日子，苏轼虽不语，但已决心要铲除这帮匪徒。

匪巢在哪里，这成了一个难题，被掠走的女子的丈夫名叫孟元，他告诉东坡一个线索，匪巢可能在常山深山里的一座山神庙。东坡把认识的老猎户余七请到密州府上，余七对那一带比较熟悉。东坡在老猎户的帮助下，做好抓捕匪徒的准备工作……

老猎户余七常年在山中穿行，东坡向他悉心请教，包括如何射猎野兔，如何骑马射箭，还有怎样驯鹰。老鹰的野性非常大，可以几天不吃食，余七自有一套方法驯服它们。他将老鹰关在一间屋子里，只点着一盏忽明忽暗的小油灯，目的是让老鹰日夜不能合眼，不吃不喝几天，然后放出来训练喂食。

苏轼随余七一起到山野狩猎，他右手臂上有一只被驯服的老鹰，肩上背着一张弩弓，左手牵着一只大黄狗，悄悄地为一举消灭匪徒做着准备。那些官员们见苏轼整日狩猎，私下议论他不务正业，苏轼只是笑笑而已。他的很多苦闷，不足与外人说，只能自行排遣。北宋前期，整个词坛沉浸在低徊、纤细、迷漫的抒情中。苏轼置身北国高天，他那深沉辽阔的情思，自然而然一泻千里。熙宁八年（1075年）寒冬时节，苏轼在密州写出了最早的一首豪放词《江城子·密州出猎》：

老夫聊发少年狂，左牵黄，右擎苍，
锦帽貂裘，千骑卷平冈。

为报倾城随太守，亲射虎，看孙郎。

酒酣胸胆尚开张。鬓微霜，又何妨！

持节云中，何日遣冯唐？

会挽雕弓如满月，西北望，射天狼。

上阕"老夫聊发少年狂，左牵黄，右擎苍，锦帽貂裘，千骑卷平冈。为报倾城随太守，亲射虎，看孙郎。"东坡是说，我姑且抒发一下少年的豪情壮志，左手牵着黄犬，右臂托起苍鹰。诗人再写，我头戴华丽的帽子，身穿貂裘的衣服，带领着抓捕匪徒的队伍席卷山冈。为报答全城人随我一同出来狩猎，我要学习孙权，亲自射杀猛虎。

东坡在下阕写道，淋漓酣畅的沉醉，让我胸襟更开阔，胆气更为勇敢，尽管两鬓已微微泛白，但又有什么关系！"持节云中"中"持节"指奉朝廷之命的使节，"云中"为汉时的郡名。诗人说，什么时候皇帝派人下来，就像当年汉文帝派遣冯唐到云中赦免魏尚，对我重新予以信任，那时我会拉雕弓似满月一般，瞄准西北方向，射击侵犯之敌。

《江城子·密州出猎》是苏轼作品中分量非常重的一篇，它不仅是一首高度体现现实主义的记录游猎的词，更是东坡亲手抓捕匪徒为民除害的热血之作。一个无所畏惧地挽弓射箭的壮志男儿的英雄气概，力透纸背。作品豪迈旷达，别开生面，千年之后读到这首词，依然可以感受到作者立志保家卫国的沸腾热血和激情四溢的豪迈勇气。可以看作北宋军民对外敌的强力回应，发出了黄钟大吕之声。

射虎

"亲射虎，看孙郎"，看来绝非东坡修辞式的夸张。

东坡兄弟幼年时节，父母对他们讲到过孔子的"射礼"。射箭是古代传统的武功，也是评判君子之德高低的重要标准。古代认为射箭有五种好处，一是让自己的志向不跑偏、身体协调，二是使容貌和仪态和谐，三是保持射中目标，四是和雅、颂协调一致，五是兴盛舞。孔子特别提倡礼、乐、射、御、书、数，尤其是射，孔子箭术有多高超呢？《礼记·射义》记载："孔子射于矍相之圃，盖观者如堵墙。"意思是说，观看孔子射箭的人堵成一堵墙！可见孔子射箭水平之高，要是拙劣，不会有那么多人去看热闹。

有趣的是，东坡到底箭术如何呢？

嘉祐六年（1061年）底，东坡来到了人生仕途第一站：担任陕西凤翔签判。公务之后的闲暇，血气方刚的东坡对射箭产生了浓厚兴趣，这与当时北宋所面临的边境形势有关。北宋重文轻武，国力渐弱，边境烽烟四起，只能不断赔金、屈辱求和。东坡在这段时期学习射箭，渴望文武兼备。他写信告诉苏辙，自己射箭的成绩："官箭十二把，吾能十一把耳。"意思是自己练习箭术后，12把箭能射中11把！接到弟弟回信后，他意犹未尽，写下《次韵和子由闻予善射》："穿杨自笑非猿臂，射隼长思逐马军。"自己射术甚佳，几乎百步穿杨，只是膂力差了。一个渴望驰骋疆场的爱国诗人形象，呼之欲出！而经过这段时间的专心操练，东坡也有不少"文武打通"的心得："共怪书生能破的，也如骁将解论文……观汝长身最堪学，定如髯羽便超群。"意思是感慨同僚对自己善射的赞叹和惊奇，指出无论是书生还是将军都应当文武兼修，也存有对北宋重文轻武的善意批评，体现了强烈的报国情怀。文末，还没忘记"调侃"弟弟，你长得比我高大，学习射箭肯定比我更出色。由此看来，苏洵"颇好言兵"的习惯，无疑影响了两个儿子。

按照苏辙诗《闻子瞻习射》所载，东坡"力薄仅能胜五斗，才高应自敌三军"。虽然不必较真，但大致可以推测出东坡的膂力较弱。沈括《梦溪笔谈》卷三记载：凡石者以九十二斤半为法。北宋一石为十斗，约等于92.5市斤，一市斤按0.63千克来计算，那么东坡所拉之大约为58千克。对比同时代士兵使用的一石三斗弓，连一半都达不到，实属于力弱。东坡体力不够，但智力超群，"良家六郡传真法，马上今谁最出群"，苏辙自然明白，哥哥的长处，是胜在指挥才能方面。

超然台

东坡的杀虎之举声震四野，但刚刚收复的自信迅速就被内心的忧伤所覆盖了。

有时，他只能写信给弟弟大倒苦水，他感叹："子由啊，你看我也当了这么多年的官，怎么日子越过越穷啊！"为排遣忧愁，他只能在哲学家庄子的神游思想中，去领略超然的境界。

诸城西北台下巷城墙上有一座"废台"。

东坡《超然台记》有这样一段话："处之期年，而貌加丰，发之白者，日以反黑。予既乐其风俗之淳，而其吏民亦安予之拙也。于是治其园圃，洁其庭宇，伐安丘、高密之木，以修补破败，为苟全之计……"这就说明，苏东坡修葺超然台绝不仅是为了一己游乐、忘忧，而是为"修补破败"。刚到密州的东坡曾写下《雪后书北台壁二首》，其中就有"试扫北台看马耳，未随埋没有双尖"的句子。这就是说，在他来之前，北台就是城墙上的赏景之处。

东坡予以"增葺之"。至少，东坡可以与同僚览其山川，增加一点繁忙公务中的乐趣。熙宁八年（1075年）十一月，台成。东坡写信告诉子由，子由依据《老子》"虽有荣观、燕处超

山东诸城的超然台（向以桦绘）

然"之意，命名曰"超然"，并作《超然台赋》予以赞咏。超然，即超脱尘世、乐天知命的意思，弟弟也暗示哥哥，希望他彻底摆脱排遣不了的种种羁绊。于是东坡《超然台记》的横空出世，成为千古名篇。有人赞说："若无子由明兄意，神州那得超然台。优游物外迪心智，诸城至今寻旧台。"诚哉斯言！

　　《超然台记》里叙述了自己的生命状态，其实并非"不乐"。证据是：东坡在密州"处之期年，而貌加丰，发之白者，日以反黑"。密州真的成为东坡返老还童的福地吗？倒也未必，这是他的反讽策略，他不能被人从中找到"腹诽"朝政的明证。所以，他一再强调："以见余之无所往而不乐者，盖游于物之外也。"而且，这个"物外"，是心系民瘼之余，放弃生活中的一切争斗，不为世俗物欲所累。

　　就是说，东坡采取的是双规制：现实与超然物外并行不悖，满腔热忱介入现实，清心寡欲超然物外——这是东坡密州时期现实与思想的双面。

超然，是超出尘世之意，是一种人生态度，是一种对生理需要、情感需求、功名利禄保持一定距离的态度。实事求是，密州时期苏东坡的文学创作出现了明显转变，他的文学救赎、他的责任担当、他的心灵寄放，均得到了前所未有的厘清。

他找到了寄身天地、接通历史血脉之河的要津。

苏轼闷闷不乐地在书房踱步，3岁的幼子苏过跑进来，嘻嘻哈哈拉住爸爸要陪他玩。平时东坡爱跟孩子们开玩笑，可是今天心绪不宁，忍不住吼了一声，把苏过吓得大哭起来……妻子王闰之闻声进来把孩子抱走，回来劝丈夫："我看你呀，比两三岁的孩子还要傻呢。整天愁眉苦脸有什么用？来，喝杯酒，放宽心吧。"苏轼是何等聪明之人，妻子一番话，惊醒梦中人。愁眉苦脸有什么用呢？忧愁更不能当饭吃！眼下，蝗旱之灾不会因忧愁而减轻，种种不如意也不会因忧愁而迎刃而解，自己为什么就参不透这么简单的道理？他为自己的执念而羞愧，提笔写下一首趣味盎然又充满禅机的小诗《小儿》：

小儿不识愁，起坐牵我衣。

我欲嗔小儿，老妻劝儿痴。

儿痴君更甚，不乐愁何为。

还坐愧此言，洗盏当我前。

大胜刘伶妇，区区为酒钱。

那么，到底是你"痴"，抑或是我"痴"？一切都在酒中。

他必须放下。

林语堂《苏东坡传》里有绝妙概括："人生最长也不过三万六千日，但是那已然够长了；即使他追寻长生不死的仙丹妙药终成泡影，人生的每一刹那，只要连绵不断，也就美好可喜了。他的肉体虽然会死，他的精神在下一辈子，则可成为天空的星、地上的河，可以闪亮照明，可以滋润营养，因而维持众生万物。这一生，他只是永恒在刹那显现间的一个微粒，他究竟是哪一个微粒，又何关乎重要？所以生命毕竟是不朽的、美好的，所以他尽情享受人生。这就是这位旷古奇才乐天派的奥秘的一面。"

兄弟灵犀相通，那自然是希望登台的人们，登高四望，置身于忧愁之上，企望自己能超然于欲望之外，知足常乐。

知足。知足。

窗外的知了，为什么一直叫个不停，铁锅炒砂石的声音，是时间的永动机在提示什么？那只要不是忧烦的步履声，就比一切都好！

夜里，恍惚的垂柳枝，用最柔弱的细叶拂动水面，将蛰伏的暑气唤起。但水上的夜色并不急于回到天上，它们继续平躺着，像一个半醒的梦，让微光与水浪从头顶越过，就仿佛自己的手刚刚放下毛笔！

窗外的世界，看起来就是一泓波澜不兴的墨汁。墨汁什么都可以承载，墨汁唯独不会承载自己。以墨显墨，不成立啊。

知足。知足吧。

熙宁九年（1076年）的中秋佳节，皓月当空，银光泻地，

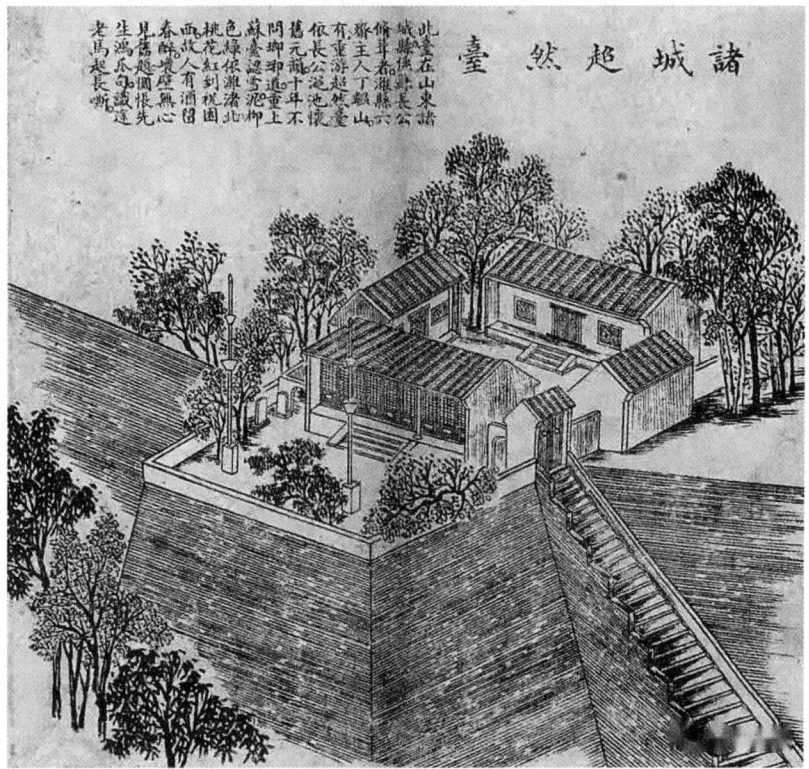

诸城超然台古图（选自乾隆《诸城县志》）

菊花游走在浮荡的银箔上，步步生韵。

苏轼登临超然台，他对着一轮明月，抚琴、赏花，通宵痛饮。大醉之后，遥望齐州九点烟，一泓海水杯中泻。

南宋朱弁《曲洧旧闻》载："中秋玩月，不知始于何时。考古人赋诗，则始于杜子美。而戎昱《登楼望月》，冷朝阳《与空上人宿华严寺对月》，陈羽《鉴湖望月》，张南史《和崔中丞望月》，武元衡《锦楼望月》，皆在中秋。则自杜子美以后，班班形于篇什，前乎杜子美，想已然也，第以赋咏不著见于世耳。……按《艺文类聚·岁时部》无中秋。而中秋玩月之见于记载者，《唐逸史》载罗公远开元中秋夜侍玄宗于宫中玩月，《天宝遗事》载苏颋与李义八月十五夜于禁中直宿玩月。然则玩月盛于中秋其开元以后乎？"

从这个记载而言，东坡赏月，似乎并未进入朱弁的寓目。

他想起了7年未能晤面的弟弟了，东坡曾以扬州土产送给子由，东坡自谦"且同千里送鹅毛"。现在呢，密州没有什么东西可以寄送到济南那里了。好在兄弟同在一片月光下，那就送一片月光！既是眉州的月光，也是亡者与未亡者的月光。而且，月光注定要为每一个微笑镀银，月光会照彻历史的骨头，发出磷火。

他挥笔写出了一首足与星月同辉的杰作——《水调歌头·丙辰中秋》：

明月几时有？把酒问青天。不知天上宫阙，今夕是何年？我欲乘风归去，又恐琼楼玉宇，高处不胜寒。起舞弄清影，何

越然臺賦

子瞻以逍字除杭三
年不得代以軾之在
瀞南之采為東洲守
既得請高密其介

《苏东坡辞典》

似在人间？

转朱阁，低绮户，照无眠。不应有恨，何事长向别时圆？人有悲欢离合，月有阴晴圆缺，此事古难全。但愿人长久，千里共婵娟。

青壮时代的"狂"与"野性"，在这里早随风而去了。

可是，很多人忽略了词里昭示出来的苦闷，那种"进亦忧退亦忧"、进退失据的苦闷。

东坡的诗词流自内心，他较少引经据典，那宛如岷江之水直冲霄汉的情怀，撞击着历代读者的心弦："但愿人长久，千里共婵娟。"巡望宇宙人间，仕途浮沉不足虑，得失荣辱不足念。最需要加以呵护的就是一个人如同白驹过隙、与人自然相通的生命。人生的祝愿说一千道一万就集于一句：但愿人长久。只要相知相思的人能够平安生活，那么娟丽的月华就会无限辉煌，生活就会因此而充满希望。

可以想象，飘荡在月光下，东坡快浮起来了。超然台上，天空铺满了的月华，就像挥之不去的乡愁。谁都可以走进中秋时节这动人的一幕：山巅举起了湖泊，让平静的水融化在月光中，像一个大梦。酒杯则在月光的注视下，变成了琥珀。这就像一棵大树不断向湖水派发树叶，树叶转身，树叶眷恋大树。

不同时代的人朗诵着东坡的词句，思绪已飞越了时间与空间。那些词句融入一束束烛光，融入一波一波的流水，也把明月融入了每个人不同的生活。月光笼罩村庄和城市，笼罩大地与山峦，笼罩着人间的欢喜和悲哀，但明月坦然而沉默，不动声色。数不清的月缺月圆，数不清的多愁善感，古往今来人们每逢佳节倍思亲，就是渴望融进那轮明月，明月如同一面镜子，也必将把同一轮圆月下彼此的思念、彼此的牵挂分赠给对方。人的生命因为月光而皎洁。

面对东坡笔下旷放的辞章，难怪后人会说："中秋词自东坡《水调歌头》一出，余词尽废。"评价非常之高。它与《江城子·密州出猎》等词联袂而起，开启了豪放词的健雄罡风。而当时社会流行的词，不过是供市井消闲的柔美歌曲而已，至多只能展现私人生活和个性狭窄的侧面，低吟浅唱，属于佐酒的产物。谁有苏东坡这种豪迈气象，以及敏锐的生命反思和对感情的倾注？

前面提到东坡初到密州正逢大旱，并伴随严重的蝗灾与匪盗。在他精心治理下，到了熙宁九年（1076年）春天，密州的情况已大有改观，东坡心情大好，登上超然台，看到密州的景色，他突然觉得，这里的春色，有一种人间的温情，氤氲一般从柳林间升腾……他写下了《望江南·超然台作》，俨然是一幅描写人文市井的画卷：

春未老，风细柳斜斜。试上超然台上望，半壕春水一城花。烟雨暗千家。

寒食后，酒醒却咨嗟。休对故人思故国，且将新火试新茶。诗酒趁年华。

这首词以潇洒清丽的文笔勾勒出了密州城无边的春色。这花木扶疏的春柳春水，固然引起了苏东坡不尽的故园之情，但他却又能从这种思乡情切中超然出来，"且将新火试新茶"，在酌酒吟诗中领略大好春光。然而细细品味，我们又分明能感到那种"才下眉头，却上心头"的乡愁，却是更为深切了。

苏轼在密州，还作有《和鲁人孔周翰题诗二首并引》。"又其后五年中秋，轼与客饮于超然台上。"这是苏轼自己留下的超然台上雅集的直接证据。

《江城子》则展现了诗人在超然台上，南望马耳山回首往事的心境：

前瞻马耳九仙山，碧连天，晚云闲。

城上高台，真个是超然。

莫使匆匆云雨散，今夜里，月婵娟。

小溪鸥鹭静联拳，去翩翩，点轻烟。

人事凄凉，回首便他年。

莫忘使君歌笑处，垂柳下，矮槐前。

"我本不违世，而世与我殊。"如今江山依旧，在出世与入世之间，他的确难以抵达清静无为、独善其身之境，是故进亦难、退亦难。这就是东坡"真是个超然"的尴尬世界……

夜声与天籁

元丰元年（1078年），东坡在徐州，送老朋友郑彦能回大名府，写诗《送郑户曹》（郑彦能曾任大名府户曹参军），其中有"河从百步响，山到九里回。山水自相激，夜声转风雷"之句，这里的"夜声"一词让笔者久不成寐，索性去阳台小坐一阵。

现在肯定没有万籁俱寂的空间，无论是置身市区还是山林。在我的少年时代，一来到大一些的城市，晚上兴奋得难以入睡，细听窗外的动静，车声、喇叭声、敲打声、锅炉启动的声音、来历不明的吵架声，配合阑珊的灯火把夜空漂出水红色，往往都会视之为繁华的象征。

想起"市声"一词，应该出自北宋诗人苏舜钦与其兄苏舜元作《地动联句》："坐骇市声死，立怖人足踦。"很显然，苏舜钦兄弟经历了一场冬季的地震，不然就不会说"念此大灾患，必由政瑕疵"，这是指天圣七年（1029年）的京师地震。此处的"市声"，的确是充满烟火气的人间声音，却被地震生生熄灭了。

笔者坐在阳台上，目睹火树银花的城市，感到有一种巨大的、漫无边际的声音萦萦而起，与夜雾一起在楼群间扩展，呈现一种"哈哈哈"的声音，不像风，也不类似于雨，开窗即来，关窗即无，有点近似于一根恒久漏气的管子。

这是夜声么？

其实笔者听到的并非夜声，而是街市或市场的喧闹声，乃是红尘的声音。

北宋诗人、画家文同长期生活于山野，写过《林居》《野居》等大量野趣之作。熙宁四年（1071年），他知陵州（今眉山市仁寿县）期间，恰好写有《夜声》一诗：

秋风动衰草，搣搣响夜月。

其下有鸣蛩，到晓啼不歇。

乃知摇落时，众籁自感发。

安得苦吟人，不能为一哕。

在月夜他听到了龙泉山脉一线的风声、草声、蛩声，乃至枯叶飞舞之声。"搣搣"是象声词，形容叶片簌簌掉落的声音。这些从声音可以联想到的大自然的起伏，直到天亮也是响个不停。这是冬季，万籁相互感应，生命天道轮回，汇聚而成的大自然之声。其实，这才是真正意义上的夜声。只是在万籁之外，那个苦吟的诗人，却无法发出一声叹气去加入自然的鸣唱。

文同是否如临天籁？

夜声与天籁，似乎又有不同。

东坡的诗句"天籁远兼流水韵，云璈常听步虚声"，仔细分辨，觉得他对庄子哲学，有独到体悟。

　　什么是天籁？《逍遥游》说："夫吹万不同，而使其自己也，咸其自取，怒者其谁邪？"风刮过来，万物之气势是"吹"出来的，"吹"的味道无穷。庄子于是起了一个名词叫作"吹万"。这样看来，天籁既可具体化，但也似乎不会过于靠近，过于具体地翘起嘴喙，奋力一"吹"。毕竟"人籁"可称为丝竹箫笛之声，"地籁"可称为"众窍"之声。声音之所以千差万别，乃是由于自然形态所致，但是，主宰它们发出声音的是谁？

是风吗？

在林林总总的声音汇聚里，前后、大小的声音鳞次栉比，互相呼应。一旦狂风吹过去以后，一切孔窍都恢复平静，空寂无声。只有小草还在轻轻摇摆……

天籁于有声和无声、有心与无心之间。天籁为什么是无声的呢？因为它是自然本来之力，不赋予在具体之物上就无法显出声音。就是说，天籁固然有，但因外物而起。

人籁气吹，地籁风吹，天籁自取。所以说，天籁无声，物

水调歌头（明月几时有）

和人如果归于自性，那么就是听到天籁了。

我们明白了天籁无声，也就不难理喻"大爱不宣""大音希声"了。

再反过来看，文同在龙泉山的季候里，再次"心证"了《庄子》的至高哲学。当然，他通过竹林的喧哗，肯定听到了天籁加诸人籁、地籁的另外一种声音。

这是"于无声处听惊雷"吗？似乎不是，古典的耳朵里臆想的应是缥缈的箫声。

学习东坡这首《水调歌头·黄州快哉亭赠张偓佺》：

落日绣帘卷，亭下水连空。

知君为我新作，窗户湿青红。

长记平山堂上，欹枕江南烟雨，杳杳没孤鸿。

认得醉翁语，山色有无中。

一千顷，都镜净，倒碧峰。

忽然浪起，掀舞一叶白头翁。

堪笑兰台公子，未解庄生天籁，刚道有雌雄。

一点浩然气，千里快哉风。

张偓佺就是张怀民，那位陪着东坡去承天寺夜游的人。苏轼给张怀民的亭子命名，叫"快哉"，这两个字出自宋玉的《风赋》。兰台公子宋玉所说的"大王之雄风"与"庶人之雌风"，大王的风是由香草吹入宫殿，百姓的风是吹到破房子里，容易让人生病。宋玉的本意，应是悲天悯人，同情百姓的疾苦。

他认为"雄风"才属于天籁。尽管他歌颂权力以至如此地步，其实是承袭了庄子对风进行分类的描写法。但实际上，宋玉是强调"物不齐"的极端之态。而东坡否定了宋玉的看法，提出了自己的"天籁观"，他把认识的焦点从"风"拉回到了"人"身上，回归主体。在东坡看来，宋玉不懂得庄子所说的天籁对任何人都是一样的，人无论在什么样的处境下，不管贫困还是富有，不论百姓还是君主，"惟江上之清风，与山间之明月，耳得之而为声，目遇之而成色"。"一旦处在体道的精神愉悦之中，人便能不为外物所累，顺物自然，就可以臻于'逍遥'之境。由此可知，与之相对的，处于这种境界之时主体所发之声，便是东坡的心目中的天籁之音。"（江梅玲《〈水调歌头·黄州快哉亭赠张偓佺〉一词中的"老翁形象"》，《乐山师院学报》2019年第7期）

这就是说，东坡认为"天籁"是有声的。一点浩然气，千里快哉风。

至于宋代李曾伯《满江红（再和）》却这样说："天籁无声随物应，阳春有脚从中入。"

现在我面临的情况，是有人在醉意深沉的马路上唱歌，声音嘶哑，偶尔插入了一声白鹭的干嚎。鹭鸟在锦江亮翅，路灯下白若餐巾纸。

有声的天籁，无声的天籁，都好！

佳　趣

　　《归去来兮辞卷》，是苏轼抄写的陶潜诗文。元丰年间，毛维瞻为筠州太守，与苏辙交游甚密，且对苏辙多有关照。东坡曾有《与毛维瞻》一首，诗前序曰：

　　岁行尽矣，风雨凄然。纸窗竹屋，灯火青荧。时于此间，得少佳趣。无由持献，独享为愧，想当一笑也。

　　毛维瞻之子毛滂，于元丰五年（1082年）二月从筠州来黄州拜谒苏轼，毛滂以诗文受知东坡。东坡对这个晚辈关爱有加，写《次韵毛滂法曹感雨》诗，由此可知东坡与毛氏父子交往已久。元丰五年岁暮，毛维瞻退休了，古语称"致仕"，请东坡书陶渊明《归去来兮辞》"以为林下展玩"，东坡便为其书写了《归去来兮辞》。

　　东晋安帝义熙元年（405年）陶渊明为彭泽令，督邮来县里巡察，按要求他应冠带整齐去迎见督邮，但陶渊明以不为五斗米折腰，卑躬屈膝事乡里妄人，决定挂冠而去，归隐浔阳柴桑（今江西九江），自己身后，是恬淡自适的农耕生活远景。

他行前作《归去来兮辞》，等于是宣布与权力体制决裂。

东坡抄写《归去来兮辞》，一方面表达了他对耕读生活的向往，对陶渊明挂冠归隐的勇气的钦佩，这在苏轼大量的和陶诗中看得更清楚；另一方面，苏轼被贬黄州期间躬耕于东坡，远离官场是非，心情得以暂时地放松，抄写《归去来兮辞》也是借他人杯酒，浇自家块垒，同时也有借此与好友共勉之意。

文中"得少佳趣"是自谦，其实东坡是怡然自得的。独享这闲人与闲时、闲书与闲灯的时辰。

在笔者看来，一个成熟的思者，必须长久地置身于寂静。

就像坦塔洛斯一样，思者尽力将身、心低伏下来，透过时光的网格，他的指尖终于能触及甘泉的一点点虚体，那不过是甘泉涌渐起来的几星水花。如果再往下进入一点，可以用指尖提住水花的腰肢。

但即使这几缕水汽，也够思者抬起头来畅想云朵，畅想甘泉是如何升华至云的温床，又是如何在睡梦中翻身而下的。寂静赋予一个人的滋养，就像是为剑刃镀铬。但是，又仿佛是抽去了现实中梯子上最高的那根梯木！

阴霾下的个人时光，窗外银杏铺地，随风而走，就像散落在地的薛涛笺，将历史的伤感在现实中悄然盛开。最后东坡发现，原来伤感的历史并非忧伤，而是忧郁成性的花朵，分外冷艳。这是外人不易察觉的书房秘密。

周作人先生曾经称赞苏东坡之文：随手写来，并不做作，而文情俱胜，正恰到好处。周作人在《苦茶庵打油诗》续作中写道："饮酒损神奈损气，读书应是最相宜。圣贤已死言空在，手把遗编未忍披。未必花钱逾黑饭，依然有味是青灯。偶逢一册长恩阁，把卷沉吟过二更。"青灯有味，那个青灯独照的闲人，庶几近于东坡的佳趣！

春娘碧桃榴花

　　人们穷尽一生，最终走向的注定是内心的兰蕙。独行千里万里，一个人寻着那股眼睛散发的香气，终于归来。你怯生生地来到昔日门前，看到了那个曾经在此指天发誓、豪情万丈的自己。走过庭院，还会看到那个苦读的自己。在书房的一角，那最静谧的所在，那里有最浩瀚的、最温暖的一团雾气，不过就是生命伊始的地方，还有自己童年时节散发出的体味。一声鸟鸣让你猛一回头，树梢上摇曳着自己追逐一生的梦想，以及故乡上空最清丽的云月！

　　这一段话，是笔者坐在杭州西湖边用手机写下的。

　　话，并不一定非要说给东坡听，也可以写给那些流逝的红颜，以及陌生者。宋人张仲文《白獭髓》即说"所谓自有旁人说短长"，东坡更是概莫能外。

　　首先，说一说春娘。

　　冯梦龙在《情史类略》中记载了这么一则逸事，冯也抄自明代钟惺汇编的《名媛诗归》一书，而《四库总目提要》对《名媛诗归》的评价是："其间真伪杂出，尤足炫惑后学。"

　　杭州期间苏东坡的确是"家有数妾"，其中有一个侍女叫春娘。因为"乌台诗案"的持续效应，经历了一百多天的一惊一乍，最后东坡被贬往黄州。大难当头朋友纷纷回避，朋友蒋运使仍然前来为东坡饯行。席间，苏东坡让春娘出面劝酒。

蒋某问："春娘也一起去吗？"

苏东坡说："她要回娘家。"

蒋某明白了，说："我用所骑的白马换春娘，可否？"

东坡答应了。

据说，蒋某当场写了一首诗：

不惜霜毛雨雪蹄，等闲分付赎娥眉。

虽无金勒嘶明月，却有佳人捧玉卮。

苏东坡和了一首诗：

春娘此去太匆匆，不敢啼叹懊悔中。

只为山行多险阻，故将红粉换追风。

春娘敛衣上前跪拜说："我听说当年齐景公要斩马棚的小官，晏子（春秋时齐国大夫）劝谏：孔夫子马棚被烧，却不问马，都是看重人而轻视畜生！"于是，春娘口吟一诗辞谢，诗中说：

为人莫作妇人身，百般苦乐由他人。

今日始知人贱畜，此生苟活怨谁嗔。

吟完，春娘走下台阶，一头撞到槐树上，不幸死去。

我以为，这是虚构的故事。多半是受"鬻马遣姬"引发的故事演绎。

白居易《不能忘情吟·序》："乐天既老，又病风，乃录家事，会经费，去长物。妓有樊素者，年二十余，绰绰有歌舞态，善唱《杨枝》，人多以曲名名之，由是名闻洛下。籍在经费中，将放之。马有骆者，驵壮骏稳，乘之亦有年。籍在长物中，将鬻之。"（见《全唐诗》卷四六一）

白居易晚年遣散家姬樊素、卖掉骆马（尾和鬣黑色的白马），曾赋诗记其事，宋人化用入词。老年的白居易欲去"身外之物"，散樊素、卖骆马，这令人唏嘘的一幕，移到了东坡身上，如此演绎为春娘换马。

宋人陈鹄《耆旧续闻》云：

> 陆辰州子逸，尝谓余曰：东坡《贺新郎词》后撷用榴花事，人少知其意。某尝于晁以道家见东坡真迹，晁云：东坡妾名曰朝云、榴花。朝云死于岭外，东坡尝作《西江月》一阕，寓意于梅，所谓"高情已逐晓云空"是也。惟榴花独存，故其词多及之。观"浮花浪蕊都尽，伴君幽独"，可见其意矣。（《历代笔记中的绝世美女》，中国和平出版社2014年版，第46—47页）

陆淞（1109—1182年），字子逸，号云溪，山阴（今浙江绍兴）人，陆游的长兄。他一度知辰州，所以有陆辰州之称。

胡仔《苕溪渔隐丛话》引《古今词话》："苏子瞻守钱塘，有官妓秀兰，天性黠慧，善于应对。湖中有宴会，群妓毕至，惟秀兰不来，遣人督之。须臾方至，子瞻问其故，具以发结沐浴，不觉困睡，忽有人叩门声急，起而问之，乃乐营将催督之，非敢怠忽，谨以实告。子瞻亦恕之。坐中倅车属意于兰，见其晚来，恚恨未已。责之曰：必有他事，以此晚至。秀兰力辩，不能止倅之怒。是时榴花盛开，秀兰以一枝藉手告倅，其怒愈甚。秀兰妆泪无言。子瞻作贺新凉以解之，其怒始息。……子瞻之作，皆目前事，盖取其沐浴新凉，曲名贺新凉也。后人不知之，误以为贺新郎，盖不得子瞻之意也，子瞻真可谓风流太守也，岂可与俗吏同日语哉！"苕溪渔隐曰："野哉杨湜之言，真可入笑林，东坡此词，冠绝古今，托意高远，宁为一娼而发邪？'帘外谁来推绣户，枉教人、梦断瑶台曲，又却是、风敲竹'，用古诗'帘卷风竹动，疑是故人来'之意。今乃云'忽有人叩门声急，起而问之，乃乐营将催督之。'此可笑者一也。'石榴半吐红巾蹙，待浮花浪蕊都尽，伴君幽独。浓艳一枝细看取，芳心千重似束。'盖初夏之时，千花事退，榴花独芳，因以中写幽闺之情。今乃云'是时榴花盛开，秀兰以一枝藉手告倅，其怒愈甚。'此可笑者二也。此词腔调寄贺新郎，乃古曲名也。今乃云：'取其沐浴新凉，曲名贺新凉，后人不知之，误为贺新郎。'此可笑者三也。词话中可笑者甚众，姑举其尤者。第东坡此词，深为不幸，横遭点汗，吾不可无一言雪其耻。"

另外，在清人叶廷琯《鸥陂渔话》里，也提到"东坡妾碧桃"：

　　江右都昌县有坡翁诗石刻云："鄱阳湖上都昌县，灯火楼台一万家。水隔南山人不渡，东风吹老碧桃花。"署"眉山苏轼书"。嘉庆中，杭人王文诰撰苏集，编注云："其友人衡山王泉之作令江西，尝以事至都昌，见《都昌志》称，坡公南迁时，遣妾碧桃于县，因为此诗。"

　　春娘也好，榴花也好，碧桃也好，桃花流水杳然去，别有天地非人间。俱往矣。

　　钱锺书先生曾提出一个颇为别致的观点，即中国人在谈到喜、怒、哀、乐、爱、恶、欲七情中，缺少了一个"情"，那就是"愧"（见《干校六记》小引）。这就是说，正常的人应当不止具备"七情"，实在应当加上"愧"这个第八情。愧是成为有尊严的人的重要条件。学者黄苗子说，儒家把"孝悌忠信礼义廉耻"列入道德范畴，其实是分类分错了，耻是与喜怒哀乐等反应，仅属于心理作用。一个人快乐，就咧着嘴笑；忧愁，就锁着双眉；而"愧"或"耻"，则立刻脸红、沮丧，抬不起头。

　　透过这些人与事，我没有半丝指责东坡的意思。

　　所以，我们不会感谢，也无须怒斥那些演绎东坡风月的人，但会感激重放的花朵。东坡没有奉阅历积累的经验为唯一圭臬，他明显是信赖青春与激情的，以此才能实现横渡忘川。

　　如今，只被冰霜教诲，不敢相信的迷途依然在每个日子间隙涌立。与不明确的希望并行，而现实图景是希望加盟下的一派山水田园。也许诗人们已被忙碌切断旅程，用最后的种子去幻想一个伟大的晨曦。天空也存有一丝憎恨，在人们举目时，对应着的是朝向天空塌陷的凹洞。

长夜无语，大地的荣耀击伤着具有缺失的自我。在颤抖中回望……追随时间的无情，掏出自己的全副善意。破碎之爱也会诞生一个圆满之夜，用久久不肯承认的词语的隐喻之力，来接近心中的神圣。

毕竟透过这些逸闻，我们还能看到了隐喻背后的时光廓形，可以闻到了往事残留的香气。在我看来，时间告诉我们的，往往不一定是读者心目中想象的那般美艳而哀婉，那般清晰，那般容易铭记。因为在不同人的笔下，时间与人的关系不是紧张而对峙的，虽然每个书写者也会慨叹时间的一去不回，但花朵的重现，取代了往事的重现，造成了我们对事物的无比亲近，从而使得笔下的人与事变成自然且自足的生命样态。

想起《徒然草》里的一句话："想起温存于心头的岁月，虽还没忘记那动情感人的话语，但那人却很快隔阂于我离我而去。这般司空见惯，实在比同亡人死别，更令人悲伤。"

其实大可不必这般悲伤，把误解提到这个高度。圆凿方枘，就是一个人的榫头永远找不到合意之穴，这个世界的诗意从来就不是榫卯结构体系予以体现的。所谓隔阂，其实也不必说得这般文雅，但是不可纠正的误解赋予了事物充满诱惑的光晕，而不断的误解造成了我的全部人生。吉田兼好说的这一句话，很值得我们铭记：面对与人与事物诀别，"风未尽花已落去，人心也是一样"。

也许这就是时间的底牌：为什么风霜雨雪都过去了，我们还找不到愈合伤口的方子！

此心安处是吾乡

元丰六年（1083年），受到"乌台诗案"牵连的王巩（1048—约1117年），终于从偏远的岭南得以北归了。

遥想当年，御史舒亶向皇帝提交了一个小报告："苏轼与王巩交往密切，沆瀣一气，有事没事就聚在一起吃喝玩乐。还经常泄漏国家机密，说皇帝您老人家的坏话。"王巩，字定国，当时担任秘书省正字（校正书籍中错误的官员），不久便被贬到宾州（今广西壮族自治区宾阳县）去监督盐酒税务。在"乌台诗案"被牵连的20多位官员中，王巩是被贬得最远、责罚最重的，这使苏东坡很内疚，说："兹行我累君，乃反得安宅。"王巩被开封府差役押往宾州之前，苏东坡去看望他，还作了送别酬唱《次韵和王巩六首》。王巩在宾州期间，苏东坡还给他写过很多书信，一再表示王巩因自己而无辜受牵连，感到内疚、难过。为了安慰东坡，王巩在回信中大谈道家长生之术，说自己正在宾州修行。东坡很喜欢广西的丹砂，便从黄州致信王巩："桂砂如不难得，致十余两尤佳。"两人互相关心、宽慰，亲密之情溢于言表。苏轼还在《王定国诗集叙》中说：如今王定国因为我的原因，受到牵连获贬谪到南方临海的地方5年，一个儿子就死在贬所，另一个儿子病死在家中，他自己也几乎病死。我以为他肯定会很怨恨我，不敢和他通信问候……每想到这些，我就觉得心肺之间有汤火芒刺一般难受。

要知道，王巩的岳父是张方平，那可是"三苏"的大恩人！王巩和东坡很早就结为好友了。宋神宗熙宁年间苏东坡任徐州太守期间，王巩去拜访，东坡与之同游泗水、登魋山，吹笛赋诗，赏月饮酒，并在泗水之滨的黄楼设宴款待他，与会者30多人。东坡总结这次雅聚："李太白死，世无此乐三百年矣。"

元祐年间，苏轼与王巩在汴京重逢，王巩宴请东坡。此时东坡已恢复太守、中书舍人官职。几年不见，东坡发现，王巩不但没有谪官那种落魄沧桑的容貌，反而面色红润，性情更为豁达，不由得疑惑这5年的长与短："定国坐坡累谪宾州，瘴烟窟里五年，面如红玉。"可见对于王巩而言，5年贬谪时光他并非度日如年。王巩气象阔达，诗艺大进，而且著述不绝，这让东坡大为倾折。呵呵，是什么原因使他免于沉沦？

这次朋友劫后重逢，王巩似乎没有成为主角，倒是他的随从美女柔奴，让苏东坡视为名士。

柔奴本是京城有名的歌姬，姓宇文氏，善弹琵琶，才貌双绝。她父亲曾是御医，后来家道中落，父母双亡。她叔叔起了歹念，将她卖入行院做歌伎，幸得父亲朋友陈太医搭救，脱离行院，跟陈学医。她悉心研究父亲留下的药方，通过临床实践，医术水平不断提高，基本可以独自行医。王巩被贬至岭南，家奴等鸟兽四散，柔奴毅然陪着他赴汤蹈火。在岭南那晦暗寂寞的几年里，柔奴给予了王巩无限温暖与呵护。

满庭芳（蜗角虚名）

苏东坡问柔奴："你觉得岭南的风土人情好不好啊？"

柔奴回避了这个问题，她只是答："此心安处，便是吾乡。"

苏东坡一听，先是一愣，继而大为感动。没想到一个柔弱女子，却具有平定人生恶浪、波澜不惊的定力，这给予了苏东坡巨大的震惊与启发，这与白居易的诗"大抵心安即是家"

殊途同归。当夜苏东坡百感交集彻夜难眠，写了一阕《定风波·南海归赠王定国侍人寓娘》：

常羡人间琢玉郎，天应乞与点酥娘。自作清歌传皓齿，风起，雪飞炎海变清凉。万里归来年愈少，微笑，笑时犹带岭梅香。试问岭南应不好，却道，此心安处是吾乡。

"琢玉郎"是指王定国，说他是如同上天以美玉雕琢而成的美男子；"点酥娘"则是指柔奴，说她的肌肤柔滑嫩白有如凝酥一般。俊男配美女，正是老天绝妙的安排。而这位美女不只有娇嫩的外貌，更是玉音婉转的歌女，"自作清歌传皓齿，风起，雪飞炎海变清凉"。柔奴的歌声有多美呢？当她轻启朱唇，明亮优美的歌声响起，仿佛清风吹来，雪花飘飞，炎热的地方转眼也变得无比清凉。这段文字既生动地写出了一对令人羡慕的佳人，也点明了柔奴的身份，赞美了她的歌声。看得出，东坡赞美太多了，足以反映出他深重的内疚。

接着，东坡写这对走过困苦岁月归来的佳人，更有令人赞叹之处，"万里归来年愈少"。东坡在《与王定国书》一文也曾写道："君实（司马光）尝云：王定国瘴烟窟里五年，面如红玉。"可见经历了5年流放，王定国身体仍然很棒。可是黄州5年下来，东坡已自叹衰老，努力地在忧惧的生活中寻找化解之道。可是看看王巩和柔奴，他们在瘴疠之地的岭南生活多年，不但不显老态，反而体态越发年轻，精神越发饱满！眼前的柔奴，微微地笑着，清雅的笑容里仿佛飘散着岭南梅花的香气。

东坡之前写《定风波·南海归赠王定国侍人寓娘》，经过多少思索，而后体悟到"也无风雨也无晴"；而眼前这位柔奴不需要那么多的学问、那么多的反省思考，就只是一往情深，凭着内心的爱选择自己的方向，然后毫不犹疑地向前走去，只要心安理得，天下何处不是家！

眼前的这位奇女子，真乃"家园天使"！她无怨无悔，心思单纯，反而领悟到了东坡一时还无法勘破的生命智慧。

"此心安处是吾乡"，定静安闲的心是自由的心，属于自由的灵魂，无处不可适，无处不悠然，事事皆可观，物物皆可亲。若然，则现实里的风波将不复带给心灵汹涌的波涛与惊惧，天涯海角，辽阔的天地间皆是自己生命依归之处。这首《定风波·南海归赠王定国侍人寓娘》无疑是对柔奴的赞赏，而"此心安处是吾乡"构成了苏东坡毕生渴望抵达的生命境界。

汉语的"吾乡"，其实只有真正的"闲人"才能企及。这与西哲话语里的"返乡"，具有异曲同工的诗思旨意。

1943年6月6日，海德格尔为纪念荷尔德林逝世100周年所作《返乡——致亲人》的演讲中，准确地提出了"家园意识"。他评述了荷尔德林《返乡——致亲人》一诗："在这里，家园意指这样一个空间，它赋予人一个处所，人唯有在其中才能有'在家'之感，因而才能在其命运的本己要素中存在。这一空间乃由完好无损的大地所赠予，大地为民众设置了他们的历史空间。大地朗照着'家园'，如此朗照着的大地，乃是第一个'家园'天使。"

中国经历了数千年所未见的剧烈变化，每个人的故乡在楼群与高速公路的进逼下日益变形。出去与归来，成为当代人生活的二重奏。好在人类还有对心灵故地与对灵魂故土的寻求，用海德格尔的话来说，即是对"家园"的探寻。因此，还乡的过程，既是对自己成长岁月的确认，也是对自己人生归宿的一种丈量。

"还乡"就是返回到本源近旁，而唯有具备如此情怀的人方能返回。人们也许长期地作为漫游者承受了漫游的重负，甚至是"骑在牛背上找牛"，但曲折的经历宛如足迹的螺旋，带领觉悟者上升。我们在童年跑过的巷道里，穿过喧嚣的欢娱，我们还能找到巷道尽头的大路。它通向茫茫天际，带领我们上路……

这样的上路，也是一种悲壮的"还乡"。

对很多人来说，还乡不过是永无休止地在车站、码头地中转。如庄子所言，"一尺之棰，曰取半，万世不竭"，一直在无限靠近那个终极地，所以还乡其实是一种过程。故乡就在过程中。我们一直在奋力靠近，故乡却与我们的步伐同步向前伸延，从不停歇的人，就不能彻底抵达与圆成。

此心安处，无论是茫茫天涯，抑或蜗角触蛮与虚名，都该放下了！也如东坡所言："尘心消尽道心平。江南与塞北，何处不堪行。"

"噫！微斯人，吾谁与归？"

白战体

苏东坡一生曾两度到过颍州（今安徽省阜阳市）。

第一次是36岁之时，在赴杭州任通判的途中，他假道颍州，去拜谒已在颍州赋闲定居的恩师欧阳修。第二次来，苏东坡以龙图阁学士身份出知颍州，这已经是欧阳修逝世17年后的事情了。

时光恍如林间飞纵的鸟影。龟裂的大地龇牙咧嘴，吞噬着北风，发出呼呼的气声。当年的旱情一直没有松懈迹象，身为颍州太守，东坡决定要一试身手。

作为一地之官，自古以来祈雨就是官员的应有之义，东坡早年在凤翔府供职时就登太白山祈雨，似乎山神感应，立即以滂沱大雨予以回报。看到老百姓欢天喜地的样子，第一次祈雨就大获成功，令东坡非常感慨！当然了，这仅是巧合。

颍州祈雨的结果，是得了一场雨雪，让这位新到任的一把手显示了"惠泽百姓"的成果，又是巧合罢了。东坡在颍州生活的时间并不长，而有不少诗文均围绕这次祈雨展开。

多年以来，欧阳修收集了众多碑文，编辑过《集古录》（即《集古录跋尾》）。此书卷十收录有《张龙公碑》，碑文为赵耕撰，内容大体是：张龙公本名张路斯，是颍州本地人，夫人是关州石氏。张路斯原来是一条龙，而且与民间传说龙生九子一样，张路斯有九个龙子，帮着他赶走前来霸占本地龙池的郑龙。地方人士向张龙公祈雨，屡次灵验，为他建了神祠。欧阳修虽然没有表明自己的信仰，却详细记载了地方传说，还说颍州人对张龙公降雨的灵异极为虔诚。显然，苏东坡从老师的文章里知道了张龙公，在《昭灵侯庙碑》里也提到张龙公十分灵验，是地方广为流传的信仰。

在239字的《颍州祈雨诗帖》里，记其久旱祈雨之事：

> 元祐六年十月，颍州久旱，闻颍上有张龙公神祠，极灵异，乃斋戒遣男迨与州学教授陈履常往祷之。迨亦颇信道教，沐浴斋居而往。明日，当以龙骨至，天色少变。庶几得雨雪乎？廿六日轼书，廿八日与景贶、履常同访二欧阳作诗云："后夜龙作雨，天明雪填渠。梦回闻剥啄，谁呼赵、陈、予？"景贶抚掌曰："句法甚新，前人未有此法。"季默曰："有之。长官请客吏请客，目曰'主簿、少府、我'。即此语也。"相与笑语。至三更归时，星斗灿然，就枕未几，雨已鸣檐矣。至朔旦日雪，作五人者复会于郡斋。既感叹龙公之威德，复喜苏诗语之不谬。季默欲书之，以为异日一笑。是日，景贶出迨诗云："吾侪归卧髀骨裂，会友携壶劳行役。"仆笑曰："是男也，好勇过我。"

开篇写"颍州久旱"，颍州百姓遭受干涸之苦、饥荒之危。苏东坡心急如焚，故而一听说颍上有一个叫张龙公的神祠"极灵异"，便立即前往祈雨。祈雨事宜，必须躬亲而为，精诚所至金石为开，别人是不能代劳的。拳拳爱民为民之心，可见一斑。苏东坡携两三人亲往张龙公祠堂，事后以诗文特记之，这一点《颍州祈雨诗帖》中写得很清楚："遣男迨与州学教授陈履常往祷之"，他没有大肆铺张扬厉此事。

着眼于结构，《颍州祈雨诗帖》分为两部分，一是十月二十六日所写，记他听说颍州有张龙公神祠，祈雨很灵验，于是沐浴斋戒后派儿子苏迨与颍州州学教授陈师道（履常）去祈祷。请出庙中所藏的"龙骨"。奇妙的是，天空感应，似乎开始变化了，酝酿一场雨雪。第二部分记录的是两天以后，东坡与赵令畤（字景贶）、陈师道、二欧阳（欧阳修的两个儿子，欧阳棐字叔弼、欧阳辩字季默），一共5人欢聚作诗。苏轼在诗中期望当夜会有雨雪，结果到了十一月的朔日（初一），雨雪就降临了！于是5人再度相聚于郡府，惊叹龙公之灵验。赵令畤还展示苏迨的诗句"吾侪归卧髀骨裂，会友携壶劳行役"，可见为了祈雨，大家精疲力竭，浑身酸痛，真是辛苦万分。但雨雪酬劳了大家，彼此额手称庆，苏轼特别赞扬了儿子苏迨的辛勤贡献。

苏东坡的《颍州祈雨诗帖》不仅是中国书法史上的瑰丽之作，无形中也成为他在颍州这块土地上爱民为民、务实清廉的文墨佐证。身为地方最高行政官员的他，轻车简从、亲力亲为，不摆架子、不讲排场、不搞陪同，实实在在为民办事，解决实际问题，着实彰显了爱民为民、务实清廉之风。

让我们回到元祐六年十一月一日（1091年12月13日）。

欧阳修绣像

　　苏东坡在颍州一处叫"聚星堂"的地方会客宴饮，这是欧阳修知颍州倡建的人文建筑。一早天空飘起了大雪，他想这分明是他祈雨的结果啊，这勾起了苏轼的创作冲动。雪如飘逸走动的白鹭，也似突然回头凝望的豹子，一景一物都让他文思翻涌。东坡的四川老乡苏舜钦也是诗人，写过《城南归值大风雪》，有"既以脂粉傅我面，又以珠玉缀我腮"这样的句子，这岂能入东坡的法眼！

　　这雪来得是时候。无论是"撒盐空中"还是"柳絮因风"，中国文化里的主流文人多是立足黄河流域，他们对于雪的咏叹简直车载斗量，但陈陈相因，味同嚼蜡。遥想当年欧阳修在颍州作《雪》诗，规定不许用"玉、月、梨、梅、练、絮、白、

白战体

427

舞、鹅、鹤、银"这样的词描摹形容，古人称为"体物语"。作为欧阳修的学生，又有欧阳修的两位公子在座，苏东坡要求大家依律而写，继承欧阳修留给颍州的风雅传统。

苏东坡当场作了一首咏雪诗《聚星堂雪》，形式独特，还引来了往后历代文人雅士的争相模仿和挑战。可能当时的苏轼本人都没想到，这首诗会引来这么多事。这诗究竟有多独特呢？先来看一下全诗：

窗前暗响鸣枯叶，龙公试手行初雪。映空先集疑有无，作态斜飞正愁绝。

众宾起舞风竹乱，老守先醉霜松折。恨无翠袖点横斜，只有微灯照明灭。

归来尚喜更鼓永，晨起不待铃索掣。未嫌长夜作衣棱，却怕初阳生眼缬。

欲浮大白追余赏，幸有回飙惊落屑。模糊桧顶独多时，历乱瓦沟裁一瞥。

汝南先贤有故事，醉翁诗话谁续说。当时号令君听取，白战不许持寸铁。

东坡随后写了《聚星堂雪并引》，其中说："元祐六年十一月一日，祷雨张龙公，得小雪，与客会饮聚星堂。忽忆欧阳文忠作守时，雪中约客赋诗，禁体物语，于艰难中特出奇丽，尔来四十余年莫有继者。仆以老门生继公后，虽不足追配先生，而宾客之美殆不减当时，公之二子又适在郡，故辙举前令，各赋一篇，以为汝南故事云。"

这首咏雪诗名，究竟奇在哪里呢？这首诗中的最后一句"当时号令君听取，白战不许持寸铁"成为"白战体"的来源，白战体也称为"禁字体"。

禁字体诗始于欧阳修，遵守特写禁例写作的诗，就是抛弃作诗时常用的字眼事物，比如在咏雪的时候，要避免常识性的类比事物，如此一来写诗的难度就会加大。但如果成功，就是难中出奇，可谓别开生面。

《聚星堂雪》首先说龙公一出手，呼风唤雪，招来鸣响的风声，让人联想到庄子所起的一个名词"吹万"。众人开始还有点怀疑，再来就兴奋得像万竿丛竹一般随风俯仰而舞。太守高兴万分，烂醉而横陈，就仿佛霜雪压折的松枝。只是可惜没有红衫翠袖前来侑酒，眼前只有微灯在夜风中明明灭灭。第二天一早起来，且不管长夜降雪是否冻硬了衣裳，却怕太阳初升映着雪光，照得双眼发花。我还想再喝一大杯，来庆祝狂风吹落漫天的雪花。积雪叠压，模糊了那棵桧树的顶端，一眼望去，沟渠山川铺满了白雪。这真是欧阳修师咏雪往事的重演，不用"体物语"，续说白描雪景的神妙传承。其实这种设了限制的作诗法，显示了东坡掌握辞藻的高超素养，具有一种越轨的笔致，无从模仿。

东坡的这首诗，不循常规，仔细看，你会发现那些经常拿来形容雪的比喻都没有了，他在写这首诗时，刻意给自己设定了严格的限制，仿佛赤手空拳对敌作战，所以叫"白战"。

也就是说，禁字体从欧阳修开始，在苏轼这里发扬光大成了白战体。东坡的这次挑战，以独特的方式来和欧阳修进行了一场时空对话，其实也是有原因的。

这种想法其实也很好理解，就是突破规则、突破自我。很多艺术家们都会这样，一种风格一旦定型，往往会禁锢自我，因而有创造力的诗人渴望超越自我、超越常规。

才华无俦且有远大志向，这样的人自然渴望青出于蓝胜于蓝。那么在颍州聚星堂，苏东坡自然想起当年欧阳修在颍州写的那首诗，毫无疑问，他有了挑战之心。这首《聚星堂雪》，打破了40年间无人续作的纪录，也让"白战体"就此成为一种技法得以流传。由此可见，欧阳修、苏东坡接力完成了中国诗歌史上突破行制、突破时空的诗歌对话。"欧苏雪事"的话题直到清代乾隆皇帝，热度依旧不减，所谓"诗裁思白战，节候应黄钟"，恰是向"白战体"的致敬。

南宋胡仔在《苕溪渔隐丛话》前集卷二十九就说："自二公（欧阳修、苏轼）赋诗之后，未有继之者，岂非难于措笔乎？"

其实不然。

程千帆、张宏生合著的《火与雪：从体物到禁体物》一文，议论深微，以宏通的史识针对文学史上的创造现象进行精微考察，展示了他们对于不相连续的诗思隐微脉络的重视，文章指出：由于"白战体"写作具有很大难度，故而在诗坛上仅昙花一现便后继无人，学界多认为这是一种偶然现象。程先生联想到此法在唐诗中的先导杜甫和韩愈，并对杜、韩与欧、苏之间的异同、沿革作了深入讨论，从而揭示了此种诗歌史现象所蕴含的艺术规律。杜、韩作诗咏物，向来以刻意描摹著称，

杜、韩诗中与禁体有关的蛛丝马迹仅在前人旧注中偶尔言及，此外从无人注意。(《被开拓的诗世界》，凤凰出版社2020年版)

在修辞技法之外，应该还有一种广义的思想"白战体"写作。

苏东坡有很多小品，其实就是异军突起的断片写作，这包含了他的即兴、过往的经验、精确的抵达，它一刀致命的表达，需要灵感、积淀……另外，更需要一种伟大如土地的诚实。在这里，诚实指的是不浮夸，不刻意，不牵强，尤其是不去吹气球一般趋附于莫须有的宏大体系，为大而大，为长而长，为深而深。某些宣称建立了体系学派史论的鸿篇巨制，就像朽坏的建筑，除了几根虚张声势还裂痕斑斑的柱子，里面就是一堆稻草人，只能吓唬麻雀。它们样子很巍然，其实是"马屎皮面光"，连内容都充气般的虚荣与空洞。这样的认知背景下，真正的思想"白战体写作"，就类于李白《侠客行》中的侠客，就像东坡《记承天寺夜游》里黑客一般的竹影，摈弃了高阁金匾，一意孤行地执着，只有月光照见吴钩霜雪明……

我曾经以为，"正写才是硬道理"。就是面对事物的"空手入白刃"，展硬功、打硬拳的功夫，不依托繁复修辞地写，不过于倚重题材地写，而是致力于让"事物在写作里说话或沉默，让事物液汁四溅再回到事情之中，让它们簇新并陌生化，让我的耳朵听到事物的呼与吸"。这种写作也是我的白战体。

对我而言，苏东坡仿佛是一盒我随身携带的火柴。我只能在梦里用墨水点燃书纸，观察火在事物的内部——

火以偏蓝的方式向左侧转身，高袤旗袍扬起到它渴望的幅度。花园的门扉内，猫的眼睛里，白昼刚好躺下，铺了一层白雪。火将最后的光向上抛起，光尚未超过火的肩胛，就委顿倒下，火与光裹着缎子玉山倾倒，爱情匿名。

醒过来的火柴总是在涂磷的擦皮上头撞南墙，在木梗上渐渐打开的世界，在变丑的过程中回到真实；然而，我被火烧痛的手指触摸到了火焰内部，知道开掘与疼痛必然合一。说话就是照亮，写作就是铭记。

书写者毕生的努力，

不过是泊近烛火，

让思想发出烟味。

那根火柴举起缎子的羽翅，

埋首于火焰咀嚼的褶皱，

在雨中，酿成了我的墨……

一肚皮不合时宜

元丰八年（1085年）三月初五，神宗皇帝驾崩，时年38岁。苏东坡闻讯，陷入了巨大的悲痛之中，他写了好几篇诗文寄托哀思。

年仅10岁的太子继位为哲宗，朝政已由神宗的母亲宣仁太皇太后高氏摄政，她有着贤德美名与"女中尧舜"之称。

三月十七日，高太后急召司马光入京，授其门下侍郎之职，并逐步起复旧臣，罢停新政。高太后从未忘怀才华横溢的苏东坡。因为她与苏东坡不仅政见相同，苏东坡还是她的公公仁宗皇帝亲自挑选的"太平宰相"，是她的丈夫英宗一心想要重用的人，是她的儿子神宗想要努力去珍惜的栋梁之材。

现在，她也要想方设法地将苏东坡接到身边来，授他以官位，让他助司马光一臂之力，为大宋开辟新的局面。但提拔苏东坡，也必须按照起复罪官的流程走，先恢复之前官职才能进一步提升，以免落人口实。

不久，一道诏令到达常州，授予苏东坡山东登州太守一职。但在第二年九月，苏东坡在朝廷里担任的官职已经上升到三品翰林学士知制诰，负责掌管内制，为皇帝起草圣旨和国书……高太后希望苏东坡成为司马光的接班人。无疑，这是苏东坡官宦生涯里最为光鲜亮丽的时期。伴随他的快速高升，名声如日中天，嫉妒者越来越多，连昔日旧阵营的人，也不把他当朋友了……

苏东坡当时名声大到什么程度呢？我们可以举两个例子。

自司马光去世后，他成为宋代第一学者，声望日隆。苏东坡诗文早在"乌台诗案"前就有人刊刻印行，这时已有几种版本在民间传布。名气太大，连苏东坡戴的帽子也有人仿效。据说他的帽子桶高檐短，时称"子瞻帽"。有一天东坡陪皇帝到醴泉，一边燕饮，一边看戏。戏班子演一个小品：几个人争夸自己的文章如何了不起。一个名叫丁仙现的演员，戴着高高的"子瞻帽"夸口说："我的文章，你们这些人无法相比。"

其他人就问了："这是为何？"

他说："你们没看到我头上的苏子瞻吗？"

这一表演把皇帝逗笑了，他转过头来，盯着东坡看了很久，弄得苏东坡挺不好意思的。

还有一个故事，讲苏东坡的声望居然还拆散了一对夫妻。

一个叫章元弼的书生，十分崇拜东坡，嗜读东坡诗文，手不释卷，夜以继日，竟忽视了新婚太太。年轻的妻子看到自己的魅力连东坡的书都敢不过，感到很伤心。于是指责丈夫说："你爱东坡甚于爱我！咱们就别过了。"

章元弼也是书生意气，眼睛一瞪，当即同意分手。

正如以上这两个例证所展示的那样，苏东坡的名气愈大，地位愈高，受到的忌恨和攻击也如大风裹挟而来的落叶。那些人怕他在京城站稳脚跟，更怕他成为皇帝的宠臣，各种攻讦与诽谤如影随形……

人们有一句俗话，叫性格即命运。因为性格决定着人的思想，思想决定着人的行为。有什么样的行为就有什么样的结果，这是有因就有果。所以说：性格决定命运。

宋人笔记《梁溪漫志》记录了一个富有深意的逸闻，说是有一天苏东坡退朝后，吃完饭在院子里摸着肚子踱步，他一时兴起，就问身边的几个侍女："你们说说看，这里面装着什么东西啊？"

一个侍女很伶俐："都是文章！"

苏东坡摇摇头，觉得并未如此。

另一个侍女则说："满腹都是学识，都是高见！"

苏东坡也不以为然。

这时，王朝云走到院子里，对夫君俏皮地说道："学士是一肚皮不合时宜。"

苏东坡捧腹大笑起来："知我者，唯有朝云也。"

什么叫"合时宜"呢？就是会讨个巧、卖个乖，结合具体的社会条件，灵活地顺应一些人的意思，对上面的政策要巧妙地阳奉阴违，对下面的小动作要抓大放小，得过且过。这是"合时宜"。

苏东坡怎么屑于胁肩谄笑地去"合时宜"？！

正因为有"一肚皮的不合时宜"，苏东坡顶撞司马光，当众讽刺理学家程颐，伴随党争的加剧，逐渐演变为程颐的"洛派"与苏东坡的"蜀党"之争。

提到"一肚皮的不合时宜"，我不禁联想起另外一个"肚皮",那真是一段惊人相似的往事。

曾经被苏东坡赞誉"奇伟绝伦"的章惇,虽然主张革新,一开始无派系。王安石死后,章继任为相,黄苗子先生说他"形左实右",与蔡京等沆瀣一气打击苏东坡等一批"元祐党人"。有一个让人刻骨的细节,出自宋人笔记《道山清话》:

一天章惇光着身子躺在窗下纳凉,东坡来看他,章惇袒胸露腹,拍着肚皮发问:"公道此中何所有?"

东坡凝神,回答幽默而刺骨:"都是谋反底家事。"

章惇哈哈大笑。

章惇拍肚皮问东坡"此中何所有",本来他希望东坡恭维"满腹经纶""学富五车"之类,谁知道东坡却给他一个出乎意料的答复。章惇当了宰相后想起东坡这话,肯定不是滋味。所以少时虽是无话不谈的"莫逆",老来不免仇雠相视,打击报复。《宋史》载:居相位的章惇,"协谋朋奸,报复仇怨,小大之臣,无一得免"。看看,这就是"变坏"的铁证。

"一肚皮的不合时宜"也罢,"都是谋反底家事"也罢,肚皮官司也罢,只要朝云在身边,那就是最大的慰藉。

在一个安静的春日黄昏,望着流云下王朝云的背影,天空昭示其轻盈之美,东坡先生不禁感叹,经历一切苦难都是值得的,因为眼前的美色就足以宽慰自己了。

那样一种飘零,有多少靠不住的引诱!

一切尚未发生的事,但这一切均可大胆预测,但真实的结果往往比预想的还要糟糕!既然如此,这一切已经古老,抵不上波心荡漾的一杯酒。

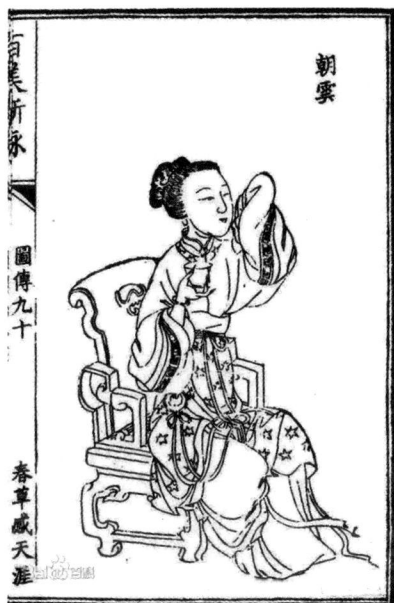

朝雲

王朝云绣像

在回味的路上，风会吹开无数茂盛的草丛，遗忘的旧事却会在草丛中挖出灵验的陷阱。

流云有无尽之旅，流云也会消散于地平线的呼唤中。但朝云的侧影和曲线，会纠正那些不真实的东西。

每个人都在验证自身神秘的卜辞，经由一生的血泪，会参悟到繁花何在吗？会领悟到"不合时宜"也是一朵奇特的花么？

闭上疲惫的眼睛，他心里的隐忧颤抖。在哪一个智慧的额头会显现唯一的断语？繁花已远，繁花不在，繁花仍在缭乱渴望繁花的眼睛……

再领杭州

一川平静之下，暗流汹涌不止。

有惊无险地来到元祐四年（1089年），苏东坡再一次向太后上奏，请求辞去京城官位，他希望到外地州郡去，那才符合他的天性。三月十一日，辞职终于获得批准，他以龙图阁学士的身份出任杭州太守，同时管理浙西6个州郡的兵马。

临行之际，皇帝赐予了苏东坡一对官袍、一条金腰带等大量宝物。苏东坡到达京城郊区了，高太后又派官中内侍追赐龙茶、银盒，这是按照前宰相的高规格恩待于他。五月，过南都，拜望张方平。陈师道任徐州教授，托病请假来看望东坡，他们同舟而行，到宿州才折返，不料很快就被人举报……看起来，觊觎自己的人，从未放松警惕。

他又可以与西湖烟雨相遇了。

他又可以在杭州的荷塘与梅林下，把酒赏月了。

太奇怪了！杭州的山水草木，他初次来时便恍如前世所悉，这里的佛寺高僧曾给他留下不可磨灭的印记，甚至池塘里的金色鲫鱼，他还能辨认出。最令他牵挂的还是杭州百姓的生活。重来看到"葑合平湖久芜漫，人经圭岁尚凋疏"，使他无法平静对待。记得上一次来杭州，已是15年前。当时他只是副职，很多事都是心有余而力不足。这一次，颇有重拾旧山河之感，他要尽自己的力量让旖旎动人的杭州山水更为明媚，让明慧多情的杭州人生活得丰裕舒心。起码，自己的存在应使他们轻松一点。

杭州官署和主要建筑设施，都是五代时期吴越王钱镠时期遗存下来的老古董，虽然高敞宏大，但明显已年久失修。苏东坡立即向朝廷申请了一大笔修葺官衙的经费，很快得到批准。安顿下来后，他吸取了乌台诗案的大教训，刚刚回来这几个月全力以赴忙于公务，他力戒写作，而且他基本上做到了。

苏东坡在杭州不但与许多老友劫后重逢，而且还结识了许多新朋友，他写了不少诗歌，如著名的《饮湖上初晴后雨》《六月二十七日于望湖楼醉书》等。政治上的挫败反而促使东坡以诗人的身份，体验了更丰富的人生，从此开拓了一片更宽广的文学领域。

《饮湖上初晴后雨》诗中，咏出："水光潋滟晴方好，山色空蒙雨亦奇。欲把西湖比西子，淡妆浓抹总相宜。"苏轼诗歌行云流水浑然天成，他不喜欢掉书袋引经据典，他的比喻总是不落俗套。云烟缥缈的碧水，就是无垢的天空下顾盼生辉、光彩照人的西施！

苏轼之"奇"，恰恰是他道出了西湖出人意表的特殊之美。细雨蒙蒙中的西湖，山水素妆淡雅，如梦似幻，仿佛在银色的月光下回望美女，又像在淡淡的雾霭里与春花不期而遇。中国古典的朦胧景象，就是一番可望而不可即、能见而不能言的美感，正所谓"才下眉头，却上心头"……

短短28字的诗歌，除西湖与西施之外，还有一个依稀可辨的身影，这就是苏轼超然世外、凌越古今、悠然自得的形象。苏轼对西湖的品题也颇为得意，后来反复咏及，如"水光潋滟犹浮碧，山色空蒙已敛昏"（《次韵仲殊游西湖》）、"西湖真西子"（《次韵刘景文登介亭》）、"只有西湖似西子"（《次韵答马中玉》）、"西湖虽小亦西子"（《再次韵德麟新开西湖》）。

经过苏东坡的彩笔点染，西湖被赋予了具有鲜活生命的形象，并以她的明艳青春，世世代代给杭州、给中国乃至世界带来无限春意。有人说，西湖是苏轼给人间留下的一个永远年轻、永恒美丽的女儿。

人们耳熟能详的《赠刘景文》一诗，就写于元祐五年（1090年）的冬季。

荷尽已无擎雨盖，菊残犹有傲霜枝。

一年好景君须记，最是橙黄橘绿时。

刘景文，字季孙，字景文，开封人。他写得一手好诗，当时任两浙兵马都监，驻杭州。他是将门烈士之后，博学能诗，曾受王安石赏识和提拔，苏轼赞誉刘为"慷慨奇士"，以国士视之，并向朝廷推许和表荐。刘景文是美髯公，蓄有飘逸的长胡子，这和苏东坡很像。加上刘景文喜欢藏书，薪水都用来买书了，简直是个书痴，这又与苏东坡趣味相投，他们之间多有诗歌唱和。尤其是1089年东坡在杭州疏浚西湖，这一浩大的工程，得到了两浙兵马都监刘景文的大力支持。从此二人相知甚深。

有一次苏东坡病卧在床。忽然家人来报，刘景文到访，苏轼从床上一跃而起，病态全无。后来还专门写了一首诗，题目就叫《喜刘景文至》。由此可见二人过从甚密。

诗歌充分显示了东坡对朋友的真挚和豁达。当年东坡已54岁，尽管备受打击，可他还写诗激励比他年龄还大的朋友刘景文，正像他在另一首诗中所说："莫因老骥思千里，醉后哀歌缺垂壶。"（引自《次韵刘景文见寄》）激励老友不要因官场沉浮而丧气，也是东坡的自我勉励，希望彼此都能珍惜时光，坚持不懈，即便是在处境凄凉时，也不能意志消沉，妄自菲薄。

东坡并非只有精神鼓励而无实际举措之人，元祐五年十一月，他已经上奏朝廷《乞擢用刘季孙状》（或题作"举刘景文状"），希望擢升刘景文，甚至不惜把自己的前途与之绑在一起："如蒙朝廷擢用，后犯入己赃，及不如所举，臣甘伏朝典。"其德其情，感人至深。

杭州的繁华，得益于大运河。大运河将海河、黄河、淮河、长江和钱塘江5大水系连成了一体，形成一条黄金水道。在这流淌不息的黄金水道上，曾有"千艘万舻"驶过。来自天南地北的船只，不仅沟通了货物与人员，更为杭州带来了数不尽的富贵与繁华。沈括在《梦溪笔谈》中谈道：岁运司供应京师米粮以600万石为额度，而两浙路就交了150万石，相当于全国的四分之一。除了稻米，两浙的蚕丝业、渔业以及手工业等行业，也成为当时全国的中心之一，绢、绸、绫、绵作为赋税源源不断地通过运河流向京都。范仲淹曾盛赞两浙"膏腴千里","财赋为天下之最",是名副其实的国家粮仓。

苏东坡问朝云:"你是钱塘人,钱塘素称鱼米之乡,物产富饶,百姓衣食无虞,但为何这里经常还有饥馑的人?"

朝云说,你到运河去,就明白了。

第二天苏东坡来到了盐运河边。由于近来一直天旱无雨,只见河道高低不平,凸起的河床已露出水面,几艘不大的商船孤零零地停泊在浅水中,船家盼望能够及早下一场大雨,也好解眼下的燃眉之急。这时,有几个十来岁的小孩沿途乞讨着走了过来,这些小孩有男有女,全都衣衫破旧,面如菜色。苏东坡迎上去问:"孩子们,你们都是哪里人啊?不好好待在家里,为什么要来沿街乞讨?"孩子中一名稍大些的女孩,忽闪着一双又黑又大的眼睛说:"我们都是住在这盐运河边的,现在河里不通商船了,我们就只好出来乞讨了……"看着女孩,苏东坡仿佛又看到了王朝云的影子,心想再这样下去,也不知有多少女孩子会沦落风尘,又有多少男孩子会铤而走险,被迫去做贼做强盗啊。

他意识到,盐运河堵塞,不光在河上讨生活的人家断了衣食来源,沿河大片的农田也得不到灌溉,收成锐减,农户们连一日三餐都难以维持了。这盐运河由于受到皋亭山泥沙的冲击,以前虽也疏浚过几次,但收效甚微。要想根本解决问题,就得改造一段傍山而流、经常堵塞的河道,然而官府以经费不足为由,迟迟不予解决,才造成了现在的局面。在和当时的杭州知州商量后,以疏浚上塘河(当时称浙西运河)水道方便运送官盐为名准备整治工程……

但是，现在比整治河道更为紧迫的，是发生在眼前的灾情。

哪里拿钱赈灾呢？刚刚向朝廷申请的修葺官衙的经费，救人要紧！苏东坡把修葺官舍的钱改为先买米赈济饥荒；接着又连续7次上书朝廷，要求免秋税，用以赈济，均获得朝廷支持。

鉴于熙宁八年（1075年）杭州地区灾荒饿死50余万人的惨痛教训，他要全力以赴地救灾。十一月初东坡上书朝廷，提出了以缓交本路部分上供米并赐给度牒为主的几项措施，请求批准。到了元祐五年（1090年）春季，灾情更为严重，他又向朝廷请求，将修官署的200道度牒先用来换米救济饥民。

什么是"度牒"呢？度牒本是僧侣的执照，起源于南北朝，发展于唐玄宗年间。北宋中期之后，度牒逐渐与僧侣脱钩，变成了一种免税凭证。朝廷发行不记名的有价度牒，以筹措资金；购买度牒者，可以免去部分税种与徭役。朝廷以未来财税收入的减少（支付），作为朝廷当下融资的交换条件，因此度牒与后来的国债相似。

经东坡一再请求，朝廷基本批准了他的应急措施。结果使米价逐渐跌落，这个青黄不接的饥荒季节竟然没有饿死人。

东坡采取各种有效措施，同时向周边产粮地区购入粮食存满仓，到第二年春季青黄不接时节才有粮食。东坡指挥有方，虽然这次天灾极其严重，但杭州百姓最终得以平安渡过，全州没有一人饿死。

安乐坊

饥馑总算有惊无险暂时过去了，瘟疫却又接踵而至。

对于流行病，苏东坡并不陌生。他在黄州和第一次的杭州任上均有治疫的经历和经验，他是首先抗"疫"再防"疫"，充分展示了他善于统筹治疫的理念和系统治疫的智慧。

元丰三年（1080年）正月，苏轼刚到黄州，就遭遇了一场可怕的瘟疫。老百姓在死亡线上挣扎，瘟疫的恐怖使黄州百姓不敢外出，只能在家里烧香拜佛，而当地官员也一筹莫展，毫无作为。苏轼突然想起，自己的眉州老友巢谷送给他的药方"圣散子"。"圣散子"专门治疗由阴冷寒湿引发的各种疫病，但巢谷赠送苏东坡药方时一再叮嘱：不要传于外人，苏东坡当时面对长江对天发誓才取得了巢谷的信任。现在看到备受瘟疫摧残的黄州百姓大量死亡，具有济世救民情怀的苏东坡，只能"背信弃义"了。他迅速组织人员按照"圣散子"配方熬成汤水分发下去，使绝大部分患病百姓转危为安。

"圣散子"拯救了黄州百姓，加上苏东坡的名人效应，这一灵丹妙药很快在社会上流传开。名医庞安时闻听此消息，就到黄州拜见苏东坡，苏东坡将"圣散子"传给庞安时，并为庞安时所著的《伤寒总病论》一书作《圣散子序》，展示了他的观点：

> 凡阴阳二毒，男女相易，状至危急者，连饮数剂，即汗出气通，饮食稍进，神守完复，更不用诸药连服取差。其余轻者，心额微汗，正尔无恙。药性微热，而阳毒发狂之类，服之即觉清凉。此殆不可以常理语也。若时疫流行，平旦于大釜中煮之，不问老少良贱，各服一大盏，即时气不入其门。平居无疾，能空腹一服，则饮食倍常，百疾不生。真济世之具，卫家之宝也。

可见，"圣散子"是一剂兼具治病与防疫两大功用的良药。

在中国古代，士大夫往往具有"不为良相，便为良医"的选择，救人一命，匡护正义，成为士大夫爱民的基本准则。

元祐四年（1089年）三月苏东坡出任杭州太守，这与他第一次到杭州担任通判时已过去了18年。元祐五年（1090年）春季灾后瘟疫大面积爆发。病人的主要症状都是手脚冰凉、腹痛腹泻、发热恶寒、肢节疼重，许多医生都束手无策。就在大家绝望时，还是有奇迹出现：东坡取出一张巢谷赠予自己的"圣散子"秘方，请杭州宝石山下楞严院僧人按药方配药熬汤，然后分发给病人，奇迹再次出现了，几乎是药到病除。

由于药物较为廉价，适合广为布施，于是苏东坡以此药方，请人用大锅熬煮药汤，分设在杭州城街头巷尾，布施百姓喝药防疫。

为了更有效地救治病人，不蓄钱财的苏东坡又慷慨捐出50

两黄金，这几乎是他多年为官的全部积蓄了。这是一个什么概念呢？唐宋时期货币之间的兑换比例大约1两黄金=10两白银=10贯（吊）铜钱=10000文铜钱。北宋时期的1市斤，要比现在1市斤要重，得有640克。但由于旧制用的是16两为1斤，所以北宋时期的1两又要比现代的1两要轻，实际上只有40克。50两黄金重2000克，如果以现在450元1克来计算，北宋时期50两黄金也就是相当于现在90万元。

这点钱还不够，苏东坡还从公款里拨出2000缗钱（在宋代，1000文钱就是1贯钱，也称为1缗钱）作为治病基金，安排人员在杭城大街上广施粥和药剂；同时又于城中心的众安桥北面设立了治病机构，名为"安乐坊"。政府给予一定的钱粮，聘请具有一定医术的道士主持业务，穿统一的紫色袍服，这等于是最早的医院工作服了，专门收治家庭穷苦的病人，这一举措让很多穷人转危为安。单是刚开办的三年之内，收治了一千多位病人。后来医院搬迁到西湖边，改名为"安济坊"，医院直到苏东坡病逝时还在运作。到宋徽宗年间，京城也设立了安济坊，成为官立药局，经费由官府补贴，药局的价格仅为市价的三分之一。

后来医学史公认了苏东坡倡导的伟大发明"安乐坊"，不仅是杭州历史上最早的医院，也是中国第一家官民合办医院、第一家官立民助的慈善性质的贫民医院。后来大规模推广实施的"安济坊"医疗救济制度，即肇始于此。

宋代词人叶梦得在《避暑录话》一书里阐释说："子瞻以谷（巢谷）奇侠而取其方，天下以子瞻文章而信其方。"由此可见，苏东坡的人品，才是最诚信的时代"药方"。

孔子曰："知者不惑，仁者不忧，勇者不惧。"仁爱之心，恰恰是民众危难之际，一个"时才"最能彰显本色的第一反应。

治理河道、再淘六井

欧阳修曾经与几位属下谈及自己如何看待为官与为文的关系：多及吏事，少谈文章。这表明他把文人学士的名头看得透彻，自己要努力成为富有业绩的政治家。这出自他对"文学"与"政事"功能性质的认知："文章止于润身，政事可以及物。"就是说，不要夸大"文章"的作用，它主要在于修身养性。针对当时社会只求清要之职而把吏事视为低级琐碎事务的普遍观念，他一针见血地提出做好"政事"可以匡正时弊，惠及民生。无论"政事"还是"吏事"，都具有"及物"的躬身实践性和应时性。官吏的职责是表达民意，救民疾苦。因此"政行于民，是达也"。尤其鉴于当时文坛的浮靡文风，欧阳修宁愿矫枉过正，也认为做好政事比写好文章重要得多。

当时苏东坡恰在场，聆听了恩师的这一番教导，铭记在心。"其后子瞻亦以吏能自任"，他要求自己成为一个擅长治理、造福一方的官吏，关心民生疾苦，担负起社会的责任，即是秉承了恩师的人生观与价值取向。后来就有人问东坡，他这样回答："我的这些施为，都是从欧阳公处学来的。"

既然是处理时政、解决时弊的"时才"，东坡眼下，的确毫无心思去关注文章好坏了。杭州的瘟疫算是暂时控制住了蔓延势头，他立马再腾出手来处理城市"肠堵"病症——航运。

可以发现，东坡在西湖的疏浚与改造中所实现的一系列水利功业，真实体现了他以"城湖一体化"为核心的人居模式，展现"时才"抱负。

杭州城的两条运河连接大运河和钱塘江，是河运和海运的大动脉。为什么会出现异常呢？原来五代钱镠称王时，修筑有两道堤坝拦截江海之水，不放入城，城中十四五里的运河专用西湖的淡水，几乎无泥沙，河道畅通。到了宋代王钦若主政杭州时，为了方便舟船来往而拆除了堤坝。结果潮水倒灌进入运河，并挟带大量泥沙，造成河道淤塞，每过三五年便要疏浚维修。而负责浚河工程的官吏见此"良机"，大肆鱼肉百姓，声称在一个地点堆放泥土、某处过水，那里的市民便要送上大笔银子的贿赂，以便买通官吏改占别处。于是，官吏又到别处如法炮制……施工完毕，市容市貌一片狼藉，老百姓苦不堪言。

找到了症结，那么疏浚运河就是当务之急。苏东坡组织人力，在当年十月枯水期开工，到次年四月完成。工程将茅山、盐桥两河各长十余里的河段全面开挖，水深要达到8尺以上才能使大小船只畅通无阻。杭州父老一见施工进度，都说："三十多年来，开河从没见过这么深这么迅捷的。"

为防止潮水倒灌淤填河道，他采纳了富有经验的下属苏坚的建议，完成了一项开创性的水利工程：在茅山河（今东河）与盐桥河（今中河）南面交汇处设置一道闸门，每当涨潮之水扑来，立即关闭闸门一两个时辰，让挟泥沙的潮水只通过茅山河，流过十几里后，才与盐桥河相通，潮水中泥沙已沉淀了。茅山河流经人口稀少的地区，即使泥沙堆积，清理起来也很方便。另外开沟引西湖水从涌金门入盐桥河。这样通过人口密集市区的盐桥河上段有西湖清水注入，下段接纳钱塘江澄清了的潮水，便不再有淤塞和疏浚的麻烦了。湖水通过的地方都在居民区，又挖了一些蓄水池，供市民洗濯日用，还可防火灾。

借治河之便，东坡又解决了杭州的饮水问题。多年前他任杭州通判时，与陈襄一起整治的六井，都是用大竹管引西湖水入井，天长日久竹水管朽坏了。这一经济适用的竹水管供水举措，与蜀地的卓筒井以及输卤枧杆的原理一致。由于没有及时更换，离水源远的居民要用七八个钱才能买一斛水（十升等于一斗，十斗即一百升，等于一斛），加重了百姓生活负担。

东坡找到了十几年前参加修井的4位僧人中唯一活着的子珪和尚。他尽管年逾七十但精力不衰，十分感动东坡体恤民生

相国井（石云摄）

的情怀，建议改用瓦筒与石槽作为管道输水，并在离井最远的地方开凿两眼井，使西湖淡水基本上可以供应全城，真正实现了"西湖甘水，殆遍一城"。事成之后，东坡把治理六井的功劳归功于僧人子珪，其实也含有他对僧人们两次参与治井的感恩。

元祐五年（1090年）十二月，东坡正式向朝廷上书《乞子珪师号状》，请求表彰子珪和尚修井事迹。朝廷赐给法号"惠迁"，这是取《周易》所谓"井居其所而迁"之义。

如今著名的六井里，只有最大的一口相国井遗迹尚存，位置在甘泉坊之侧，即位于今天的浣纱路、井亭桥西侧。往事悠悠，饮水思源，岂能忘怀东坡泽被后人的深情？！

"时才"就是这样炼成的！

苏 堤

苏东坡重归杭州固然是人生大幸，但杭州似乎又遭遇了多事之秋。

杭州百姓目睹了东坡治河、引水、赈灾的实干精神和功效，大受鼓舞，有一百多位本州父老和农民代表，来到东坡府衙主动请求整治西湖。

他们陈述了一番曲折："近年来，西湖已经被葑草封合埋塞一半，水面一天比一天窄，再过20年便没有西湖了。"

葑草也叫野茭白，又称为"菰"，别称还有水笋、茭白笋、脚白笋、菰、菰菜等，南方地区也叫高笋。明朝医药学家李时珍在《本草纲目》中说："江南人称菰为茭，以其根交结也。""菰"就是菰根，也就是茭白，茭白是菰的根上的嫩茎，又称菰瓜、菰笋、茭瓜、茭笋，是它的食用部分。茭白吃起来和冬笋的味道相近，这大概就是它又被称为"菰笋"的缘故。这种植物历来就是西湖的伴生物，但疯长起来就成了害草。史志记载，在西湖疏浚史上频频出现的"葑"，就是困扰西湖的一大梦魇。比如"西湖多年不修，为葑草蔓蔽，疏浚恢复西湖旧观……"

苏堤春晓［古吴墨浪子搜辑《西湖佳话古今遗迹》，康熙十二年
（1673年）金陵王衙精刊本，浙江人民出版社影印，1981年版］

东坡沿湖考察了解，并派专人丈量了湖上的葑草面积，计有25万余丈，开湖需用20余万工费。

他是雷厉风行的人。他利用赈灾所余下的钱米来召集民工，在四月二十八日开工治湖。四月二十九日东坡上书《杭州乞度牒开西湖状》，请求朝廷资助开挖西湖。他陈述了一番富有远见的话：杭州有西湖，就像人有眉毛眼睛一样。现在西湖堵塞了一半，濒临报废的危险。物华天宝的西湖必须存立于天地间，所以西湖有五不可废：其一，西湖是朝廷特辟的国家放生池；其二，杭城人饮水仰赖西湖；其三，大片良田有待湖水灌溉；其四，城中运河需湖水填充，如只用海潮则经常为泥沙淤积；其五，国家酒税之多的地方，没有超过杭州的，每年达20余万缗。杭州酿酒所用的水仰赖西湖，如果西湖水不能满足酿酒之用，则势必劳人远取山泉之水，每年支付的人工费往往在20万，大大提高了酿酒的成本……他再次请求朝廷尽快赐给一百道"度牒"作为治湖的资金。

在放生、民饮、灌溉、助航、酿酒这5条理由中，以第二条最为重要。苏轼把西湖的存废与杭州城市的发展紧密地联系了起来：假使西湖湮废，杭州居民势必耗散，整个城市当然也就不复存在了。因此，没有西湖就没有杭州，只有保住了西湖才能保住杭州城市，杭州无西湖就不复为杭州！可以称之为"城湖共同体"。

更值得注意的是，苏轼这个奏章是历史上官方文件中第一次使用"西湖"这一名称，说明"西湖"之名在民间已颇为流行了。

仅过了5天，苏轼又在五月初五写《申三省起请开湖六条状》，分别上书中书、门下、尚书三省，详细叙述了治河、引水和治湖的3大计划和措施，并附上绘制的施工地图。

　　东坡的请求得到批准，他用朝廷拨付的一百道"度牒"，换取了一万七千贯钱，加上赈灾所余下的钱1万贯，米1万石，东坡着手雇工治湖。当时正值荒年，老百姓看到有机会可以挣得钱米，应者云集，踊跃争先。东坡抓紧梅雨之后、葑草根浮动、易于清除的有利时机，立即开工。他和两浙兵马都监刘景文到湖上巡视，有时和民工一起吃饭，谈笑风生。

　　挖出的葑草和淤泥堆相当巨大，往哪里堆放呢？运出城不但要一大笔运费，而且还要侵占土地。他想了一个巧妙的两全其美的办法：西湖南北两岸沿湖通行有十几里，往来不方便，如果将这些无处堆放的泥草拦湖筑一道南北长堤，西面称里湖，东面称外湖。这样西湖中就有了两条路：南北向的是苏堤，东西向的是白堤。如果说白堤连接了孤山与断桥的一小段路程，那么苏堤则连接了西湖南北的两条主干道——南山路和北山路。它宛如一条绿色的丝绦，横亘在西湖的西侧，一路走去，就仿佛踏水而行……

　　筑成的湖堤长八百八十丈，宽五丈；道路两边种植了碧桃、柳树和花草，也保持了水土。第二年春天来临时，一眼望去，犹如灿烂的云锦。走上大堤，一种"不知细叶谁裁出，二月春风似剪刀"的美感油然而生。为保持水面的通连，长堤上修筑了6座美观的拱桥，依次为映波桥、锁澜桥、望山桥、压堤桥、东浦桥、跨虹桥，杭州人俗称为"六吊桥"，于是民间

苏
堤

三潭印月［古吴墨浪子搜辑《西湖佳话古今遗迹》，康熙十二年
（1673年）金陵王衙精刊本，浙江人民出版社影印，1981年版］

有"西湖景致六吊桥，一株杨柳一株桃"的歌谣。堤上还建起9座优雅的亭子供游人休憩。由于这是杭州人企盼已久的城建大事，上下齐心，工程仅用4个多月就圆满完成。

对此东坡是颇为自豪的，后来在颍州给好友赵令畤寄去了一首诗，他回忆了这一浩大工程的细节："我在钱塘拓湖绿，大堤士女争昌丰。六桥横截天汉上，北山始与南屏通。忽惊二十五万丈，老葑席卷苍云空……"林希继任杭州知州，将此堤命名为"苏公堤"，简称"苏堤"。苏堤为西湖增添秀色，四时均有韵味，而春景更为人赏爱。南宋画院画家以"苏堤春晓"为一景，并将其列在"西湖十景"之首。直到今天，苏堤仍是中外游人钟爱的景点。

如何使西湖永远不再被葑草困扰？苏东坡又遇到这个难题了。不过这可难不倒苏东坡，他又想到一个妙法：将新开出的湖面租给农民种植菱角，因为每年春天种菱之前，农民都须除尽杂草才能下种，这样一来，每年农民种菱就等于每年必然要清除葑草。所得的出让租金还可供每年浚湖使用。为防种菱人家在湖中堆积葑泥划分田界，规定只准在各家承租范围四周插竹木为标志。另外，在新开出的湖面和原湖面的分界处建造3座小石塔，以此为界，严禁越界种植，这就是著名的"三潭印月"景观的由来。他还向朝廷建议由钱塘县尉兼管开湖司公事，负责湖面的检查管理和疏浚以及租田和雇工的钱物收支。在杭州知州和钱塘县尉的官衙里，将西湖管理细则刻石立碑。

励精图治，而成百世之功。从水利和造园角度看，苏堤的修筑都是举世奇功。如果没有东坡组织领导民众战葑田、筑长堤，西湖也许早就淤积成陆地了。明朝状元杨慎赞美说："东坡先生在杭州、颍州、许州，皆开西湖，而杭湖之功尤伟。"

站在大历史的角度，黄仁宇先生说："苏堤则始于苏东坡，他是诗人、画家和散文作家，在11世纪曾剧烈反抗王安石的改革。虽说他和白居易两人之间相隔近300年，但他们前后都曾在杭州一带任地方官，也曾前后疏浚此湖。两座长堤即他们的工程所留下的遗迹。如此看来，中国传统政府以具有美术观念的人才为官僚，有其用心设计之奥妙，虽说两人同在西湖留名也算事出偶然，但其注重环境之保养与生态学则已胜过一般官吏。"（《中国大历史》，三联书店1997年版，第146页）

西湖长

　　东坡—西湖，逐渐成为"东坡西湖"，并非简单的词语组合。个中的心理、感情、事功、湖以人传与人与湖传，均得到了千年以来的时间检验。彼此密不可分，就像水回归于水。"西湖长"之名，水到渠成。

　　东坡心直口快，"西湖长"之名源于他自己，后经杨万里赋诗称赞，逐渐成为共识。南宋人费衮《梁溪漫志》卷七"三处西湖"条记载：

　　三处皆有西湖，东坡连镇二州，故表谢云："入参两禁，每玷北扉之荣；出典二邦，辄为西湖之长。"晚谪惠州，州有丰湖，亦名西湖。淳熙中，秘书杨监万里使广东，过惠，游丰湖，赋诗云："三处西湖一色秋，钱塘颍水更罗浮。东坡元是西湖长，不到罗浮便得休。"（《梁溪漫志》，上海古籍出版社1985年版，第84页）

　　按照苏东坡的解释，因为外任的杭州和颍州皆有西湖相伴，足以尽享山水之乐，自己又是两地的官长，称"西湖之长"，顺理成章。

后来谪贬惠州，当地也有西湖，可惜此一时、彼一时，东坡已经不是权重一时的地方官长，而是"不得签书公事"的谪臣，因而杨万里游惠州西湖之诗里，客气地说明"东坡元是西湖长"，是看重东坡与西湖的不解之缘，称道其虽贬谪惠州，丝毫不减山水之乐的诗人情怀。

苏东坡的"西湖长"之所以为人津津乐道，除了他与多处西湖深刻关联的机缘，更重要的恰在于他为官一任、造福一方的职业秉性与爱民至深的情怀。清代学者俞樾对"西湖长"这一称谓的外延加以扩大化：

潘少梅以小印见赠，文曰"西湖长"，云旧得之市上。棱角刓敝，而篆文颇古雅有致。余虽不敢当，然年来适为西湖诂经精舍山长，未始不可妄窃以自娱也。监院校官孟君兰艇，因言薛慰农观察旧年主讲崇文书院，倩人刻此印，屡刻屡不当意，遂不复刻。时观察已移席金陵。余因笑曰："慰农之不得长为西湖长，而余承乏于此，其即征之此印乎？"已而慰农从金陵来，言所寓惜阴书院，屋甚精雅，门前湖光如镜，芙蕖弥望无际，榜曰"何必两湖"。余闻之，憬然有会前语言，信乎人生所至，莫非缘也。惟念"西湖长"之名，本之东故。东坡杭守颍，皆有西湖，故《到颍谢执政启》云："入参两禁，每玷北扉之荣；出典二邦，迭为西湖之长。"后谪惑州，亦有西湖，故杨诚斋诗云："东坡元是西湖长，不到罗浮便得休。"然则"西湖长"之名，如慰农曾官斯土者，方得称之，此印似非山中人所当用也。

乃本朝有诗僧正岩赋《点绛唇》词云："来往烟波，此生自号西湖长。"彼释子可以自号，则吾侪或亦无嫌。因赋《蓦山溪》词，其首句云："飘零书剑，老作西湖长。"居之不疑，可一笑矣。（《西湖文献集成》，第13册，《历代西湖文选专辑》，杭州出版社2004年版，第607页）

"西湖长"是一个风光的雅号，后人包括曾在杭州任职的官员、住居的文人雅士，甚至诗僧，都欲称"西湖长"而引为荣耀。足见"西湖长"已成为雅爱湖光山水之胜的一个文化符号。寻名责实，在这些自诩"西湖长"的衮衮诸公当中，能够得到后世所公认的，只有一个苏东坡！

若就士大夫身份而言，"西湖长"的形象具有双重性，既是诗酒湖山的文人雅士，又是管领湖山的政治人物。"西湖长"除了自封，更多的还在于是否被民众"尊为""西湖长"。所以，"西湖长"的内涵有三：

第一，东坡一生与多处西湖有不解之缘；

第二，东坡热爱湖光山色，且写下了瑰丽的诗篇；

第三，东坡为官一任，治水有方，美化西湖，为世人传扬。

第三个理由，恰恰是吟风弄月的才子们最难以企及的。

水是天地的中介，水是天地的导体，水就是天地的魂灵。在学习《东坡易传》过程里，笔者注意到东坡对于"井卦"的深度诠释，那就是凸显"养"的深广概念。他对"坎卦"的诠释，几乎就是这位"西湖长"的"东坡水论"：

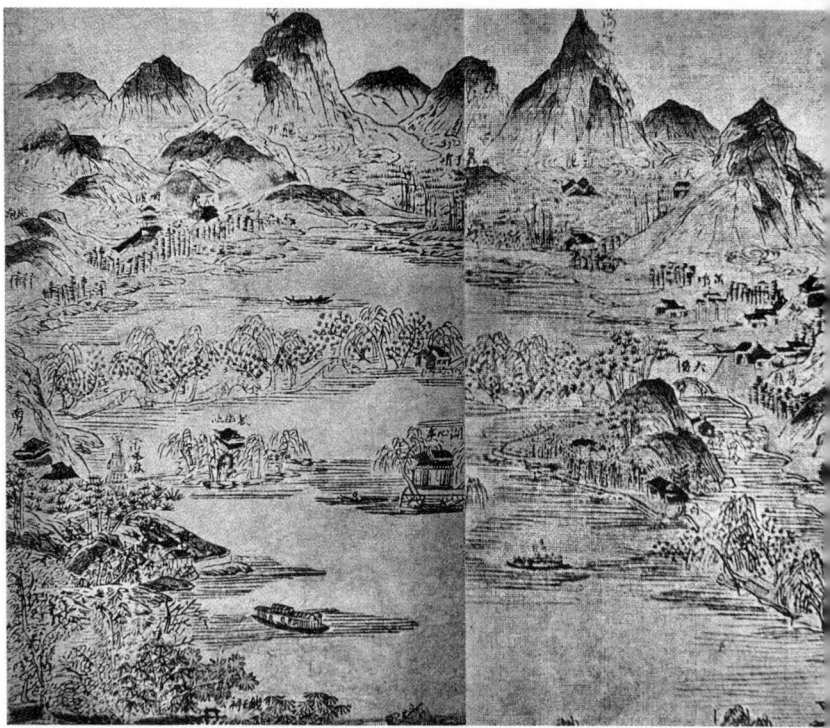

西湖全景［古吳墨浪子搜辑《西湖佳话古今遗迹》，康熙十二年（1673年）金陵王衙精刊本，浙江人民出版社影印，1981年版］

万物皆有常形，唯水不然，因物以为形而已。世以有常形者为信，而以无常形者为不信。然而方者可以斫以为圆，曲者可以矫以为直，常形之不可以恃以为信也如此。今夫水，虽无常形，而因物以为形者，可以前定也。是故工取平焉，君子取法焉，唯无常形，是以迕物而无伤；唯莫之伤也，故行险而不失其信。由此观之，天下之信，未有若水者也。

无常形并非"无常易变"。水以水为实质，因物为形，不囿于一物；迕物无伤，随时变化，适应环境。人如何与水达成相识、相知？在客观规律面前，东坡主张"顺"，即"循万物之理，无往而不自得"。"水之所以至柔而能胜物者，惟不以力争而以心通也。"随物赋形的水体哲学，上升为生存哲学，均与自然相通。以物为形，不执着于固有形态，流动不止，以主体自身的主动改变避免矛盾的激化，在困俭的生活面前安之若素。

在《东坡易传》中，东坡创造性地提出了"水之心"说："所遇有难易，然而未尝不志于行者，是'水之心'也……故水之所以至柔而能胜物者，惟不以力争而以心通也。不以力争，故柔外；以心通，故刚中。"既然深谙水性，其君子如水的主要内涵，概括起来就是"柔外刚中"。柔外，并非逢迎，柔其外形是为进退灵活；刚中，是面对困难要毫无畏惧，一展必达之志。

西湖的"水之心"，就是以柔化爱、以景托美、以心换心。那就是最大的民心。

那是一种经历千山万水之后，会心一笑。

那是融化了白居易的笑声、融化了朝云的倩影、融化了孤山的梅香、融化了东坡眼泪与明月的西湖啊……

水有万象恰在于"水之心",恰在于君子如何为水寻找最为合理的取向。

人的合理施为,是为水赋形;而一泓西湖之水,方可以为人赋能。

西湖真西子

　　湖的位置位于城市之西、东、南、北，予以方位命名，各地皆有，但首先以"西"湖之称，是由于隋朝之后钱塘县城从位处西湖之西，迁建到西湖之东，也就是原来的钱塘湖，现在位于城西。至迟在唐代，西湖这一称呼已是遍地开花，白居易诗文里就经常用"西湖"一词，如其诗题有《西湖晚归回望孤山寺赠诸客》《西湖别》，等等。

　　蜀地才子杨升庵也说过，东坡先生在杭州、颍州、徐州皆开西湖，知百世之力，非一时之功。这足以见出，苏东坡这个"西湖长"，让"西湖"之名伴随仕途，把它带到了不少地方。至于苏轼在名篇《饮湖上初晴后雨》诗中咏出"欲把西湖比西子，淡妆浓抹总相宜"之后，西湖与西子构成了绝佳隐喻，各地模仿者日众。朱自清在《扬州的夏日》里直言不讳地说："扬州的夏日，好处大半便在水上——有人称为'瘦西湖'，这个名字真是太'瘦'了，假西湖之名以行，'雅得这样俗'，老实说，我是不喜欢的。"

　　天下西湖三十六，个中最好是杭州。比如，在四川境内叫西湖的地方尤其多，乐山市五通桥区、彭州市、富顺县、崇州市、泸州市和天全县的明代"西湖胜境"等地，皆有各式西湖之镜独照虚拟的历史美人。奇妙的是，四川民间口语里又后缀一字：塘。这并不是多嘴或方言，而是具有极大的功用。

当风俗美学的古典样板"西湖"变成了现实的"西湖塘"，意味着什么呢？在我看来，杭州西湖、扬州瘦西湖实在太过奢华了，水榭楼台、曲院风荷、雕梁画栋、梅花深处白翅搅亮一片雪，这是给雅人们观赏的。腋下生风，腋生双翅，玉山倾倒，玉体横陈……而在巴蜀乡野的眼睛里，这是泾渭分明的。他们讽刺一个喜好打扮者的口头禅往往是："好看有啥子用，又不能当饭吃！"于是，他们的眼睛往往具有穿透山水、直捣食物的独门技术。"塘"就是小水塘，死水、活水均可，塘可以养鱼，四周密植芦蒿，关键还在于可以种植莲藕，初夏风动荷叶，清香味儿压倒农家肥，农人欣喜若狂：预示着莲藕的好收成。这叫塘不在大，有水则肥。

笔者去过杭州西湖多次，印象最深的一次，却是在1997年秋季。二十多年的时光淘洗并未浑浊一湖秋水。那是一个黄昏，笔者独坐在距离西泠桥畔不远的石凳上，那里还没有重建苏小小之墓。那时还没有多少游人与垃圾，不但可以看见柳叶飘坠入水漾起水面涟漪的慢节奏，偶尔还可以看见银鱼奋然跃起、鱼尾击水的华丽弧线。倒映于水体的云朵，开始被涟漪拽出更深的云翳……

一个人对激情的回味，准确讲就是对过往人物的凝视。好像并不在乎历经数量的多寡，而在于面对一长串形色各异的面庞，那些永不老去的汹涌的活力，正在笔者凝视的水体上，从毛孔里渗透出激情。翕动的局部就足以引导笔者散漫的记忆流向真切，反复冲击的结果轻易覆盖了前行者肤浅的唇印，给自己留下了清晰而准确的划痕。

想起古人笔记里，提到一个不具名的蜀地书生，因为崇拜苏小小，千里迢迢赶到西湖，一步一拜，辗转反侧多日，最后投湖殉情。清朝袁枚从唐朝诗句中摘录"钱塘苏小是乡亲"一句刻成私印，某尚书在袁枚诗集上见到这个私印后，厉声呵斥，他辩说："一百年后，人不知道你名字，只知道苏小小。"这成为苏小小的最佳注脚。

可以发现，与西湖联系密切的历史人物，虚构的与非虚构的，白素贞、许仙、苏小小、白居易、岳飞、张苍水、林和靖、秋瑾等，生前似乎没有谁是"显达"之辈啊。他们俯身于西湖堤岸，用沉默构成了一条坚韧的文化脊梁。

笔者不断回想起我与一位友人昔日倒立于湖面的身影。垂柳成为记忆漫漶的触须，一幕幕在笔者眼前散开，像刻刀在蜡版上雕出的惊心动魄的花纹。以至于后来的岁月里，笔者认为命运的造像，就是眼前这一切的翻版。

一泓秋水，是打不破也问不得的。对一件事情专注时间太久，赋予的想象色彩过多，它极可能由实用性向审美方向转化，到头来，时光涂抹的文化积淀足以让一代又一代人热泪盈眶。有心栽花花不开、无心插柳柳也不发的日子，已让人见怪不怪了，生活不一定都有伏笔，西湖里的荷并不是每一枝都必须开出浮世的花，命运不一定有先苦后甜的安排，但命运毕竟有它深湛的逻辑。而笔者懂得这个简单的道理，是40岁以后的事了。

西湖真西子

细心一点，可以发现西湖的形象是多面的，除了不可方物的绝色西施，东坡《夜泛西湖五绝》其五，还描述过西湖的神秘与深不可测：

湖光非鬼亦非仙，风恬浪静光满川。
须臾两两入寺去，就视不见空茫然。

自从人出现在这个世界上，探索大自然奥秘的行程从没停息。大自然那神秘莫测的一面依然谜一样诱惑着我们。这首诗里，体现出苏轼对于仙道、佛道的另外的眼光。历史上很多学者把西湖上的光影解释为"野火""阴火"，大约即今天所说的磷火。这样解释并不能完全释疑，甚至有人认为是外星人和飞碟……时至今日，我们仍然无法破解这一疑团。笔者想，这与峨眉山金顶的三大奇观——日出、云海、佛光一样，都是大自然向世人展开的神秘的笑容，人们不妨与诗人一道叹赏西湖的神秘与玄妙。

东坡经常在西湖的游船上品酒赏月，随波逐月飘荡之际，他接触到一些为生计而苦苦挣扎的渔夫。他甚至把夜间渔民偷鱼的情景，也写到了《夜泛西湖五绝》其三当中：

苍龙已没牛斗横，东方芒角生长庚。
渔人收筒及未晓，船过唯有菰蒲声。

苍龙，东方七宿（角、亢、氐、房、心、尾、箕）的总称。"苍龙已没"是说夜色已深了。长庚升指天将明。一二句是通过星宿的升没来写夜已深、天将晓。三四句写渔人赶在未晓之前盗鱼。"船过唯有菰蒲声",说明除船穿行于水草菰蒲中发出的摩擦声之外,万籁俱寂,进一步展示了湖面的深沉与辽阔。苏轼特意加了一条注释:"湖上禁渔,皆盗钓者也。"当时西湖被朝廷定为放生池,只准放生,不准捕鱼,这样一来就断了渔民的生路,于是他们只好铤而走险偷捕偷钓。苏轼身为地方副长官,他夜里游湖见渔民在他的船前盗钓,他体恤渔民不易,并不制止,让渔民不知道东坡在船上,东坡也佯装没看见,彼此心照不宣,治政之要在于安民,安民之道在于察其疾苦!

我注意到张邦基《墨庄漫录》里,记录了苏轼在西湖发生的一场诗意邂逅,那是"最西湖"的方式:

熙宁年间,苏轼在杭州任通判,一天与友人同游西湖饮酒,夕光四散时分,忽然有一艘小舟翩然驶来靠近官船。小舟头站立一位美貌女子,来了一番自我介绍:我自幼仰慕先生,今已嫁为民妻。听说先生游湖,特来献筝一曲,并请赐词二首,以为终生的荣耀。

天下有这么直白、解人的妙女吗?呵呵,微醺的东坡说,太好了。

女子一曲奏毕,筝曲的余波尚未随水漂去太远,东坡即挥毫写了一首《江神子》赠送给她。

这个没有留下芳名的女子,已经把全副身姿,留在了《江神子》当中,留在了西湖的微波间。"欲待曲终寻问取,人不见,数峰青……"

"西湖真西子，烟树点眉目。"这就是东坡西湖的风流神韵。

站在西湖边，很多人最实在的感受，就是感叹自己老了。"少不入川"固然是古训，对于笔者而言，"见湖催老"似乎才是箴言。这也是笔者不愿意经常拜谒西湖的原因。

一阵风横斜而来，带来了一场秋雨。

激情经湖水过滤，曾经让花朵盛开的风就会变得极其酷热，使当事者心烦意乱。笔者猜想，敬隐渔回国后，他也同别的女人有交往，直至分手，她们或沉稳或精心包装或意气飞扬或故作深刻状的面庞，偶尔也晃动于半夜醒来时的一刻，他也会像冯士德那样感叹："啊，停一停吧，你真美丽！"可面庞是不会停留的，她们重叠起来，宛如一叠川戏《变脸》中的脸谱。一张张脸谱过滤，变形着初衷与真实，而我们曾经在她们脸上用胡须扎出的片片红晕以及留下的浓浓酒味，被每一个后来者置换着。意乱情迷的人弄不清楚她们之间的区别特征，如此机遇地排列，就像一条桃色的通道。但是，可以突然看见通道深处的泪水，以琥珀的光芒和内敛，正从历史的凝视中，坚硬地坠落下来……

有些距离，并不是以现实空间来权衡的，就像柳树枝条上的雨水，它本该流到某个固定的地方而坠落，可一阵风吹来，它从枝叶上中途跌落，在湖面发出声声脆响。笔者猛然意识到，这是白素贞的雨滴，这是苏东坡的雨滴，这是秋瑾的雨滴……自己的命运也许跟雨滴接近，但对改变方向的风，笔者既不祈求，但也不拒绝，笔者承认，只是有些羡慕。

……

尽管每一天是簇新的，但对于凡人而言每天则都大同小异。激情水光中的女人也是大同小异的，很难说有高下之别，就像一叠规格相同的脸谱。如果细腻一点，非要在每一天里品味出一些异样以供铭记，可庸常的交际与应酬却反复在提醒自己，除了自己实实在在活着之外，让人疼痛、让人揪心的日子，已经沉入水底。往事并不遥远，影影绰绰，水面总是以幻觉的方式予以了放大与强化。这些跟自己也没有多少关系，进而还会怀疑：她们真的存在过吗？

秋雨下的西湖，像一个没有谜底的谜面，浮荡、迂回而摇晃，要飘起来。

也许，笔者这个俗人看到的不过是"西湖塘"的倒影，而不是东坡西湖。

大庾岭

古语说"祸不单行，福无双至"，意思是说不幸的事接二连三，但好事却不会如此，来一次就很幸运，所以不要祈盼太多。元祐七年（1092年），是苏东坡再遭雷霆之击的一年。

御史台的势力一直存在着，在苏东坡身边暗流汹涌。老臣们的保护神太皇太后突然病逝，变法派抓住这一机会大肆打压。一场对苏东坡打击程度不亚于"乌台诗案"的报复，已拉开了帷幕……

但表面上看，苏东坡似乎时来运转，官运亨通：他于九月抵京，兼任太子侍读；十一月升为端明殿学士兼翰林侍读学士、礼部尚书，达到了他一生中的最高官位。而弟弟苏辙地位更高：四月，摄太尉；六月，为太中大夫兼门下侍郎。

东坡在扬州得到任命后，就立即上章辞免，任礼部尚书时又递上辞呈。终于在元祐八年（1093年）六月再次得到诏命，以端明殿学士兼翰林侍读学士、礼部尚书知定州。

这一年，又是东坡遭受感情打击的一年。

自母亲程夫人与前妻王弗辞世后，给予他温情最多的两位女性，贤妻王闰之和正直而温情、一直呵护苏东坡的高太后，先后去世。如同两颗高悬于他头上的吉祥之星突然消殒了，苏东坡的天空出现了两个巨大的黑洞。

王闰之是普通女性，从文化程度和艺术修养而言，不及王弗。她不完全理解丈夫的写作所具有的深远价值，甚至当看到这些文字给家庭带来祸患时，一度愤而将残留的珍贵手稿付之一炬……但她深爱丈夫和孩子。无论是王弗所生还是自己所生，她都一视同仁。她像照料孩子一样精心照料丈夫，家庭成为苏东坡的避风港。她是一位贤惠体贴的贤妻良母，陪伴苏东坡沧桑25年。自"乌台诗案"之后，她的身体似乎一直没有恢复，病逝时年仅46岁。八月二日，东坡作《祭亡妻同安郡君文》，除赞美她为妻贤惠，为母慈爱外，高度评价她与自己同忧共乐、不为贫贱怀忧，不因富贵而自喜的高尚情怀。他甚至说，将来自己要与妻子同葬一穴。可以看出，长期的共同生活已在他们之间形成了依恋不舍的挚情。

宋哲宗绍圣元年（1094年），新党再起，章惇一伙对"元祐党人"进行疯狂的报复、迫害。苏轼又首当其冲。御史赵挺之、来之邵等人又重演"乌台诗案"，弹劾苏轼所作的诗词"谤讯先帝"。于是，苏轼落职，被贬往英州（今广东英德）。

绍圣元年闰四月三日，苏东坡接到诏命，动身前往贬所。途中，政敌章惇、蔡京、来之邵等人又不断在皇帝面前攻击东坡，说他罪大恶极，贬英州仍不足以彰显惩罚。由于苏东坡一再上书，反复辩解，冒犯"龙威"，哲宗皇帝加深了对他的反感，于是又两次对东坡加重处分，把苏轼贬为宁远军节度副使，惠州安置。

大庾岭

这时的苏轼，就近于一个地地道道的囚犯了。

在古代，五岭以南一带是比较落后的，人们称之为蛮野之地，加上气候炎热，疾病流行，人们又称之为"瘴疠之地"。历代统治者都是把不同政见的"罪大恶极"者贬谪岭南，这一制度始于唐宋时期。据不完全统计，宋代抵达广东的"流人"，仅见于史籍者即有300多人次，无记载的充军者则更是不计其数。鉴于"流人"一般是士大夫，因此北宋学者陈亚戏言："岭南之见逐客不问官高卑，皆呼为'相公'，想是见相公常来也。"

从定州到惠州有4000多里，59岁的苏东坡，身体不好，患有严重的痔疾。在这种情况下，只能对家人作了重新安排：令苏迨家及苏过的妻儿去宜兴，和儿子苏迈团聚；自己则与幼子苏过、王朝云以及两位老婢，奔赴贬所。

值得欣慰的是，苏轼此次南行，沿途遇到许多老友，得到了他们的帮助：尤其是路过扬州，以龙图阁学士知润州事的张耒，害怕东坡在路上遇到不测，特意挑选两名士兵随行，沿途照顾他，并一直送到了惠州。

太多一幕一幕的过去，令人压抑。可是往昔在开始之时，又是多么辉煌而迷人！

一路上苏东坡气闷不已，他真的很不服气。越过大庾岭（五岭之一，位于江西省与广东省边境，横跨赣州市和韶关市）时，他知道这是一条一旦跨过就难以返回的分界线，不由得心神相激，写下《过大庾岭》，唱出了一首正气之歌："一念失垢污，身心洞清净。浩然天地间，惟我独也正。今日岭上行，身

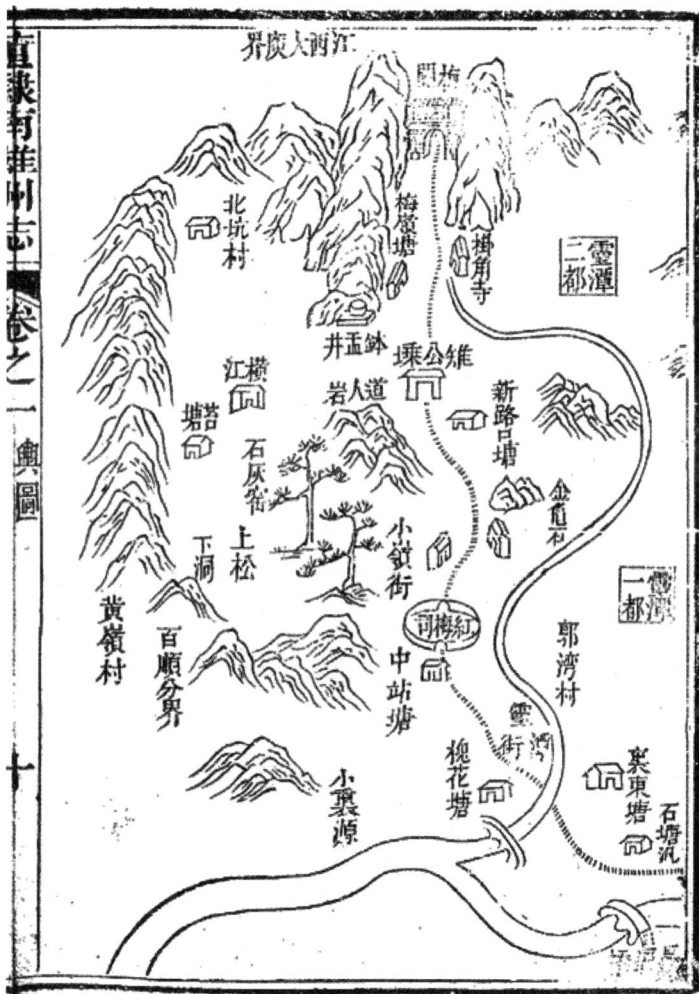

清道光时期《直隶南雄州志》所载梅关古道图

世永相忘。仙人抚我顶，结发授长生。"那种渴望出淤泥而不染的高洁之情，一直感动着世人。

《大智度论》有一个形象的比喻："譬如蛇形，本性好曲，若入竹筒则直，出筒还曲。"直也好，曲也好，对于东坡而言，他与韩愈一样，是以"摩羯"为命宫，所以对他们而言，不变的是毕生多遭诽谤。但即使如此，他还是那个东坡。

下山即是岭南地界了。这里气候、风俗与内地有很大差异，满眼都是新奇，东坡没有感到半丝蛮荒的感觉。东坡看到这里的人们都在打柴钓鱼，求取生活的方式也一样，只是语言不通，难以交流。

他遍览古刹名寺，在与南方僧人的交往中，营造着更为脱俗的清净心境。他还带着小儿子苏过漫游名山罗浮山，也许是山河与情绪的感应，东坡写出了一首可以比肩李白的长诗。他在诗中赞美苏过"少年奇志""戏作凌云赋""负书从我"。苏过从小到30岁都在父亲身边，随侍苏东坡的时间最长，惠州、儋州时，苏过始终相随。东坡还给他娶成都范镇之子范百嘉的二女儿为妻。在东坡孤寂清冷的人生坎坷之途，这位理解他的小儿子给了父亲太多暖心的慰藉。后来的苏过为人淡泊、兼诗善画，当世评价说"苏氏三虎，季虎最怒"，意思是老三苏过最为杰出，人们亲切地称他为"小坡"，成为东坡风骨的最佳传人。

几年后，从儋州奉旨北返的苏东坡，站在大庾岭上，我与青山是旧游，青山能识旧人否？他诗情澎湃，再写《赠岭上老人》一诗，抒发自己劫后余生的喜悦和庆幸。其实他被贬路过大庾岭，只是初唐时期诗人宋之问之后的又一个后来者而已。早在300多年前，宋之问因宫廷政变受牵连而获罪，他被贬钦州（今广西钦州市）时，就途经了大庾岭。

如果时间可以倒流，人们从大庾岭拾级而上，总能够与历史上途经此地的名人不期而遇。他们在广东留下的足迹与诗篇，不仅让广东文化实现跨越式发展，在中国文化史上留下了浓墨重彩一笔，更是通过他们的筚路蓝缕和垂范引领，或革新农具，或改进农耕，直接推动宋代岭南的经济发展。

岭南万户皆春色

北宋绍圣元年（1094年）十月初二日，苏东坡、朝云历经
千辛万苦到达惠州。

他不再是父子三人风靡京城骤得大名时的那个人了。

他也不是那个初到杭州写出"欲把西湖比西子，淡妆浓抹
总相宜"的人了。

他更不是那个置身黄州长江畔写出"惊涛拍岸，卷起千堆
雪"的人了。

此时的苏东坡蜕去旧壳，就像一个文人抛弃了形容词与排
比句，他是一个赤子。

无论千里万里，东坡总有"似曾相识"的循环美学观。

就像一到杭州那样满眼新奇，他喜欢惠州的山水，喜欢这
里的淳朴人情，觉得一切都似曾相识。当地官吏、百姓早已风
闻东坡的大名，父老相携来迎接他，大家都猜测他一定经历了
"天大的事情"，朝廷才会把他贬到惠州。面对大家敬上的果
酒，酒量不大的东坡还是一饮而尽，呵呵，味道好极了！从此
他喜欢上了这里的美酒，高吟"岭南万户（万户酒）皆春色"，
一语双关地表达了他的一见倾心。他已不指望自己有汉朝忠臣

苏武那样的运气了，可以时来运转。

《十月二日初到惠州》是高度写实主义的：

仿佛曾游岂梦中，欣然鸡犬识新丰。

吏民惊怪坐何事，父老相携迎此翁。

苏武岂知还漠北，管宁自欲老辽东。

岭南万户皆春色，会有幽人客寓公。

"幽人"排闼而来。苏东坡名满天下，新知与老友接踵而至，他不但不寂寞，而且心情大为好转；不断有人赠送饮食、药品等。惠州长官詹范更成为他的亲密朋友，有时把东坡请去饮酒，有时带上酒菜到东坡家对饮。东坡也不拘礼，称他为"老詹"，还向他坦白：以后你有好酒我自己就找上门来！不用派人来请。

老朋友陈季常来信说，要专程到惠州来探望他，他立即写长信劝阻："彼此须髯如戟，莫作儿女态也。"我们都是胡子一大把的人了，不要儿女情长。

苏州定慧寺长老守钦是东坡老友，特派寺僧卓契顺到惠州来问安。东坡留在阳羡的两个儿子和家人，由于长时间得不到惠州的消息，很是焦急，卓契顺知道了，就对苏迈说："惠州又不在天上，只要走就能到达！我可以替你带信去看望他们。"他开始了几千里的徒步旅行，走得双脚起茧，晒得面孔乌黑，终于在绍圣二年三月走到了惠州。这样的感人情怀，就是在古代，也不多见啊。

苏东坡大为感动，与卓契顺盘桓了很多天。有一天，东坡跟卓契顺来了一段问禅式的对话，机锋大展。

东坡问："呵呵，你带了什么土特产来看我？"

卓契顺摊开双手，两手空空，算是回答。

东坡说："呵呵，你走几千里路，可惜空手而来。"

卓契顺又做出担负东西的样子，缓步走开。

这一问一答之间，展示的是两个高人的智慧。

是空手而来、空手而返吗？肯定不是！

他们彼此得到的，在千里万里之外，但已成为心里的压舱石！那是担不动的如山一般的情义啊。

一天卓契顺要回杭州了，东坡问他有什么要求。他说："我什么也不要，只想得到先生您的几个字。"东坡哈哈大笑，为他书写了陶渊明的《归去来辞》，并为他写了《书〈归去来辞〉赠契顺》一文。这些充满深情厚谊的相互赠予，成为文学史上的佳话。

与东坡交往多年的朋友吴子野（字复古），也从路途遥远的北方赶来惠州。吴子野淡泊名利，他父亲吴宗统为翰林院侍讲，本来他可借父荫而当官，却把机会让给了异母的哥哥。自己守父母陵墓3年，后来独自进入潮阳的山间修养，有时出游四方，遍交朋友而一无所求。早年吴子野在济南就与东坡相识，东坡贬黄州后他不断去信，送去不少药品、食品。得知东坡到惠州了，他的儿子派人送来很多慰问品。不仅如此，他还到惠州陪东坡住了一段时间。

东坡有诗《吴子野绝粒不睡，过作诗戏之，芝上人、陆道士皆和，予亦次其韵》，表达了他们之间的亲密关系。东坡向他请教养生术，他只说了两个字，一个是"安"，一个是"和"。上引诗题中的"陆道士"，名叫陆惟忠，是从四川眉州跋涉几千里来陪伴东坡的。

中国历史上名人众多，但没有几个能够拥有苏东坡这样的人缘。

惠州给予东坡荔枝，惠州给予了东坡世外桃源般的呵护，惠州给予了东坡最需要的人间温情。

来而不往非礼也。东坡给予了惠州数百首诗篇。这一段时间他几乎无日不诗，无处不诗。细读东坡的惠州作品集，就会发现在他一生写作生涯里有一个峭拔而丰赡的"惠州时代"。这是他的又一高峰，当然也是最后的孤峰。一共有192首诗以及数十篇散文、序、跋。这一时期他写的长诗明显多起来。到达惠州的次月，苏东坡一家借住进了惠州水东的嘉祐寺，他看到弥陀寺后山之巅寺中松风亭下盛开的梅花，一口气写了3首梅花诗，其中一首居然长达104句。在他一生的梅花诗中，这应该是最长的一首了。

严冬的风里，有几株怒放的梅花。

梅花在逆风里读懂了五岭的气息。梅花尽力打开了全部的花瓣。它的香气唤醒了蛰伏的梦。于是，梅花在雪地上，最后一个一个吐血而亡。

这一片梅花地，在东坡醒过来的时候，他似乎闻到了杭州的香气。

惠州梅花的花期非常短，只有20天至一个月左右。可以想像，那段时间里，病鹤一般的东坡啊，真是比梅花还要忙……有时，他在梅林里沉醉终日。醒过来时，才发现只有"落蕊黏空樽"，梅花似乎出走，忙于一个神秘的梅花阵的铺排与运行。独遗下一地的梅花瓣，就像妻子王弗的眼帘，就像母亲点燃的烛火，在风中一闪、一闪……

春雨不是滋润万物么？梅花终于在一阵阵春雨浇灌下凋零，枯萎，无一丝香气。在东坡眼里，这一幕很像过了期的自作多情。

梅花、桃花、樱花、海棠……这些极端之美的花朵，均由黑怪诡异的树枝催生而出，这就让人意识到，异端之美的东西，它们的来历是同样奇异的。

在令人颤抖的思念中，迎面而来的冷雨，让人的嗅觉变得深入而灵敏。

现在，置身高处的玉兰花，冷眼睨视，玉兰花举起了酒杯，小口啜饮。

惠州西湖泯恩仇

天有不测风云，苏东坡突然面临一桩家族恩仇的大事。

苏东坡晚年尤其是贬谪惠州、儋州期间，总绕不开当朝宰相章惇凌厉的打击。章惇出现在苏东坡的人生中，亦敌亦友，当年他们还是同登进士科。章惇为人豪俊，才智出众，博学善文，再加上相貌俊美，举止文雅洒脱，因此很是自鸣得意。除了政见不同，尤其是苏东坡名满天下后，他难免产生"既生瑜、何生亮"的感叹。现在的章惇官位远在苏东坡之上，他听说苏家因苏八娘之死与程之才结仇的事，认为这是一个重大的突破口。

他特意委派程之才到岭南，担任广南东路提点刑狱，主管所属各州的司法、刑狱、官吏监察，他用意很明显：程之才不但可以像猫戏老鼠那样玩弄苏东坡，而且还可以公报私仇，不露把柄。

很可惜，章惇的如意算盘还是打错了。

绍圣二年（1095年）春季程之才到达广州。程之才首先通过苏东坡的上司转来一封信表示问候，东坡接着给他写了回信致意。他听说程之才三月份要到惠州，东坡又派苏过带着自己的信去迎接。

自皇祐四年（1052年）苏八娘去世后，苏程两家断绝了往来。嘉祐二年（1057年）东坡母亲程氏卒于眉州，苏氏父子归葬，程家也没有派人来吊唁。自此以后，两家失去了联系。到苏洵逝世时，也没有任何往来。时间过得真快，苏东坡与程之才已断绝来往42年了。经历无数斗争的苏东坡，心胸日渐开阔，他早已超越了狭隘的个人、家族恩怨，此时心里只涌起故乡的浓浓亲情。

苏轼的姐姐八娘比苏轼大一岁，而程之才又比八娘大一岁。三月六日，当程之才站在苏东坡面前时，看起来他比苏东坡更年轻，东坡不禁感叹，流下了两行热泪。

苏东坡这才注意到，程之才身后站着一位少年。程之才回头指着少年说："这是我家十郎。"少年向苏东坡行礼，叫了一声"表叔好！"东坡胸中一热，明白了程之才的良苦用意：自父辈结怨以来，苏程两家两代人已完全陌生。仇怨应当终了，下辈人应该有他们光明的未来，去化解恩恩怨怨。

程之才在惠州住了十几天，两人饮酒唱和，十分融洽，从此往来频繁，洋溢着真情实意。在苏东坡的书信里至今尚留存写给程之才的70多封信，由此连缀、丰富了苏东坡一部感人至深的感情交往史。同时可以看到，借助这位有权的表兄，苏东坡也为惠州老百姓办了很多好事。米贱伤农、军队缺少营房、飓风成灾、能干的官吏未能升迁等，他都十分关切，程之才知道这些都不是苏东坡的私事与分内之事，有感于苏东坡爱民的赤子情怀，他均逐一督促落实，基本上解决了这些问题。

惠州有丰湖，原本是惠州东、西江汇合处的一片水洼，横卧在惠州城外。北宋余靖在《惠州开元寺记》中称："重山复岭，掩映岩谷，长溪带蟠，湖光相照。"（《惠州西湖志》，第181页）这是惠州西湖风光见于文献的最早记录。这一片水域，让曾在杭州任过职的东坡感觉"仿佛曾游岂梦中，欣然鸡犬识新事"。他自然希望让惠州西湖"变为"杭州西湖，两相重叠，水光里依稀可见故人。惠州西湖因为无桥，给城内外百姓带来不便，苏轼想治理惠州西湖却因"罪臣"之身空怀壮志。程之才的到来，让东坡看到治理西湖的希望。

　　程之才赴广东前，章惇曾明确指示，要他加紧处置苏轼"谤讪先帝"的要事。程之才来了一个"太极推手"，在沉默中希望此事逐渐化解。而苏轼心中牵挂的仍是当地社会以及百姓。

　　苏东坡给程之才的书札里，共有9封是为当地的政事出谋划策，涉及建造营房、修桥通路、火灾后重建民居、税米积压、掩埋骸骨等当地长期积留的难题，并提出了具体的解决措施，其中并不排除程之才向东坡征求意见的可能。惠州官兵缺少营房的问题，这与东坡何干？但东坡竟然给程之才写了一封1300多字的书信，详细提出了自己的解决之道。程之才按照这些建议予以了妥善处置。

　　重要的是，程之才为了东坡"两桥一堤"的宏愿，写信给惠州知州詹范，督促惠州官府加紧丰湖堤、桥的修建。惠州拨府库3000万钱，启动了堤桥修建工程。

　　绍圣三年（1096年），惠州修筑东西新桥，一座在东面江溪合流处；一座位于西面的西湖之上。东新桥由道士邓守安设计施工，以40只船连成浮桥；西新桥由栖禅院僧人希固设计施工。苏东坡捐出了皇帝赐他的一根贵重"犀带"（犀牛皮制成）；而苏辙的夫人史夫人受到感召，也捐出了当年入宫受赐的几千枚金币。苏东坡还动员子由和程之才各捐了15贯钱，又花费很大精力集资买下一口1里多长的池塘修筑为放生池，人们买鱼放入其中，花木扶疏鱼翔浅底，成为惠州著名的一景。

"两桥一堤"大型工程竣工后，湖水清波浩淼，绿柳拥岸，舟船穿梭于桥洞，人在画中游，惠州百姓把它命名为"苏公堤"。

因为苏东坡的风流韵致，惠州丰湖也改称西湖了，历史上曾与杭州西湖、颍州西湖齐名，宋朝诗人杨万里曾有诗"三处西湖一色秋，钱塘颍水与罗浮"，说的就是这三大西湖。

苏东坡以对亲人的坦诚，对国家的忠诚，对百姓的赤诚，化解了苏程两家42年的宿怨，也提升了他和程之才的人生境界。

值得一说的是，程之才后来又到过惠州，均与苏东坡会面。苏东坡深切盼望自己能够返回京城与程之才团聚，岂料惠州一别，就是人生的永别。绍圣三年二月底，朝廷见程之才久久没有对苏东坡施展手段，大为失望，他被调离广州召回京城，东坡也再谪海南岛，天各一方。他们之间就此音讯断绝了。

根据暨南大学杨银娥硕士论文《苏轼书信研究》第一章《苏轼书信概况》的分析，现存东坡书信中，与程之才的信件数量最多，一年零两个月时间里，竟达75封；其次是与滕甫（元发），近70封；数量第三是与王巩、与弟弟子由的信，仅十余通。由此可知，东坡与程之才的短暂重逢，为他们带来了多么重大的冲击！

广州知州王敏仲是东坡志同道合的朋友，两人都把为民谋利当作为官的操守。东坡建议王敏仲也像自己在杭州那样建一所医院，筹资置一份固定产业，每年的收入用作医院的经费，使之运转不衰，以便解决流动人口多、疾病流行的严重问题。

罗浮山道士邓守安是一个热心公益事业的人。他告诉东坡一个现象：广州除官员和少数有财势的人可饮用城外的清洌井水，老百姓所饮用的都是又咸又苦的劣质水，有损健康。他有一个简便易行的引水工程计划，就是用大竹管接引离城20里的山泉。东坡马上向王敏仲大力推荐。实施之后，使广州城内居民的饮水得到改善。这是有史以来岭南地区第一套自来水系统工程。

毫无疑问，广州自来水工程最早的参与者就是苏东坡。因为在《苏轼文集》第56卷中，有18封是东坡写给王敏仲的信。18封中第11封和第15封，这两封信的内容就是向王敏仲建议在广州修建自来水系统。

书信里东坡认为，广州的老百姓都喝珠江水，珠江水因为南海涨潮的时候会倒灌，这水又苦又咸。他提议应该把城外的泉水引进城。城外不到20里地方的半山，有一流量很大的泉水都白白淌掉。应该用大竹管打通，一根一根接起来，从那里把泉水引到广州城里来给老百姓做饮用水。

又鉴于杭州城的竹子用作引水管道有渗漏问题，东坡在这两封信里面提供了具体技术方面的改进细节。他说竹管一根根接起来，把前一根细的外面抛光，后面一根粗的里面抛光再插进去，不管插得怎么紧，接缝之处多半会渗漏。那么，二三十里路都在渗漏，漏到广州就所剩无几了，所以要解决渗漏问题。苏东坡指点王敏仲怎么解决渗透问题，他说在前面细的这一头先缠上一层麻丝，再在麻丝上涂层漆，然后再插进去……广州入城引水管道终于建成！

拳拳之心，溢于言表。

中国古代讲求的"官德"包括修身、爱民、纳谏、尊贤。可以说苏东坡把"爱民"奉为最高要义，而且身体力行。

小东坡

既然谈东坡惠州事，就应该提及"小东坡"唐庚。

历史上被称为"小东坡"者，除了苏轼第三子苏过外，宋代被称为"小东坡"者尚有3人：眉州唐庚、资州赵遹、襄阳王之望。唐庚是最早被称作"小东坡"的诗人。

巧合的是，诗人唐庚也是眉山籍人。其诗学东坡，遭际也与东坡有些相似。但是唐庚因受知于张商英，张商英罢相后他也被贬惠州，在此盘桓多年。

苏东坡比张商英年长5岁，均在19岁时中进士。同为四川人，两家距仅百里，而且也都曾被贬为汝州团练副使。东坡为旧党，张商英是新党，彼此在才华的远距离交错中，难免也会伤及彼此的羽毛。元祐年间，商英写信给东坡，希望能推荐自己为台谏："若得一把茅盖头，必能为公呵佛骂祖。"司马光颇有意用之。但东坡认为："犊子虽俊可喜，终败人事。不如求负重有力而驯良服辕者，使安行于八达之衢，为不误人也。"这话，张商英应该是很快知道了的。

熙宁初年，章惇引荐张商英进入变法权力高层，历仕宋神宗、宋哲宗、宋徽宗3朝而深陷党争，不能自拔。从熙宁四年

（1071年）十一月荣升朝廷官员，到徽宗大观四年（1110年）六月登上相位。为政四十多年，而在朝当官时间不过5年，其余均处于四处颠沛、放于外任。他长得玉树临风，直言敢谏、忠鲠不挠，但也热衷名利、争强斗胜，在"乌台诗案"里，并未对东坡兄弟施以援手。因此，不可避免地遭到旧党攻击，也不时与同为新党的人士发生龃龉……这些境遇都与北宋时期的士人党争有极大关系。

张商英无疑是唐庚的恩师，那么他是如何看待东坡的呢？

清代诗人王士禛就曾指出：鉴于党政与派系，唐庚极少提及苏东坡，文章里不便展示对苏东坡的敬仰。宣和元年（1119年），唐庚寓居京城景德寺，曾向好友强行父提及自己早年拜谒苏轼的事情。那时唐庚才18岁，在太学学习。恰逢东坡回到京师，暂住城外小园子。唐庚闻讯，立即前往。东坡早已名满江湖，还是热情接待了这位同乡，随口问他："正在读什么书？"唐庚答："正读《晋书》。"东坡来了兴致："呵呵，书里有没有什么奇妙的逸闻，可以为一座亭子取名呢？"

唐庚不明就里，所以无从应对……这一青年时节的场景，应该让唐庚记忆犹新。

唐庚一直在悉心研究东坡。惠州山水间，仿佛都有东坡气场。他曾说："东坡诗，叙事言简而意尽。惠州有潭，潭有潜蛟，人未之信也。虎饮水其上，蛟尾而食之，俄而浮骨水上，人方知之。东坡以十字道尽云'潜鳞有饥蛟，掉尾取渴虎'。言'渴'则知虎以饮水而招灾，言'饥'则蛟食肉矣。"可见他对苏诗的研读不但是颇有体会的，而且予以了田野对位。

这一时期唐庚写有《白鹭》一诗，他从白鹭逆风的飞翔里看到的却是重重危机："说与门前白鹭群，也宜从此断知闻。诸君有意除钩党，甲乙推求恐到君。"相由心生，景由心造，果然。

白鹭是与世无涉，而唐庚不仅与之说话，还要求它们"从此断知闻"。看来似乎无理，但这无理的要求正是更不合理的局势造成的：最高权力在大力荡涤朋党，自己既然也是一个被扫除者，那么按甲乙之序次第地推求，恐怕就连自己门前的白鹭也难逃网罗了。唐庚作此诗时，过着"好鸟不妨眠，世味门常掩"（《醉眠》）的生活，很少与当地人来往，既怕惹是生非，又抑制不住谪居的忧闷，于是只能借讽刺以抒愤懑。

显然，因为张商英的巨大阴影，他并没有对东坡表达明白的同情。

记得几年前的春夏之际，笔者站在惠州西湖畔边，鹭鸟翔集的水面上，一只白玉色的鹭鸟，穿过低云，贴水而飞翔！它的颜色逐渐发绿，像一块氧化的青铜，带来一抹古蜀天青。鸟儿体内似乎有一盘力道十足的机械发条，驱动着鸟儿的嘴喙深入锦水迷乱的腹部。水波像鲫鱼那样聚形，像鲤鱼那样摇曳，也像乌鱼那样挣扎！可是，当嘴喙从水里收回，鸟儿仅仅带起了一串水滴。也许白鹭在水下完成了欢娱，也许它仅仅是挥写了一种想象。不知道什么原因，鹭鸟没有放弃，用双爪抓紧水体，它打开羽翅，晃晕了天空，鹭鸟的体型在水边膨胀，最后像鲲鹏那样打开如云之翅，拍动。硬是把整个西湖提了起来，并达到了梦中的高度！

这样，置身于西湖岸边的人，才得以看清，西湖原来是一条流质的闪电，鹭鸟则是闪电的手柄……

半山之境

王安石晚年隐居在江宁的半山，具体地点在白塘，白塘距江宁城东门7里，距钟山主峰也是7里，所谓半山途中，故王安石将居室命名为"半山园"。王安石居其中，自号半山居士。他的《半山春晚即事》、《半山岁晚即事》、十组诗《半山即事》，其中有"半"字的诗句都是诗中的精华。某种程度说，王安石是中国"半山"哲学的集大成者没有问题。可惜他大半生为人峻急，远离了"一半争，一半随"之理，到底还有多少"半山"的气象呢？

即便是到了元丰七年（1084年）七月，垂垂老矣的王安石大病初愈，离开黄州贬所的苏东坡路经江宁，来半山园拜访大病初愈的王安石，有了著名的"半山之谈"，仍然是针尖对麦芒。为避免尴尬，两人才回到诗词的话题……

中国叫半山的地方不少，但杭州的半山，历来是人文积淀最为深厚的点位。

皋亭山位于杭州城区东北部，与江干区的黄鹤山等诸山一脉相连，自西向东北绵亘十余公里，当地俗称"半山"。

半山的历史文化积淀极为厚重。以《杭州地名志》为据，记载杭州城内的山有百座之多，其中编纂有山志的有5座名山，其中半山最多，有《郭北三山志》《皋亭山志》《皋亭琐事》《皋亭小志》《半山集》等。千百年来，这片古老而神奇的山地最早成为古代杭州先民生息繁衍之地，留下了秦始皇、钱镠、宋高宗等的遗踪，记叙了文天祥爱国抗元的故事，记载了白居易、苏东坡、萨都刺、刘伯温、厉鹗、郁达夫等历代文人雅士的题咏、赋文和以此为背景的神话等近200首（篇）；中国四大古典名著之一《水浒传》里，甚至把皋亭山写入小说。

夜半幽梦觉；夜半老僧呼客起，云峰缺处涌冰轮；两两轻红半晕腮；人生半在别离中；数亩荒园留我住，半瓶浊酒待君温……

这样的一半境遇，半瓶浊酒待君温。

莫饮半杯愁古酒……

蓦然回首，那人却在，灯火阑珊处。

……

眉山青神县中岩寺就是地地道道的半山啊。在半山的寺院里，也许最能够体味什么叫"半山哲学"。就连东坡的初恋，也是在半山完成的。

这让人们不禁想起明代文学家屠隆的《娑罗馆清言》中的一段话："楼前桐叶，散为一院清阴；枕上鸟声，唤起半窗红日。"一个"半"字，可以说是颇堪玩味，体现出了这位作家鲜活的艺术思维和审美意识。

半，未满，一种介于全与不全的美态，一种含而未露的绽放，也许比不得高傲华贵的富态，只是在枝头微微含羞，粉黛暗眉，似笑非笑，似醉非醉，似醒非醒，似梦非梦。半，是一种充满期待的飘逸，一种欲飞而未飞的振翮。半江春水半湖月，半点情思半分醉。最美的月，是半秋月；最壮丽的云，是被大风拉出一半身躯的旗云。半秋的月是最柔美的，盈而不溢；半树的春是最茂盛的，半而不满。

凡事当留有余地。北宋邵康节先生诗《安乐窝中吟》云："美酒饮教微醉后，好花看到半开时。"这种人生况味，不失为人生的一种策略艺术，一种处世方式，一种生存智慧。

清代李密庵有《半半歌》："看破浮生过半，半之受用无边；半中岁月尽幽闲，半里乾坤宽展。半郭半乡村舍，半山半水田园；半耕半读半径廛，半士半民姻眷。半雅半粗器具，半华半实庭轩；衾裳半素半轻鲜，肴馔半丰半俭。童仆半能半拙，妻儿半朴半贤；心情半佛半神仙，姓字半藏半显。一半还之天地，让将一半人间；半思后代与沧田，半想阎罗怎见。饮酒半酣正好，花看半时偏妍；半帆张扇免翻颠，马放半缰稳便。半少却饶滋味，半多反厌纠缠；百年苦乐半相参，会占便宜只半。"对待人生的种种方面，李密庵采取的都是"半"字哲学的态度。这赢得了林语堂先生的高度赞赏："这总是最优越的哲学，因为这种哲学是最近人情的。"

而在惠州，东坡置身登山中途，他立即就了悟到真实的"半山"了。

初来乍到，一家人暂时居住在丰湖之畔的合江楼。十多天之后，东坡带领儿子和朝云及老女仆，搬到嘉祐寺去栖身。嘉祐寺故址在现今的惠州市东坡小学的点位，地势略高，这里虽然没有合江楼条件好，但环境很是清幽，尤其是寺后有一座不太高的土山，满山长满茂密的松树，山顶上有一座风雅的松风亭，东坡常到这里漫步，往往会错认为是眉山"短松冈"。一天，东坡本想一口气登上松风亭，却不料刚走到半山就觉得疲乏了。

他抬头望望松风亭，发现亭子还在很高处的树梢上面呢。歇息了一会，依然牛喘不已。那么，为什么一定要爬到亭子上呢？会当凌绝顶，固然很好，但这里不也挺好吗？他索性就此坐下歇息了一会，浑身舒畅，仿佛腋下生风。

他神清气爽，径直下山去了。后来他写下《记游松风亭》：

余尝寓居惠州嘉祐寺，纵步松风亭下。足力疲乏，思欲就亭止息。望亭宇尚在木末，意谓是如何得到？良久，忽曰："此间有甚么歇不得处？"由是如挂钩之鱼，忽得解脱。若人悟此，虽兵阵相接，鼓声如雷霆，进则死敌，退则死法，当恁么时也不妨熟歇。

这篇小短文看似写登山，实是写心境：因为预先确定了游玩的目标，所以为到达不了那里而不胜其苦；一旦放弃这个目标，就如鱼脱钩，释去羁绊轻松自在。东坡进而悟出一个人生的哲理：人们在生活中要善于摆脱自我限制，获得心灵的完全自由，进一步，生死也可置之度外。即便万分危急之时，也可以突然醒悟。此间有什么歇不得处？如果联想到苏轼此时谪居岭南的处境，那么或许他也在为自己开脱，就眼前这个样子，又有什么不好呢?

半梦半醒,半山半水。藏了一半,露了一半。一星半点的海棠,透出满城的春光:半枝竹隐月,让苍穹更为高远。雨脚半收檐断线,雨打芭蕉半听闻。半惊鸦喜鹊,两两轻红半晕腮……在苏轼200多处涉及"半"的诗词当中,他是那种可以在飞翔里落地、安步当车的人,他是随时可以在奔跑的状态中突然折返的人。更为重要的是,东坡是更明白"船到中流浪更急,人到半山路更陡"的人。

在笔者心目中,读东坡如盐溶水,化为无形。罡风劲吹、燃犀烛怪、直走人心、酒情天老、竹摇绿腰……无论是苏轼这个人,还是他的文体,都处于一种拒绝既往定义的半明半暗的、既似又非的"半山状态"。在笔者看来,他的诗与文即人格的竹影,是一个人对于忠贞的生命属性的最为深沉的脚注:独具创造的艺术不会服从于整齐划一的铺路石板和体制秩序。它就像岷江之水上涨时,从江边不断解放出来的滩涂,处于过去与死亡之间。

其实呢,"半个苏东坡"就够我们消化一生。

唯有朝云能识我

　　白发苍苍的东坡扶杖，朝云静静跟在身后，他们去看瀑布。瀑布下落水与石相击，溅起一片如云似雾的水珠，随风飘扬，水声盈谷。

　　瀑布的影子总是低飞的，浑身叮当作响。

　　归家的影子总是疾驰的，夜行无声。

　　瀑布的影子总是凹凸有致，汁液四溅。

　　归家的影子披星戴月，筋骨突起。

　　瀑布的影子在不耗尽欲望之前，不会驻足观察风景。

　　归家的影子阅尽了一切山岳，仍未找到一处可以消停的所在。

　　瀑布的影子与归家的影子在某个岔路口相遇了。这里有来自不同方向的光照——

　　瀑布的影子奔向前方，归家的影子则倒向后面。

　　当它们的裙裾交汇的一小块地方，升起了一盏灯……

　　这时坐在东坡身旁的朝云，闭眼，口念佛号。我们可以想象这就是唐朝的红拂，停止了刚才的瀑布叙说。红拂举起杯，将倒映在杯中的烛光与远山，一小口一小口抿尽。

越过五岭南行之际，东坡59岁，朝云32岁。红颜配白发，却是朝云的自愿相随。他们的交往简直就比传奇还要传奇：

熙宁七年（1074年）九月，39岁的苏轼即将离开杭州去密州赴任，12岁的钱塘小女孩王朝云来归附即将远行的苏家。由此推出，王朝云家境不佳，若不是孤儿，就必定是父母养不起。她的名字"朝云"和"子霞"，都是《苏轼年谱》首创的，《燕石斋补》予以引用，还说王朝云是杭州名妓，说苏东坡因为反对新法被贬杭州，有一天他与好友在西湖上设宴游玩，友人请来了王朝云所在的歌舞班演出助兴。王朝云美丽的姿容和高超的舞艺深深地吸引到了东坡。舞罢，王朝云刚巧入座在东坡旁。东坡"爱幸之，纳为常侍……"这种说法传播很广，应该是文人墨客的添油加醋。孔凡礼先生认为此说"乃好事者附会"。王文诰对此批评说，这是"妄人"迷梦，"不可以不正也"。

苏轼贬谪到黄州，王朝云也跟着王闰之来到黄州。这时她已亭亭玉立，是18岁的大姑娘。元丰六年（1083年）九月二十七日，21岁的王朝云生下苏轼的第四个儿子，东坡儿子名字均有走之旁，取名"遁"，"小名幹儿，颀然颖异"。满月之时，举办了一个"洗儿会"，东坡作了一首颇有感怀的《洗儿戏作》：

人皆养子望聪明，我被聪明误一生。

惟愿孩儿愚且鲁，无灾无难到公卿。

小儿子才几个月，苏轼他们就让他"抓周"，想看他喜欢什么。发现他只是抓书；把好吃的梨子、栗子推到他跟前，他摇头拒绝，好像知道非分的东西不能拿，赢得全家人的深爱。苏轼说他老来少有欢喜之时，就靠小儿子给他带来愉悦。

元丰七年（1084年）三月，东坡又接诏命，改为汝州团练副使。一家人虽不愿离开雪堂，但仍不敢怠慢，于是四月中旬携家启程。夏日暑热抵达火炉一般的江宁。七月二十八日，才十个月大的小儿子竟一命呜呼！苏轼葬子，"归来怀抱空，老泪如泻水"。身为妈妈的朝云，到了"母哭不可闻，欲与汝俱亡"的程度。

朝云无疑是在东坡精神沐浴下长大成人的，这就是她能与东坡心灵相通的重要原因。她本不识字，长大后才开始认字、习书法，兰心蕙质，竟然"颇有楷法"，并具备相当的文化修养。在泗州时曾跟比丘尼义冲学佛，兴趣日浓，甚至比东坡还要虔诚。到惠州前后，她实际上已成为东坡唯一的配偶。她不求名分，患难与共，坚贞如一，成为东坡的知音。

根据严有翼《艺苑雌黄》记载，苏轼曾让朝云向词人秦观索词，秦观作了一首《南歌子》送她。秦观是根据宋玉《高唐赋》的传说，把巫山神女比作朝云，把楚襄王比苏轼。词中说，神女一般美丽的朝云是不肯轻易与凡人结合的，只恐苏轼前生是襄王，所以才得到了朝云青睐。苏轼也写了一首《南歌子》答谢秦观。对朝云的衣着相貌、一举一动作了细致描绘和比喻，字里行间洋溢着对朝云的深情。

在苏东坡一生的女人里，可以说朝云是最聪慧、最活泼、最善良、最讲大义的知己。随着交往的深入，朝云那种"敏而好义"的性格更是赢得了东坡的深爱，他亲切地称之为"老云"。

元祐八年（1093年）下半年，苏轼出知定州。妻子王闰之病逝。东坡办完丧事，就离汴京去往定州。翌年四月，哲宗下命削去苏轼端明殿学士、翰林侍读学士的头衔，并命其改知英州；以后又将他一贬再贬，最后贬为"宁远军节度副使，惠州安置"。苏轼接到谪惠命令，即与小儿子苏过和王朝云及两位老婢前往……短短一年之中，从政权的高端猛跌到底层沦为罪臣，在他如此山穷水尽的境遇里，只有朝云追随不弃，给予苏轼莫大慰藉。

来到惠州后，有一天苏东坡在炼丹炉旁读白居易的诗，联想起白居易年老落魄，家中之人四散的凄凉，他便更发珍视朝云的超凡脱俗，于是写诗《朝云诗并序》：

世谓乐天有鬻骆马放杨柳枝词，嘉其主老病，不忍去也。然梦得有诗云："春尽絮飞留不住，随风好去落谁家。"乐天亦云："病与乐天相伴住，春随樊子一时归。"则是樊素竟去也。予家有数妾，四五年相继辞去，独朝云者，随予南迁。因读乐天集，戏作此诗。朝云姓王氏，钱塘人。尝有子曰幹儿，未期而天云。

不似杨枝别乐天，恰如通德伴伶玄。

阿奴络秀不同老，天女维摩总解禅。

经卷药炉新活计，舞衫歌扇旧因缘。

丹成逐我三山去，不作巫阳云雨仙。

　　白居易的侍妾樊素能歌善舞，以唱杨枝著名，所以朋友们都叫她"杨枝"。白居易因而有诗"春随樊子一时归"。朝云与樊素性情迥然相异，王朝云愿意跟着东坡南行到惠州，这种坚贞相随、这种患难与共，怎不令垂暮之年的苏东坡感激涕零！所以苏东坡用"不似杨枝别乐天"来赞她。

　　他感叹朝云不离不弃的坚贞，也为朝云失去儿子苏遁而心生伤感。他觉得朝云不似人间的女子，而是九霄之外的天女，她是上天对自己坎坷晚年的最好报偿。

　　一个女人，不用身体的魅惑，已然抵达了让人喜悦与感激的交混地带。她的微笑，她的沉默离去，散发出更为浓郁的慈祥与优雅，已经从她的轮廓内外紫紫升起。面对这样的人，男人就容易走神，容易浮想联翩。这不是"徐娘半老"一词能够概述的，因为东坡面对的朝云，身影已经从竹林逸出，吹来了一股香气。

　　黄昏时，朝云走出去散步了。

　　她的裙裾是月白色，摇晃在树荫的空隙。一会儿月光之银浸过了人影，银灰色大面积地覆盖了她的腰身，她走在东坡之前，东坡猜不透朝云是否在暗暗落泪……

　　银光如鱼鳞一样闪烁不定，那是一种犹疑不定的光。具有坚持的漫漶之力，渗透到她的轮廓之外，不断把别人的注视纳入麾下。但银灰色却如火山灰那样岑寂，混合成一种铅色，似乎比夜色中的江流更为冷远……

一个秋日的下午,苏轼见落叶萧萧,一股悲凉之感涌上心头,就叫朝云弹唱刚刚为她写的《蝶恋花》一词。朝云唱了几句,突然就泪满衣衫。

苏轼问:"怎么哭了?"

朝云说:"我所不能唱的是'枝上柳棉吹又少,天涯何处无芳草'二句。"

东坡宽慰她:"我正悲秋,你又伤春啦!"苏东坡非常敏感,暗自心惊不已,感觉到了一种强烈的不安⋯⋯

朝云非常喜欢这两句词,每天都要诵读,读着读着眼泪就流下来。当她病危之时,仍"爱不释口"。

到惠州后,朝云身体比东坡还弱,常与药炉相伴,既给自己也为东坡煎药。朝云曾经拜当地名僧门下,成为俗家弟子,她十分虔诚,但参禅念佛并未使她病情好转。

苏轼忧心如焚,四处寻医问药,祈求朝云能够尽快好起来。无数郎中看过、无数汤剂服下,朝云并没有好转。病榻中的朝云,容颜已不复往昔的娇美,眼神十分黯然:"我的病怕是好不了了了,"她的声音已若有若无,"此生能陪学士左右,朝云已无憾⋯⋯我死后,有件事你要答应我,一定要将我葬在栖禅寺的松林中⋯⋯"

哲宗绍圣二年(1095年)七月五日,朝云患瘟疫而死,年仅34岁。她是虔诚的,临终还念着《金刚经》的文句⋯⋯朝云发出的声音越来越小,声音如同一串从竹叶落下的雨滴,最后,什么也没有了。

苏轼大恸,须发上满是泪水。

悲痛欲绝的苏东坡，除了撰写《朝云墓志铭》外，还写了三首诗予以深切缅怀。在一首《悼朝云诗》中写道："伤心一念偿前债，弹指三生断后缘。"她一去不复返了，在绝望之余，作为一个年届花甲的老者，现在该如何面对残生?!

延宕至绍圣三年（1096年）夏天，苏东坡依照朝云遗愿，将她安葬在城西丰湖边的栖禅寺松林边，那里靠近一座亭台，墓后有一道流泉瀑布注入湖中，十分幽静。附近各寺僧人筹款在墓顶建了一座亭阁来纪念她，因为朝云临终之际口诵《金刚经》中的"六如偈"，所以此亭命名为六如亭。

据传，朝云下葬后的第三天，惠州下了一场大暴雨，狂风要将大树连根拔起，东坡心感凛然，彻夜未眠。待雨稍微停息，便叫上苏过前去墓地。

雨后的松林青翠欲滴，风雨之痕在石板上积满了小水洼，映照着低空的阴云。两人走到朝云墓前，见一切无恙，唯独墓的东南侧，竟然有5个硕大的脚印。

这是谁留下的足迹?

东坡纵然见多识广，此时也怔住了。他围着脚印看了又看，几滴松针上的残雨，落在他的额头上，冰凉!他醍醐灌顶了，脱口道："朝云笃信佛教，临终还口诵《金刚经》，必然是佛祖显灵了。城内树木多被风雨摧折，而朝云墓竟然完好如初，难道是佛祖怜她，来庇佑她?"

祭奠之后，苏东坡写下《惠州荐朝云疏》，哀痛不已。

朝云墓附近有两棵梅树，苏轼写下《西江月·梅花》，以圣洁梅花比喻朝云，词句绝美感人至深：

玉骨那愁瘴雾，冰姿自有仙风。

海仙时遣探芳丛，倒挂绿毛幺凤。

素面常嫌粉涴，洗妆不褪唇红。

高情已逐晓云空，不与梨花同梦。

这首词，也是东坡给朝云捎去的缕缕梅香。

不料，袁枚在《随园诗话》里这样大泼冷水："诗人笔太豪健，往往短于言情；好征典者，病亦相同。即如悼亡诗，必缠绵婉转，方称合作。东坡之哭朝云，味同嚼蜡：笔能刚而不能柔故也。"

这无疑是袁枚的偏见。

西湖一直是苏轼最爱去散心抒怀的地方，朝云葬此之后他就不去了，一旦撕开伤口，就会血流不止。而且他终生也不敢再听《蝶恋花》！他说过："不合时宜，唯有朝云能识我；独弹古调，每逢暮雨倍思卿。"后被人镌刻为联，高悬在"六如亭"。

自古以来，士大夫不能与地位低贱的女子结婚。唐律规定：严禁良贱通婚；监临官不得与其部下百姓通婚；不得嫁娶违律；不得娶逃亡妇女为妻妾……违者判刑受罚。宋初颁行的《宋刑统》萧规曹随，照搬了唐律严禁良贱通婚的规定，后来又予以重申。显然，苏东坡自然不能迎娶侍女身份的王朝云。

我们不能苛求东坡。

在与朝云的感情世界里，东坡总是以维摩自我比拟，朝云呢，则是散花天女。23年的花开花落，一如灰色的回忆之云，让顶上的光照徘徊不已。一再的坚持过程里，灰色逐渐被高光渗透，从内部颠覆，逼出了东躲西藏的根根亮丝。这样，逐渐成为铅灰色。而光照继续涌入，并与云达成了深度和解，在空中铺展为跃动不已的银箔。宛若一袭大氅，兀自空飞……

为什么死亡总会呈现灰色的隐喻呢？

银归银。灰归灰。银碗盛白雪，白马入芦花。银如地精在奔突，而灰色是银子的左手。

从此以后，东坡只能以老病之躯面对风雨与未知的命运。

蜡梅花凋谢了，红梅花仍在怒放。

红梅花不像是蜡梅花的妹妹。

更像是蜡梅花挤出的血。

嗜甘的甜蜜史

东坡56岁时，曾写下"想见冰盘中，石蜜与柿霜"之句，透过味蕾之痒，他越来越浓烈地思念故乡。石蜜并非蜂蜜，其实就是冰糖，柿霜指柿饼，霜即是柿饼面上的一层白砂。眉州风俗，过年节之际，用冰盘盛好，看着是冰雪清凉的甜点，吃在嘴里却是暖暖的，以至于苏轼出门三十多年，对之念念不忘，可见这些甜食对他的持续诱惑。

东坡的食谱里，石蜜、柿霜、东坡饼、月饼可以排在前列，全都是甜食。他口味偏甜，他也承认自己"嗜甘"，《书食蜜》云："余少嗜甘，日食蜜五合……吾好食姜蜜汤，甘芳滑辣，使人意快神清。"这简直是一个"掉进蜜糖罐"的人。我私下以为，毕生嗜糖之人，心静、气平、不恶。

红糖炸油粿，又名"东坡为甚酥"，一直是江南传统甜食。喜欢甜食，本是北方人的习惯。沈括在《梦溪笔谈》里说：南人嗜咸，北人嗜甘。随着宋室南渡，嗜甜的饮食习惯也被带到了江南乃至西南，成为移民的一种江南记忆。

"东坡为甚酥"的来历，周紫芝《竹坡诗话》中说，苏东坡在黄州时，有一次去何秀才家赴宴，吃到一种油粿，特别酥脆，便问这个叫什么名字。何秀才说，还没名字。苏东坡又问："为甚酥（怎么如此酥脆）？"客人们一听，都说"为甚酥"三个字很好，可作为这道菜品的名字。其实，东坡喜欢"为甚酥"，在于甜。

在流放黄州和惠州时，东坡养过蜜蜂，且还颇有心得。

有了蜂蜜，他还酿过蜜酒，酿造的方子来自蜀地绵竹的道士杨世昌。元丰五年（1082年）夏天，杨世昌不仅为东坡带来了酿造蜜酒的秘方，还带来了音乐。

《蜜酒法》摘抄："予作蜜酒，格味与真一相乱。每米一斗，用蒸饼面二两半，如常法取醅液，再入蒸饼面一两酿之。"可见，绵竹杨世昌教苏东坡用两种方法酿绵竹蜜酒，于是才有了苏东坡写的《蜜酒歌》和《蜜酒法》。东坡在《蜜酒歌》里写道："一日小沸鱼吐沫，二日眩转清光活，三日开瓮香满城。"从一日、二日、三日这些焦急的排列里，可以猜测东坡是如何每天"猴急"地趴在酒缸边，不脱童心地等待酒酿出来。既然喜欢酿酒，黄州时期，老友陈季常的哥哥伯诚病逝，葬礼上，东坡送去一担酒，极可能就是他自己酿的。只是这作为礼仪的酒，他多半舍不得加蜂蜜。

与东坡过从甚密的秦少游饮过东坡的蜂蜜酒，大发感慨："酒评功过笑仪康，错在杯中毁万粮。蜂蜜而今酿玉液，金丹何如此酒强。"苏东坡则和道："巧夺天工术已新，酿成玉液长精神。迎宾莫道无佳物，蜜酒三杯一醉君。"

当地人从东坡那儿学会用蜜酿酒的方法，再也不喝官家酒坊里苦涩的高价酒了。因酒是东坡酿出来的，为了纪念他，黄州人就干脆把这种酒称为"东坡蜜酒"。

一般而言，酒量不大者多喜甜食。东坡好吃蜂蜜，每天要吃上5盒；姜蜜汤要喝几碗，他的确回到了"意快神清"的状态。他在一首诗中提到极富滋补的岩蜜："我欲自汝阴，径上潼江章，想见冰盘中，石蜜与柿霜。"深谙医道的东坡，知道蜂蜜可以养身延年。

苏东坡有位至交僧人，名叫仲殊，本名张挥，安州（今湖北安陆）人。能写诗、爱写词，被誉"篇篇奇丽，字字清婉"，王灼完成于成都的《碧鸡漫志》就曾这样评论道："贺方回、周美成、晏叔原、僧仲殊各尽才力，自成一家。"

元祐四年（1089年）四月，苏轼途经苏州。游历姑苏台，他偶然在此读到一首绝句："天长地久大悠悠，尔既无心我亦休。浪迹姑苏人不管，春风吹笛酒家楼。"以东坡的眼界，也被这诗震撼，他甚至以为这是神仙所写。后来，终于发现作者正是他早有耳闻的仲殊……

东坡对他赞赏不已："此僧胸中无一毫发事，故与之游。"陆游《老学庵笔记》记载了这个奇人的经历：仲殊年轻时为士人，但游荡不羁、浪迹天涯，妻子愤而在肉羹里投毒，他几乎死去，最后是啖蜜而缓过气来。自此以后，仲殊不喜食肉，吃蜜则成为常态，赢得了一个名号：蜜殊。

两个嗜蜜的饕餮之徒见面，会是什么情况？！

在《老学庵笔记》中，也记载了一则东坡嗜好蜂蜜的逸闻："一日，与数客过之，皆渍蜜食之，每多不能下箸。唯东坡亦嗜蜜，能与之共饱。"寥寥数语，将苏东坡嗜蜜的癖好描写得淋漓尽致。仲殊和尚与东坡嗜好相同，两人都爱食蜂蜜，一见如蜜，仿佛置身"如蜜"的生活。仲殊和尚用餐时，喜欢先把素菜浸于蜂蜜中，或以蜂蜜蘸菜后才吃，他人一见都很嫌弃，不愿与仲殊和尚共餐。唯独东坡一见，呵呵！一同进食，甚欢。

关于这场"比蜜甜"的交往，苏东坡特意为仲殊写诗：《安州老人食蜜歌》，特别强调他"不食五谷惟食蜜"：

> 安州老人心似铁，老人心肝小儿舌。
> 不食五谷惟食蜜，笑指蜜蜂作檀越。
> 蜜中有诗人不知，千花百草争含姿。
> 老人咀嚼时一吐，还引世间痴小儿。
> 小儿得诗如得蜜，蜜中有药治百疾。
> 正当狂走捉风时，一笑看诗百忧失。
> 东坡先生取人廉，几人相欢几人嫌。
> 恰似饮茶甘苦杂，不如食蜜中边甜。
> 因君寄与双龙饼，镜空一对双龙影。
> 三吴六月水如汤，老人心似双龙井。

满纸都是戏谑而亲切的口吻，将仲殊狂傲不羁、爱诗如命、生性洒脱的本性刻画得淋漓尽致，一如蜜酒般甘醇。不禁让人想起张可久的话："山容瘦，木叶凋，对西窗尽是诗材料。"

宋徽宗崇宁年间，仲殊自缢而死。

莫非，他吃腻了蜂蜜？

东坡的"呵呵"

熙宁八年（1075年），东坡在山东密州写《江城子·密州出猎》，黄犬苍鹰、挽弓射虎、呼啸苍茫北国，如此健雄的气象何曾在以往词苑出现过？！东坡意识到，此词在自己写作生涯中也是一道深重的刻痕，内心兴奋，写信告诉好友、蜀地老乡鲜于子骏：

所惠诗文，皆萧然有远古风味，然此风之亡也久矣，欲以求合世俗之耳目则疏矣。但时独于闲处开看，未尝以示人，盖知爱之者绝少也。所索拙诗，岂敢措手，然不可不作，特未暇耳。近作小词，虽无柳七郎风味，亦自是一家。呵呵！数日前猎于郊外，所获颇多，作得一阕，令东州壮士抵掌顿足而歌之，吹笛击鼓以为节，颇壮观也。写呈取笑。

东坡写此《江城子·密州出猎》词，自然与鲜于子骏的"萧然有远古风味"、反对"求合世俗之耳目"的诗风有着千丝万缕的联系。只是，当时东坡对于豪放词是否能够抵抗"柳七郎风味"，自信心不是太强。

要注意，文中出现的"呵呵"。东坡诙谐，往往与老友通信，才有这样的会心之词，见"呵呵"如面。有人统计，在他的文中"呵呵"竟然出现了40多次。

再比如，元丰元年（1078年），在徐州的东坡给表兄文同写过一份尺牍《与文与可》：

近屡于相识处见与可近作墨竹，惟劣弟只得一竿，未说《字说》润笔，只到处作记作赞，备员火下，亦合剩得几纸。专令此人去请，幸毋久秘。不尔，不惟到处乱画，题云与可笔，亦当执所惠绝句过状索二百五十匹也。呵呵。

翻译如下：姑且不说我给你写《字说》这事。就说我到处给你作记写赞，任你驱使，任劳任怨，你怎么也得给我几张墨竹画。我现在派人去你家拿，你最好不要拖延太久。不然，我就到处乱画，然后题上字，就说是你画的。或者拿着你以前的约定去告状，索赔二百五十匹绢。呵呵。

呵呵，呵呵！这极可能是现在的网络流行语"呵呵"的最早出典。

唐开元年间，丝织品"与钱货兼用"，后来又规定："布帛为本，钱刀是末。"初唐时期一匹绢帛长3丈，约是200钱，开元时期的一匹绢帛则达550钱，这些数值比较稳定。《新唐书·食货志》记载："绢匹为钱三千二百，其后一匹为钱一千六百。"当时宰相陆贽上书说："初定两税，万钱为绢三匹，价贵而数不多……近者万钱为绢六匹，价贱而数加。"由此可知，在这一段时间内，1匹绢帛是3200钱，平均值为3匹绢帛1万钱；不久之后，一匹绢帛就是1600钱，平均值为6匹绢帛1万钱，足见波动加大。北宋临安的优质绢，1匹市场价格大体是5贯500文。而北宋时期蜀地使用铁钱，价格情况就还有些特殊性。

北宋末年，绢价每匹约在1450文，南宋最初绢价也维持在这个水平。之后绢一般市价每匹约2贯多。宋代一贯为770文，绢价每匹约1500到2000文。若是产于文同家乡盐亭县的"鹅溪绢"，1匹绢的价格就相当于一户中产之家的全部家当。这固然是东坡的调侃，但调侃当中也有执着的索要。可见，彼此都并非二百五，彼此都不是省油的灯。

在《文与可画筼筜谷偃竹记》里，东坡对与可说了一番话："竹子长万尺，应该用二百五十匹绢，我知道您是懒怠作画，只是想要得到这些绢而已！"与可无言可对，只好说："我说错了，世上哪里有万尺长的竹子？"东坡对此解释，用诗回答："世间亦有千寻竹，月落庭空影许长。"与可呵呵笑道："苏公真是善辩啊！若有二百五十匹绢，我就要拿它买田还乡养老了。"这样他就把所画的《筼筜谷偃竹》赠给了东坡，说："画上竹子只不过数尺，却有万尺的气势。"看起来，这也是东坡随口报出的"二百五十匹绢"，接近我们口语中的"百万英镑"。

雷州诀别忆章惇

不管如何，日子还得过下去。转眼就到绍圣四年（1097年），苏东坡在惠州白鹤峰的住宅终于赶在春节前夕落成。此时长子苏迈出任韶州仁化县令，距离惠州不远。苏迈带着儿媳和孙子们赶来与东坡团聚过春节。亲情温暖如春，让失去朝云的东坡刚刚得到了些许安慰。岂料一个月后，他接到再贬儋州的诏令。

朝廷又一次追加了对元祐诸臣的严厉惩处。原因是东坡在惠州所作《纵笔》一诗："白头萧散满霜风，小阁藤床寄病容。报道先生春睡美，道人轻打五更钟。"诗被人递上去，宰相章惇看到了，非常不满："原来这个苏轼'春睡'舒坦，小日子过得舒服快活啊……"他一定要让东坡陷入绝望，彻底从内心击毁对方。

后人附会说，他是按照子瞻和子由的"瞻"字和"由"字的一部分，将东坡贬到儋州（当时称昌化军），苏辙贬到雷州。

看看，又是诗歌引发的效应。

看看，又是这个章惇。而这个章惇，就是那个审理"乌台诗案"时，大力弘扬"不论政见，只问良心"让东坡逃过死劫的章惇！

天地之大，怎么又遇到这个章惇啊！

在王暐的笔记《道山清话》里，关于章惇的身世有这样的说法："章子厚，人言初生时，父母欲不举，已纳水盆中，为人救止。其后朝士颇闻其事……"章惇家世显赫，祖上往上数7代都是大官，光宰相就有好几个，堪称标准的世代簪缨。在这样的家庭中，章惇又从小被长辈当作神童，寄予厚望。苏章二人年龄相

章惇像

仿，才华不相上下，性格各有特点。从出身而论，苏轼的家庭背景明显不及。

历史上对于章惇的恶行记载甚多，但章惇对于湖南长沙的长治久安，还是有功劳的：章惇的一大功绩就是"开边湖南"，促进湘西地区开发。曾有一诗专门称颂他的功绩，可是济北晁无咎却赋诗称，这梅山并不需要开。这是因为章惇做过许多小人的行径，被当时的清议所不认同。然而梅山地处现在湖南省的安化县五寨，从熙宁年间直到明朝，社会一下较为安定，可见章惇的这项举措，并非一无是处……

东坡不禁对儿子谈起一桩往事：

那是治平元年（1064年），苏轼任凤翔府节度判官，章惇为商州令，一起担任考官，主持考试的刘原父认为他们都是朝中最优秀的人才，十分尊敬他们。章惇与苏轼相处融洽，一起游玩南山诸寺，相传寺中有怪物害人，人们不敢住宿。但章惇

住下后，怪物不敢出来，所谓邪不压正，看来就是明证。一天他们和好友同游仙游潭，仙游潭不大但十分深幽，两边悬崖峭壁直插苍天，山壁之间横卧一座独木桥。章惇邀苏轼过桥去对面的山壁，苏轼唯唯，不敢挪步。章惇说，"你不去，我去！"悬崖峭壁激发豪兴，章惇心雄万夫诗兴大发，写出了一首绝妙好诗。他动了念头，想要把自己这首诗题在对面的峭壁之上。

题壁是非常风雅的事情，而且还可以让后人来观瞻，也有益于名声的跨时空传播。可是，如果想要到对面的峭壁上去，只有一条路可走，那就是从两座山之间的一座独木桥走过去。

说是独木桥，其实就是一棵枯树放倒而成，没有护栏。独木桥下是万丈深渊，章惇当即便走过了独木桥。苏轼大声劝阻章惇，不要去题壁了。可是章惇却反过来劝说苏轼，随他一起过独木桥，两人可以一个人题上句，一个题下句，更为风雅。

两人谁也劝不动谁，最后章惇干脆撂下苏轼，自己挺身过桥，将诗句题在了峭壁之上。并特意落款："苏轼章惇来。"题完之后，章惇又很轻松地从独木桥返回。他一来一回，等于是过了两次生死关，可是他一点也不害怕，反而露出欣喜之情。

苏轼突然对他说："你如此大胆，定能杀人！"

章惇大笑，声震山谷……

传说还有一次，章惇和苏轼在一起喝酒。兴头之上，突然听到有人说最近山上来了一头斑斓猛虎。章惇和苏轼趁着酒兴，一起骑马爬山，去围观老虎。还没到老虎近前，一股冷风直冲而来，苏轼的坐骑被老虎的气息惊住了，吓得不敢往前。苏轼也吓了一跳，酒意立即醒了一半，说："马都这样了，不要执着

515

再往前了。"说罢掉转马头就往回走。章惇一听，反而快马加鞭往前冲。他跳下马来，掏出一面铜锣（可见章惇心思细密，早有准备），可劲地往大石头上撞击，发出阵阵破响。老虎正在酣睡，突听到震天响的锣声，老虎起身，蹿进山林。

这件事让章惇很是得意，他从心理上彻底打败了苏轼。他得意扬扬地圈马赶上苏轼，抚摸着苏轼的背说："兄弟，你以后一定不如我。"这件事在宋人陈鹄的笔记《耆旧续闻》里有详细记载。

章惇对书法相当自负，自谓"墨禅"。黄伯思《东观余论》就大赞章惇书法："虽精巧不迨唐，而笔势超越，意出褚（褚遂良）、薛（薛稷）上；暮年愈妙，一以魏晋诸贤为则，正者殊类逸少（王羲之）。"

听到有人说，章惇日临"兰亭"一本。东坡就不以为然："工临摹者非自得，章七（章惇代称，东坡还有《和章七出守湖州二首》）终不高尔。"宋代曾敏行《独醒杂志》更记录了这一事，并赞同东坡观点。

回想到此，此时在苏东坡眼前，又晃动起那座独木桥的影子，老虎那一身灿烂文章，章惇那声震山谷的笑声……

到底什么才是真正的勇？

其实，早年苏洵在《谏论》早就做出了明确回答：

今有三人焉，一人勇，一人勇怯半，一人怯。

有与之临乎渊谷者，且告之曰："能跳而越此，谓之勇；不然为怯。"彼勇者耻怯，必跳而越焉。其勇怯半者与怯者则不能也。

又告之曰："跳而越者予千金，不然则否。"彼勇怯半者奔利，必跳而越焉，其怯者犹未能也。

须臾，顾见猛虎暴然向逼，则怯者不待告，跳而越之如康庄矣。

然则，人岂有勇怯哉，要在以势驱之耳。

现在有三个人：一位勇敢，一位一半勇一半怯，另外一个怯懦。有人与他们一起来到深谷边，并且告之："能够跳起跨越这深谷的，就是勇者；不能跨越的就是怯懦。"那个勇者以怯懦为耻，定会跨过深谷；那一半勇敢一半怯懦的人和怯懦的人，就不能了。来人又告诉他们："能够跳过去的，给他一千两银子；不能跳过去，就不给。"那个一半勇敢一半怯懦的人为追逐金钱，也一定能勃然跳过；只有那个怯懦的人还是不能挺身而过。一会儿，大家回头看见一只凶猛的老虎向他逼来，怯懦者还不等别人提醒就立即跳起，像走在宽阔平坦大道一样，跨过了深谷。那么，人难道有勇敢、怯懦的区分吗？关键在于，情势会驱使他们。

东坡对父亲的妙喻已经烂熟于心。前两条用来比喻赏对"使人必谏"的作用，后一条用来比喻罚对"使人必谏"的作用。那么，东坡会选择其中一种身份吗？

我以为，东坡不会采用直面悬崖跳跃的方式，而是一步一步走下悬崖，再攀缘而上抵达对岸。就是说，他会走"第四条道路"。

他更能意识到，嫉妒幽深如潭。嫉妒如潭底之蛇。嫉妒化作了心中盘旋的猛虎。作为胆识、定力的败将，章惇必须把对手如水如竹的韧性与才华，彻底摧折。

两人由好朋发展到势同水火，有一个缘由。

元丰八年（1085年）初，宋神宗驾崩，宋哲宗继位，大宋权力顶层再次重组。在垂帘听政的高太皇太后的默许下，"旧党"复起，"新党"遭受清算。苏东坡"三入承明，四至九卿"；章惇则处于众口铄金、积毁销骨的状态。指责他贪权恋栈、祸国殃民的奏折与议论，已经甚嚣尘上。

在章惇遭贬黜的过程中，元祐元年（1086年）闰二月十八日，担任右司谏的苏辙上奏《乞罢章惇知枢密院状》，成为保守派攻击章惇的一道利器。苏辙要求朝廷罢免章惇的宰相一职，并将居心叵测的章惇赶出东京，逐出朝廷。而苏东坡既没有留下弹劾章惇的文字，也没有营救。至今我们无法确知这一时期苏东坡对待章惇的态度。

就在苏辙上了奏折的第5天，即元祐元年闰二月二十三日，章惇被贬官汝州。从堂堂宰相沦为一介知州，章惇为此大病一场。

毫无疑问，恰恰就是这个变数，让章惇视苏轼兄弟为负义之人。也为日后他东山再起、苏轼兄弟的岭南贬谪，埋下了恨不可解的伏笔。

在如此咄咄逼人的劲敌脚下，岂有完卵？！苏轼不再抱生还的希望，与长子诀别，安排了后事。他准备一到海南便制作棺材、然后修墓，留下遗书给儿子们，死后便葬在海南岛。他甚至还决定：苏家后代今后不再扶柩还乡，并传为苏门家风。

绍圣四年（1097年）四月十九日是启程日，苏东坡与子孙们在江边恸哭分别。全家心里明白，这一次不是短暂分离，而极可能是人生永别……

五月十一日，东坡在滕州追上了贬往雷州的弟弟。子由有些狼狈，毕竟有史夫人和小儿子苏远一同随行，看起来情况比自己略好。兄弟见面沉默了半天，子由紧紧拉住哥哥的手，不住叹气。兄弟深情并不是两肋插刀，但在这个彼此伤感落魄的日子里，谁给谁鼓励？谁陪谁走一段漫长的夜路？

子由突然大哭起来……

哭什么？

他是不是想起了自己上的《乞罢章惇知枢密院状》奏折？

他们在路边小店充饥。但粗面条太难吃，弟弟放下筷子举目四望时，却眼见哥哥已经几口吃光了。弟弟长期住在京城，看来已不如哥哥安之若素。东坡努力微笑着，叫弟弟吃完东西，不要浪费了。

阔别4年，兄弟二人都老了许多。他们外形更为相似，在路人眼里，这是一般高矮的两位老翁。无休无止的迫害，反倒成全了这一对相亲相爱、一起长大的兄弟，如今一起落难天涯，真的成了一对"难兄难弟"。

在雷州后来命名的"二苏亭"处，苏轼苏辙万里投荒，携手同游。六月十一日，兄弟俩挥手分别。但洋溢的兄弟情义，就像海峡震荡的波浪。这是他们兄弟生前最后一起度过的日子，之后再也没能相见。

东坡的诗文，最爱用"清风明月"显为人节操，又爱用

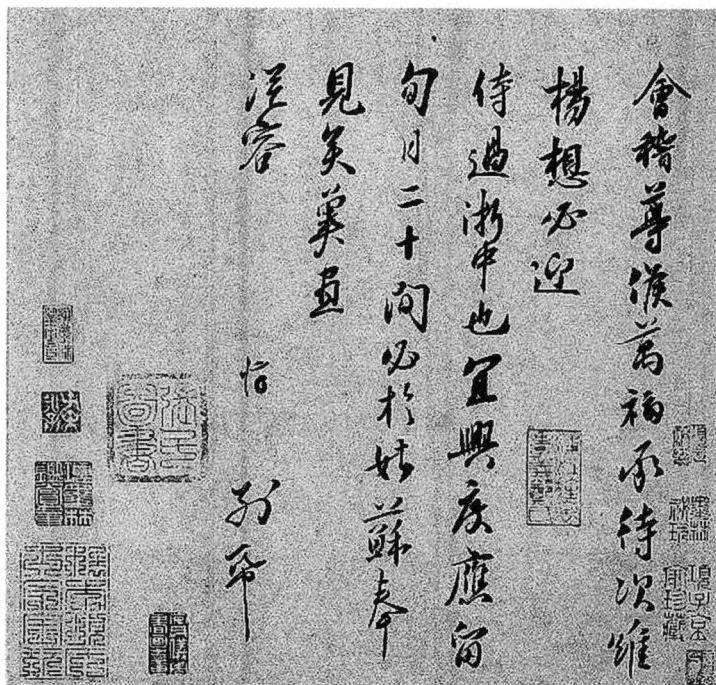

［宋］章惇行书《会稽帖》

"夜雨对床"表兄弟思念。如今，路途前方都是无尽的夜雨。

时年64岁的苏轼，贬居荒寂的海南岛，他只能与当地的黎民、白云、椰林交流他的痛苦与忧烦。

一道海峡，就是一道水墙。

就这样，思想与情感卡在穿越水墙的裂缝中。愁肠百结着，幽怨千行没处论。

东坡像一个穿墙的大师，一不留神就卡在了中途。

他的诗书与丹药，他的眉山与桤木，他的朝云与梅花，他的出发与归途，他无法首鼠两端，成为"砍成两半的子爵"。

他那万千涌立、无穷变化的色身，现在凝冻了，在气体与固态的中途。

但是，百川归海。烟波浩渺的眼前，是岷江之海，是长江之海，是西湖之海，是运河之海，是瘦西湖之海。水不能改变的，是"宅心"。

是苏海。

桄榔庵

在寄给弟弟的诗《次韵子由所居六咏》里，东坡自况："萧然行脚僧，一身寄天涯。"但这个邈远的天涯海角，身并不好"寄"。

七月十七日，经过一个多月跋涉，苏东坡终于抵达儋州。

昌化军使（地方长官）张中早闻苏东坡的名声，一直敬重他。尽管当地生活条件简陋，他仍尽了全力接待苏东坡。他知道苏东坡心情郁闷，只要有闲暇，他们经常在一起饮酒聊天。发现苏东坡买不起酒，张中还经常把自酿的小坛酒送过来……听说苏东坡住房太破旧，下起雨来一夜要换几个地方，张中立即派人来维修。元符元年（1098年）正月十五元宵节，当夜张中设宴招待下属，特意请苏东坡赴宴……一举一动，这怎能不让东坡感动啊！

张中很快成了东坡无日不见的朋友，两人常常整日对弈，可惜东坡棋艺很一般，常常输得一塌糊涂。苏东坡曾说自己有"三不如人"，指的是棋艺、喝酒与唱曲。其实他在这三方面都有与众不同的个性和情趣。所以他写下了《观棋诗》，有"不闻人声，时闻子落"和"胜固欣然，败亦可喜"的佳句。

苏东坡兄弟就像卡在一些人咽喉上的刺，总是让他们放不下。东坡抵达儋州之前的四月，朝廷派董必察访两广，当然很快得知苏东坡的真实处境。董必弹劾张中优待苏轼、苏辙，因为张中为苏辙修了住宅。结果张中被撤职，苏辙也被迫移往循州。

董必知道东坡住在儋州公家的驿馆中，派人将他驱逐出去……

而在明朝人张燧的《千百年眼》里，收录《章惇雷州之报》一条，让人爽利：

苏辙被贬谪到雷州时，朝廷不允许他占用公家的住宅，于是他就租了一间民房。章惇又以"强占民居"的罪名，下令本州府尹追查租给苏辙房子的百姓，对他进行追究处理，只是由于他的租赁合同非常清楚，才免于被处罚。

过不了一两年，章惇也被贬谪到雷州，也要向当地的百姓租房子。百姓说："先前苏公来的时候，因为章丞相几乎让我家破产，现在不能租给你了。"凶暴狠毒的"报应"，竟是如此丝毫不差。这样看来，小人陷害君子，刚好是自己害自己了。

古人为什么对这样的"报应"津津乐道？那还是因为他们心怀正义、善良。

上无片瓦下无立锥地，怎么行？东坡倾其所有在城南买了一片种有竹子和桄榔的林地，他在林中盖了几间竹房。张中带头帮忙，邻里都给予力所能及的帮助，送来了一些盖房的材料。当地的十几个学生是主要的建房劳动力，特别是东坡的崇拜者、特来投奔他的潮州人王介石更是卖力，一切泥水活他抢着干，任劳任怨，从不要分文酬谢。

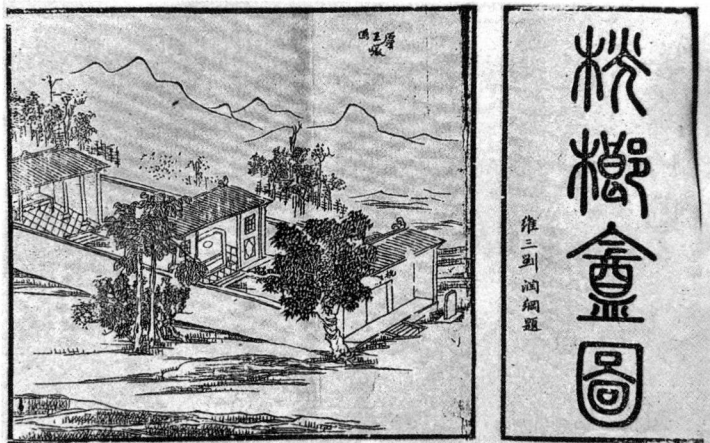

清代桄榔庵图

新居周围除了椰树、竹林，还有桄榔树。树似棕榈，其木刚利如铁。最有意思的是，皮中有白粉，像稻米及小麦面，可以作饼子，名"桄榔面"。有鉴于此，在新居五月竣工后，苏东坡为之取名"桄榔庵"，并摘取桄榔叶写了一篇《桄榔庵铭》。迁居当晚，听到邻居家传来孩子的读书声，他一下子兴奋起来，为这样荒僻的地方能有文化的传播而由衷高兴。他信步走去，取过孩子的书本诵读，与他对读。他觉得琅琅书声比琴声还要悦耳，简直可以作为下酒的佳肴。

当年九月间的一天，夕阳西下，客人离去后，桄榔庵幽静而冷清，东坡情绪低落。他突然看到一只鹏鸟来到室内，竟然立在座位上，引吭展翅，好像有什么不舒之处……东坡想起贾谊在《鹏鸟赋》中说过，鹏鸟入室，主人便要离开。这一征兆，明显是凶多吉少，他感而作诗："客去室幽幽，鹏鸟来座隅。"

贾谊《鵩鸟赋序》云：鵩似鸮，不祥鸟也，是猫头鹰的一种。贾谊在朝廷受排挤，出为长沙王太傅。三年，有鵩鸟飞其入室，并发问说："请问于鵩兮，予去何之？"为了排遣巨大的不安，贾谊感伤身世，以为寿命不会长，作此赋自慰。东坡比贾谊的处境更等而下之，现实与历史交相叠加，他陷入了惶惑不安……

　　第二年，绍圣五年（1098年）三月下旬，春华烂漫，东坡去位于儋州城北的谢氏废园游历，突然又与鵩鸟相遇……念自沦落天涯，身无安处，甘愿卖车犊、买地筑室，但又担心鵩鸟入室，凶多吉少。

　　现实呢，似乎真有某种感应。

　　张中派兵为东坡修房子的事，也被董必得知了。他认为必有猫腻，认为分明是张中假公济私，立即上告。元符二年（1099年）初，张中任期满了，也因此丢官。他因为喜欢东坡，所以迟迟未能成行，到了年末才恋恋不舍而去。东坡先后写了3首诗送别，情意颇为动人。张中受连累至死未能复职，也因救助东坡的义举而名垂后世。

　　桄榔庵很是低湿，在中原人足迹罕至的热带海岛上，最难熬的是夏秋之交，湿热熏蒸，到处散发出霉烂气味。九月秋雨连绵，东坡竟在床帐里发现足足能装满一升的白蚁，已全部腐烂。

　　他真有些吃不消了。

　　东坡经常四周散步，发现这里有很多八九十岁乃至百岁的老人，可见海南岛也是适合长寿的，这坚定了他活下去的意念。他决心尽力适应恶劣的环境，要"习而安之"……我堂堂苏东坡，经历了大江大海的惊涛骇浪，岂能向生活的苦难低头！

吃阳光

心怀奇志的人被高远的目标指引而行，所以他们对于衣食一向马马虎虎，所需极其有限。但此时的海南儋州本就荒凉，加上内陆人初来乍到不适应本地饮食，因此维持最低的生活需求也变得十分艰难了。

苏东坡在《与元老侄孙书》（之二）信中倒出了心头苦水，大意是：近来我多病，身体瘦弱，大不如前。海南连年遭灾，食物用品十分艰难。泉州、广州的海船来不到，就连药品、酱、醋等都没有。困难到这种地步，听天由命吧。有时和儿子苏过相对而坐，简直像两个"苦行僧"啊！

为了换取衣食，苏东坡卖掉所有的金银酒器，只留下自己最珍爱的一只荷叶杯。荷叶杯是以荷叶为酒杯之形，苏东坡看重的却是"清凉消暑"之意。立冬之后连日风雨，海道断绝，岛上无处可买到大米。长期习惯了稻米饮食，东坡一家只好仿效当地人顿顿吃山薯（芋头），因为煮熟后甘甜又有香味，吃后满嘴留香，故当地人又称之为"香芋"。

芋头古名叫蕖、芋魁、蹲鸱。《说文解字》所释："芋，大叶实根，骇人者，故谓之芋。"训诂学家徐锴注曰："芋犹言吁，吁，惊辞也。故曰骇人。"

《史记·货殖列传》中也记载："吾闻汶山之下沃野，下有蹲鸱，至死不饥。"可见在汉时，巴蜀等地便以芋头为主食了。《东坡杂记》记载："岷山之下，凶年以蹲鸱为粮，不复疫疬，知此物之宜人也。"这是说，四川岷山的平原上，像老鹰那样蹲坐的芋头，遇上荒年，可以当粮，人间不再有瘟疫。

唐代朱揆《谐噱录》中记载：西汉留侯张良之后、唐朝张九龄知道萧炅不学无术，所以经常拿他开玩笑。有一次，张九龄派人给萧炅送去一些芋头，故意把芋头写成"蹲鸱"。而萧炅捎回条子答道："芋头已收到，只是没见到蹲鸱。我家虽多异物，但也不愿见这样的恶鸟。"

张九龄把萧炅的回信拿给客人们看，引起满座大笑。

天天吃芋头难以下咽，而且芋头几乎达到一年食粮的十分之六。没有肉怎么办？熏老鼠、烧蝙蝠就是打牙祭了。苏东坡还提到"蜜唧"，是刚出生还未睁眼的小鼠，无毛，喂以蜂蜜后生吃，咬一下，唧唧作响……刚听到这些吃法，苏东坡就要呕吐！儿子苏过已经成为苏东坡的保姆兼厨师，为增强父亲的食欲，想法变花样，用香芋剁碎煮烂成粥给苏轼吃，东坡美其名曰"玉糁羹"。东坡见儿子也和自己一样消瘦，父子像一对苦行僧，面面相觑，本已心痛不止，但一见他端来别出心裁的羹汤，东坡会意，故意吃得津津有味，还作了一首题目很长的诗《过子忽出新意，以山芋作玉糁羹，色香味皆奇绝，天上酥陀，则不可知，人间绝无此味也》，大加夸赞，说天上酥陀（天竺的酪制食品）笔者不知味道如何，但可以判定人间绝

儋州东坡祠（1920年长泽荣三郎摄。日本人森清太郎编撰的《岭南纪胜》一书。本书原名叫《广东名胜史迹》，又名《粤古稽真》，1922年广东岳阳堂医药公司出版）

无"玉糁羹"的绝味。父子就着泪水吞下去，嘴边只有泪水的咸味……

因为苏东坡的名人效应，"玉糁羹"在宋代就是名菜了。刘子翚有"晓吹黏玉糁，深碗啖模糊"的豪迈吃相，王十朋则身体力行，有"归与传取东坡法，糁玉为羹且疗饥"的仿效……一千年过去了，"东坡玉糁羹"俨然是海南岛的文化大菜。看看，历史就是这般神奇！

东坡还发明了一道美食——菜羹。

烹饪方法是，用泉水揉搓洗净青菜，将菜叶子和菜根卷成团，然后放入锅里煮出膏油，待到渗出汁液、流出香味，汤水蒙蒙发出嗞嗞的声响时，才将芋头、米豆颗粒一同投入拌匀。用陶盆的盖子盖住，不要搅动得太勤。弃除酱醋的味道，去掉椒粒桂皮的辛辣香气。这时锅里水分渐渐减少，像人在抽泣一般。火力要增强，使锅里受热均匀。火候正好，锅中滚沸的声音嗡然嘈杂时，煮熟的菜肴脆烂无比，净美且有甘甜味。这时起锅，放置盘中端上桌来，趁热开吃。这个菜羹的选材、烹饪、调味、吃法在东坡的《菜羹赋》里描绘得活灵活现，色香味俱有，使人读完后食欲大增，跃跃欲试。

东坡听说弟弟也陷入贫乏境地，人又消瘦了许多。想起与弟弟在雷州分别时，弟弟站在路边吃不下粗面的样子，便写了一首诙谐而风趣的诗劝他安于现状，有什么吃什么。看看当地人，老鼠、蝙蝠、蛤蟆都能吃，我们在京城多年，鲜美的羊肉都吃腻了，可别像那个民间故事所说的将军，吃饱后摸着肚子说："我对得起这个肚子。"左右随从说："将军当然对得起肚子，可这个肚子却对不起将军，因为它从来也没有想出过一个小小的计谋来……"

再后来，东坡连画饼充饥的"精神胜利法"也派上了用场。元符二年（1099年），由于琼海断航，海南岛的米价暴涨，东坡一家买不起米了。饥肠辘辘的他，想起了一个神奇的传说，他为此写下《辟谷说》：晋武帝时，有人坠入洛阳的一个深洞里，怎么也脱不了身，在极度饥饿的情况下，只好学习洞中的那些龟蛇的修行方法。于是他每天早晨伸头吞咽从头顶射进来的日光，结果身劲力壮，终于这个大难不死的人得以生还！更奇妙的是，他从此不再需要寻常的食物了。

他总结说："辟谷之法已百数，此为上，妙法止于此也。……此法甚易知易行，然天下莫能知，知者莫能行者何？"既然知道了不传之秘，那就坚持下去吧。

东坡渴望也能像这个异人那样，依靠吞食阳光和空气度日。这虽然是东坡的一时想象，幽默固然是抵抗不幸的利器，但也昭示出他生活的极度困难。

吃　蚝

　　唐代广州司马刘恂《岭表录异》记载，东晋末年卢循农民起义失败后，其余党逃至莞邑沿海，书中记载"惟食蚝蛎，垒壳为墙壁"。可以看出东晋时期，珠江口一带的沿海居民就开始采食野生蚝。而以蚝壳为墙壁，这一建筑习俗流传至今，浙江温州、福建泉州等地乡间均有分布。

　　唐时，韩愈曾经两度贬谪来到岭南。初贬阳山，元和十四年（819年）因上书《谏迎佛骨》，再被贬为八千里外的潮州刺史。此地风俗与中原殊异，他不得不硬着头皮面对蛇、田鸡与一大堆说不出名字的海产品。

　　诗人赵师秀的《约客》有"黄梅时节家家雨，青草池塘处处蛙"之佳句，展示了江南的特殊季候。其实青蛙用叫喊打开的地缘，真有大半个中国。青蛙在广东民间称之为蛤，也称之为田鸡、水鸡。分析起来，这种虎纹蛙会发出近似公鸡的咯咯叫声，因又生于田头河沟，所以索性称之为田鸡。清朝吴震方编著的《岭南杂记》说："蛤拐一名坐鱼，短项，身青黑，土人连皮食之，云不可脱去此锦袄子。"沿海乡村炒田鸡也是连皮而食，这一点有别于蜀地西南风俗。至于为什么称之为蛤，是因为它会发出"呱呱"的叫声的缘故。

在旧籍中，青蛙、蟾蜍、蛤拐，多是混淆不清的，但在广东人与蜀人眼里，则分辨得一清二楚。青蛙即田鸡。蟾蜍，亦即癞蛤蟆，体暗褐色，皮肤上有疣无数，不可食用，只能入药。蛤拐形似田鸡，具有闪电一般的身手，也是不能食用的。

韩愈开始学习广东人食蚝食蛤，"初不下喉，近亦稍稍"。但蛤与癞蛤蟆，亦即田鸡与蟾蜍却无法分辨清楚，还大书特书"蛤即是癞蛤蟆，同实浪异名"。而在他所谓"初南食"中，五彩斑斓的蛇亦赫然列入，不过他实在没有尝试的勇气。说到勇气，韩愈曾经在华山绝顶被万仞绝壁吓得号啕大哭，如此想来也可以理解。

到北宋时期，就已经有"插竹养蚝"的记载了。著名诗人梅尧臣曾写过一首脍炙人口的《食蚝》诗："薄宦游海乡，雅闻靖康蚝"，诗中所写的"靖康蚝"就是沙井蚝。诗中又说"并海施竹牢""掇石种其间"，说明宋代人工养蚝已经很普遍，出现了专业户和专门的蚝田，这是世界上人工养殖蚝最早的记录。

苏东坡在惠州时，作了一首《丙子重九诗》："三年瘴海上，越峤真我家。登山作重九，蛮菊秋未花。惟有黄茅根，堆垅生坳窊。蜑酒藾众毒，酸甜如梨楂。何以侑一樽，邻家馈蛙蛇。亦复强取醉，歌谣杂悲嗟。……"东坡的胆子究竟比韩文公大些，邻家送来蛙与蛇，他也敢于"布樽取醉"，战胜自我，至少麻痹一下口感。

从上面韩、苏两家的诗句看来，可知广东人食蛇，却是古已有之，只是不像现代的菜肴这般有繁多的烹调技艺。

海南岛的蛇类、海鲜众多，但当时居民对待这些物品的看法不同于现在，他们认为这很普通，不过是一道家常菜而已。有趣的是，东坡在儋耳，是怎么吃海鲜的呢？

元符二年（1099年）的冬至前两天，东坡创制了一道鲜美的海鲜美食。

这一天，海边的渔民给东坡送来了十几斤生蚝，这是东坡以前从没有吃过的东西。

生蚝也叫海蛎子，肉青白色，柔软细嫩，欧洲人称它是"海洋的玛娜"（即上天赐予的珍贵之物），古罗马人把它誉为"海上美味——圣鱼"，它是唯一能够生吃的贝类。东坡研究了半天，决定来个"两吃"法：一是将蚝肉与姜加上水与酒一起煮；二是取其中大的蚝肉，进行烧烤。经过试验，东坡美滋滋地总结说："食之甚美，未始有也。"（《食蚝》）并诙谐地对苏过说，吃蚝这种事一定不要随便说出去，恐怕北方朝廷的君子们知道了，都争着像我东坡这样，要求贬谪到海南来，分享这一道美食。

这分明是苦中作乐！反映了东坡品尝美食后一种愉快的心情。吃蚝不仅是一种感官享受，更是获得了一种精神上的幸福感。东坡那种潇洒、安逸、藐视小人的形象，跃然纸上。

我们可以说，《老饕赋》是东坡美食人生的总结和升华。怎样才能烹饪出美食呢？人世间什么是最好的美味呢？《老饕赋》就给出了很好的答案。

首先是要有像庖丁（古代一位刀工极好的厨师，曾为文惠君解牛）、易牙（春秋时齐桓公宠信的近臣，长于调味）这样的有高超厨艺的厨师；其次是水要鲜活，锅要清洁，薪柴要讲究，特别是火候要掌握好；再次，就是食物的做法要精致。

在他笔下，天下最美的食物，是猪脖子上的肉、秋霜来临之前螃蟹的两只大钳、蜜煎酥烂的樱桃、用杏酪浇淋的蒸糕、含酒气半熟的蛤蜊、泡着酒糟的蟹……有了美食还不够，还要有温柔俏丽的仙女伴舞，用湘妃和帝王的乐器弹奏起动听的音乐。最后举起盛满凉州葡萄酒的南海玻璃杯，为长寿和子孙们的幸福干杯！在这篇二百多字的短文中，烹饪佳肴的主要因素：厨师、选材、烹煮、调味等都写全了。真是精妙之极！

难道在这山高皇帝远的穷乡僻壤，东坡拥有这样的饕餮大餐，就是皇帝般的享受么？不是的！东坡人生道路曲折坎坷，受尽折磨，九死一生，连饭都吃不饱，哪有这样丰盛的美食又有动听的音乐和美女伴舞的享受。实际上，东坡是在画饼充饥，望梅止渴。他是希望通过想象中的物质享受来升华到精神享受，来表现他的豁达、乐观、潇洒的气度，来慰藉他那已有些木然的感情，从而达到物质与精神的和谐。

苏轼就是这么神奇，总能将生命中的每一次苦难，都酿造成一杯美酒，举杯邀明月，一泓海水杯中泻。

椰子坠落，影子上天

　　我一直悬想：如果瓜熟蒂落，椰子突然脱离了大本营，会发生什么样的事情？

　　春末，笔者从成都飞抵海南岛。那里的季候似乎一如海面一样平滑，又像一面硕大的蜡染花布，仅仅以些微的波涛与丝光来体现季节的挪移。无边无尽的椰林，为了阻止热力的长驱直入，它们摩顶接踵把阳光托举着，为树下的层层绿荫，赢得了一段玉体横陈的舒缓时光。

　　海南岛的椰树以文昌最多，而且长势也最为繁茂。历来有"海南椰子半文昌，文昌椰子半东郊"之说，这是对海南椰子树分布的准确描述。数百万株椰树绵延十几里的文昌东郊椰林，成为我流连盘桓之地。那是一个早晨，海风和煦，椰林安静，偶尔略略地俯仰之间，阳光如空降的黑客，在林间落地，迅疾连成一个又一个的光斑，发出金箔颤动的微声。藏匿在高处的椰子，露出了一双觊觎的眼睛……

　　来到儋县，椰子树仍然是无边无尽。我走在椰林里，无风，这是椰林里难得的静谧时刻。从植物学家的研究得知，椰子并非海南岛土生土长。那椰树究竟从何而来？答案是，椰树、椰子树何时在海南岛落地生根？有人说至少有两千多年种植史，证据呢？至少在绍圣四年（1097年），时年62岁的苏轼被贬到瘴气弥漫的海南岛儋州，在他的描述里，已经可见椰林摇曳多姿的身影了。据说他每日都要喝一碗椰子奶，曾写下"椰树之上采琼浆，捧来一碗白玉香"的名句，他还把椰壳做成他喜欢的方形帽戴在头上；他的儿子苏过也有"椰酒醍醐白，银皮琥珀红"的句子传世。

由于地缘的特殊性，尤其是作为古代文化分界线"五岭"的绵延阻碍，北方文化向南的推进与浸淫，总是要早于、多于南方文化的逆流北上。当峭拔其上的椰子树逐渐引起中原人注意时，显然已经是较晚的事情了。而且，在一双双中原人的眼睛里，他们又根据自己的历史，悄然对作为他者的椰子树，来了一番"汉化"式嫁接。

椰子的美称叫"奶桃"。有学者以为，《史记》里提到的胥馀，以及《汉书》与司马相如《上林赋》提及的胥耶（邪），晋代嵇含《南方草木状》所标举的越王头，其实就是椰子。到《台湾树木志》上称之为"椰标"，终于出现了"椰"字。由此可见，蜀人司马相如的《上林赋》是中国最早提及椰子的史料。对于这个椰字，段玉裁指出："也。从艸。邪声。以遮切。古音在五部。"到了李时珍那里，他按惯例来了一番对椰字的训诂考释：传说林邑王与越王有仇，便使刺客趁其醉，取其首，悬于树上，后来化为椰子。其核犹有两眼，故而将其称作越王头，而其浆犹如酒也。南方人称其君长为"爷",那么"椰"大概是取"爷"之义。这一段具有政治意味的描述,暗示了椰子树的恩仇,近似于中原文化里桃林间"枭桃"的含义。

那么,问题就来了。

箕子,名胥馀,因封国于箕(今山西太谷县东北),爵为子,故称箕子。箕子与纣同姓,是殷商贵族,性耿直,有才能,在商朝内任太师辅朝政。箕子佐政时,见纣王进餐必用象箸,感纣甚奢,叹曰:"彼为象箸。必为玉杯,为杯,则必思远方珍怪之物而御之矣,舆马宫室之渐自此始,不可振也。"因对纣王劝谏,他被囚禁而装疯,甘当奴隶,所以《庄子》称他为"胥馀"。

根据这里记载,是否暗示了胥馀具有椰子一般的浑圆与光滑,不受力?抑或着眼其性命硬如椰子的一生?

李时珍描述椰子树说:"通身无枝,其叶在木顶,长四五尺,直耸指天,状如棕榈,势如凤尾。"最后一句,暗含了诗人扶摇直上的想象。就这样,笔者站在椰子树下,仰望着的,是一只大鸟的高耸尾翎……

椰树既是风的情敌,又像是置身绿林与"王土"之间的强人。

椰林总是距离海滩有一段距离,这一开阔地带视野良好,也是海风加速冲刺的扑浪地段,海沙被裹挟起来,狠狠砸将过来。椰树以猛士的耿直,恰在狂风大作之际,才真正亮出了自己的兵刃。不,椰树以浑身的骨头,在高强度的俯仰过程里,把劲风一点一点顺树干卸下来。风与沙,就成为坐梭梭板的孩子。

东坡经常去柳林踱步、散心。树渴望与风促膝谈心，有心事，就好好说嘛！但归来的风具有登徒子的急躁，风的利爪在树干的缝隙里寻找记忆，吹出了一串飘摇的浪子之歌。树干在充满盐分的海水的极度浸淫里，反而获得了一种回忆的补给。它们既没有丢盔卸甲，更不会被连根拔起。往往是位于椰林边缘的椰树，茕茕而虬起，鲸脊凸起，鱼龙曼羡，为无踪无影的狂风，留下了一幅工笔式的描红形象。

而置身高处的椰树，有些高达三四十米，像一根卡在命运咽喉里的刺。可见，所谓"木秀于林，风必摧之"未必尽然。但"行高于人，众必非之"却是必然。看到这样的场面，想来东坡定有诸多喟叹！他应该也饮过"金丝椰子酒"吧……

记得是一个下午，笔者行走在文昌宋氏故居边的一片深广椰林，也许没有海风拔节般的直吹，这一带的椰树没有海边的那样高秀，但长势更为粗壮。突然，我听到椰子落地的声音。砸在地上一堆老椰子上，是一串高低不一的闷响，有的椰子壳已经裂开。其实，椰子落地，不仅意味着下坠，也许更含归去之意。

在我看来，那是造物主向天空抛起的几枚骰子，在天空的镔铁桌子上，兀自旋转，看似无心，细细打量它们的排布，似乎又暗含某种安排。

突然想到，一个下坠的椰子如果落在笔者头上，这叫被意外击中，死于非命；如果这个椰子砸中了一个贪污分子或独夫民贼，那是否就叫造化？等于中了头彩？从而完成了一次意味深长的"本垒打"。

清雍正十一年（1733年），伏尔泰在《哲学通信》里就呼吁："法国人呐，不要着急，椰子树总会成熟的，只要你先把椰子种下去！""椰子"是隐喻，乃是伏尔泰所推崇的英国法律及政治制度，他希望这"椰子"能被广种于全世界，成为全人类的椰子。

椰子落下，海天如镜。

慵懒的椰子树冠在梦中召唤光，它渴望亮中发黑。天穹召唤铁匠大鸟，大鸟用怪叫在云霄铺开道场。椰林里，一棵树影在思念中日渐消瘦，直到凌风回身，高空的椰子树不过是一朵花，没有面孔。其实，东坡父子与苏辙，三人都曾写过《椰子冠》的诗，那是关于椰子与椰子酒的佳话。

苏东坡的《次韵子由三首椰子冠》一诗，基本上成为海南椰子意象的最高美学表达：

天教日饮欲全丝，
美酒生林不待仪。
自漉疏巾邀醉客，
更将空壳付冠师。
规模简古人争看，
簪导轻安发不知。
更著短檐高屋帽，
东坡何事不违时。

巍然高帽"违时"之作，既悖于时代，出迥异于当地风俗。这样的"高帽"，真是一种控诉！

诗中藏匿着太多的感慨。对我们而言，经历的事情都过去了，凤鸟的树叶突然倾覆，会露出镔铁的桌面。在剩下的收刀敛卦的岁月里，更愿意看一棵树的静立与果实坠落的过程。针对它们的缺陷，诗人总是尽力予以修补。那是一个老年人的下午时分。一阵吹透骨髓的长风，在海天之际打开了人和树的身形。

请容许我再说一遍：在椰子下坠的过程中，一阵穿透骨髓的长风，在海天之际打开了东坡和树的身形。

春梦婆

苏东坡就像海岛上的一棵树，渐渐融入森林与海风的合唱当中。他又用他那一贯平和而幽默的眼光，打量着海岛上的芸芸众生。虽然是过着"苦行僧"一般的生活，但精神并不贫乏，他仍然"超然自得，不改其度"。

据张宗橚的《词林纪事》记载，元符二年（1099年）夏季的一天下午，一位农家"馌妇"的老婆婆正在田间，只见苏东坡头上顶着一个葫芦瓢（四川叫瓜瓢），一边走一边唱，显然东坡处于仗着酒兴而踏歌，他朝向心中的陌上桑而去。

东坡唱的什么歌？就是他写的《哨遍·春词》：

睡起画堂，银蒜押帘，珠幕云垂地。初雨歇，洗出碧罗天，正溶溶养花天气。一霎暖风回芳草，荣光浮动，掩皱银塘水。方杏靥匀酥。花须吐绣，园林排比红翠。见乳燕捎蝶过繁枝，忽一线炉香逐游丝。昼永人闲，独立斜阳，晚来情味。

便乘兴携将佳丽，深入芳菲里。拨胡琴语，轻拢慢捻总伶俐。看紧约罗裙，急趋檀板，霓裳入破惊鸿起。颦月临眉，醉霞横脸，歌声悠扬云际。任满头红雨落花飞，渐鹈鹕楼西玉蟾低。尚徘徊，未尽欢意。君看今古悠悠，浮幻人间世。这些百岁，光阴几日，三万六千而已。醉乡路稳不妨行，但人生，要适情耳！

《哨遍·春词》写于元祐三年（1088年），东坡在汴梁担任翰林学士、知制诰。此时的东坡正是"三入承明，四至九卿"的人生得意时期。从这首词的内容中，我们也可以想象当时的东坡，目送飞鸿，"人生适情"，机遇的机窍，纷纷向他展开……

"馌妇"，也就是往田间送饭的女人。这位"馌妇"不年轻，已经70岁了，打破了东坡的深沉酒梦。

老婆婆直起身来笑着对他说："看看您内翰大人，昔日在朝廷的荣华富贵，有如一场春梦吧！"

东坡一听，微微心惊，酒意顿然消退，他大笑起来。此后就风趣地喊这位农家婆婆为"春梦婆"。

"春梦"一词固然寻常，但在东坡语境里，却有所指。

过了两天，"春梦"一词不断闪现在东坡眼前，他再次"被酒独行"，去往几个黎族朋友家，写了一首诗：

符老风流可奈何，朱颜灭尽鬓丝多。
投梭每因东邻女，换扇惟逢春梦婆。

根据诗句，应该是东坡背着葫芦瓢准备去找黎民朋友换一把扇子，不料，换来了一个警醒的词。老婆婆并不比东坡高明。

她说的是，人生要时时刻刻保持一颗平常心，其实这并不容易。但只有东坡的耳朵，可以听见这样的提醒，而不去计较对方的身份。

对东坡而言，《东坡志林》里，记录春梦的笔触非常多。比如有一次记录春梦，时间非比寻常，这时的东坡出门准备进京应试，确切的地点是华清宫的废墟畔。做梦时间为元丰五年（1082）十月七日。在这场春梦中，有个男性，有一个女性，东坡提笔写了一段文字，并且是在那位女性的裙带上。这显然是王朝云。因为东坡曾经为她这么题过诗！

显然这是个好梦！等候东坡再做下一场春梦时，已经在杭州做官了，这分明不是白日梦！这场春梦中，同样有一个男性，有一位女性，他也提笔写了一行文字。不过，男性的身份没变，但女性的身份已变为宫里的一个红衣女孩，生活在现实的生活中，这分明是东坡穿越到古代宫廷，从宫廷请出女孩返回宋朝地界。写字的地方也变了，不是在裙带上，而是在一只红色的靴子里……

这样的"春梦"，不说也罢。

黄州时期，几个朋友陪东坡出游，写《正月二十日，与潘郭二生出郊寻春，忽记去年是日，同侄女王城作诗乃和前韵》：

东风未肯入东门，走马还寻去岁村。

人似秋鸿来有信，事如春梦了无痕。

江城白酒三杯酽，野老苍颜一笑温。

已约年年为此会，故人不用赋招魂。

"事如春梦了无痕"，自然是指过去的事情，诗酒年华的事情，春风得意马蹄疾的事情，也包含了那让他备受挫折的"乌台诗案"。重话如此轻说，一是代表着东坡的旷达，二是他不愿意重新提起的梦魇一样的那段岁月了。过去的都如一场春秋大梦，无论里面经历了多少梦魇波折、狐媚红颜，都让它们如梦一样地过去吧。

春梦加婆，荒诞啊！人生就是一场黑色幽默。

眼下的东坡，还是吃饭要紧。

在梦越来越少的儋州雨林之下，苏轼结交了当地4位黎族朋友。一位叫子云，一位叫威，一位叫徽，一位叫先觉，他们都姓黎，故称"四黎"。他经常与朋友们一起在外吃酒，有时会喝得半醉半醒，稀里糊涂辨认不清回家的路线，彻底迷路。一次回家，他被路上的竹笋藤条绊倒，幸好被朋友们发现，搀扶着把他送回家。他有时喝得半醉，就沿着路上的牛粪找寻回家的路线。因为苏家居住在牛栏的西边。这都充分说明，苏轼在当地过着十分艰苦朴素的生活。但与大众的关系是和谐友好的。

一个叫葛延之的书生来到儋耳，追随苏东坡交游，相处很熟了。一天，东坡曾教他作文方法，说："譬如市上店铺，各种货物无不具备，却有一样东西可以将它们都弄来。这个东西就叫'钱'。不易得到的是货物，不难得到的是钱。现在文章、辞藻、事实，犹如市场上的各种货物；而意思、意味，则好比钱。写文章如能有好的意思，则古今所有的事物，一下子都聚拢来，为我所用。你如果懂得这些，就会做文章了。"

这样的话，葛延之未必了然。

也许，他经历的写作大体有这样4个阶段：自发性新作；"时才"性写作；大地性写作；自在性写作。如今，东坡只好进入到"志林"的纸上梦幻里，对往事予以飞花摘叶……

自古至人无梦。尽管东坡未必相信这句话。

爱犬"乌嘴"

在寂寞的日子里，会有意外，也会有惊喜。

在苏东坡的贬谪之路上，他心系万物，最通人性的狗，恰恰与他结下了不解之缘。

在杭州期间，他就养了一条温和的黄犬，叫"黄耳"。在遭贬之际，朋友们来探望他，黯然相对之余，他竟然"遣黄耳，随君去"，大度地让爱犬去享受浓浓的友情。是把狗送人么？应该是吧。

被贬密州时，东坡豢养了一条剽悍的黄犬，这是一只可以打猎的狗。他于是"左牵黄，右擎苍，锦帽貂裘，千骑卷平冈"，有黄犬伴随身边，东坡跃马在前，意气风发，一展人生的快意豪情。

宋朝时期，羊肉价大大高于猪肉，惠州城里每天只宰几只羊，东坡手头紧，只能买剩下的羊骨架。但东坡会吃，上料烘烤，分明是"椒盐羊排骨"，这就是后来"羊蝎子"的吃法。他把羊骨缝也啃得干干净净，骨头扔给狗，狗一点儿肉都没得吃……东坡发现了，写信给苏辙，自嘲说："众狗不悦。"哈哈，说明那时苏家不止一条狗。

"黄耳"的命名不是随意的。

西晋的大文人陆机养了一条非常聪明的狗，叫"黄耳"。

有一天陆机对黄耳开起了玩笑："黄耳，你能帮忙送一封家书吗？"狗似乎很高兴，竟摇摆着尾巴表示同意，于是陆机就写了一封信，装入竹筒，绑在狗的脖子上。狗经过驿道，日夜不息地赶路。家人见到书信后，还给陆机回了信，狗立即上路翻山越岭，前往京城。家乡和洛阳相隔千里，人往返需50天，而黄耳只用了20多天时间。这只狗死后，陆机把它埋葬了，并取名为"黄耳冢"。

东坡对这个故事津津乐道，也颇怀念，因为这就是"善良"。而且他多次在自己的作品里引用，比如《青玉案·送伯固归吴中》："遣黄耳，随君去。若到松江呼小渡……春衫犹是，小蛮针线，曾湿西湖雨。"苏伯固是苏庠的父亲苏坚，是东坡的老朋友。

我们都知道，东坡是著名"吃货"，但他绝不吃狗肉。在徐州时，当地官员设宴为他接风，一见上了狗肉，他立即停筷子，准备起身离席。他发问："为何要杀狗？"

其实宋代法律也没有这等规定。但对方也是雅士，说《礼记》上都写着"烹狗于东方，乃不禁"。东坡一听，立刻反驳：《礼记》还说"宾客之牛角尺"，难道就应该解除杀牛的禁令吗？并且又补了一句：孔子有一次教育子贡，说一个人家的帷幔旧了，不扔，留着将来埋马；车盖破了也不扔，留着将来埋狗。"不忍食其肉，况可得而杀乎？"大家才理解了狗在东坡心中的地位重要，之后便不再用狗肉招待客人了。无形之间，东

爱犬「乌嘴」

坡就给席间的官员上了一堂修养课。

这里，要谈苏东坡一首专门写爱犬的长诗，诗的来历颇为曲折动人。

东坡来儋州不久，一条瘦骨嶙峋的流浪狗就来登门拜访，见主人不驱赶，就不走了。这条狗嘴黑，苏东坡于是命名为"乌嘴"。显然是在向历史上的忠犬"黄耳"致敬！东坡是希望"乌嘴"也能像陆机的"黄耳"一样聪明、有情有义。

东坡收留它时它已经奄奄一息了，但他宁可自己饿肚子，也要让乌嘴吃饱。人对动物的爱是很特别的感情，可以说一个不爱动物的人，就不懂得热爱世界和人类。活过来的乌嘴逐渐强壮，与主人形影不离，白天陪着主人"识宾客"，晚上则变得十分凶悍，守卫门户。闲暇无事，东坡笑看乌嘴"跳踉趁童仆，吐舌喘汗雨"，一头忠犬，在海南岛偏僻的一角与他一起酿造人生的温情。

乌嘴顽皮且贪吃，甚至还偷吃柜台上的肉，家人要责打它，东坡还拦着、护着，说：这是小缺点，应该原谅它。闲来时，东坡也会和乌嘴说话，轻拍着它的背，逗它说："乌嘴啊乌嘴，你幸亏遇到了我是你的主人，才免去被放在锅中烹煮的灾祸。"乌嘴似乎听懂了主人的意思，点着头，摇着尾，露出了感激的眼神。

当地民风十分淳朴，当地人很喜欢平易近人的东坡先生，深夜打猎，第二天一大早就敲门送一坨肉给他，东坡和乌嘴一同欢呼……

乌嘴陪伴东坡度过近4年时光。元符三年（1100年），朝廷赦免苏东坡，他终于能返回内地了。东坡目睹乌嘴的一举一动，思考着乌嘴的前途命运，于是写了一首咏狗诗。诗没有题目，只有一个诗序："余来儋耳，得吠狗，曰乌嘴，甚猛而驯，随予迁合浦，过澄迈，泅而济，路人皆惊，戏为作此诗。"由于没有诗题，《苏轼诗集》的编者就以序代题，所以诗题很长，我翻译如下："我来儋耳（今海南儋州），得到一条会吼叫的狗，名叫'乌嘴'，它非常勇猛而又驯良，跟随我迁徙合浦（今广西合浦），过澄迈（今海南澄迈县）时，狗从河中泅渡到了彼岸，路人见了都感到惊奇，我因此戏作了这首诗。"

> 乌嘴本海獒，幸我为之主。食余已瓠肥，终不忧鼎俎。
> 昼驯识宾客，夜悍为门户。知我当北还，掉尾喜欲舞。
> 跳踉趁童仆，吐舌喘汗雨。长桥不肯蹑，径渡清深浦。
> 拍浮似鹅鸭，登岸剧虓虎。盗肉亦小疵，鞭箠当贳汝。
> 再拜谢厚恩，天不遣言语。何当寄家书，黄耳定乃祖。

这首咏狗诗，共有20句，写得十分生动有趣，为通俗起见，将它翻译成白话文："乌嘴啊，你本是海南的一条大狗，有幸我成为你的主人。你吃饱喝足已经十分肥壮，终于不必担忧你被烹煮吃食了。白天你驯良地迎送相识的宾客，夜间勇敢地守卫门户。知道我正处于北还之中，你摇动尾巴欢喜得欲翩翩起舞。乘机跳跃与童仆嬉戏，弄得吐舌喘气汗如雨。我过桥你却不肯跟着过长桥，径直从又清又深的河中泅渡。拍浮水如同鹅鸭，登岸时表演得像一只吼叫的老虎。盗肉是你的一个小缺点，不加鞭打将你赦免就是我大度。你一再拜谢我的厚恩，只是你天生不会话语。我多么想给你寄封家书但不知寄给谁，那只著名的黄耳狗，想必是你的高祖。"

这是多么温暖、多么温情、多么可爱的忠犬描绘啊。懂事而又顽皮的乌嘴是幸运的，不仅仅是遇到了东坡这么一个心地善良、喜爱动物、童心未泯的主人，而且它因为东坡这首名诗，让人们至今都能看到它的一举一动。这样一首使乌嘴流传千古的名诗，真是令狗们称羡啊。难怪清代诗人汪师韩评价说：东坡"一时戏笔，摹绘人情"。是啊，一条忠犬对于主人的回报，折射的都是人间真意。

当东坡三子苏过来海南岛接他时，东坡带着《论语》《尚书》《易经》三书的注释手稿和乌嘴渡海北返，一路辗转终于抵达苏东坡人生的最后一站常州。此时东坡的生命，只剩下不到半年时间了。

乌嘴是什么品种呢？真是不得而知。单就嘴巴黑、"瓠肥"、体态如"虓虎"、会看家护院来分析，可以推测，可能是中国原生松狮犬，这种狗已然有两千多年的饲养历史。

北　归

离开海南岛之际，苏东坡颇留恋收留了自己的海岛，曾说："我本儋耳人，寄生西蜀州。忽然跨海去，譬如事远游。平生生死梦，三者无劣优。知君不再见，欲去且少留。"真到临别，颇为不舍。

那是元符三年（1100年），终于等到朝廷赦免的苏东坡即将离岛北归，感慨万千之余，他写下了这首《别海南黎民表》，表达了他对流放之地的无限留恋和对友人的难舍之情，他发自肺腑地将海南儋州称作自己的故乡。这时候，距离苏东坡被贬海南已满3年了。

发生这一变化的原因，是元符三年（1100年）哲宗皇帝去世了，开始由新皇太后——神宗皇后暂时摄政。宋徽宗即位，以章惇曾反对其嗣立，遂生嫌隙，改用韩忠彦、曾布为相。以前遭罪的元祐大臣全部获赦；到了七月，她还政给儿子，但一直庇护那些元祐党人，流放的官员大都内迁升官，至少可以予以赦免，就地养老。

天道轮回，造化弄人。东坡遇赦北归之日，正是章惇被贬流放之时。

无论多么虚怀若谷，东坡不会忘记这个章惇。

霜风与苦难荡涤一切。在生命里留下的不多的东西中，唯独没有仇恨。

路经靖江的时候，许多文人朋友都来拜见他，章惇的儿子章援却没有出现。当年苏轼作为主考官，亲点第一名录取章援，按照当时的传统，章援当为苏轼之门生。章援其实感觉到苏东坡可能会再次当政。他害怕苏轼凌厉的报复手段，于是给老师写了一封信，口气很委婉，意思是说辅佐君王的人，一言之微，就足以决定他人的命运。

呵呵，学生要给老师谈命运了。

苏东坡给章援回信说："某与丞相定交四十余年，虽中间出处稍异，交情固无增损也。闻其高年寄迹海隅，此怀可知。但以往者更说何益？惟论其未然者而已……书至此，困惫放笔，太息而已。建中靖国元年（1101年）六月十四日。"东坡还写下一个药方请其转送章惇，他希望章惇能保养身体，争取朝廷宽大，希望他能够顺利北还！

命运是非常残酷的，章惇被罢相，改任越州知州，在赴任途中即被贬为武昌军节度副使、潭州安置，后来再贬往岭南为雷州司户参军。这条章惇曾经刻意安排的道路，苏轼、苏辙走得刻骨铭心。

雷州地处偏僻，章惇年老多病，他的第四个儿子章援为救老父亲，咬破手指，用血书写了一份《辩诬论》给宋徽宗。宋徽宗有感，于是将章惇改贬到睦州（今杭州市淳安县）。但章惇不打算回苏州老家，就带家眷寄住在睦州城北乌龙山寺庙。

崇宁五年（1106年）章惇以72岁高龄病逝。累赠观文殿大学士、太师、魏国公。绍兴五年（1135年），宋高宗采纳任伯雨的谏章，下诏追贬章惇为昭化军节度副使，规定其子孙永远不能在朝廷任职。

近代梁启超对章惇的看法是："吾以为惇有才而负气之人也，奸则吾不知也。"

我以为，梁公的看法似过于宽容了。

这年五月，秦观等人就带信给苏东坡，告之被赦的大好消息。不久朝廷正式通知他迁往廉州（今广西北海市合浦县）。苏东坡开始做离开儋州的准备。父子于六月二十日渡海北还。渡海之时，他充满了兴奋之情。他挥笔写道："九死南荒吾不恨，兹游奇绝冠平生。"他认为坎坷的生活、困苦的遭遇使他能更广泛地接触社会方方面面，更深刻地认识人生。因此，对于遭受的苦难不但"不恨"，而且还感激呢！

苏轼过雷州投奔在雷州的秦观，但可惜没有见到，于是直往廉州。在廉州小住几天，同年八月改任命为舒州（今安徽省安庆市）团练副使，永州（今湖南省零陵）安置。八月二十九日他离开廉州，经梧州直奔广州。一路上不少朋友和敬慕他的人纷纷款待他，陪他看山游庙，他也开心地为友人写字题诗。

十月抵达广州，他终于与家人团聚了。唐朝诗人戴叔伦说"一年将尽夜，万里未归人"，就是这种感情的写照。次子苏迨也由北方赶来探望父亲。一到广州城，他受到家人朋友的殷勤招待，大家见苏东坡白发苍苍，行动有些迟缓，但相逢的喜悦冲淡了对他身体的担忧。

北
归

他到海南岛的第二年，当时就有传说苏东坡病死了。当苏东坡重返南昌时，朋友们在宴席上见到他，大家和他开起了玩笑："哎呀，子瞻老兄！我们曾以为你客死海岛了，从此天各一方。"

苏轼还是那样幽默："不错，我死了，在去地府的半路上碰到章惇，所以我又决定折回来与朋友们再见上一面，再走也不迟啊。"大家发现，经历海风暑热洗礼的苏东坡，幽默比当年还要犀利。

他正要离开广州时，便收到自己可以自由定居的消息。为了安顿晚年生活，不再招惹事端，但到底居住哪里呢？还要费一番周折……

徽宗建中靖国元年（1101年）正月，寒风料峭，空中投下一蓬一蓬针一般的结晶体，打在东坡脸颊上，将他帽檐下露出的白发彻底浸染，显出石灰一般的本色。他蹒跚而气喘，翻越到大庾岭高处。据宋朝曾敏行笔记《独醒杂志》载，一天中午，苏轼一行正在山间村店吃饭。

一个老者低声向随从打听："这位官人是谁呀？"

随从答："这位是苏尚书。"

"是苏子瞻吗？"老者立即提高了声调。

苏东坡回头，微笑颔首。

老者上前向苏东坡行了一个大礼："我听说有人百般迫害先生。今天您能北归，是老天有眼保护善人呀！"

此时，岭上的梅花已盛开到了尽头，逐渐结子。这温暖的话语让东坡百感交集。想不到山野之人，都知道自己的遭遇故事了。他非常感念这位老者，眼见门前青松耸立，不禁诗意荡漾心际，立即题《赠岭上老人》于茅舍壁间：

> 鹤骨霜髯心已灰，青松合抱手亲栽。
> 问翁大庾岭头住，曾见南迁几个回？

　　结尾处的这句诗还有另一层含义：独我苏子瞻过岭，你来拜揖送行，是我苏子瞻的知音！老翁的两句话，道出苏轼的满腹委屈，也是为东坡鸣不平。
　　理解，尤其是来自陌生人的理解，使他得到了莫大宽慰。的确，历史上贬谪五岭之南的官员，得以生还者实在太少了。

阳羡买宅

　　宜兴古称阳羡，山之南，水之北为阳；"羡"与"衍"古义相通，有肥沃田地即是"衍沃"之意。荆溪河是宜兴境内的一条大河，荆溪河南面是天目山余脉，而北面是平原沃野，所以这块地方总被称为"阳羡"，这就是宜兴古称"阳羡"的来历。又因为那条荆溪河，古时阳羡又称"荆溪"，归常州辖。

　　因为陈季常在黄州对苏东坡进行了房地产常识的普及，东坡意识到，自己大半生尽管一如飘荡之叶，但总有搁浅甚至靠岸之际。不是为自己，而是必须为一大家子人谋一个居处。另外，房子、土地买得好，升值空间巨大，何况像他这样的名人，房子不愁卖。也许正是这两个原因，苏轼后来无论到哪个地方，都要盖一套既带院子又可以种田的宅院。

　　东坡结束在黄州的谪居生活，赴汝州出任团练副使。长途跋涉，生活困顿，再加上年老体衰，让他感到归计渺茫。他于是萌生买田养老的想法。东坡在宜兴买下田地，并向友人王定国、秦观等通报了此事。元丰八年（1085年），他写就的传世信札《阳羡帖》（现藏旅顺博物馆）这样说：

轼虽已买田阳羡，然亦未足伏腊。禅师前所言下备邻庄，果如何？托得之面议，试为经度之，及景纯家田亦为议过，已面白得之，此不详云也。冗事时渎高怀，想不深罪也。轼再拜。

68字里仍然风流胜赏。其书体刚健婀娜，绵里藏针，足见其秀伟之气。大意是：我已经在阳羡买田宅了，但收成还不足以养家糊口。禅师您之前说过的下备邻庄，最后怎么样了？我托徐得之找您面谈，请帮忙筹划一下。景纯家的田已经谈过了，我跟徐得之说过了，他会跟您说的，我这里就不详谈了。因这些繁杂的事打扰您，请恕罪。

初到黄州，当时黄州太守徐君猷对东坡较为关照，他的弟弟徐大正也与苏东坡一见如故，彼此相约在阳羡购房为邻，《阳羡帖》中的"得之"就是徐大正。

于是，苏轼从黄州脱开枷锁，后就上书请求在常州长住，得到朝廷批准，于是常州的阳羡成了苏东坡一家向往定居的终极地。

苏东坡赶赴宜兴途中写了《归宜兴留题竹西寺三首》："十年归梦寄西风，此去真为田舍翁""山寺归来闻好语，野花啼鸟亦欣然"，欣喜之情满纸。

东坡在宜兴丁蜀山之南麓购地筑起"东坡草堂"，之后又扩建成"东坡别墅"，在当时为其家宅的原址上，现在兴建了"东坡书院"。

但终于是有了固定的归宿。即便俸禄断供了，一家人也不至于喝西北风。数年之后，苏轼远贬岭南，家人却能安居阳羡，所以他去得也无牵挂。由此来看，在黄州买房的经历对苏家是惠莫大焉！

苏东坡在阳羡买房买田颇费了一番周折，还介入了一场不大不小的官司，他在黄州期间通过友人购得了宜兴黄墅村曹家庄曹潜夫的200余亩田地。但不知为何，曹姓人家又反悔了，纠缠长达8年时间。后来苏东坡虽打赢了官司，还是体恤乡民，按原价把土地退还。

我们要知道，北宋时的房价一点不便宜。比如当时首都开封的房价不是普通人能承受得起的，连很多名人都买不起房子。苏东坡一生不蓄钱财，所以没能在开封买房子。他儿子在开封结婚时没有新房，苏东坡很着急，最后还是借了一个朋友的房子才算把喜事办了。

关于阳羡买房，苏东坡写过一首《菩萨蛮》，表达了开朗的情怀：

买田阳羡吾将老，从来只为溪山好。来往一虚舟，聊随物外游。

有书仍懒著，水调歌归去。筋力不辞诗，要须风雨时。

苏东坡生前最后一次买房地产也是在宜兴。但如果此事属实的话，就与上文有诸多抵牾。经过后世演绎，逐渐成为一桩展示东坡高风亮节的故事：

他的朋友邵民瞻为宜兴望族，苏东坡曾去邵家作客，受邀请题匾"天远堂"。他在把酒赏花时叹道：花园虽好，独缺海棠。后来请人从四川捎来海棠花植于园中，这就是著名的"东坡海棠"。这株海棠花居然迄今立于园中，犹自枝繁叶茂。花后的墙壁上，题有东坡的海棠诗：

东风袅袅泛崇光，香雾空蒙月转廊。
只恐夜深花睡去，故烧高烛照红妆。

东坡一生颠沛流离，经济拮据，住的房子一般都是租赁的。宋代费衮《梁溪漫志》有一段记载，说的是长期过流放生活的苏东坡，囊中空空，手头上无一点活钱，朋友邵民瞻建议他在阳羡买房。

经反复选择，他看中了邵民瞻推荐的位于荆溪畔的一套带院落的房子。这里依山傍水，宅后有山，宅前有水，左右还可以耕种，他非常满意。

苏东坡看中的房子处于上风上水，价格不低，房价是500缗（宋制1缗约1000钱，相当于1两银子）。那时没有买房中介，买卖双方谈好价就可成交，一手交钱，一手交房。500两银子不是一个小数字，不亚于现在人们毕生的积蓄。这购房款，是东坡委托朋友把父亲在京城留下的老宅子和土地都卖了，大约有200两银子。剩下费用由弟弟苏辙设法筹措。

眼见大事已定，苏东坡很高兴，打算过一段时间就搬进去。

这一天傍晚，他又和邵民瞻在溪边散步，走到村里的一个角落，他突然发现一位老妇人在那里哭泣。一问，才知道老妇人的儿子将自家祖传的老宅卖掉用来抵赌债。

天下有这么巧的事，苏东坡正是房子的买主！

苏东坡当即告诉老妇人："别哭！你的房子还在。"

然后掏出买房的合同，立即当面烧毁。他实在不忍心再说什么别的了。

回到家里，他才呆住了。咦，怎么出门一趟，50万钱没有了呢？

第二天，苏东坡还是派人叫来老妇人的儿子，接他母亲回到原来的住所。

作家林语堂在《苏东坡传》这样评述说：这个东坡啊，卖了老爹的房子，借了弟弟的银子，"只为一时的真情，却忘记了自己的后果"。

经过此事，苏东坡再没有买房的可能性了。他仍旧回到毗陵县（今江苏常州市）孙氏馆居住，孙氏馆是他托好友钱济明代租的。一年后苏东坡在毗陵县白云溪畔孙氏馆逝世，走完了他辉煌灿烂的一生。

正如苏东坡所说"物与我皆无尽也"，何必去在乎一时的得失？只要做到心里坦然就好，付出恰恰是快乐的。苏东坡焚房契是在不知情的情况下买了可怜妇人的房子，知情后他主动地焚烧掉自己所买的房子契约。后来他也没勇气向老夫人的儿子要回买房子的钱。可以看出苏东坡心系民间、关心苍生疾苦。他重情重义、视金钱为身外之物的大爱情怀，至今传为美谈。

东坡之死

五月一日他抵达南京。他曾写信给好友钱世雄，希望他在常州帮忙购买房舍。由于正月皇太后逝世，从一切迹象看来，政治风云可能会转回。苏轼惧怕引起更多的麻烦，"老病唯退为上策"。他不愿居处距离京师太近的地方。这时候，子由已回到颍昌（今河南许昌市东）老农庄，写信叫哥哥去居住。苏轼一时拿不定主意。

经反复考虑，他觉得常州在湖泊地区是鱼米之乡，风景宜人，且有田地在乡下，维持生活比较容易些，所以最终还是决定久居常州。他在《与子由书》中详尽说明了他不去颍昌，不能与亲兄弟团聚的原因。说明决计不住颍昌而定居常州，主要出于政治原因。他非常担心政局不稳，千万别再惹事，避开政治，躲得远点住下为好。

苏轼在行途中身体开始感觉不适，抵达常州后病情不见好转，吃不进东西，一个月内大部分时光，都是缠绵病榻。

苏东坡陷入了对往事的回忆，他预感到自己的亡期即将降临了，几次给朋友写信叙述病情："病情有增无已""虚乏不能食"，甚至整天整夜地睡不着觉，夜晚经常起身，在床头枯坐、

苏东坡人生行迹图

密州

黄 海

常州

⑥

湖州

杭州

东 海

琉球

南
海

① 1056年·21岁，自眉州赴汴梁赶考

② 1057年·22岁，自汴梁赴眉州服母丧

③ 1059年·24岁，自眉州赴汴梁赶考

④ 1061年·26岁，自汴梁赴凤翔任判官

⑤ 1071年·36岁，自汴梁赴杭州任通判

⑥ 1074年·39岁，自杭州赴密州任太守

⑦ 1077年·42岁，自密州赴徐州任太守

⑧ 1079年·44岁，自徐州赴湖州任太守

⑨ 1079年·44岁，自湖州拘捕入汴梁

⑩ 1080年·45岁，自汴梁贬至黄州任团练副史

⑪ 1086年·51岁，于汴梁任翰林学士

⑫ 1089年·54岁，自汴梁赴杭州知州

⑬ 1093年·58岁，自汴梁赴定州任知州

⑭ 1094年·59岁，自定州至英州（未到任）

⑮ 1094年·59岁，自英州至惠州任宁远军节度副史

⑯ 1097年·62岁，自惠州至儋州任琼州别驾

⑰ 1101年·66岁，自儋州返京途中，于常州逝世

东坡之死

发呆。到后来渐渐难以站立，行走更为困难，让人扶着他颤巍巍的也迈不开步子。

东坡自言自语轻声念叨："在岭南没有死，回来反而起不了床！唉……"

除了家人，钱世雄几乎每隔一天来看望他一回。苏轼和钱世雄的友情很深，他贬到南方的时候，钱世雄不断写信、送去药品。待病情稍微好一点时，就叫苏过去请钱世雄来，与老朋友聊天，最为舒心。

钱世雄发现苏轼躺在床上，竟然无法坐起身，赶紧坐到了床头。东坡说："我很高兴历经千辛万苦从南方回来了，"稍停，接着说："最难过的是归途中没有见到子由，我们自从雷州一别，就再没能见面了。"

然后，东坡怔怔盯住看钱世雄，说了一番话："我在海南完成《论语说》《书传》《易传》，现在托你保管，千万收好，莫给别人看。我想，三十年后一定会大受赏识……"

他勉强起来，挣扎着去开书箱，但一下找不到钥匙。钱世雄安慰他："你会康复的，不忙急于交代这些。"两人都眼含热泪，半晌找不到话题了。

七月十五日，苏东坡病情极度恶化。当天晚上发高烧，次日牙床出血，全身无力。他称自己的病为"热毒"，实际上是一种传染病。根据他自己的经验和医学常识，认定是一种不治之症。于是什么都不吃，只服人参、麦冬、茯苓，煮成浓汤，渴了就喝一点。钱世雄给他找了几种据说有奇效的贵重药品，他也拒绝了。

七月十八日，苏轼把苏迈、苏迨、苏过3人叫到身边，吩咐道："我一生没做过坏事，我不会下地狱！"讲这些是让儿子们不要为他死后担忧，他希望和妻子合葬在嵩阳的小峨眉山（今河南省郏县），苏东坡曾经去过那里，发现那里的风光与四川峨眉山十分接近。这一考虑，是他不想再给苏辙增添巨大的运输灵柩返回四川的费用。

这样延宕了十来天，他的身体与精神彻底垮下来，呼吸也愈来愈短促。

房间里回荡着他粗重而凌乱的呼吸声，家人听在耳里，宛若雷鸣。

终于，维琳长老俯身贴近东坡的耳边，说："想想来生吧！"

苏东坡闭着眼睛，缓缓低语："西天也许存在，不过，我没法去那儿了。"

"现在信佛，也来得及，要有信心。"钱世雄鼓励地说。

苏东坡突然睁开了眼睛，流出了一道亮光："现在才信？这样就不对了。"

这是他吐的最后几个字。

看到父亲危在旦夕之间，儿子苏迈立即上前询问："父亲还有什么吩咐？"

苏东坡再也没有说什么了。

宋徽宗建中靖国元年七月二十八日（1101年8月24日），文豪苏轼卒于常州，享年66岁。他临终前非常清醒而理智，毫无痛苦。

　　据说，清代郏县县令张笃行曾拜谒"三苏"，夜宿坟院。半夜忽听雨声大作，开门视之，好像重现东坡先生《记承天寺夜游》中的景象，"庭下如积水空明，水中藻、荇交横，盖竹柏影也"，唯树叶沙沙，月白风清。遂记录如下："风声瑟瑟，雨声哗哗，风大不鼓衣，雨大而不湿襟。"后人疑惑，却又屡试不爽，故称其为"苏坟夜雨"。

遍地都是苏东坡

　　眉山城里有一座小山叫彭老山，北宋即有传说，说苏东坡诞生的那一天，彭老山上的草木一夜间全部枯死了。古人相信：一个特别灵秀的人物，天地山川的灵气都凝聚一身。他生下来山川灵气被吸取了。所以，草木枯死。不要怪苏东坡，这不是他的贪欲。66年以后苏东坡去世当日，彭老山上的草木一夜之间全部返青了。他把天地灵气又还给大地了。当然，这些都是民间传闻。

　　苏东坡逝世，引起多方人士尤其是读书人的巨大悲哀，这在中国古代是极其罕见的。数百位太学生集体去佛寺哀悼，黄庭坚、米芾、张文潜等文人纷纷写诗寄托哀思，"苏门六君子"之一的李方叔的祭文很有代表性：（苏东坡）"道大难容，才高为累。皇天后土，鉴平生忠义之心；名山大川，还千古英灵之气。识与不识，谁不尽（xì，哀痛之意）伤；闻所未闻，吾将安放？"这篇祭文迅速传遍大江南北，不分老幼贤愚，都诵读不已。

　　可以发现，在灿若群星的中国文豪阵营里，苏东坡的纪念遗迹是最多的，现在全国有近一百处东坡遗迹，无论是屈原、

三苏祠（向以桦绘）

李白、杜甫，还是关汉卿、曹雪芹，都无法与之相比。苏东坡与民众的鱼水之情如同西湖碧波，永远清澈荡漾。

他乘风归去了，化作了永恒的星辰。

苏东坡的一生，是在困难中不断追求、进取的一生，是"一蓑烟雨任平生"的一生，是以独特的思想、文学和艺术塑造崇高道德典范的一生，是集中体现了中国人的生存智慧与灿烂人格魅力的一生。苏东坡留下的名言，浸润着他爱国、爱民、施政、清廉的深厚体验："犯其至难而图其至远""为国不可以生事，亦不可以畏事""苟非吾之所有，虽一毫而莫取""纪纲一废，何事不生""腹有诗书气自华""古之立大事者，不惟有超世之才，亦必有坚忍不拔之志"等，早就成为人们追求不断修身提升人生境界的座右铭。

我至今把东坡的这一段话，视作"文箴"："轼少时好议论古人，既老，涉世更变，往往悔其言之过，故乐以此告君也。儒者之病，多空文而少实用。"（《与王庠书》，《苏轼文集》卷四十九，第1422页）

以苏轼为代表的三苏父子，形成了中国文化史上一个独特的名人文化体系——三苏文化。所以说"中国有三苏"，更成为传统文化的重要精华和树立文化自信的宝贵遗产。

大浪淘沙，千古风流人物。苏东坡透过千年时光，仍然散发着恒定的、迷人的、温暖的光辉。苏轼曾经在《文论》中这样评价过自己："吾文如万斛泉源，不择地皆可出。在平地，滔滔汩汩，虽一日千里无难。及其与山石曲折，随物赋形，而不可知也。所可知者，常行于所当行，常止于不可不止。如是而已矣！其他，虽吾亦不能知也。"我的文采就像有万斛水的泉源，随时随地都会涌出。如果是在平地，文思不断如汩汩流水，即使一天流淌千里也不算难，等到它随着山势石形弯曲，随着所遇的事物变换形式，却不能知晓。能够知晓的，通常是在应该继续的时候继续，在不能停止的时候停止。就是这样罢！至于别的，即便是我也不知道了。

千年以后来看，这一自况不是文人的自卖自夸，而是体现了苏东坡思想、实践、激情、文学的高度合一。我们读苏东坡的诗文，再去仰看青天明月、行走山溪森林、登临古迹名刹、置身云岚雨雾、细察竹树花草，就会由衷感到，他还活在今天。

2023 年 3 月 15 日于成都锦江畔

后　记

　　宋哲宗时，有"洛蜀党争"，"洛党"指洛阳人程颢、程颐兄弟等，"蜀党"指蜀人苏轼、苏辙兄弟等，而朱熹的理学继承"二程"谱系，所以他要帮一帮名头被"二苏"盖过去的先辈。还有更重要的原因，朱熹对"三苏"的学术思想非常有意见，甚至认为其代表的宋代蜀学比王安石的新学更加离经叛道。在巍巍理学家眼里，苏轼不过是一介经学家，却很不纯粹，又喜佛，又喜欢老庄，颇为芜杂。他的文章固然是为宣扬儒道，其实也不纯粹，常常只是着眼辞章的漂亮与否。有时还有些跑偏……作为"纯儒"的朱熹，决计力挽狂澜，还儒学的本来面貌不可。说到底，是为了维护"道统"的纯洁性。

　　事情就这样过去了，千载以下，东坡"赤子其心，星斗其文"，风靡世界与人心。钱穆先生在《宋明理学概述》中，细致描述了"三苏"不拘一格的学术风格，称其博综老庄、佛学、战国策士，乃至贾谊、陆贽，他虽然认定"三苏"的学术是不离于常识的"俗学"，却称赞其为"俗学中之无上高明者"。钱穆还在《朱子新学案》中指出："东坡、山谷，皆文章之士，不为理学家重视，而朱子独有取其言。真能读书，则可不问理学经学史学文学，读书则总该如此读。"钱先生考量的，表面似乎逸出宋人的门户之争，但主要是借此赞扬朱熹的读书法。

事情好像无须再议。有一天我偶读《徐渭集》，注意到《评朱子论东坡文》，不禁拍案！作为自由主义的艺术大家，徐文长最不能容忍的是朱熹自认正朔的那一腔道气。其《评朱子论东坡文》这样说：

夫子不语怪，亦未尝指之无怪。《史记》所称秦穆、赵简事，未可为无。文公件件要中鹄，把定执板，只要人说他是个圣人，并无一些破绽，所以做别人者人人不中他意，世间事事不称他心，无过中必求有过，谷里拣米，米里拣虫，只是张汤、赵禹伎俩。此不解东坡深。吹毛求疵，苛刻之吏，无过中求有过，暗昧之吏。极有布置而了无布置痕迹者，东坡千古一人而已。朱老议论乃是盲者摸索，拗者品评，酷者苟断。

学者虞淳熙比喻说："当是时，文苑东坡临御，东坡者，天西奎宿也。自天堕地，分身者四。一为元美身，得其斗背；一为若士身，得其灿眉；一为文长身，得其韵之风流，命之磨蝎；袁郎晚降，得其滑稽之口，而已借光璧府，散炜布宝。"（《徐

572

文长文集序》）这形象地说明在晚明时期许多著名作家身上，都得到东坡多方面的艺术真传。在宋人中，徐渭最喜欢的是东坡。不仅文章写得好，为人也太有情趣。徐渭一针见血，在独立不随的苏东坡面前，朱熹已经到了胶柱鼓瑟、盲人摸象的程度；而钱穆此语，近乎井蛙语海，夏虫语冰。

我想，就其南辕北辙的根源，那就是：一个人是否被自由的精神醍醐灌顶，一个人是否被独立的思想洗骨伐髓，一个人是否把天下民生装进胸臆，一个人是否把苦难酿成饴人的蜂蜜，一个人是否把儒释道汇铸为另一种大仁之爱，如此，就泾渭分明了。纯与不纯，都不重要了。所以东坡说："老蚕作茧何时脱，梦想至人空激烈。"所以东坡说："不怨天，不尤人，下学而上达，知我者，其天乎？"

好了！说点自己的事。

记得我带86岁的母亲从成都最后一次返回老家是2022年12月28日，那是我在写作《苏东坡辞典》的开始。其间回去看望母亲好几次，直到她于今年2月初逝世。母亲病情的摇摆起伏，成为本书叙事时断时续、文情阴晴突变的唯一原因。母亲的骨灰盒一直放在书房里，每每写到卡顿之际，我常站在她面前凝望，然后又回到我写作的桌面……

针对自己在京为官期间为何没有传世之作的问题，对此东坡曾有所总结："某江湖之人，久留辇下，如在樊笼，岂复有佳思也？人情责望百端，而衰病不能应付，动是罪戾，故人知我，想复见怜耶？"其实，我才是地地道道的江湖之人，身不由己，勉力写出这样一本学习东坡的小书，而不能道苏海之万一。岂敢言传世，只是告慰母亲之灵。

昨晚去龙泉驿探望一直住校即将参加高考的女儿，心头深感歉疚。这是我们春节至今的头一次晤面，一晃就两个月了。她说，在书店里看到了爸爸写的《成都传》，太厚了！在此，我也感谢女儿的默默奉献，理解或不理解。

正所谓："人间无正味，美好出艰难。"

2023 年 4 月 5 日于成都

参考书目

［宋］苏轼撰，［清］王文浩辑注，孔凡礼点校：《苏轼诗集》，中华书局1982年版。

［宋］苏轼撰，［明］茅维编，孔凡礼点校：《苏轼文集》，中华书局1986年版。

［宋］苏轼著，邹同庆、王宗堂校注：《苏轼词编年校注》，中华书局2002年版。

张志烈、马德富、周裕锴主编：《苏轼全集校注》，河北人民出版社2010年版。

［宋］苏轼撰，王松龄点校：《东坡志林》，中华书局1981年版。

［宋］苏轼撰：《仇池笔记》，华东师范大学出版社1983年版。

孔凡礼撰：《苏轼年谱》，中华书局1998年版。

［宋］苏辙著，陈宏天、高秀芳点校：《苏辙集》，中华书局1990年版。

［宋］苏洵著，曾枣庄、金成礼笺注：《嘉祐集笺注》，上

海古籍出版社1993年版。

［元］脱脱等撰：《宋史》，中华书局1999年版。

［宋］李焘撰：《续资治通鉴长编》，中华书局2004年版。

［宋］赵令畤撰，孔凡礼点校：《侯鲭录》，中华书局2002年版。

［宋］何薳撰，张明华点校：《春渚纪闻》，中华书局1983年版。

［宋］苏轼著，朱孝臧校注，龙榆生校笺：《东坡乐府笺》，人民文学出版社2018年版。

莫砺锋著：《漫话东坡》，凤凰出版社2008年版。

张龙飞主编："东坡赤壁文化丛书"，华中师范大学出版社2010年版。

曾枣庄著：《苏轼评传》，巴蜀书社2018年版。

熊朝东著：《千古第一文人——苏东坡》，巴蜀书社2019年版。

潘殊闲、张志烈著：《苏轼传》，天地出版社2021年版。

李常生著：《苏轼行踪考》，城乡风貌工作室2019年版。

苏轼大事年表

宋仁宗景祐三年十二月十九日（1037年1月8日）

    出生于四川眉山纱縠行苏宅。

庆历三年（1043年）癸未8岁

    入眉山天庆观，随道士张易简读书学习。

至和元年（1054年）甲午18岁

    娶青神县王弗为妻。

嘉祐元年（1056年）丙申19岁

    应开封府试，榜出，名列第二。

嘉祐二年（1057年）丁酉21岁

    应礼部试，名列第二。

    三月，应殿试，进士及第。

    四月七日，母亲程夫人病逝，享年48岁。回故乡"丁忧"

守孝3年。

嘉祐六年（1061年）辛丑26岁

八月参加制科考试，选为"三等"；担任大理评事，签书凤翔府判官。

作诗《和子由渑池怀旧》。

宋英宗治平二年（1065年）乙巳30岁

二月返回京城，入判登闻鼓院。

五月妻子王弗病逝。

治平三年（1066年）丙午31岁

四月二十五日，父亲苏洵在京师去世，享年58岁。苏轼、苏辙兄弟回川"丁忧"。

宋神宗熙宁元年（1068年）戊申33岁

七月服满。

娶青神县王闰之为妻。

熙宁四年（1071年）辛亥36岁

六月，苏轼自请外任。十一月二十八日，到杭州通判任。

熙宁七年（1074年）甲寅39岁

九月移知密州，十二月三日到密州任。

熙宁八年（1075年）乙卯 40岁

作《江城子·乙卯正月二十日夜记梦》《江城子·密州出猎》。

熙宁九年（1076年）丙辰 41岁

九月，移知河中府；十二月离开密州。

作《水调歌头·明月几时有》。

熙宁十年（1077年）丁巳 42岁

二月十二日改知徐州，四月赴徐州任。

元丰二年（1079年）己未 44岁

三月改知湖州，四月到湖州任。

"乌台诗案"案发，七月被捕，下台狱；十二月出狱，责授黄州团练副使，本州安置，不得签书公事。

元丰三年（1080年）庚申 45岁

二月到达黄州。作《卜算子·黄州定慧院寓居作》。

元丰四年（1081年）辛酉 46岁

作《水龙吟·次韵章质夫杨花词》。

元丰五年（1082年）壬戌 47岁

作《赤壁赋》《后赤壁赋》《念奴娇·赤壁怀古》《定风

波·莫听穿林打叶声》《浣溪沙·游蕲水清泉寺》。

元丰六年（1083年）癸亥48岁

作《临江仙·夜饮东坡醒复醉》《水调歌头·黄州快哉亭赠张偓佺》。

元丰七年（1084年）甲子49岁

移汝州团练副使；十月，扬州上表，乞常州居住。

作《题西林壁》。

元丰八年（1085年）乙丑50岁

五月，复朝奉郎，知登州。

九月十八日，以朝奉郎除礼部郎中。

十月二十日，以礼部郎中召还。

十二月十八日，除起居舍人。

宋哲宗元祐元年（1086年）丙寅51岁

三月十四日，免试为中书舍人；九月十二日，为翰林学士，知制诰。

作《定风波·南海归赠王定国侍人寓娘》。

元祐四年（1089年）己巳54岁

三月，自请外任，以龙图阁学士知杭州。

元祐六年（1091年）辛未56岁

以翰林学士承旨召还；八月五日，以龙图阁学士知颍州。

元祐七年（1092年）壬申57岁

在颍州的任上改知扬州。

八月二十二日，以兵部尚书还朝。

十一月，迁端明殿学士、礼部尚书兼翰林侍读学士。

元祐八年（1093年）癸酉58岁

六月，知定州。十月二十三日到达定州任。

绍圣元年（1094年）甲戌59岁

四月十一日，落端明殿学士、翰林侍读学士，依前左朝奉郎知英州。

四月十三日，复降充左承议郎，知英州。

六月初五，诏谪惠州，授宁远节度使副使，惠州安置。

绍圣四年（1097年）丁丑62岁

四月，贬琼州别驾，昌化军安置，不得签书公事；六月渡海至海南儋州。

元符三年（1100年）庚辰65岁

哲宗病逝，苏轼遇赦，六月渡海北归。

宋徽宗建中靖国元年（1101年）辛巳66岁

作《自题金山画像》。

七月二十八日，卒于常州。

本年谱参照了孔凡礼撰《苏轼年谱》（中华书局1986年版）